국어교과 논술 교육론

이영호

도서출판 월인

이 책은 학교 교육에서 논술 교육이 어떠한 방향으로 이루어져야 하는가에 대한 해답을 모색한 결과물에 해당한다. 논술 교육은 입시라는 특수한 상황과 맞물려 종종 사회적 쟁점으로 부각되기는 하지만 이와 관련된 논의는 일정한 방향을 잡지 못하고 표류하는 경우가 많다. 이는 논술 교육이 교육적 목적이 아닌 현실적 영향력을 추수하는 데 급급했기 때문에 나타난 현상이라 할 수 있다. 이 책은 바로 이러한 지점을 문제 삼아 학교 교육에서 논술 교육이 나가야 할 방향과 방법을 제시하고자 하였다.

학교 교육에서 논술 교육이 나가야 할 방향을 압축적으로 드러내기 위해 이 책에서는 학습 논술이라는 용어를 도입하였다. '이는 교과 과정에 근거하지 않고 특별한 학생만을 대상으로 실시되는 입주 위주의 논술 교육이 나타내는 문제점을 비판하고', 학교 교육에서의 논술 교육은 교과 과정의 내용을 활용하여 학생들의 의미 구성 능력을 촉진하는 방향으로 이루어져야 한다는 점을 강조하고 있다. 이런 관점을 바탕으로 여기에서는 실제 국어 수업 시간을 통해 학생들의 논술문 자료를 수집하고, 그에 드러난 문제점을 분석하며, 이를 해결하기 위해 협력 학습의 원리를 적용하고자 하였다. 이런 의미에서 이 책은 교육 현장에서 실행 가능한 논술 교육의 이론적 가능성을 모색하고, 이를 실험한 학교 현장 보고서로서의 성격도 지니고 있다.

학교 현장에서 논술 교육의 가능성을 타진하고 이를 계획하며 실천한 지난 시간은 여러모로 저자에게 많은 생각을 가져다주었다. 교사가 일방적으로 지식을 전달하는 수업을 할 때 소극적인 모습을 보이던 학생들이 토론을 하고, 활동을 하면서 생기 있게 변모해 가던 현상은 국어교육이 나가야 할 바에 대해 많은 것을 깨닫게 해 주었다. 특히 성적도 부진하고 수업에도 별다른 관심이 없었던 한 학생이 토론 시간에 반에서 가장 우수한 성적을 보이던 학생을 논박하던 장면은 잊히지 않는 기억으로 남아 있다.

이 책을 완성하는 데 많은 분들의 도움을 받았다. 부족한 저자에게 많은 격려를 보내주셨던 민현식 선생님, 논문의 큰 방향을 잡아주셨던 박영목 선생님, 필요한 자료를 소개하고 조언을 아끼지 않으셨던 정희모 선생님, 글을 꼼꼼히 읽고 가능한 대안까지 제시해 주셨던 고정희 선생님. 이 분들의 도움이 있었기에 이 글이 세상에 무사히 나올 수 있었다. 지도교수이신 김종철 선생님께는 많은 가르침을 받았다. 선생님의 가르침 덕분에 글을 쓰는 과정에서 논의의 방향을 되짚어보고, 부족한 부분을 채우며, 학문하는 자세를 바로잡을 수 있었다.

학교 현장에서 자료를 수집하고 이를 평가하는 과정에서 여러

선생님들의 도움을 받았다. 같은 학교에 근무한다는 인연 때문에 힘든 상황 속에서도 자료 수집과 평가를 맡아주셨던 이혜진 선생님, 자료 평가에 도움을 주셨던 서울대 대학원의 이관희, 정진석 선생님께 감사의 말씀을 전하고 싶다. 또 부족한 글의 출판을 기꺼이 허락해 주신 도서출판 월인의 박성복 사장님과 편집을 맡아주신 박훈식 선생님께도 감사드린다.

마지막으로 오랜 시간 동안 사랑과 응원을 보내준 가족들에게 감사의 마음을 전하고 싶다. 자식에게 모든 것을 주시고 또 그것을 보람으로 여기며 살아오신 부모님은 삶이 힘겨울 때마다 항상 버팀목이 되어주셨다. 또 가장 가까운 곳에서 고민을 나누고 응원해 준 아내에게 이 자리를 빌어 사랑과 감사의 마음을 전한다.

2012년 9월

저자 올림

차 례

I. 서론

1. 연구 목적

본고는 논증적 글쓰기가 학습자의 사고력과 학습 능력을 발달시킬 수 있는 중요한 교육적 수단이라는 전제를 가지고 학교 현장에서의 실제 교육 사례 분석을 통해 학습 상황에 기반한 논증적 글쓰기의 교육 내용과 방안을 구안하는 것을 목적으로 하고 있다. 논증적 글쓰기와 관련된 교육적 논의는 주로 논술을 둘러싼 논쟁을 통해 이루어져 왔다. 이는 입시 도구로서 논술이 지니는 위상과 관련된 것으로 논술에 대한 논쟁은 학습자의 논증 능력 향상과 같은 교육적 측면보다는 입시와 관련된 현실적 측면에 초점을 맞추어 진행되었다. 따라서 논술을 둘러싼 논의는 입시 환경의 변화에 따라 유행을 타듯 부침을 겪어왔으며, 이러한 경향은 논증적 글쓰기 교육을 바라보는 협소한 시각을 대변하는 것이기도 하다.

논증적 글쓰기는 지식 전달과 암기 위주의 교수 학습에 대한 비판적 인식과 관련이 깊다. 입시 논술이 선다형 위주 시험이 지닌 문제점을 해결하는 데 초점을 둔다면 학습 상황에서의 논증적 글쓰기 교육은 지식 전달 위주의 피동적·정태적 교수 학습 방법을 개선하는 데 초점을 맞춘다. 즉 학습 상황을 바탕으로 한 논증적 글쓰기 교육은 지식의 단순한 학습을 넘어서서 학습자로 하여금 지식을 배우고, 문제 상황에 이를 적용하며, 새로운 내용을 창출하게 만드는 효과적인 학습 수단으로서 의의를 지닐 수 있다.

글쓰기가 인간의 사고와 표현에 막대한 영향을 끼친다는 것은 널리 알려져 있다. 문자언어를 사용하지 않는 구술문화와 문자문화를 비교한 연구에서는 구술문화가 개인적·감정이입적·상황의존적 성향을 나타내는 반면에 문자문화는 객관적·분석적·구조적 특성을 지닌다는 것을 밝혀내었다.[1)] 이는 글쓰기가 인간의 사고와 표현 양상을 근본적인 측면에서 변화시킨다는 것을 잘 드러내고 있다. 말하기와 쓰기 발달 사이에 6~8년간의 지체가 발생하는 이유를 분석한 연구에서는 아동이 상황에 의존하는 말의 감각적 측면에서 벗어나 단어의 이미지에 기반하는 문어의 추상적 자질의 세계로 들어가는 데 많은 어려움을 겪는 것을 발견하였다. 또한 여기에서는 대화가 원망이나 욕구와 같은 직접적인 동기에 의해 발생하는 것과 달리 쓰기는 즉각적 요구와 분리된 추상적이고 의도적인 분석 행위와 의미의 의도적 구조화를 요구하기 때문에 아동 발달에 중대한 영향을 미치는 것으로 인식하였다.[2)] 이처럼 글쓰기는 인간의 사고와 표현 능력 발달과 밀접한 연관성을 지니고 있다.

글쓰기가 사고와 표현 능력 발달에 효과적인 수단으로 기능한다는 것은 최근 대학에서 주목의 대상이 되어왔다. 각 대학은 이전의 교양국어 중심의 강의를 폐지하고 글쓰기 센터를 설치하여 학생들

---

1) 월터 J. 옹 지음/이기우·임명진 옮김, 『구술문화와 문자문화』, 문예출판사, 1995.

2) 비고츠키 지음/신현정 옮김, 『사고와 언어』, 성원사, 1985, 100~103면.

의 글쓰기 능력을 향상시키기 위한 노력을 다각적으로 펼치고 있다. 대학들의 이러한 노력의 밑바탕에는 글쓰기가 한 개인의 사고력과 의사소통능력을 발달시키는 데 있어 중요한 역할을 한다는 인식이 깔려있다. 즉 글쓰기는 인지 능력을 발휘하여 문제를 해결해 나가는 과정이며[3], 글쓰기를 잘 수행할 수 있어야 대학의 전공 영역에서 부딪치게 되는 여러 학문적 문제에 대처하고 이를 해결해 나갈 수 있게 된다고 생각하는 것이다.[4] 대학 글쓰기 교육의 흐름은 일반적인 글쓰기 능력 향상에서 한 걸음 더 나아가 학문 영역별 글쓰기를 강조하는 방향으로 진행되고 있는데,[5] 이는 학문 영역마다 대상을 다루는 방식과 글쓰기의 관습이 다른 까닭에 발생하는 현상이라 할 수 있겠다.

그동안 초중등 국어교육에서는 글쓰기 교육의 실제 영역을 크게 네 가지로 구분해 왔다. 글쓰기를 주로 필자의 의도에 따라 '정보

---

3) 물론 글쓰기는 다양한 관점에서 인식될 수 있다. 전통적인 관점에서는 글을 도를 싣는 그릇으로 인식하여 좋은 글을 쓰기 위해서는 자신을 수양하는 것이 무엇보다도 중요하다고 생각하기도 했고, 근대에 들어와서는 글쓰기를 개인의 내면 의식을 표현하는 매체로 인식해 글의 생명력은 남과 구별되는 글쓴이만의 개성에 있다는 생각이 보편화되기도 했다. 문제해결 수단으로 글쓰기를 강조하는 것은 실용을 중시하는 현대의 사회적 환경을 반영하는 일면이라 할 수 있을 것이다.

4) 정희모, 「대학 글쓰기 교육의 현황과 방향」, 『작문연구』 1, 한국작문학회, 2005.

5) 글쓰기 강좌를 인문학 글쓰기, 사회과학 글쓰기, 과학과 기술 글쓰기와 같이 학문 영역별로 나누거나 단과대학별로 글쓰기 과제를 다르게 표준화하여 운영하는 등 대학 글쓰기는 세분화 과정을 향해 나가고 있다. 이와 관련한 자세한 사항은 '박현희, 「서울대학교 글쓰기 교과 운영 현황과 발전 과제」, 『사고와 표현』 2집 2호, 한국사고와표현학회, 2009'와 '조희정 외, 「한성대학교 <사고와 표현> 교육의 현황」, 『사고와 표현』 1집 1호, 한국사고와표현학회, 2008' 참조.

를 전달하는 글쓰기', '설득하는 글쓰기', '정서표현을 위한 글쓰기', '친교를 위한 글쓰기'로 나누어 접근하는 방식을 취해왔다.[6] 이는 언어의 의사소통적 측면을 중시한 구도에 해당하는 것으로[7] 사고 도구로서 언어가 지닌 특성을 간과한 측면이 있다. 2007년 개정 교육과정에서 '학습을 위한 쓰기' 영역을 새롭게 설정한 것은 바로 사고 도구로서 언어의 역할을 국어교육의 장에 적극적으로 도입하고자 하는 시도라 할 수 있겠다. 현대사회의 변화된 환경과 글쓰기 교육의 흐름을 고려할 때 초중등 국어교육에서도 사고와 쓰기에 대한 적극적 관심과 대응이 더욱 긴요한 시점이라 할 수 있다.

논증적 글쓰기는 사고 도구로서 쓰기가 지닌 본질을 구현하는 데 있어 핵심적인 위치를 차지한다. 논증적 글쓰기는 필자가 특정한 문제 상황에 대하여 자신의 주장을 밝히고 이와 관련된 근거를 제시함으로써 수용 가능한 텍스트를 산출하는 것을 목적으로 하는 쓰기 양식이라 할 수 있다. 논증적 글쓰기 수행에서 필자는 문제 상황을 규정하고 주장을 뒷받침하는 자료를 찾아 이를 필자의 관점에 맞게 재구성하여 새로운 의미를 창출하는 과정을 거쳐야 한다. 이는 논증과 쓰기의 결합을 통한 문제해결의 과정에 해당하는

---

6) 7차 교육과정에서는 작문의 실제에서 글쓰기를 정보 전달을 위한 글쓰기, 설득을 위한 글쓰기, 정서 표현을 위한 글쓰기, 친교를 위한 글쓰기, 정보화 사회에서의 글쓰기의 다섯 영역으로 구분하고 있다. 여기서는 인터넷의 사용으로 대별되는 변화된 작문 환경을 반영하여 정보화 사회에서의 글쓰기를 새롭게 제시하기는 했지만 글쓰기의 영역을 크게 네 부분으로 나누는 구도는 변함이 없는 것이라 할 수 있다. '교육부 고시 제1997-15호(1997.12.30. 개정 고시), 국어과 교육과정 작문' 참조.

7) 이에 대한 자세한 사항은 '로만 야콥슨 지음/신문수 옮김, 『문학 속의 언어학』, 문학과 지성사, 1989, 54~62면' 참조.

것으로 여기에는 많은 인지적 난관이 자리하며 필자에게는 이에 대한 극복이 요구된다. 논증적 글쓰기가 교육적 주목의 대상이 되는 이유는 바로 이 과정을 통해 학습자의 사고 발달과 학습 능력 향상이 가능하다는 기대가 존재하기 때문이다.

논술로 대변되는 논증적 글쓰기에 대한 기존의 교육적 접근은 입시 문제에 대한 과도한 경사를 보여 왔다. 이는 평가가 교육 내용을 지배하는 전도된 현상으로 논증적 글쓰기 교육은 목표 모형이 아닌 교육의 본래 가치에 중심을 둔 내용 모형에서의 접근이 필요한 상황이라 할 수 있다.[8] 따라서 본고는 논증적 글쓰기 교육이 학습자의 사고 발달과 학습 능력 향상이라는 교육적 목적에 충실한 방향으로 체계화되고 실행되어야 할 필요성을 제기하면서 이를 효과적으로 실현하기 위한 방안으로 학습 논술을 도입하고자 한다. 학습 논술은 학습된 지식을 바탕으로 하여 교과 학습과 관련된 문제를 해결해 나가는 논증적 글쓰기에 해당한다. 학습 논술을 중심으로 한 논증적 글쓰기 교육의 시행은 교육 현실과 유리된 입시 논술의 문제점을 극복하고 교과 과정과 학습자 중심의 논증적 글쓰기 교육을 이끄는 매개체가 될 수 있을 것이라 기대한다.

2. 연구사

본고는 논증적 글쓰기가 학습자의 사고 발달 및 학습 능력 향상에 중요한 교육적 수단이라는 관점을 바탕으로 하여 이와 관련된

8) 교육과정에서 목표 모형과 내용 모형에 대한 자세한 설명은 '이홍우, 『증보 교육과정탐구』, 박영사, 2006, 42~96면' 참조.

논증적 글쓰기 교육의 내용과 방법을 구안하는 것을 목적으로 하고 있다. 따라서 본고와 관련된 선행 연구로는 논증적 글쓰기와 관련된 이론적 논의와 현장 연구를 바탕으로 한 교육 방법과 관련된 논의를 들 수 있다. 아래에서는 이와 관련된 연구사 고찰을 통해 올바른 논증적 글쓰기 교육을 위해 해결해야 할 과제에는 어떤 것이 있는지 살펴나가도록 하겠다.

1) 논증적 글쓰기와 관련된 이론적 논의

논증적 글쓰기와 관련된 논의는 주로 논술을 대상으로 하여 활발하게 진행되어 왔다. 논술은 입시라는 현실적 필요에 의해서 발생하여 교육적 의의가 탐색되고, 그 외연이 확대되는 과정을 거쳐 왔기 때문에 논리적 서술을 보이는 글 전반을 지칭하는 경우가 흔하며, 이로 인해 논증적 글쓰기와 같은 의미로 통용되어 쓰이기도 한다. 논증적 글쓰기에 대한 기존의 연구 경향은 논술의 정체성 및 교육 방향과 관련된 논의, 논술에 요구되는 논증 능력과 연관된 논의, 좋은 논증 텍스트의 요건을 분석한 논의, 논증적 글쓰기의 전통을 살핀 논의의 네 가지로 나누어 살펴볼 수 있다.

먼저 논술의 정체성과 관련된 논의는 주로 글쓰기 양식의 측면에서 논술이 지닌 문제점을 지적하는 방향에서 이루어졌다. 논술을 미국의 SAT 에세이 쓰기와 비교하여 고찰한 연구에서는 우리의 논술이 제시문에 대한 새로운 해석이나 비판적 읽기보다는 논제와 연관된 정답을 요구하는 경향이 있으며, 주어진 조건에 맞추어 글을 작성하게 되면 전체 글이 제시문의 내용을 서로 엮어낸 기형적인 형태를 띠게 된다고 문제점을 지적하고 있다.9) 논술이 글쓰기 양식으로서 정체성을 분명히 해야 한다고 주장하는 논의에서는 필자가 능동적으로 운용할 수 있는 공간이 넓은 경우에라야 제대로 된 글쓰기가 가능할 수 있기 때문에 논술 교육 또한 난해한 제시문에 얽매이기보다 글쓰기 과정에서 필자의 발견과 창의력을 적극적으로 발현하도록 만드는 방향으로 설계되어야 한다고 제안하고 있다.[10] 논술을 프랑스의 바칼로레아와 비교한 연구에서는 논술에 있어서 수사학적 논증의 역할을 강조하고 있다. 즉 논술의 논리는 논리학이나 증명과 같은 수학적인 유형의 것이 아니라 수사학과 논증의 영역에 속하며, 논술에 올바르게 접근하려면 엄밀한 논리적 증명이 아니라 탄력있는 수사적 논증에 기초한 풍부한 글쓰기가 가능해야 한다는 것이다.[11] 논술을 논술 고사와 논술 교육과 관련하여 조명한 연구에서는 올바른 논술 교육을 위한 방안으로 구체적 양식에 바탕한 쓰기 교육과 읽고 토론하기의 단순 구도에서 벗어나 탐구하기와 해석하기 등을 도입한 복합 구도의 교육이 필요함을 제안하고 있다.[12] 이러한 연구들은 공통적으로 입시 도구로서 논술이 지닌 문제점을 지적하고, 올바른 논술 교육을 위해서 논술이 글쓰기 양식으로서 안정성을 갖추고 글쓰기 과정에서 학습자의 능동성이 발현될 수 있어야 함을 강조하고 있다.

논술에 요구되는 논증 능력과 관련된 논의에서는 논술 쓰기에서 형식 논리학이 지닌 한계를 공통적으로 비판하면서도 관점에 따라

---

9) 이병민, 「논술고사의 성격 및 타당성 고찰」, 『국어교육』 121, 한국어교육학회, 2006.

10) 원진숙, 「논술 개념의 다층성과 대입 통합 교과 논술 시험」, 『국어교육』 22, 한국어교육학회, 2007.

11) 김진하, 「프랑스와 한국의 논술 개념 비교」, 『프랑스 어문교육』 28, 한국프랑스어문교육학회, 2008.

12) 김종철, 「논술의 정체성」, 『제7회 작문학회 연구발표회 자료집』, 한국작문학회, 2006.

강조하는 바가 다양하게 나타나고 있다. 사회적 의사소통의 입장을 강조한 논의에서는 논증을 명제들 사이의 논리적 관계가 아니라 주장과 반박에 의한 일종의 담화 행위로 보고, 논술을 사회적 혹은 문화적 가치관과 직결되는 것으로 파악하였다.[13] 일상적 논증을 강조한 논의에서는 논증의 타당성은 내용에 의존할 수밖에 없고 이로 인해 논술에서는 논증이 위치하고 있는 분야에서의 배경지식이 중요한 역할을 한다고 보았다.[14] 문제해결의 측면을 강조한 논의에서는 논술의 요체를 문제 발견, 관점 확립, 정보 획득으로 보고 독자와의 소통을 통해 논술이 완성되는 것으로 파악하였다.[15] 교육적 입장을 강조한 논의에서는 논술 능력 신장을 위한 교육 내용의 체계를 사고력 관련, 범교과 작문 관련, 텍스트 관련, 작문 과정 관련 요소로 나누고 각각에 해당되는 교육 내용을 제안하고자 하였다.[16] 이러한 연구들은 다양한 시각을 통해 논술에 요구되는 논증 능력이 지닌 복합적 측면을 잘 드러내 주고 있다.

좋은 논증 텍스트의 요건을 분석한 논의는 주로 텍스트언어학적 관점과 연관성을 지니고 있다. 응집성, 결속성과 같은 텍스트성을 기준으로 하여 대입논술고사와 논술모의고사의 예시 답안을 분석한 연구에서는 완성도가 높은 텍스트와 낮은 텍스트를 비교하여 오류 유형을 제시하고 완성도가 높은 논술문에 나타난 텍스트언어학적 조건을 제시하고자 하였다. 이에 의하면 완성도가 높은 텍스트에 비해 완성도가 낮은 텍스트에는 긴밀성이 떨어지는 구조, 재

13) 이광모, 「논증론에 기초한 논술 이해」, 『동서철학연구』 50, 한국동서철학회, 2008.
14) 김영건, 「글쓰기와 논증」, 『시학과 언어학』 16, 시학과언어학회, 2009.
15) 하병학, 「탐구와 소통의 논술」, 『철학과 현실』 70, 철학문화연구소, 2006.
16) 이인제, 「논술 능력 신장을 위한 교육 내용의 구조화 방안 연구」, 『교육과정평가연구』 1, 한국교육과정평가원, 1998.

수용이나 생략, 접속과 같은 표지의 잘못된 사용, 불필요한 표현의 남용 등이 나타난다고 한다.[17] 문장에서 하나의 의미 단위를 이루는 t-unit[18]과 화제 구조, 응집성 지표를 기준으로 대학 신입생의 논증적 글쓰기를 분석한 연구에서는 t-unit과 화제와 어휘 수의 관계가 텍스트의 수준을 결정하는 중요한 요인임을 제시하였다. 즉 t-unit당 화제 수가 많을수록, t-unit당 어휘 수가 많을수록 글이 충실하고 풍부한 내용을 생성하였으며, 화제 구조와 응집성 지표는 텍스트의 수준에 큰 영향을 미치지 않는 것으로 나타났다. 이 연구에서는 많은 화제와 어휘를 지닌 t-unit 구조를 논제에 대해 풍부한 지식을 지닌 좋은 글을 나타내는 지표로 해석하고자 하였다.[19]

논증적 글쓰기의 전통을 살핀 논의에서는 이전의 쓰기 양식에 주목하여 오늘날 논증적 글쓰기 교육에 필요한 쓰기 원리나 방법 등을 모색하고 있다. 먼저 과거 시험 답안인 대책문을 분석한 연구에서는 과거 시험을 위한 중세 문해력 교육을 지배적 문해력과 생성적 문해력으로 나누어 살피고자 하였다. 이에 따르면 중세 시대의 필자들은 전범이 되는 텍스트 읽기와 사회적으로 합의된 문체 양식을 기반으로 하여 형성된 지배적 문해력을 바탕으로 새로운 내용을 창안하는 생성적 문해력을 발휘하였다고 한다. 이 연구에서는 글쓰기에서의 창의성이 지배적 문해력을 바탕으로 형성됨을

---

17) 김혜영, 「논증적 글쓰기에 대한 텍스트언어학적 연구 : 논술답안 텍스트를 중심으로」, 서울대 석사논문, 2008.

18) t-unit은 의미를 이루는 최소 단위이며 통상적으로 영어에서는 종속절을 포함한 하나의 문장으로 나타난다. 대등하게 연결된 문장의 경우에는 각각의 절이 하나의 t-unit이 된다.

19) 정희모 · 김성희, 「대학생 글쓰기의 텍스트 비교 분석 연구 : 능숙한 필자와 미숙한 필자의 텍스트에 나타난 특징을 중심으로」, 『국어교육학연구』 32, 국어교육학회, 2008.

밝히고, 사적 맥락이 강조되는 현대의 글쓰기에 공적 맥락의 도입이 필요함을 강조하고 있다.[20] 조선 전기의 공론 논변을 대상으로 한 연구에서는 임금과 신하, 언관 사이에 이루어졌던 논변을 대화 진행 양상, 참여자의 역할, 논거와 논증 도식의 유형을 기준으로 분석하였다. 이는 옛 문헌 자료를 통해 중세의 논쟁적 대화 양상의 특성을 밝혀낸 것으로, 전통 논변을 오늘날 논증 장르의 문식성 교육에 도입하고자 한 시도로 평가할 수 있다.[21] 설 양식을 대상으로 설득적 글쓰기 교육을 설계한 연구에서는 오늘날의 설득적 글쓰기가 대립과 대결의 측면에만 주목하고 있다는 점을 비판하였다. 이런 관점에서 이 연구에서는 주변 사물 관찰과 사건 경험을 토대로 조화와 협력의 가치 발견을 위주로 한 설 양식의 설득 논리를 받아들임으로써 설득적 글쓰기의 지평을 확대할 필요가 있음을 강조하였다.[22] 이러한 연구들은 논증적 글쓰기의 전통을 밝힘으로써 오늘날의 논증적 글쓰기 교육과 관련된 인식의 지평을 확대해 준다는 점에서 의의를 지닌다.

2) 논증적 글쓰기 교육 방법과 관련된 논의

논증적 글쓰기 교육과 관련된 논의에는 효과적인 교수 학습 방법 및 전략을 모색한 연구가 주류를 이루고 있다. 학습 프로그램 차원에서 논증적 글쓰기 교육에 접근한 연구에서는 학습 과정 없

---

20) 조희정, 「사회적 문해력으로서의 글쓰기 교육 연구 : 조선 세종조 과거 시험을 중심으로」, 서울대 박사논문, 2002.
21) 엄훈, 「조선전기 공론 논변의 국어교육적 연구」, 서울대 박사논문, 2002.
22) 주재우, 「설 양식을 활용한 설득적 글쓰기 교육 연구」, 서울대 박사논문, 2011.

이 학습자들이 쓴 논술문과 학습 프로그램을 진행한 후 학습자들이 작성한 논술문을 비교 분석하여 상호작용적 논술 지도 프로그램이 논증 능력 향상에 유의미한 효과를 가진다는 결론을 도출하였다.23) 이 연구는 논증적 글쓰기 교육의 방법과 효과를 체계적으로 분석한 논의로서 의의를 갖지만 연구에서 제시한 상호작용적 논술지도 프로그램의 내용이 구체적으로 드러나지 않아서 그 실제적 면모와 효과를 파악하기 힘든 측면이 있다. 과정중심 작문 연구의 방법론을 적용한 연구에서는 6, 8, 10학년 학습자들 각각 4명을 대상으로 체벌과 교복 문제에 대한 글쓰기를 시행하였다. 학습자의 글쓰기 과정은 사고구술을 통해 기록되었고, 토론과 상호평가 및 협의가 병행되었으며, 산출된 텍스트의 논증 구조에 대한 분석이 이루어졌다. 이를 통해 토론 및 상호 평가가 필자의 글쓰기에 많은 도움을 주고, 다양한 논증 도식의 사용이 텍스트의 질적 수준을 결정하는 데 중요한 역할을 하는 것으로 드러났다.24) 이는 학습자들의 글쓰기 과정에 나타난 특성을 파악하는 데 도움을 주고 있지만, 쓰기 능력의 향상을 위해 글쓰기 과정에서 어떠한 처방적 접근을 해야 하는지에 대해서는 별다른 시사점을 주지 못하고 있다. 글쓰기 능력 향상을 위한 구체적 방법이나 전략의 실행과 연계된 과정중심 접근 연구가 필요할 것으로 생각된다.

논증적 글쓰기에서 교수자의 평가 조언의 역할을 강조한 연구에서는 학습자의 1차 논술문에 대해 교수자가 내용, 사고과정, 표현의 측면에서 평가조언표를 작성하여 학습자가 구체적으로 수정해

23) 원진숙, 「작문교육의 이론적 기초와 방법론 연구 : 논술문의 지도와 평가를 중심으로」, 고려대 박사논문, 1994.

24) 민병곤, 「논증교육의 내용 연구 : 6, 8, 10학년 학습자의 작문 및 토론 분석을 바탕으로」, 서울대 박사논문, 2004.

야 할 사항을 지시하는 방식을 취하였다. 이후 동료 평가와 자기 평가를 실시하고, 학습자는 이를 바탕으로 다시쓰기를 수행하는데, 이 연구에서는 이 과정을 거친 후 학습자의 논술문이 향상된 부분을 제시하여 논술 쓰기에서 유능한 타자인 교사의 평가 조언이 쓰기 능력 향상에 중요한 역할을 한다는 것을 보여주고자 하였다.[25] 이는 결국 학습자의 글에 대한 교수자의 직접적 수정 지시가 논술 능력 향상에 효과적이라는 결론을 이끌고 있다. 그러나 학습 능력 향상이 학습자의 능동적이고 구성적인 반응에서 생성되어야 한다는 점을 고려하면 교수자의 개입이 결정적인 역할을 하는 교수 학습 방안은 비판적으로 검토될 필요가 있다.

논증적 글쓰기 교육 방법과 관련된 연구에서는 일반적으로 동료 학습자와의 상호 작용이 쓰기 수행에 효과가 있다는 사실이 인정되고 있다. 대학생들을 대상으로 하여 논술문에 대해 동료 협의와 평가를 실시한 과정을 관찰 분석한 연구를 보면 집단 협력 상황에서 학생들은 다른 학생들의 글에 대해 조사자와 촉진자, 평가자의 역할을 수행하면서 정보 제공하기, 명료화하기, 지시하기와 같은 비평적 언급을 보이는 것으로 나타났다. 이 연구에서는 이러한 활동이 학생들을 문식력을 갖춘 독자와 필자로 성장시키는 데 기여하는 것으로 파악하였다.[26] 또 고등학생들을 대상으로 하여 학생 상호간의 평가와 협력을 실시한 연구에서는 논증적 글쓰기 상황을 협동 작문을 시행한 실험 집단과 협동 작문을 실시하지 않은 통제 집단으로 나누어 실험 연구를 진행하였다. 이에 의하면 논술 쓰기에서 협동 작문은 상위권이나 하위권에 비해 중위권 학생들에게 특히 효과적인 작용을 하는 것으로 나타났다.[27] 이밖에도 중학교

25) 박현동, 「논술평가와 고쳐쓰기 지도 방법 연구」, 영남대 박사논문, 2009.
26) 이재기, 「작문 활동에서 동료평가 활동 과정 분석」, 교원대 석사논문, 1997.

와 초등학교 학생들을 대상으로 한 연구에서도 학습자 간 상호 작용의 시행이 논증적 글쓰기에서 인지적이고 정서적인 측면에서 긍정적인 역할을 하는 것으로 드러났다.[28)]

논증적 글쓰기와 관련된 논의를 살펴보면 논증적 글쓰기 교육이 교과 과정에 바탕을 두고 학습자의 능동성이 발휘되는 방향으로 설계되어야 한다는 점이 강조되고 있다. 논증적 글쓰기는 학습자의 사고 발달이나 학습 능력 향상을 위한 효율적인 수단에 해당되지만 그에 따른 학습자의 인지적 부담 또한 크게 작용한다. 그런데 논증적 글쓰기 교육과 관련된 논의는 현상에 대한 기술에 치우쳐 교육적 처방을 마련하는 데 소홀하거나 교육 전략이나 방법의 면모를 구체적으로 드러내지 못하는 문제점을 나타내고 있다. 따라서 논증적 글쓰기 교육에 대한 연구는 학습자들이 논증적 글쓰기를 수행할 때 겪게 되는 인지적 난관을 분석하고 이를 효율적으로 해결할 수 있는 교육 내용과 방안을 마련하는 방향으로 진행되어야 할 것이다.

3. 연구 방법

본 연구는 교과 과정에 기반한 논증적 글쓰기 수행이 학습자들의 사고 발달과 학습 능력 향상에 효과적인 교육 수단이라는 관점

---

27) 오택환, 『협동 작문의 이론과 실제』, 역락, 2008.

28) 이와 관련된 논의로는 '문혜경, 「협동 학습을 통한 작문지도 방법 연구」, 서울교대 석사논문, 2000'과 '정성애, 「내용 생성 협의가 논술문 쓰기에 미치는 효과」, 고려대 석사논문, 2006' 등이 있다.

에 기초하고 있다. 논증적 글쓰기가 지닌 교육적 효용성에도 불구하고 이제까지 국어교육에서 이에 대한 관심은 입시 논술이라는 한정된 영역에 치우쳐 그 교육적 가능성을 간과한 측면이 있다. 이에 본고에서는 교과 과정에 기반한 논증적 글쓰기를 학습 논술이라는 용어로 개념화하고, 현장 실험을 통해 자료를 수집하고 분석하여 학습 논술 교육을 위한 교육 내용과 교수 학습 방안을 마련하고자 하였다.

학습 논술은 교과 학습과 관련된 문제를 논증 과정을 통해 해결해나가는 글쓰기라 할 수 있다. 따라서 학습 논술의 성격을 규정하기 위해서는 먼저 논증에 대한 이론적 고찰이 필요하다. 논증은 근거를 제시하며 주장을 정당화해 나가는 행위로 논증에 대한 인식은 대상 영역에 따라 다양하게 나타날 수 있다. 본고에서는 규범화된 담화 현상 안에서 논증의 유형을 논리적 논증, 과학적 논증, 수사학적 논증, 비형식적 논증의 네 가지로 분류한 Plantin의 체계를 기반으로 하여 학습 논술의 성격을 규명하고자 하였다.[29] Plantin의 체계는 논증 이론과 관련된 통시적 흐름과 개별 논증을 추상화한 공시적 분류 모두에서 높은 설명력을 지니므로 학습 논술의 논증 성격을 규정하는 데 많은 도움을 줄 수 있다.

Plantin의 체계를 기준으로 하면 학습 논술은 비형식적 논증의 성격을 지니고 있다. 학습 논술은 학습과 관련된 문제에 대한 해결을 추구하며, 이는 수용 가능한 논리의 제시를 통해 이루어진다. 학습 논술에서 추구하는 문제 해결은 하나의 결론만을 진리라 여기지 않으며 결론에 이르는 다양한 가능성을 긍정하는데, 이는 현

---

29) 크리스티안 플란틴 지음/장인봉 옮김, 『논증 연구』, 고려대출판부, 2003, 180～185면.

실에서 통용되는 논리를 기반으로 한 비형식적 논증과 관련을 지닌다. 비형식적 논증은 논리학적 논증과 과학적 논증이 추구하는 형식성과 기계적 합리성을 거부하고, 수사학적 논증이 추구하는 상황 의존적 논리 체계를 지양하여 현실에서 통용되는 논증 논리를 밝히고자 한 신수사학의 논의에 토대를 두고 있다.

학습 논술과 관련된 논증의 성격을 규명하기 위해 본고에서는 주로 신수사학의 주요 이론가로 평가받는 Toulmin과 Perelman의 논의를 참조하였다. Toulmin은 현실과 유리된 형식논리학을 비판하고 현실에서의 논증을 설명할 수 있는 일반적 논증 모델을 제시하고자 하였는데[30], 이는 학습 논술과 관련된 논증 구조와 논증 능력의 요소를 파악하는 기반이 되었다. Perelman은 절대적 진리를 부정하고 논증을 변증론과 대화의 방법을 통해 수용력이 높은 이성적 결론을 도출해내는 과정으로 인식하였다. 이에 따라 그는 진리를 개인이 지닌 보편청중의 이미지가 토의나 토론 과정을 통해 조정되는 과정에서 구성되는 것으로 파악하였는데[31], 이는 학습 논술에서 추구하는 문제 해결의 성격을 잘 설명해주고 있다. 또한 논증 도식과 관련하여 Perelman이 제시한 연합 논증과 분리 논증의 분류 체계[32]와 van Eemeren이 제시한 징후 논증, 유사 논증,

---

30) 스티븐 툴민 지음/고현범 · 임태범 옮김, 『논변의 사용』, 고려대출판부, 2006, 165~171면 · 270~280면.

31) CH. Perelman, & L. Olbrechts-Tyteca, *The new rhetoric: a treatise on argumentation* ;Translated by John Wilkinson and Purcell Weaver, Notre Dame : University of Notre Dame Press, 1971, pp. 31~33 · 59~62.

32) 이와 관련된 내용은 위의 책, 3장에 자세하게 나타나 있으며, '필립 브르통 · 질 고티에 지음/장혜영 옮김, 『논증의 역사』, 커뮤니케이션북스, 2006, 45~61면'과 '루스 아모시 지음/장인봉 외 옮김, 『담화 속의 논증』, 동문선, 2003, 20~24면'에서 체계적으로 설명되고 있다.

도구 논증의 분류 체계는[33] 학습 논술의 논증 방식을 설명하는 데 있어 많은 도움을 주었다.

학습 논술 교육을 설계하기 위해서는 먼저 학습 논술 수행과 관련된 학습자들의 논증 능력을 파악하는 작업이 필요하다. 현상에 대한 진단은 교육의 설계를 위한 출발점이 되며, 이는 현장 연구를 바탕으로 해야 한다. 본 연구에서는 이를 위해 11학년 남녀 학습자들을 대상으로 하여 실제 수업을 진행하고 학습 논술 쓰기를 실시한 후, 관련 자료를 수집·분석하였다. 이 과정에서 11학년 학습자들의 학습 논술에 나타난 논증 양상과 문제점을 파악할 수 있었다.

11학년을 연구 대상 학년으로 설정한 이유는 크게 두 가지로 설명할 수 있다. 첫째, 현장 연구가 진행되던 교육과정 체제에서는 10학년까지를 국민공통교육과정으로 설정해 이때까지를 기본적 학습 능력이 완성되는 단계로 상정하고 교육을 실행하였다. 이에 따르면 11학년은 심화된 학습을 위한 준비가 갖춰진 시기로 판단할 수 있으며, 실제로 작문을 위시한 심화선택 과목의 수업 또한 이때부터 이루어졌다. 둘째로 논증적 글쓰기는 일정 수준 이상의 사고 능력과 표현 능력을 필요로 하는 고차원적 쓰기 양식에 해당한다는 점을 들 수 있다. 논증적 글쓰기를 원활히 수행하기 위해서는 문제 상황을 파악하고 분석할 수 있는 능력과 함께 이를 서너 단락 이상의 논지 전개를 통해 조리 있게 표현할 수 있는 능력 또한 요구된다. 물론 논증적 글쓰기가 특정 학년이 되어서야 수행 가능한 것이라고 말할 수는 없겠지만 사고와 표현 능력과 관련된 학습자의 수준을 고려하면 이는 상급 학년에서 더 큰 교육적 효과를

---

33) F. H. van Eemeren & R. Grootendorst, *Argumentation, communication, and fallacies : a pragma-dialectical perspective*, Hillsdale, N.J. : L. Erlbaum, 1992, pp. 94~102.

기대할 수 있는 글쓰기 양식이라 여겨진다. 이처럼 교육과정 상의 기획이나 논증적 글쓰기의 특성을 고려해 볼 때 11학년은 본격적인 논증적 글쓰기와 관련된 연구 대상 학년으로 적합하다고 판단하였다.

이 연구에서는 학습 논술과 관련된 논제로 '영어공용화 논쟁에 대한 입장 정하기'와 '작품 속 인물의 선택에 대해 평가하기'의 두 가지를 제시하였다. 영어공용화 논쟁은 언어를 바라보는 근본적인 인식과 관련된 것으로 국어교과에서 중요하게 다루어야 할 학습 대상이 될 수 있다. 또한 10학년 국어교과서에 이미 관련 내용이 실려 있고[34], 학습자들 스스로가 생활 속에서 이와 관련된 많은 사항을 직간접적으로 경험할 수 있기 때문에 논증적 글쓰기를 수행하기에 적합한 제재라 보았다. 작품 속 인물 평가와 관련해서는 학습자들에게 문학 감상과 윤리적 판단을 연계한 논제를 쓰기 과제로 제시하였다. 해당 작품으로는 학교에서 벌어지는 사건을 배경으로 하고 있어 학생들의 공감적 이해가 용이한 이문열의 <우리들의 일그러진 영웅>을 선택하였으며, 학습자들에게는 소설 속 인물인 한병태가 엄석대의 비리를 알고도 이를 고발하는 것을 포기해 버리는 결정에 대해 자신의 생각을 밝히는 것이 논제로 주어졌다. 이는 해당 논제에 대한 학습자들의 판단이 작품을 깊이 있게 감상하는 데 있어 중요한 역할을 한다고 보았기 때문이다.

영어공용화 논쟁에 해당하는 논제는 서울 소재 인문계 S고등학교 11학년 2개 반, 남녀 학습자 69명에게 수행평가 과제로 주어졌으며, 여기에서 학습자들은 과제와 관련된 읽기 자료를 제공받고

---

34) 7차 국어교과서 '『국어』 상, 1.읽기의 즐거움과 보람, (1)황소개구리와 우리말'에 관련 내용이 실려 있다.

1차시 수업 동안 관련된 논증적 글쓰기를 수행하였다. 수업은 본 연구자의 요청을 받은 동료 교사에 의해 진행되었으며, 완성된 글은 3~4일 후에 담당 교사에게 제출되었다. 작품 속 인물 평가와 관련된 논제는 같은 S고등학교 11학년 3개 반, 남녀 학습자 115명에게 수행평가 과제로 주어졌다. 학습자들은 수업이 있기 2주일 전부터 해당 작품인 이문열의 <우리들의 일그러진 영웅>을 읽도록 안내 받았다. 교실 수업은 본 연구자에 의해 총 2차시로 진행되었는데, 1차시에 학습자들은 작품에 대한 이해를 활성화시킬 목적으로 연구자가 만든 학습지를 친구들과 의논해 가며 자유로운 분위기 속에서 작성하였다. 2차시 수업에서 학습자들은 연구자가 발췌한 작품의 일부분을 읽고 제시된 논제에 따라 논증적 글쓰기를 수행하였으며, 3~4일 후에 논술문을 완성해 제출하였다.

이 과정을 통해 영어공용화 논쟁과 관련된 논술문 58편과 작품 속 인물 평가와 관련된 논술문 104편이 수집되었다. 제출된 논술문은 논증 능력과 긴밀한 관련이 있는 논증 내용 생성의 기제, 논증 타당화 방식의 유형, 논증 소통의 전략을 기준으로 하여 그 양상이 분석되었고, 이를 통해 학습자들의 논증적 글쓰기에 나타난 문제점이 도출되었다. 학습자들은 학습 논술을 수행함에 있어서 학습 자료에 의존해 내용을 생성하고, 자신의 생각을 드러내는 데 소극적인 태도를 나타냈으며, 독자의 이해에 대한 고려가 부족한 모습을 보여주었다. 본고에서는 이러한 문제점을 개선하기 위해서 학습자 간의 상호 소통에 기반한 사고 활성화 과정이 필요하다고 보았으며, 이에 협력 학습의 원리에 기반한 협의 토론과 동료 평가 방법을 적용하고자 하였다.

논증적 글쓰기 교육에서는 학습자들이 보여주는 인지적 문제들을 개선할 필요가 있다고 해서 이를 교사의 직접적 개입을 통해 해결해서는 안 된다. 학습 상황에서 교사의 직접적 개입은 학습자들에게 마땅히 따라야 할 준거로 받아들여지기 마련이며, 이는 교사의 일방적 지식 전달에서 벗어나 학습자의 능동적 의미 구성을 추구하는 논증적 글쓰기 교육의 취지에 어긋나는 것이기 때문이다. 이처럼 논증적 글쓰기 교육은 학습자의 인지적 부담 경감과 교수자의 직접적 개입 최소화라는 딜레마적 상황에 처해 있으며 이에 대한 해결책으로 활용할 수 있는 것이 학습자 간의 대화에 바탕을 둔 협력 학습이라 할 수 있다. 협력 학습이 동료 간의 대화를 통해 학습자들의 인지적 부담을 완화하고 효과적인 문제 해결을 이끈다는 것은 여러 연구에서 확인되었다.[35]

협력 학습은 교수 학습 과정에서 학습자 상호 간의 활발한 소통 맥락을 창출하는 데 그 주안점을 둔다. Johnson & Johnson은 학습자 상호 간의 활발한 소통 맥락을 창출하기 위한 핵심적 요소로 긍정적 상호의존성과 촉진적 상호 작용을 강조하였다. 긍정적 상호의존성은 과제를 완수하기 위해서는 자신의 노력을 다른 사람의 노력과 조율해야 한다는 필요성을 깨닫는 것으로 이는 목표를 달성하기 위해 각 구성원들이 서로의 노력을 격려하고 증진하는 촉진적 상호 작용과 긴밀히 연결된다.[36] 본고에서 도입한 협의 토론과 동료 평가는 구성원 간의 긍정적 상호의존과 촉진적 상호 작용을 바탕으로 학습자 스스로 논제를 해결할 수 있도록 하기 위한

35) 이와 관련된 대표적 연구로는 'Kenneth A. Bruffee, *Collaborative learning : higher education, interdependence, and the authority of knowledge(2nd Edition)*, Baltimore : Johns Hopkins University Press, 1999'와 'Anne Ruggles Gere, *Writing Groups: History, Theory, and Implications*, Southern Illinois Univ Press, 1987'을 들 수 있다.

36) 존슨과 존슨 지음/박인우 외 옮김, 『협동학습을 위한 참여적 학습자』, 아카데미프레스, 2004, 4면 · 107～131면.

지원 프로그램으로서의 성격을 갖고 있다.

협의 토론을 적용한 실험 연구는 영어공용화 논쟁과 관련된 논제에 대해 같은 S고등학교 11학년 2개 반, 남녀 학습자 77명을 대상으로 실시되었으며, 수업은 총 2.5차시에 걸쳐 본 연구자에 의해 진행되었다. 수업 구성은 처음 1/2차시에는 영어공용화와 관련된 자료를 읽은 후 찬반 입장에 따라 모둠을 조직하고, 2차시에는 모둠 토의, 대표자 토론, 청중 질의로 구성된 협의 토론을 진행하고, 3차시에는 논증적 글쓰기를 수행하는 방식으로 이루어졌다. 2차시 협의 토론 수업의 전 과정은 비디오로 촬영되었으며, 수업 후 전사하여 분석 자료로 활용하였다.

영어공용화 논쟁의 경우 협의 토론 없이 쓰기를 수행한 두 개 집단과 협의 토론을 실시하고 쓰기를 수행한 두 개 집단이 통제집단과 실험집단의 관계를 지닌다. 이에 본고에서는 두 집단의 논술문에 나타난 논증 양상을 비교하여 협의 토론이 학습자들의 논증적 글쓰기에 어떠한 영향을 미치는지를 분석하고자 하였다. 또한 3인의 평가자로 하여금 일반적인 논증적 글쓰기의 평가 기준에 비추어 해당 논술문들을 평가하게 하고 그 결과를 통계적으로 검증함으로써 협의 토론의 효과를 확인하고자 하였다.

동료 평가를 적용한 실험 연구는 작품 속 인물 평가와 관련된 논제에 대해 S고등학교 11학년 남녀 학습자 110명을 대상으로 실시되었으며 수업은 총 2차시에 걸쳐 본 연구자에 의해 진행되었다. 1차시 수업은 앞선 경우와 동일하게 진행되었고, 2차시 수업에서는 동료 평가가 이루어져 한 편의 논술문에 대해 3명의 동료 평가가 이루어졌다. 2차시 수업 후 학습자들은 정해진 기한 동안 동료 평가를 고려한 수정계획서를 작성하고 논술문을 수정 보완하여 본 연구자에게 다시 제출하였다. 이 과정에서 해당 논제에 대한 초고본, 동료평가지, 수정본의 세 가지 자료가 산출되었는데 본고에서는 이에 대한 비교 작업을 통해서 동료 평가가 학습자의 논증적 글쓰기에 어떤 영향을 미쳤는지를 분석하고 그 교육적 효과를 밝히고자 하였다.

본고에서는 교과 과정에 기반한 논증적 글쓰기를 학습 논술이라는 용어로 개념화하고, 현장 실험을 통해 자료를 수집하여 학습자들의 논증적 글쓰기 수행 양상과 능력을 진단하고자 하였다. 이를 토대로 학습자들의 논술문에 나타난 문제점을 제시하고 이를 개선하기 위한 방안으로 학습자 간의 상호 작용에 바탕을 둔 협의 토론과 동료 평가를 적용하여 그 효과를 분석하였다. 이러한 작업은 논증적 글쓰기가 지닌 교육적 효용성을 교과 과정과 학습의 장 안으로 끌어들이기 위한 의미 있는 시도로 본고에서는 연구 결과를 바탕으로 하여 학습 논술 교육을 위한 교육 내용과 효과적인 교수 학습 방안을 마련하고자 하였다.

Ⅱ. 학습 논술 교육을 위한 예비적 고찰

1. 학습과 논증적 글쓰기의 관계

1) 학습과 논증적 글쓰기의 관련성

학습은 일반적으로 연습이나 경험의 결과 일어나는 행동의 지속적인 변화로 규정된다.[1] 학습이 연습이나 경험의 결과에 의해 발생한다는 것은 학습이 배움을 목적으로 한 인위적인 상황을 전제로 한다는 사실을 나타내며, 행동의 지속적인 변화는 배움의 결과가 일회적인 것이 아니라 구조적인 영향을 미칠 수 있는 것이어야 한다는 의미를 나타낸다. 일반적으로 학습이 지식을 매개로 이루어지는 것을 고려하면 학습은 학습자로 하여금 지식을 배우게 하고, 그 영향이 학습자의 인지 구조에 지속적인 영향을 미치게 만들려는 시도로 파악할 수 있다.

학습에 대한 이러한 규정은 학습자에 의한 의미 구성을 강조하는 구성주의의 관점과 상통한다. 이와 관련해 Dewey는 교육을 지력이나 경험이 성장하는 과정 자체로 파악하였는데, 이는 하나의

1) 서울대 교육연구소, 『교육학용어사전』, 하우, 1994, 769면.

문제 사태에서 신장된 지력이 다른 문제 사태에도 활용될 수 있는 것을 의미한다. 그는 교육에서 중요한 것은 특정한 경험을 얻는 것이 아니라 경험을 재구성하는 과정에서 반성적인 사고와 탐구 능력을 습득하고 신장시켜 나가는 것이라고 인식하였다.[2] 교육과 관련된 Dewey의 이러한 생각은 학습에도 그대로 적용될 수 있다.

학습은 지식을 배우고 이를 내면화시키는 과정이다. 이렇게 보면 학습에서 제일 중요한 요소는 학습자의 내적 태도에 놓임을 알 수 있다. 학습은 주어진 객관화된 활동 성향의 주관적 재구성을 의미하며 이는 오직 학습자를 통해서만 가능하다. 따라서 학습에서는 학습자가 자신을 배움의 주체로 이해하고 행동하려는 능력과 경향을 지니고 있느냐의 여부가 중요하게 작용한다.[3]

학습이 반성적 사고와 탐구 능력과 관련을 맺고 학습자의 내적 태도에 의해 좌우된다는 사실은 학습과 논증적 글쓰기를 긴밀하게 연관시키는 요인으로 작용한다. 이와 관련해 Crosswhite는 논증적 글쓰기를 가르친다는 것은 가장 깊은 의미에서의 소크라테스적인 노력이라고 규정하면서 이는 전수된 지식을 전달하려는 시도가 아니라 문어적 의사소통의 맥락에서 학생들이 착상을 발견하고 이를 명료화하도록 격려하고 인도하는 것이라고 설명하였다. 그에 의하면 논증 행위는 갈등을 이용하여 학습과 탐구를 수행하고 변화와 새로움을 창조하는 강력한 방법으로 이를 통해 학생들은 상상하고 추론하고 판단하는 능력을 계발하고 강화할 수 있게 된다고 한다.[4] 이러한 견해는 논증 행위를 통한 탐구와 발견을 핵심으로 하

2) 엄태동 편저, 『존 듀이의 경험과 교육』, 원미사, 2001, 186～201면.
3) 볼프강 징켈 지음/권민철 역, 『수업현상학』, 학지사, 2005, 120～130면.
4) 제임스 크로스화이트 지음/오형엽 옮김, 『이성의 수사학』, 고려대출판부, 2001, 10～16면.

는 논증적 글쓰기와 배움에 의한 학습자의 내적 변화를 강조하는 학습의 본질이 밀접한 관련이 있음을 잘 드러내고 있다. 즉 학습에서 강조하는 학습자의 내적 변화는 논증적 글쓰기의 핵심에 위치한 탐구와 발견을 통해 달성될 수 있는 것이다.

논증적 글쓰기는 탐구와 발견을 통한 학습자의 능동적 의미 구성을 돕는 효율적인 수단에 해당한다. 논증적 글쓰기가 학습을 위한 효과적인 수단이 된다는 것은 논증 행위의 본질과 긴밀한 연관성을 지니므로 이를 파악하기 위해서는 논증에 대한 이해가 필요하다. 논증(論證, argumentation)은 '전제된 명제로부터 결론을 이끌어내는 행동이나 작용', '논거들의 체계적인 사용이나 제시', '논리적 혹은 형식적 추론'이라는 사전적 의미를 지니고 있다.[5] 논증의 기본적 의미가 이처럼 다양하게 나타나는 것은 논증이 논리학이나 수사학과 같은 분야와 긴밀한 관련을 맺으면서, 이를 바라보는 관점에 따라 각기 다른 강조점을 지닌 의미로 통용되기 때문에 나타나는 현상이라 할 수 있다.

이와 관련해 Plantin은 규범화된 담화 현상 안에서 논증의 영역을 네 가지로 나누어 제시하고 있다. 그는 우선 논증을 과학적 영역과 화용적 영역으로 나누고, 화용적 영역에서의 논증을 수사학과 관련시키고 있다. 과학적 영역에서의 논증은 형식주의와의 관련성에 따라 형식적 논증과 비형식적 논증으로 나뉘며, 형식적 논증은 논리적인 것과 과학적인 것으로 구분하고 있다.[6] 여기서 언급된 논증의 다양한 영역은 문제 상황에 따라 다르게 나타나는 논

5) The Oxford English Dictionary(2nd Edition) vol. 1, Oxford University Press, 1989, p. 626.

6) 크리스티안 플란틴 지음/장인봉 옮김, 『논증 연구』, 고려대출판부, 2003, 180～185면.

증 과정의 특수성을 반영한 것으로 논리학적 논증, 수사학적 논증, 과학적 논증, 비형식적 논증으로 정리된다. 이는 각각 논리학, 수사학, 자연과학의 연구방법론, 신수사학의 논의를 바탕으로 하고 있으며, 논증 이론의 역사적 전개 과정과 깊은 관련을 맺고 있다. 따라서 이들이 어떠한 맥락에서 탄생하였으며, 어떠한 특징을 지니는지를 파악하는 것은 논증을 총체적으로 이해하는 데 도움이 된다.

논리학은 정확한 추론과 부정확한 추론을 구분하기 위하여 사용되는 여러 원리와 방법들을 연구하는 학문이다. 이를 위해 논리학에서는 완성된 논증에서 전제와 결론 사이에 존재하는 추론의 형식과 질을 평가하는 것을 주된 관심으로 삼는다.[7] 논리학의 성립에 결정적 영향을 미친 Aristoteles는 논리학 영역을 모든 학문을 위한 예비학이자 도구로 간주하였다. 그는 논리학 저작 모음집인 『오르가논』을 개념론, 판단론, 추리론, 오류론으로 구성하였는데, 이는 전통 논리학의 일반적 순서로 받아들여졌으며 오늘날에도 많은 영향을 미치고 있다.[8]

논리학적 논증은 전제로부터 결론을 도출하는 추론 행위라 할 수 있다. 논리학적 논증은 대체로 연역, 귀납, 유비 추리의 세 가지로 구분되는데, 이 중에서 가장 핵심적인 위치를 차지하는 것은 연역 추리라 할 수 있다. 귀납과 유비 추리가 논리적 비약을 포함하고 있어서 절대적인 진리를 보장할 수 없는 반면에 연역 추리는 형식적인 규칙을 통해 참인 결론을 이끌어 낼 수 있기 때문이다. 이에 의하면 타당한 논증은 전제들이 모두 참이면서 결론이 거짓

---

7) 어빙 코피 외 지음/박만준 외 옮김, 『논리학 입문』(제10판), 2000, 경문사, 3~5면.
8) 아리스토텔레스 지음/김재홍 옮김, 『변증론』, 길, 2008, 9~10면.

일 수 없는 논증으로, 전제로부터 결론이 따라 나오는 논증을 의미한다. 즉 여기에서는 주어진 전제들로부터 연쇄논법에 의해 결론을 도출시키기 때문에 논증은 참이 될 수밖에 없다.[9]

수사학은 기원전 5세기 경 시칠리아의 참주가 몰락하자 그에게 재산을 빼앗긴 사람들이 소유권 회복 소송을 제기하면서 발생한 것으로, 서구에서 논증의 역사는 법정 수사학과 함께 시작된 것으로 여겨진다.[10] 수사학은 아테네로 유입되면서 말을 중심에 둔 민주정치의 사회적 여건과 변론가 무리인 소피스트 집단의 출현이란 인적 조건에 의해 급속히 발전하게 되었다고 한다.[11] 수사학을 진실을 가리는 부도덕한 것으로 비난한 Socrates나 Plato과 달리 수사학을 진실을 추구하고 전달할 수 있는 언어적 기술로 인식한 Aristoteles는 대중을 설득하기 위한 수사학적 논증의 세 가지 요소로 증거들의 출처, 문체의 자질, 담론의 배열을 들고 언어 외적 요소로 연기술을 제시하였다.[12]

수사학적 논증에서는 화자가 자신의 목적을 달성하기 위해 청중들에게 호의적인 반응을 이끌어내는 것을 중시한다. 수사학적 논증은 사회적 쟁점에 대한 대화적 상황을 전제로 하며, 필자는 의견을 달리하는 독자를 설득하기 위해 맥락과 문체와 담론 구성에 신경을 써야 한다. 아리스토텔레스는 『수사학』에서 공공적 의사소통의 유형을 법정 변론인 사법적 장르, 정치 변론인 토론적 장르, 의식 담화인 제시적 장르로 구분하고 각각의 장르에 어울리는 논증

9) 김광수, 『논리와 비판적 사고』(쇄신판), 철학과 현실사, 2007, 45~67면.
10) 올리비에 르불 지음/박인철 옮김, 『수사학』, 한길사, 1999, 15~19면.
11) 필립 브르통・질 고티에 지음/장혜영 옮김, 『논증의 역사』, 커뮤니케이션북스, 2006, 10~17면.
12) 아리스토텔레스 지음/이종오 옮김, 『수사학 III』, 리젬, 2007, 11~19면.

방식으로 생략삼단논법, 예증, 과장법을 들고 이를 통해 변론가는 청중에게 자신이 의도하는 분노나 동정, 희망이나 두려움, 찬탄이나 멸시의 감정을 불러일으킬 수 있어야 한다고 주장하였다.[13)]

논리학과 수사학은 서구의 중세시대에 필수적인 교과목으로서 중요하게 다루어졌으나 시간의 흐름에 따라 점차 위상이 추락하게 되었다. 16세기에 Ramus는 논증을 철학의 영역에 배치하고 수사학을 표현의 영역에 한정시킴으로써 논증과 표현을 분리하였는데, 이로 인해 수사학은 문체적 장식에 치우치는 경향을 나타내게 되었다.[14)] Ramus의 이러한 시도는 분명한 사유의 전달을 목표로 하는 입장에서 수사학적인 장치를 사유의 방해물로 인식하는 경향에서 비롯되었으며, 그 결과 논증은 구체적인 삶의 현장과 분리된 수학적 논리학의 발전으로 이어지게 되었다. 그러나 자연과학의 발달로 인해 과학적 증명과 발견이 중요한 가치를 지니게 됨에 따라 형식논리학에 치중한 논증은 그 효용성에 의문을 낳게 되었다.[15)]

과학적 연구 방법과 관련된 논의는 Aristoteles까지 거슬러 올라갈 수 있지만 이것이 본격화되기 시작한 것은 17세기부터라 할 수 있다. 이 시기에 Galileo는 자연 현상의 법칙을 탐구하기 위해 감각의 추상화와 수학적 연역에 이어 가설을 실험에 의해 검증하는 방법을 도입하였다. Galileo의 연구 방법은 수학적 추리를 주축으로 삼고 이를 실험을 통해 검증한 것으로, 이는 근대과학의 시작을

---

13) 아리스토텔레스 지음/이종오 옮김, 『수사학 Ⅰ』, 리젬, 2007, 127～158면. 아리스토텔레스의 수사학 체계가 지닌 의미에 대해서는 '올리비에 르불 지음/박인철 옮김, 앞의 책, 1999, 28～43면' 참조.

14) 티모시 보셔스 지음/이희복 외 옮김, 『수사학 이론』, 커뮤니케이션북스, 2007, 100～104면.

15) 박우수, 「변증술과 논리학 : 그 개념과 역사」, 『한국수사학회 월례학술발표대회 자료집』, 한국수사학회, 2004년 7월, 38면.

연 것으로 평가받는다. 이후 과학적 연구 방법은 Newton에 의해 완성되어 근대과학의 본격적인 발전을 이루어내었고, 다른 분야에까지 거대한 영향력을 미치게 되었다.16)

과학은 사물이나 현상에 내재하는 필연적 질서를 이론을 기반으로 하여 설명하는 것을 목적으로 한다. 과학은 현상과 이론 사이의 필연적 귀결을 지향하지만, 피설명항이 전제로부터 연역적으로 도출되는 형식논리학과 달리 현실적으로 확률적이고 개연적인 결론을 가질 수밖에 없다. 과학적 논증은 과학이 추구하는 필연적 귀결의 이상과 현실적 증명의 한계 사이에 존재하는 간극을 좁히기 위해 엄밀성을 기반으로 하여 성립된다. 그로 인해 과학이 주는 대답은 항상 어떤 조건이나 방법 하에서 현상들이 어떻게 발생하며 어떤 관련을 맺고 있는가에 한정되며, 이 또한 관찰과 실험에 의해 측정된 수치로 뒷받침되기를 요구 받는다. 실험 관찰의 결과에 반복적으로 노출되어도 흔들리지 않을 이론을 구성하는 것은 매우 어려운 일이기 때문에 실험적 증거는 주의 깊게 통제된 절차를 따라야 하며 결론은 허용 오차의 한계를 넘지 않을 때라야 타당한 것으로 간주된다. 과학적 논증이 지닌 이러한 엄정한 절차와 정확성의 추구는 과학의 설명력을 높이는 요인이 된다.17)

비형식적 논증은 문체적 장식에 치우친 기존의 수사학을 비판하고 수사학에서 논증의 역할을 다시 강조함으로써 일상의 수사학을 복원하려 했던 신수사학자들에 의해 부각되기 시작했다. 신수사학에서는 논증의 핵심적 측면을 감정이나 화자의 신뢰에 바탕을 둔 소구가 아니라 증거와 논리에 의한 체계적인 논의로 파악하는 입

---

16) 김영식 외, 『과학사』, 전파과학사, 1997, 93～99 · 117～124면.

17) 어니스트 네이글 지음/전영삼 옮김, 『과학의 구조 Ⅰ』, 아카넷, 2001, 19～64면.

장에 서 있다.[18] 즉 신수사학이 표방하는 비형식적 논증은 형식논리학이 목표로 하는 절대적 진리가 아닌 수용 가능한 논리의 생산을, 수사학적 논증이 바탕으로 하는 특정 청중을 대상으로 한 상황적 설득이 아닌 보편적 설득을 추구한다는 특성을 지닌다.

신수사학의 대표적 이론가인 Perelman은 논증에 있어서 합리적인 것과 이성적인 것의 구별을 주장하였다. 그는 합리적인 것을 수학적 이성과 상응하는 것으로 보고 이를 경험이나 대화와 관계없는 자명한 진리로 파악한 반면에 이성적인 것은 상식 또는 양식에 영향을 받으며 시대와 집단에 따라 변화하는 것으로 인식하였다. Perelman은 도덕과 가치와 관련된 인문학적인 문제에 대하여 이성적인 결정을 내리도록 돕는 것을 논증의 역할로 보았으며 이 과정에서 대화와 설득, 청중의 역할을 중요하게 간주하였다.[19]

비형식적 논증에서 '비형식적'이라는 말은 논리의 부재를 뜻하는 것이 아니라 형식논리학과 자연과학적 논증이 지닌 기계적 합리성을 비판하는 의미를 내포하고 있다. 인간이 살아가는 현실은 추상적 사유의 형식이나 수학적 연산에 의해 규명될 수 없는 사회적 · 문화적 · 역사적 상황에 바탕을 둔 갈등을 내포하고 있다. 이러한 문제는 기계적 합리성에 의해 해결될 수 없으며 인문학적 사고에 바탕을 둔 접근을 필요로 하는데, 비형식적 논증은 이와 관련을 맺는 논증 방식에 해당한다.

학습은 배움을 매개로 한 학습자의 능동적 의미 구성을 통해 완성되며, 이는 학습자에 의한 탐구와 발견을 통해 이루어진다. 논증적 글쓰기가 학습의 효과적인 수단이 된다는 것은 학습자에 의한

18) 티모시 보셔스 지음/이희복 외 옮김, 앞의 책, 2007, 135~141면.

19) 미에치슬라브 마넬리 지음/손장권 외 옮김, 『페렐만의 신수사학』, 고려대출판부, 2006, 42~57면.

탐구와 발견을 촉진할 수 있는 가능성에서 비롯된다. 이러한 관점에서 앞서 언급한 네 논증 영역과 학습의 관계를 따져보면, 논리학적 논증과 수사학적 논증은 학습과 관련성이 떨어지며, 과학적 논증과 비형식적 논증은 학습과 연관성을 지닌 것으로 파악할 수 있다. 논리학적 논증은 전제로부터 연역되는 결론을 확인하는 데 그친다는 측면에서, 수사학적 논증은 청중의 요구와 상황에 의존한 설득을 지향한다는 측면에서 지식을 매개로 탐구와 발견을 추구하는 학습과 거리를 지닌다. 이에 비해 과학적 논증은 전문적 지식과 엄정한 탐구 절차에 의해 새로운 지식의 발견을 지향한다는 측면에서, 비형식적 논증은 현실의 다양한 측면을 고려하면서도 수용 가능한 해결책을 도출하는 과정이 탐구와 발견을 통해 이루어진다는 측면에서 학습과 관련을 지닌다. 따라서 과학적 논증을 기반으로 한 논증적 글쓰기와 비형식적 논증을 기반으로 한 논증적 글쓰기가 학습과 긴밀한 관련성을 지니는 것으로 파악할 수 있겠다.

2) 학습과 관련된 논증적 글쓰기의 유형

가. 문제 해결 글쓰기

비형식적 논증은 현실의 복잡다단한 맥락을 고려하여 수용 가능한 논리의 생산을 추구하며, 이는 문제 상황에 대한 해결로서의 의미를 갖는다. 비형식적 논증에 의한 해결은 이에 이르는 길이 고정되어 있지 않으며, 제안된 결론만이 진리라고 여기지도 않는다. 이런 점에서 비형식적 논증에 기반한 논증적 글쓰기는 문제 상황과 관련된 주체의 다양한 해석과 창조적 적용을 가능하게 만든다. 본고에서는 비형식적 논증에 기반한 논증적 글쓰기를 문제 해결 글쓰기로 명명하고 이와 관련된 구체적 양식과 특성들을 살펴나가도록 하겠다.

문제 해결 글쓰기는 문제 상황과 수용 가능한 해결책 제시를 핵심으로 하며, 이와 관련이 있는 전통적 글쓰기 양식으로는 황제의 물음에 대해 신하가 대답하는 글을 가리키는 대책(對策)을 들 수 있다. 대책은 중국의 한문제와 한무제가 인재를 선발하는 과정에서 생겨난 것으로, 황제가 문제를 제출하는 부분을 제(制)라고 하고, 신하가 문제에 회답하는 것을 대책이라 하였는데 후세에 과거 시험에 이 방식을 많이 사용하게 되었다고 한다. 주로 경의(經義)나 정사(政事)와 관련된 문제가 제출되었으며, 거자(擧子)가 답한 글을 책문(策文)이라 하였다.[20] 조선시대에 책문은 과문(科文)의 육체(六體) 중 하나로 과거 응시자들에게 군왕이 당대의 주요한 문제에 대해 견해를 묻는 글에 해당하였다. 책문이 다루는 문제는 정치와 학문 영역에서 사회풍속에 이르기까지 다방면에 걸쳐 있었으며, 거자는 자신이 지닌 지식과 성의를 다해 책문을 작성하였다.[21]

책문의 구성은 크게 서론, 입론, 결론의 세 부분으로 나뉠 수 있다. 서론은 허두(虛頭)라고 하였는데, 임금의 치적을 높이고 임금의 물음이 나오게 된 배경을 분석하거나 전체 글의 대지(大旨)를 압축적으로 제시하였다. 입론부에서는 임금의 물음에 해당하는 것을 하나하나 제시하며 각각에 대해 논의를 전개하였는데, 이를 축조(逐條)라 일렀다. 이 과정에서 당금의 폐단이나 문제에 해당하는 사례를 들고, 문제의 본질을 파악하여 이를 구제할 수 있는 견해를

---

20) 진필상 지음/심경호 옮김, 『한문문체론』, 이회, 1995, 306~311면.
21) 최식, 「책문의 특징과 글쓰기 : 『策文準的』을 중심으로」, 『동방한문학』 39, 동방한문학회, 2009, 382~385면.

제시하고자 하였는데[22], 논의는 치밀하게 안배되어 진행되었고 문장 또한 대체로 대우(對偶)를 이루어 정련되어 있었다. 결론에서는 병렬식으로 전개되었던 내용을 아우르며 대지를 재천명하는 방식을 취했다.[23] 책문은 과거 시험이라는 특수한 상황에 기반한 글쓰기에 해당하지만 논증의 측면에서 볼 때 필자가 지닌 지식을 바탕으로 하여 특정한 문제 상황과 관련된 수용 가능한 해결책을 제시하는 것을 본질로 하고 있다. 책문이 지닌 이러한 특성을 고려해 보면 책문은 비형식적 논증에 바탕을 둔 문제 해결 글쓰기 양식으로 파악할 수 있을 것이다.

문제 해결 글쓰기에 해당하는 또 다른 양식으로는 논술을 들 수 있다. 논술은 흔히 문제를 해결하는 글쓰기로 정의되는데, 입시 상황을 배경으로 한 논술은 책문과 유사하게 필자가 자신이 지닌 배경지식을 활용하여 주어진 문제에 대해 합리적인 해결책을 산출하도록 만드는 양상을 나타낸다. 논술은 인위적인 문제 상황을 제시하여 필자의 사고 능력을 평가하기 위한 목적을 지니고 있으며, 이는 지식의 학습과 학습된 지식의 심화된 이해를 추구하는 글쓰기로 이어질 교육적 가능성을 내포하고 있다.

문제 해결 글쓰기에서 해결은 언어로 구축된 수용 가능한 논리의 생산을 의미한다. 수사학적 논증에 기반한 설득이 구어적 상황을 바탕으로 화자의 에토스나 청자의 파토스를 논증의 중요한 요소로 받아들이고 있다면, 비형식적 논증에 기반한 해결은 텍스트

---

22) 위의 논문에서는 책문의 격식을 '허두(虛頭)-중두(中頭)-축조(逐條)-대저(大抵)-설폐(設弊)-구폐(救弊)-종편(終篇)'으로 설명하고 있는데, 현재의 폐단을 제시하는 부분이 '설폐', 이를 구제할 수 있는 견해를 제시하는 부분이 '구폐'에 해당된다.

23) 임완혁, 「조선전기 책문과 사의 세계인식 : 『殿策精粹』를 중심으로」, 『한문학보』 20, 우리한문학회, 2009, 363~366면.

가 지녀야 하는 로고스에 초점을 맞춘 논증 유형이라고 할 수 있을 것이다. 또한 비형식적 논증에 의한 해결은 기계적 합리성에 의존한 논리가 아니라 필자에 의해 경험과 지식, 가치관과 세계관이 일관된 체계를 갖춘 텍스트를 산출하는 것을 목표로 한다. 문제 해결 글쓰기 수행은 지식의 체계적 조직과 새로운 의미 생산을 통해 필자의 지적 성장을 가능하게 만드는 교육적 수단으로서 역할을 할 수 있다.

나. 학술적 글쓰기

과학적 논증은 근대 과학이 성립된 이후 학문적 문제 해결 방식의 핵심으로 자리 잡았다. 과학적 논증은 일상적 언어와 상식이 주는 모호함을 줄이고 실험과 수치를 통해 가설을 검증하는 행위를 바탕으로 하며, 이를 통해 현상에 대한 설명력이 높은 이론을 수립하는 것을 목적으로 한다. 과학적 논증이 추구하는 엄밀성은 자연과학의 영역에만 한정되지 않고 사회과학이나 인문과학의 연구방법론에도 많은 영향을 끼쳤다. 사회과학 연구에서 주관성을 벗어나기 위해 통계학적 방법을 사용하거나 인공적인 상황을 조성한 실험실 연구나 현장 실험 연구를 진행하고, 역사 연구에서 확률적 설명과 발생적 설명을 통해 사건의 원인을 밝히거나 대상의 변천 과정을 재구해 나가는 것 또한 과학적 논증에 해당된다.[24)]

과학적 논증에 기반한 논증적 글쓰기는 학문적 문제 해결을 추구해 나가는 글쓰기에 해당한다. 이는 탐구와 발견에 의해 과제를

---

24) 어니스트 네이글 지음/전영삼 옮김, 『과학의 구조 II』, 아카넷, 2001, 747~838면 · 911~1007면.

해결해 나간다는 점에서 문제 해결 글쓰기와 공통점을 지니지만, 과학적 논증에 기반한 논증적 글쓰기는 전문적 지식을 다루고 엄정한 방법적 절차를 준수해야 한다는 측면에서 비형식적 논증에 기반한 문제 해결 글쓰기와는 차이를 지닌다. 이런 측면에서 본고에서는 과학적 논증에 바탕을 두고 학문적 문제 해결을 추구하는 논증적 글쓰기를 학술적 글쓰기로 명명하고 이와 관련된 구체적 양식과 특성들을 살펴나가고자 한다.

전통적 글쓰기에서 학술적 글쓰기와 관련이 있는 양식으로는 논변체(論辨體) 산문을 들 수 있다. 논변체 산문은 자연과학의 영향을 받지 못해 근대적인 의미의 과학적 논증과는 거리를 지니지만 사리를 분석하고 시비를 변별하는 것을 위주로 한다는 점에서 당대의 과학적 논증으로서의 위상을 나타내고 있다. 논변문은 필자의 정치적·학술적 관점을 제시하는 것을 내용으로 하며, 입의(立意), 파리(破理), 사류(事類), 형상(形象), 주밀(周密) 등의 기교를 바탕으로 서술되는데[25] 이는 글의 논리를 구성하는 방법에 해당된다. 논변체 산문은 의론의 방식과 중점 배치에 근거하여 논(論), 변(辨), 원(原), 해(解)와 같은 양식으로 나뉘는데, 각각은 논증하고 분별하고 해석하는 것을 글의 본질로 삼고 있다.[26]

논변체 산문의 대표적 양식인 '논(論)'에 대해 유협은 "聖人의 不變의 가르침을 經이라 하고, 經의 哲理를 祖述 전개한 것을 論이라 한다. …… 그 뜻이 원활히 통하는 것을 귀히 여기고, 言辭가

25) 여기서 입의와 파리는 논지와 논리를 형성하는 것을, 사류와 형상은 고사와 비유를 통한 논증의 방법을, 주밀은 글을 구성하는 방식과 관련이 있다.

26) 이상의 내용은 '진필상 지음/심경호 옮김, 앞의 책, 1995, 149~183면' 참조.

末梢的인 데로 흘러 버리는 것을 꺼린다. 마음과 이치를 반드시 결합시켜서 論敵이 타고 들어오는 여유를 주지 않는 것, 이것이 要諦가 된다."[27]고 하여 논이 경전의 이치를 밝히려는 데에서 유래하였으며, 서술에 있어서 언어의 논리성과 논증의 정밀함을 중요하게 여긴다고 설명하였다. 서사증은 논의 내용 영역을 8가지로 분류하고 있는데, 그 가운데 주된 것은 이론(理論), 정론(政論), 경론(經論), 사론(史論)의 네 분야라 할 수 있으며,[28] 이는 철학, 정치, 역사 등과 관련이 있는 것으로 당대의 주된 학문적 관심사와 연결된다. 이처럼 논변체 산문은 학문적 대상의 의미를 논증하여 밝혀나가는 것을 본질로 하고 있으므로 학술적 글쓰기 양식에 해당된다고 할 수 있겠다.

학술적 글쓰기와 관련이 있는 대표적 양식으로는 학술 논문을 들 수 있다. 논문은 특정 학문 영역이 관심을 갖는 문제를 대상으로 해당 학문 체계에서 통용되는 개념과 방법을 사용하여 현상을 설명할 수 있는 이론을 수립하는 것을 목표로 한다. 논문은 학문 영역별로 분화된 추상적 개념과 논리 체계를 사용하기 때문에 전문적인 특성을 나타내며, 이로 인해 논문의 소통은 해당 학문 공동체 구성원의 범위를 벗어나기 힘들다.

학술적 글쓰기는 특정 학문의 지식과 체계가 쓰기의 원천으로 작용하며, 학문 공동체의 인정이 중요한 영향력을 가지는 전문화된 쓰기 양식에 속한다. 이를 원활히 수행하기 위해서 필자는 해당

27) 유협 지음/최신호 옮김, 『문심조룡』, 현암사, 1975, 75~78면.

28) 서사증은 논(論)의 내용을 이론(理論), 정론(政論), 경론(經論), 사론(史論), 문론(文論), 풍론(諷論), 우론(寓論), 설론(設論)의 여덟 가지로 나누고 그 대표작들을 제시하고 있는데, 이론(理論), 정론(政論), 경론(經論), 사론(史論)에 해당하는 글들이 대부분을 차지하고 있다. 서사증, 『文體明辯』 三, 오성사, 1984.

학문의 지식을 갖추고 있어야 하며, 학문 공동체가 인정하는 연구 방법과 쓰기 방식에 익숙해져야 한다. 따라서 학술적 글쓰기는 오랜 기간의 숙련을 필요로 하며, 학문 영역별로 전문화된 연구를 수행하는 대학의 글쓰기 방식에 적합한 것이라 할 수 있겠다.

논증 영역의 특성을 고려해 볼 때, 학습과 관련된 논증적 글쓰기 유형은 비형식적 논증을 기반으로 한 문제 해결 글쓰기와 과학적 논증을 기반으로 한 학술적 글쓰기의 두 가지로 구분할 수 있다. 문제 해결 글쓰기와 학술적 글쓰기는 지식을 바탕으로 하여 문제 해결을 추구한다는 점에서는 공통점을 지니지만 다루는 지식의 수준, 해결 방법의 특성, 해당 양식이 소통되는 양상 등을 고려하면 차이를 나타낸다. 즉 학술적 글쓰기는 문제 해결 글쓰기가 고도로 전문화된 형태로서의 특징을 갖는다.

3) 학습을 위한 논증적 글쓰기에 요구되는 논증 능력

학습을 위한 논증적 글쓰기는 문제 해결을 본질로 하고 있다. 문제 해결을 위해서는 다양한 지식과 정보를 바탕으로 논증 내용을 생성하고, 이를 타당한 논증으로 제시하며, 쓰기 규범에 맞게 텍스트로 표현하는 과정이 필요하다. 따라서 학습을 위한 논증적 글쓰기에 요구되는 논증 능력은 문제 상황과 관련 있는 논증 내용 생성 능력, 수용 가능성을 높이기 위한 논증 타당화 능력, 쓰기 규범에 부합하는 논증 소통 능력의 세 가지로 파악할 수 있다. 아래에서는 이러한 측면에 주목하여 논증 능력과 관련된 사항들을 구체적으로 살펴나가도록 하겠다.

가. 문제 상황과 관련 있는 논증 내용 생성 능력

글쓰기는 일반적으로 의미 구성 과정으로 언급되며 이 가운데 핵심적 위치를 차지하는 것은 내용 생성 능력으로 간주된다. 학습을 위한 논증적 글쓰기 또한 마찬가지여서 글쓰기를 위한 내용의 마련, 곧 논증 내용 생성이 논증적 글쓰기를 위한 기본적인 단계로서 작용을 한다. 학습을 위한 논증적 글쓰기는 문제 상황에 대한 필자의 주장을 정하고 근거를 제시하며 이를 정당화해 나가는 행위를 요구하므로 먼저 문제 상황에 대한 필자의 비판적 인식이 선행되어야 한다. 이는 현상에서 문제를 발견하는 과정으로 여기에서는 비판적 사고가 중요한 역할을 하며, 특정 사상이 논증 대상으로 정해지면 이는 해결해야 할 과제인 논제로서의 성격을 갖게 된다. 논제가 확정되면 필자는 이와 관련된 다양한 정보를 수집해야 한다.

학습을 위한 논증적 글쓰기는 쓰기 수행을 위해 논제와 관련된 지식을 요구한다. 학습을 위한 논증적 글쓰기는 논증 대상과 관련된 지식과 정보의 토대 위에서 논의가 전개될 때 의의를 획득할 수 있는데, 이는 문제 해결이 논거의 제시를 통해 결론을 뒷받침하는 행위를 본질로 하며 논거의 제시는 논제와 관련된 지식과 정보를 원천으로 하여 생성될 수 있기 때문이다. 필자는 다양한 정보와 지식을 자신의 주장을 뒷받침하기 위해 적절히 인용하고 가공하는 과정을 거쳐 문제 해결에 이르게 된다.

논증 내용 생성과 관련된 지식과 정보의 원천으로는 우선 필자가 지닌 경험적 요소를 들 수 있다. 인간이 지닌 경험은 개체의 한계를 벗어나지 못한다는 점에서 주관적이기는 하지만 세상에 대한 인간의 인식과 태도를 결정짓는 데 있어 매우 중요한 역할을 하며 동일한 경험을 공유하는 집단에 대해서는 강력한 근거로 작용할 수 있는 힘을 가진다. 다음으로는 필자가 쌓아온 배경지식 또한 지식과 정보의 원천으로서 중요한 역할을 한다. 여기에는 독서 경험, 대중 매체의 정보, 학교에서 배운 학습 내용, 타인에게 들은 이야기 등 다양한 요소가 존재한다. 이는 평소에는 필자의 장기 기억 속에 무질서하게 흩어져 있지만 논증 목적을 달성하기 위해서 체계적으로 조직되고 활용될 수 있다.

논증 내용 생성과 관련하여 가장 중요한 역할을 하는 것은 쓰기를 위한 읽기라 할 수 있다. 필자가 지닌 경험적 요소나 배경지식은 논증적 글쓰기를 위한 내용의 원천으로서 나름대로 역할을 할 수 있지만 필자에게 논제와 관련된 적절한 정보가 언제나 갖춰져 있는 것은 아니며, 그 적용 범위 또한 제한된 경우가 대부분이다. 따라서 논증 내용 생성을 위해서는 논제와 관련된 지식과 정보를 구해야 하는 경우가 일반적이며, 이는 쓰기를 위해 관련된 자료를 읽는 행위로 나타나게 된다.

읽기와 쓰기가 밀접한 상관관계를 지닌다는 점은 많은 논자들에 의해 제기되어 왔다. 새로운 의미와 텍스트 창조는 필자가 자신의 견해와 목적을 가지고 자료에 접근하여 다른 필자의 텍스트를 전용하거나 변형함으로써 발생하는 것이라 할 수 있다. 사람들은 쓰기 이전에 자료 텍스트를 읽을 때 이미 새로운 의미를 마음속으로 구성하기 시작한다. 텍스트를 읽고 의미를 구성하는 독자의 역할과 텍스트를 생산하기 위해 의미를 만들어 나가는 필자의 역할이 읽기와 쓰기의 과정에서 혼합되어 동시적으로 나타나기 때문에 읽기와 쓰기를 명확하게 구분하는 것은 매우 어려운 일이다.[29)]

---

29) 스피비 지음/신헌재 외 옮김, 『구성주의와 읽기 · 쓰기』, 박이정, 2004,

쓰기를 위한 읽기는 의미 생산을 위한 적극적인 행위에 해당하며, 이는 지식과 정보를 기반으로 이루어지는 학습을 위한 논증적 글쓰기의 내용 생성에서 핵심적인 역할을 한다. 읽기를 통해 논증 내용 생성에 필요한 정보를 찾고 이를 적절하게 활용하는 능력은 문제 해결을 위해 필자가 갖추어야 할 기본적인 능력에 해당한다. 하지만 읽기 행위가 무조건 쓰기에 효과적으로 작용하는 것은 아니다. 즉 필자가 자신의 쓰기 목적에 맞게 자료를 해석하거나 활용하지 못하고 자료에 직접적으로 의존하는 쓰기만을 수행할 때 이는 논증 텍스트의 질을 떨어뜨리는 요인으로 작용하게 된다.

학습을 위한 논증적 글쓰기는 논증 내용 생성을 위해 지식과 정보를 구하고 이를 논증 목적에 맞게 적절히 인용하고 활용하는 필자의 능력을 기반으로 성립된다. 필자는 논증 내용 생성을 위해 우선적으로 경험이나 배경지식을 활성화 할 필요가 있으며, 자신의 주장을 정당화하는 데 필요한 지식과 정보를 구할 수 있어야 한다. 이러한 과정은 주로 쓰기를 위한 읽기를 통해 진행되며 필자는 논증을 위해 마련된 자료들에 직접적으로 의존하지 말고, 이를 논증 목적에 맞게 적절히 가공하고 활용하는 능력을 지닐 수 있어야 할 것이다.

나. 수용 가능성을 높이기 위한 논증 타당화 능력

논증적 글쓰기는 논증 내용이 수용 가능한 논리를 갖추었음을 인정받는 것을 필요로 하며, 이를 위해서는 논증의 타당성[30]이 인

228～230면.

30) 논리학에서는 '타당한 논증'과 '건전한 논증'을 구분하여 사용한다. 즉 타당하다는 말은 논증의 형식에 적용되며, 건전하다는 말은 논증의 내

정되어야 한다. 논증의 타당성을 판단하는 기준은 다양하게 나타날 수 있는데, 여기에서는 이를 기본적 조건, 일반적 조건, 영역적 조건의 세 가지로 나누어 살펴보고자 한다. 이러한 조건들이 종합적으로 고려될 때 논증 텍스트의 수용 가능성은 높아질 수 있게 된다.

논증적 글쓰기에서 타당한 논증을 위해서는 기본적으로 논리적 일관성을 갖출 필요가 있다. 논리학적 관점에서는 전통적으로 비일관성과 불가해함에 빠져들지 않는 명제를 논리적으로 가능하다고 말하며 자료와 모순되는 결론만을 불가능하다고 얘기한다. 이는 논리학에서 수용되는 정통적인 규범이며 논증적 글쓰기 또한 여기에서 벗어날 수는 없다. 논리적 모순은 자가당착, 비정합성, 자기부정, 비일관성 등의 용어로 설명되는데, 모순된 전제들로부터는 어떤 결론이라도 도출될 수 있기 때문에 그러한 전제들에 근거하여 어떤 특정한 주장을 한다는 것은 아무런 의미를 지니지 못한다.[31]

논리적 모순에 대한 판단은 해당 논증의 성립가능 여부를 결정짓기는 하지만 실질적 관심사인 결론이 진정으로 가능한지를 확정하는 데에는 큰 도움을 주지 못한다. 우리는 제시된 명제가 자료와 모순되지 않는가를 확증할 필요만 있는 것이 아니라 그에 대한 지지 작용과 수용 가능성을 조사하고 평가해 그것이 진정한 해결책이냐를 확증할 필요가 있다. 비일관성과 모순성의 제거는 타당한

용을 포함하는 것으로 쓰인다. 본고에서 사용하는 타당한 논증은 논리학적 관점에서 보면 건전한 논증의 의미와 상통하지만 논증적 글쓰기와 관련된 논의에서는 이를 구분하지 않고 타당한 논증이라는 말이 통용되므로 본고에서도 이를 따른다. 논리학에서 이 둘 사이의 구분과 관련된 내용은 '김광수, 앞의 책, 2007, 83~85면' 참조.

31) 위의 책, 284~285면.

논증을 위한 선결 조건이며 이런 작업이 이루어진 후에야 비로소 수용 가능성에 대한 진정한 물음들이 생겨날 수 있다.[32)]

논증 타당화와 관련된 일반적 조건으로는 흔히 용인성, 적절성, 충분성이 언급된다. 이는 주장을 정당화하기 위해 사용되는 근거가 받아들일 만하고, 결론과 적절한 관련성을 지니며, 주장을 뒷받침하기 위해 충분한 이유를 제공해야 한다는 의미를 지니고 있다.[33)] 근거의 질과 관련된 기준으로는 정확성, 구체성, 대표성, 신뢰성을 들 수 있는데, 이는 신뢰할 만한 출처에서 나온 대표성을 띤 근거가 정확하고 구체적으로 제시될 때 그 근거가 쉽게 받아들여질 수 있음을 나타내고 있다.[34)] 즉 신뢰성을 지닌 구체적 근거를 결론과 적절하게 연관시키며 충분하게 제공하는 논증은 논증 영역의 특수성을 떠나서 논증을 타당하게 만드는 일반적인 조건으로 인정될 수 있을 것이다.

논증적 글쓰기에서 논증의 타당성에 대한 평가는 주장과 근거 사이에 작용하는 추론 관계에 대한 판단에 따라 좌우된다. 그런데 이와 관련된 판단 기준은 논증 영역의 특성에 따라 차이를 나타낸다. 주장과 근거 사이의 추론 관계에 작용하는 논증 타당화의 강도를 기준으로 논증 영역을 차례대로 나열하면 논리학적 논증, 과학적 논증, 비형식적 논증, 수사학적 논증 순으로 정리가 가능하다. 이는 논리학적 논증이 형식논리의 규칙에 의거해 반드시 참인 결론을 도출하고, 과학적 논증이 엄정한 절차와 실험을 통해 설명력

---

32) 스티븐 툴민 지음/고현범 외 옮김, 『논변의 사용』, 고려대출판부, 2006, 270~271면.

33) Trudy Govier, *A practical study of argument(5th ed.)*, Belmont, CA: Wadsworth Thomson Learning, 2001, pp. 68~71.

34) 조셉 윌리암스 · 그레고리 콜롬 지음/윤영삼 옮김, 『논증의 탄생』, 홍문관, 2008, 229~232면.

이 높은 검증된 결론을 제시하며, 비형식적 논증이 증거와 논리에 기반한 체계적인 주장을 나타내고, 수사학적 논증이 청중들의 동의를 얻기 위해 감정적인 요소에 호소하는 경향을 보이는 특성을 반영한 것이다. 즉 과학적 논증에서는 타당한 추론이 논리학적 논증에서는 수용되지 않을 수 있으며, 수사학적 논증에서는 타당한 추론이 비형식적 논증에서는 잘못된 것으로 간주될 수 있다. 이런 관점에서 보면 논증 타당화의 기준은 논증 영역의 특성에 따라 바뀌는 상대적인 성격을 드러낸다.

학습을 위한 논증적 글쓰기와 관련된 논증 타당화는 논리학적 논증이 추구하는 형식적 진리의 세계와 수사학적 논증이 추구하는 상황 의존적 논리의 세계의 중간에 위치한다. 이 사이에서 학습을 위한 논증적 글쓰기는 타당한 논증 논리의 구축을 통해 수용 가능한 해결책의 제시를 지향하고 있다.

학습을 위한 논증적 글쓰기는 논증 타당화에 요구되는 기본적 조건과 일반적 조건을 충족시키는 바탕 위에서 영역적 조건을 충족시킬 수 있어야 한다. 즉 학습을 위한 논증적 글쓰기에서 필자는 우선적으로 논증 내용이 모순이 없는 일관성을 갖추도록 만들고 신뢰할 수 있는 출처를 지닌 대표성 있는 근거를 정확하고 구체적으로 제시함으로써 논증 타당화를 꾀해야 한다. 이러한 조건이 충족된 바탕 위에서 학습 상황과 논증 영역의 특성에 맞는 논증이 수행될 때 학습을 위한 논증적 글쓰기가 제안하는 문제 해결의 수용 가능성이 높아질 수 있을 것이다.

다. 쓰기 규범에 부합하는 논증 소통 능력

학습을 위한 논증적 글쓰기는 문제 해결을 지향하므로 객관적이고 논리적인 성격을 지녀야 하며, 이는 논증 소통의 측면에서 쓰기 규범의 역할을 강조하는 요인이 된다. 학습을 위한 논증적 글쓰기와 관련된 쓰기 규범은 양식과 독자의 측면에서 살펴볼 수 있다. 학습을 위한 논증적 글쓰기는 논제와 관련된 해결책의 제시와 이에 대한 독자의 수용을 기반으로 성립된다. 여기에서 해결책의 제시는 논증 내용을 나타낼 수 있는 안정된 쓰기 양식을 필요로 하며, 독자의 수용은 독자의 이해를 증진시키기 위한 필자의 대응을 요구한다. 이는 학습을 위한 논증적 글쓰기에서 메시지 전달을 효과적으로 만들기 위한 논증 소통의 통로가 된다.

학습을 위한 논증적 글쓰기에서 필자는 쓰기 양식의 규범을 준수해야 한다. 학습을 위한 논증적 글쓰기는 문제 해결을 추구하므로 해결책의 제시가 객관적이고 공인된 방식을 따를 필요가 있다. 해결책의 제시가 필자 제각각의 방식으로 행해진다면 논증 내용에 대한 이해와 소통이 원활히 이루어지지 않게 될 것이다. 이런 측면에서 쓰기 양식은 논증 소통을 위한 일종의 규약 역할을 하며, 필자는 양식 규범의 준수를 통해 논증 내용을 독자에게 분명히 전달할 수 있게 된다.

양식 규범에 대한 준수는 사회구성주의 작문 이론의 논의와 관련성을 지닌다. 사회구성주의 작문 이론에서는 의미 구성에 있어서 담론 공동체의 역할을 강조하는데, 여기에서는 텍스트를 담론 관습 및 규칙의 집합으로 인식하고 필자를 담론 공동체 구성원의 일원으로 파악하고 있다.[35] 이는 쓰기 행위를 개인의 인지적 차원이 아니라 사회적 소통의 차원에서 바라본 것으로 필자는 담론 관

---

35) James E. Porter, Intertextuality and the discourse community, *Rhetoric review*, 5(1), 1986.

습에 대한 준수를 통해 담론 공동체에서 소통 가능한 쓰기를 수행해야 한다는 점을 강조하고 있다.

학습을 위한 논증적 글쓰기 또한 담론 공동체가 요구하는 양식 규범을 준수하는 바탕 위에서 텍스트를 생산해내야 한다. 예를 들어 학술적 글쓰기의 대표적 형식인 논문 쓰기를 수행하는 경우 필자는 해당 학문 공동체가 사용하는 개념과 어휘, 문제 해결의 구조, 문체의 관습 등과 관련된 규범을 준수해야 한다. 이러한 양식 규범이 이행되지 않을 때 해당 텍스트는 논증 소통에 있어서 많은 곤란을 초래하게 된다. 이처럼 양식 규범에 대한 준수는 논증 텍스트의 소통을 위한 필요조건으로 작용한다.

학습을 위한 논증적 글쓰기의 논증 소통과 관련된 또 다른 요소로는 예상 독자의 반응을 들 수 있다. 예상 독자는 상황 맥락에 따라 실체로서 존재할 수도 있으며, 필자의 머릿속에서 이미지로 존재할 수도 있다. 수사학적 논증 상황에서 Aristoteles가 설득에 필요한 세 가지 요소 중 하나로 청중의 정서와 관련 있는 파토스를 언급했을 때[36], 여기에서의 청중은 구어적 담화 상황을 기반으로 하여 실체로서 존재하고 있었다. 그러나 소통 상황이 화자와 청자의 직접적 접촉을 매개로 하는 구어적 맥락을 떠나 텍스트를 통한 간접적 접촉을 기반으로 한 문어적 맥락으로 넘어오게 되면 예상 독자의 존재는 다른 양상을 띠게 된다.

논증적 글쓰기는 독자와의 소통을 전제하고 쓰이지만 필자는 잠재적 독자를 가정할 뿐 독자의 실체를 직접 대면하는 경우는 드물다. 이에 필자는 스스로 객관적이고 보편적이라고 생각하는 독자의 상을 창조하고 이에 조회하며 글을 써 나간다. 필자가 글쓰기

---

36) 아리스토텔레스 지음/이종오 옮김, 『수사학 I』, 리젬, 2007, 58~64면.

과정에서 상정하는 독자의 실체는 필자 개인에 의해 창조된 '내 안의 타자'라 할 수 있으며, 이는 필자 개인의 지성이 추상화된 형태에 해당된다.[37] 이런 의미에서 필자가 상정한 독자의 형상과 수준이 생산되는 텍스트의 질을 결정하는 데 중요한 역할을 한다.

학습을 위한 논증적 글쓰기에서 예상 독자의 의미와 관련해서는 Perelman의 논의를 참고할 필요가 있다. 그는 인간의 합리성을 증명적 명백함이나 감정적 비합리성과 구분되는 것으로 보고, 논증을 변증론과 대화의 방법을 통해 수용력이 높은 이성적 결론을 도출해내는 과정으로 인식하였다. 이로 인해 그는 논증 과정에서 청중의 존재를 중요하게 고려하였는데, 그는 철학자들이 말하는 보편청중이 실체가 아니라 이론에 가깝다고 비판하면서 보편청중은 연설자가 합리적인 인간에 대해 갖는 사고방식과 전제들에 대한 이미지에 해당한다고 주장하였다. 따라서 Perelman은 진리를 개인이 지닌 보편청중의 이미지가 토의나 토론 과정을 통해 조정되는 과정에서 구성되는 것으로 파악하고자 하였다.[38]

Perelman의 논의는 학습을 위한 논증적 글쓰기에서 예상 독자를 고려하는 것에 대해 시사점을 던져준다. 즉 학습을 위한 논증적 글쓰기에서 예상 독자를 고려하는 것은 Aristoteles가 언급한 파토스적인 요소가 아니라 필자가 지닌 보편청중의 상을 보완할 수 있도록 타자와의 대화적 상황을 바탕으로 해야 한다는 것이다. 여기에서 필자는 합리적 이성을 통해 논증을 제시하고 이를 타자와의 합

---

37) 이아라는 이를 '숨은 독자'라는 용어를 사용하여 설명하고 있다. 이에 관한 자세한 내용은 '이아라, 「글쓰기 과정의 '숨은 독자(Hidden Reader)'」, 『국어교육학연구』 31집, 국어교육학회, 2008' 참조 바람.

38) CH. Perelman, & L. Olbrechts-Tyteca, *The new rhetoric: a treatise on argumentation* ; Translated by John Wilkinson and Purcell Weaver, Notre Dame : University of Notre Dame Press, 1971, pp. 31～33・59～62.

리적 대화 상황 속에 두려고 노력함으로써 논증을 보완해 나가야 한다. 이때 타자와의 합리적 대화는 필자의 머릿속에서 추론적으로 진행될 수도 있고, 실제로 타자에게 자신의 글쓰기를 드러내는 방식으로 이루어질 수도 있다. 학습을 위한 논증적 글쓰기에서 예상 독자를 고려하는 것은 타자의 비판적 인식을 통해 필자의 논증을 보완하고 이를 통해 독자의 이해를 증진시켜 나가는 방향에서 이루어져야 한다.

학습을 위한 논증적 글쓰기에서 필자는 쓰기와 관련된 양식 규범을 준수하고 독자의 이해를 고려하는 논증 소통 능력을 갖추고 있어야 한다. 이는 필자가 생산한 논증 텍스트가 독자들에게 효과적으로 전달될 수 있는 기본적인 요건이 된다. 학습을 위한 논증적 글쓰기에서 필자는 담론 공동체가 인정하는 쓰기 양식의 규범을 인지하고 예상 독자의 반응을 고려하여 이에 적절히 대처해 나감으로써 메시지를 효과적으로 표현하는 논증 소통 능력을 발휘할 수 있어야 할 것이다.

2. 학습 논술의 개념 및 특성

1) 학습 논술의 개념

앞선 논의에서는 학습과 관련된 논증적 글쓰기의 유형을 문제 해결 글쓰기와 학술적 글쓰기의 두 가지로 나누어 살펴보았다. 이들은 다루는 지식의 수준, 논증 영역의 특성, 소통 양상 등에 있어서 차이를 보이지만 합리적인 문제 해결을 추구한다는 점에서는 유사성을 지닌다. 학습과 관련된 논증적 글쓰기에서 문제 해결은 필자로 하여금 문제 상황과 관련된 해결책을 산출하는 과정에서 지식의 탐구와 활발한 사고 작용을 경험하게 만든다. 논증적 글쓰기를 통한 문제 해결이 지닌 교육적 가치를 인정한다면 다음으로는 학습자들에게 어떠한 문제 해결을 수행해 나가도록 만들 것이냐에 대한 고민이 따르게 된다. 이와 관련해 본고는 논증적 글쓰기 교육이 교과 학습 상황에 바탕을 두고 이와 관련된 문제를 해결하는 방향으로 설계되어야 한다는 입장을 지니고 있다. 이러한 관점에서 본고는 교과 학습과 관련된 문제를 해결하는 논증적 글쓰기를 학습 논술로 명명하고 이와 관련된 논의를 펼쳐 나가고자 한다.

학습 논술은 교과 학습과 관련된 논술이라 할 수 있으므로, 이를 규명하기 위해서는 먼저 논술에 대한 고찰이 필요하다. 논술은 축자적인 의미에서는 논리적 서술 행위를 뜻하는 말로 쓰이지만, 교육적 측면에서 글쓰기 목표와 과정에 입각하여 논술의 개념을 규정한 것을 몇 가지 살펴보면, "논술은 주어진 과제를 논리적 과정을 통해 해결하고 그 결과를 언어로 서술하는 글쓰기"[39], "논술은 문제를 해결하는 글쓰기"[40], "논술은 비판적 읽기와 창의적 문제 해결하기를 기반으로 한 논리적 글쓰기"[41] 등으로 나타난다. 여기에 언급된 논술에 대한 정의에는 표현상의 차이는 있지만 논술을 논리적 과정을 통한 문제 해결의 글쓰기로 규정하는 공통점이 드러난다.

그런데 논술은 입시 논술이 지닌 현실적 영향력으로 인해 이를

39) 서울대 국어교육연구소, 『논술, 출제와 평가의 실제』, 한샘출판사, 1996, 42면.
40) 김대행 외, 『고등학교 논술』, 대한교과서, 2008, 12면.
41) 김영정, 「통합교과형 논술의 특징」, 『철학과 현실』 69, 철학문화연구소, 2006, 155면.

지칭하는 말로 쓰이는 경우가 흔하다. 논술이 논리적 과정을 통한 문제 해결의 글쓰기란 규정을 고려하면 입시 논술이 논술이란 말을 대변하는 것은 왜곡된 현상에 해당한다. 입시 논술은 입시라는 특수한 상황을 바탕으로 하므로 논술 영역의 일부분에 불과하며, 논술 시험에 대한 대비 또한 논술 교육의 본령이 될 수는 없다. 특히 입시 논술이 평가와 선별을 목적으로 하여 교육과정에서 벗어난 문제 상황을 다룸으로써 논증적 글쓰기 교육을 왜곡시키는 점을 고려하면 논증적 글쓰기 교육과 관련된 새로운 방향 모색이 요청된다.

논증적 글쓰기는 탐구와 발견을 통해 학습자의 사고력을 향상시킬 수 있는 중요한 교육적 수단에 해당한다. 입시 논술이 문제가 되는 것은 학습자의 수준에서 벗어나는 문제 상황을 제시함으로써 학습자의 능동적 의미 구성을 어렵게 만들고, 이로 인해 논증적 글쓰기가 지닌 교육적 효용성을 감소시키는 데 있다. 따라서 논증적 글쓰기가 지닌 교육적 효과를 극대화하기 위해서는 학습자들이 활발한 탐구를 진행하고 이를 통해 새로운 의미를 구성할 수 있게 만드는 것이 필요하다.

학교 교육에서 논증적 글쓰기를 통한 사고력 향상 교육에 접근하는 방법은 교과 모형과 일반 모형의 두 측면에서 살펴 볼 수 있다. 교과 모형은 교과 교육을 통해서만 학습자들의 사고력을 신장시킬 수 있다는 입장을 나타내며, 일반 모형은 교과 보편의 일반적인 사고력이 존재하며 이는 교과 교육과 다른 별도의 접근을 필요로 한다는 입장에 서 있다. 이 두 입장의 기본적인 차이점은 전자가 교과의 지식 및 구조를 사고의 이론적 기저로 삼는 반면에 후자는 기능이나 전략을 사고의 바탕으로 인식한다는 데 놓인다.42)

교과 모형과 일반 모형의 논의를 논증적 글쓰기 교육과 연계하여 보면 교과 모형에서는 논증적 글쓰기를 교과 학습의 수단으로 활용하여 학습자의 사고력 향상을 꾀하는 반면에 일반 모형에서는 사고력과 논증적 글쓰기를 별도의 교과나 프로그램으로 만들어 가르치는 방식을 취하게 된다.[43] 그런데 일반 모형의 방식을 따라 사고력 교육을 위해 새로운 프로그램을 도입한다면 이것이 사고력 발달에 어떠한 효과를 나타내는지를 증명하는 일이 필요하다. 또한 해당 프로그램이 도입된다면 이것이 사고력 발달을 이끌어내는 교육적 수단이 되기보다 그것 자체가 교육 내용이 될 가능성이 크다.[44] 일반 모형이 나타낼 수 있는 이러한 문제점과 학교 교육에서 교과 학습이 차지하는 비중을 고려하면 논증적 글쓰기가 지닌 교육적 가능성을 극대화시키기 위해서는 교과 학습과 논증적 글쓰기의 연계를 강화해 나갈 필요가 있다.

학습 논술은 학습자들의 논증적 글쓰기 수행에 있어서 교과 지식을 적극적으로 활용하려는 시도에 해당한다. 학습 논술은 학습자들이 학습된 지식을 바탕으로 하여 이와 관련된 논제를 탐구와 발견을 통해 해결해 나가는 것을 추구한다. 이러한 관점에서 학습 논술은 교과 학습과 연관된 문제를 수용 가능한 논리의 제시를 통해 해결해 나가는 글쓰기로 규정할 수 있다. 여기에서 교과 학습과

---

42) 이와 관련한 자세한 사항은 '허경철 외, 『사고력 신장을 위한 프로그램 개발 연구』 Ⅳ, 한국교육개발원, 1990, 193~280면' 참조 바람.

43) '논술' 과목을 별도의 교과로 만들자는 주장은 일반 모형에 의한 입장을 잘 드러내는 견해라 할 수 있다.

44) 논리학에서 중요하게 여기는 추론 방법이나 오류 분석을 프로그램으로 삼는다면 그것이 사고력이나 글쓰기 능력으로 전이되기보다 해당 내용 자체가 학습해야 할 지식으로서의 위상을 갖게 될 것이다. 이는 결국 추론 방법이나 오류 분석을 잘 아는 교육으로 귀결될 가능성이 크다.

연관된 문제란 학습 논술에서의 논제가 학습된 지식에 바탕을 두고 구성되어야 함을 의미하는 것이며, 수용 가능한 논리의 제시를 통한 해결은 학습 논술의 문제 해결이 고정된 경로를 통한 확정된 해답을 찾는 과정이 아니라 학습자의 주체적 해석과 창조적 적용을 통해 새로운 의미를 생성하는 데 있음을 나타내고 있다. 즉 학습 논술은 필자가 학습된 지식을 바탕으로 하여 교과 학습과 관련된 문제를 해결해 나가는 글쓰기로 학습된 지식과 관련된 심화되고 확장된 의미 생산을 지향하는 글쓰기라 할 수 있다.

학습 논술은 교과 학습과 연관된 문제를 논증 수행을 통해 해결해 나가는 글쓰기에 해당하므로 이와 관련된 몇 가지 특성을 나타낸다. 먼저 학습 논술은 교과 학습을 심화시키기 위한 학습 도구로서의 성격을 지닌다. 학습은 기존의 지식에 대한 배움과 이를 바탕으로 한 적용과 발견 등으로 이루어진다. 이로 인해 학습 논술은 논제와 관련된 학습 내용 이해하기, 논증을 위한 지식과 정보 탐색하기, 수집된 자료를 해석하고 적용하기, 자신의 생각을 글로 표현하여 완성하기 등의 과정을 포함한다. 이는 학습 논술이 논제와 관련된 필자의 능동적인 탐구와 새로운 의미 구성 작업을 본질로 하며, 이 과정에서 필자는 이해하고, 해석하고, 판단하는 등의 사고 작용을 수행해야 한다는 사실을 잘 나타내고 있다. 이런 측면에서 학습 논술은 학습자의 사고 활성화를 통해 학습 내용에 대한 이해를 심화시키는 교육적 수단으로서 역할을 한다.

또한 학습 논술은 학습과 관련된 다양한 글쓰기 양식의 역할을 강화하는 수단으로 작용한다. 학습 논술과 관련된 구체적 쓰기 양식으로는 보고서, 비평문, 감상문을 들 수 있는데, 이들 양식들은 학습된 지식과 관련된 심화되고 확장된 의미 산출을 지향하므로 학습 논술과 긴밀한 연관을 맺는다. 학습 논술은 교과 학습과 관련된 문제 해결을 추구하고 이는 논제의 성격과 논증 목적 등에 따라 구체적 쓰기 양식을 통해 실현되며 최종적으로 텍스트의 형태로 나타나게 된다. 따라서 학습 논술의 도입은 쓰기 양식에 기반한 논증 수행을 강화하는 결과를 가져온다.

마지막으로 학습 논술은 학습자의 논증 능력을 향상시키는 효과적인 교육 수단으로서의 성격을 갖는다. 학습 논술은 학습된 지식을 바탕으로 하여 이와 관련된 논제를 해결하도록 유도함으로써 학습자의 인지적 부담을 덜어주고 논증 수행을 원활하게 만드는 효과를 나타낸다. 학습 논술 수행을 통해 학습자들은 학습된 지식을 활용하여 논제와 관련된 능동적 의미 구성에 보다 쉽게 접근할 수 있고, 이러한 경험을 바탕으로 문제 해결을 위한 논증 능력을 발달시킬 수 있다. 학습 논술 쓰기를 통해 얻게 된 논증 능력은 대학 교육에서 요구하는 학술적 글쓰기를 위한 논증 능력과 성장 후의 실용적 언어생활에서 요구하는 업무 수행 능력에 필요한 기본 능력의 역할을 할 수 있다. 이런 점에서 학습 논술 교육은 문제 해결을 위한 논증 능력을 형성하는 데 있어 중요한 교육적 의의를 지닌다.

논증적 글쓰기 교육은 학습자들이 스스로의 힘으로 해결할 수 있는 문제 상황을 바탕으로 이루어져야 한다. 입시 논술이 보여주는 것처럼 학습자들의 수준을 넘어선 논증적 글쓰기의 시행은 형식적이고 획일적인 텍스트 생산으로 귀결될 수밖에 없으며, 이는 논증적 글쓰기 교육 자체에 대한 회의를 불러일으키는 요인이 되기도 한다. 또한 논증적 글쓰기 교육은 학습자들이 탐구하고 다룰 수 있는 지식 요소를 기반으로 이루어져야 한다. 추상적 사고 프로그램에 의한 논증 수행은 교육적 효과를 확인하기가 힘들고 해당 프로그램 자체에 대한 학습으로 귀결될 위험성이 크다. 따라서 학습자의 수준을 벗어난 논증적 글쓰기 수행과 추상적 사고 모델에 기반한 논증 교육이 가져올 수 있는 문제점을 지양하고 논증 수행을 통한 사고력 발달이라는 교육적 가능성을 극대화하기 위해서는 교과 과정에 바탕을 둔 학습 논술 교육의 강화가 요청된다.

2) 학습 논술의 특성

학습 논술은 교과 학습과 관련된 문제를 논증 행위를 통해 해결해 나가는 글쓰기에 해당한다. 따라서 학습 논술은 교과 학습, 논증 행위, 글쓰기 양식의 세 가지 측면에서 그 특성을 살펴 볼 수 있다. 아래에서는 학습 논술을 학습 도구의 측면, 논증 행위의 측면, 쓰기 양식의 측면으로 나누어 관련된 특징들을 조명해 나가도록 하겠다.

가. 학습 도구로서의 학습 논술

학습 논술은 학습자로 하여금 교과 학습 내용을 깊이 있게 이해하도록 만드는 역할을 할 수 있다. 일반적인 교수 학습 상황은 교사에 의한 지식의 전달과 이에 대한 학생들의 이해를 통해 이루어진다. 수업의 기본적 기능은 지식의 학습에 있으므로 교수 학습을 통한 지식의 전달과 수용이 특별히 문제될 것은 없다. 그러나 지식의 전달과 수용에 기반한 교수 학습 행위가 학습자에게 지식을 단편적으로 이해시키고 제한된 사고를 유발하는 한계를 갖는 것 또한 분명하다. 학습 논술은 바로 이러한 문제점을 극복할 수 있는 방안의 하나로, 학습자들로 하여금 글쓰기를 통해 학습된 지식을 깊이 있게 이해하고 창조적으로 적용하게 만들어 교수 학습 목표의 심화된 성취와 함께 사고의 발달을 이끌어내는 도구가 될 수 있다.

쓰기가 사고와 학습 발달에 영향을 미친다는 인식은 학교 교육에서 쓰기의 역할에 대한 관심을 증폭시켰다. 교사들의 수업 중 쓰기 활용에 대한 관찰 연구로는 영국에서는 1976년에 Martin과 동료들에 의해, 미국에서는 1981년에 Applebee에 의해 관련 보고서가 발표되었는데, 이 두 연구에 나타난 발견과 결론은 매우 유사하였다. 이들의 연구는 교과 수업에서의 쓰기 활동이 정보의 재생에 치중하는 요구들로 한정되어 있으며 학습 내용에 대한 심화된 사고를 위해 정보를 활용하는 데까지 이르지 못하고 있음을 보여주었다. 쓰기 과제는 수업 내용을 정리하고 질문에 답하도록 지시하는 것이 대부분이었으며 학습 내용을 정교화하거나 분석적인 사고를 촉진하는 사례는 거의 나타나지 않았다.45) 이는 학습 상황에서 쓰기가 가진 교육적 효용성을 제대로 활용하지 못한 경우에 해당하며, 학습 내용에 대한 심화된 이해를 위해서는 논증적 글쓰기의 도입이 필요함을 드러내 주고 있다.

학교에서의 에세이46) 쓰기의 효과에 대한 연구는 Marshall과

45) Richard T. Vacca & Jo Anne L. Vacca, Writing across the curriculum, Roselmina Indrisano and James R. Squire, editors, *Perspectives on writing : research, theory, and practice*, Newark, Dela. : International Reading Association, 2000, pp. 220~221.

46) 에세이는 사전적으로 '어떤 특정한 주제나 한 주제와 관련된 것에 대하여 적당한 길이로 쓴 글'이란 의미를 지니고 있다. 이는 한 화제에 대하여 필자의 생각을 밝힌 글이면 모두 에세이에 해당된다고 할 수 있을 정도로 폭넓은 의미를 지닌다. 이는 에세이 쓰기의 핵심이 논증과정에 있음을 가리키는 것으로 에세이는 논증적 글쓰기 혹은 논술과 통용되는 의미로 사용될 수 있다. 에세이에 대한 사전적 정의는 '*The Oxford English Dictionary(2nd Edition)*, vol. 5, Oxford University Press.

Newell & Carlton에 의해 이루어졌다. Marshall은 11학년 3개 학급을 대상으로 하여 문학 수업에서 쓰기가 지닌 효과에 대한 분석 작업을 수행하였다. 그는 학생들에게 짧은 이야기 네 편을 읽게 하고 쓰기의 유형을 짧은 단답형에 해당하는 제한된 쓰기(restricted writing), 필자의 가치나 경험에 바탕한 개인적 쓰기(personal writing), 텍스트에서의 추론에 기반한 공식적 쓰기(formal writing), 쓰기를 수행하지 않은 경우의 네 가지로 구분하여 그 효과를 비교하였다. 쓰기 후 테스트는 이야기 내용과 관련된 한 단락 정도 분량의 독자 반응을 서술하는 것이었는데, 학생들은 제한된 쓰기에서보다 확장적 쓰기를 수행한 경우 더 높은 점수를 획득하였다. 이 연구를 통해 Marshall은 확장적 쓰기가 현재의 문학 반응뿐만 아니라 문학에 대한 학생들의 이후 반응의 질을 개선시키는 데 명확한 효과가 있다고 주장하였다.47)

Newell & Carlton은 미국 역사 수업에서 쓰기가 텍스트 정보에 대한 이해를 형성하는 데 어떤 작용을 하는가를 연구하였다. 이들은 11학년 우수 학급과 보통 학급을 대상으로 하여 쓰기 유형을 학습 문제에 답하기(answering study questions), 분석적 에세이 쓰기(analytic essay writing), 쓰기를 수행하지 않은 경우로 나누어 수업 관찰과 쓰기 자료 수집, 인터뷰 등을 진행하였다. 쓰기 과제는 2차 세계대전 이전의 미국 외교 정책에 관한 것으로 학생들에게는 관련된 읽기 자료가 세 가지 주어졌는데, 쓰기를 하지 않은 경우와 학습 문제에 답하기에서는 우수반이 더 높은 평가를 받았지만 에

1989, p. 399' 참조.

47) James D. Marshall, The effects of writing on students' understanding of literary texts, The annual meeting of the national council of teachers of English(74th, Detroit, Mi, November), 1984.

세이 쓰기에서는 보통반이 우수반보다 더 나은 평가를 받았다. 이는 보통반이 텍스트로부터 얻은 정보를 재구성하는 능력을 보인 반면에 우수반 학생들은 보다 판에 박힌 접근을 보였기 때문으로 분석되었으며, 다른 쓰기에 비해 에세이 쓰기는 학생들에게 더 큰 화제에 초점을 맞추고 정보에 대한 다층적인 이해를 개발하도록 만드는 효과가 있는 것으로 나타났다.[48] 이러한 연구들은 공통적으로 학습 상황에서의 에세이 쓰기가 학생들의 학습능력을 심화시키는 도구로서 효과를 지니고 있음을 나타내고 있다.

교과 수업에서의 쓰기 유형과 효과에 대한 종합적인 연구는 Langer와 Applebee에 의해 이루어졌다. 이들은 샌프란시스코 지역의 중산층 출신 학생들이 다니는 중등학교에서 교사와 학생들을 대상으로 하여 2년여에 걸쳐 수업에서의 쓰기 활동이 학습에 어떤 영향을 미치는지에 대해 조사하였다. 영어, 사회, 과학 등 각 과목 교사 7명이 대학 프로젝트 팀과 협력하여 그들의 수업에서 쓰기를 효과적으로 활용하는 방안에 대해 토론하고 이를 실행하였는데, 연구자들은 수업 관찰과 학생들의 프로토콜 자료, 과제물 등을 통해 쓰기 활동이 학습에 어떤 영향을 미치는지 분석하였다. 이에 의하면 과목의 특성이나 교사의 수업 목표에 따라 효과적인 쓰기 과제의 유형은 다를 수 있지만[49], 쓰기가 학생들의 사고를 촉진하고 학습 능력을 향상시키는 데 중요한 역할을 하는 것으로 밝혀졌다.

---

48) Geroge E. Newell & Jeff Carton, The effects of writing on learning from text, The annual meeting of the American educational research association, San Francisco, 1986.

49) 이를테면 과학 과목 교사들은 지식의 정리를 위주로 하는 일지나 노트 쓰기를 선호하는 데 비해, 사회나 언어 과목 교사들은 학생들이 정보를 활용하여 사고를 확장할 수 있는 에세이 쓰기를 더 선호하는 것으로 나타났다.

특히 질문에 답하기(study questions), 필기하기(note-taking), 요약하기(summary writing), 에세이 쓰기(essay writing)[50)]와 같은 학습을 위한 쓰기 유형 가운데 에세이 쓰기가 다른 것에 비해 사고구술양이 2배나 되고 다양한 추론 작용과 유연한 사고를 이끌어내는 것으로 드러났다.[51)]

학습을 위한 쓰기가 학습 효과를 높이는 데 큰 기여를 하며, 그 가운데 특히 에세이 쓰기가 학습자들의 사고를 활성화하고 학습 내용에 대한 심화된 이해를 이끌어 낸다는 사실은 폭넓게 인정되고 있다. 학습을 위한 쓰기에서 언급되는 에세이 쓰기는 학습 상황과 관련된 문제의 해결을 지향하는 학습 논술을 의미하는 것으로 파악할 수 있다. 학습 논술은 학습된 지식에 대한 이해에 기반한 논증적 글쓰기에 해당하며, 여기에서 학습된 지식은 필자에게 쓰기의 실마리를 제공하고 내용 생성의 원천으로 작용한다. 학습자들은 학습 내용과 관련된 논제에 답하기 위하여 필요한 정보를 탐색하고, 이를 목적에 맞게 조직하며, 쓰기를 통해 구체화하는 과정에서 학습 내용과 관련된 심화된 이해에 도달할 수 있게 된다. 이런 점에서 학습 논술은 논증 수행을 통해 학습자의 사고를 활성화

---

50) Langer와 Applebee의 연구에서 언급된 에세이 과제를 보면, 영어 과목에서 『로미오와 줄리엣』을 읽고 줄리엣이 부모의 결혼 강요에 맞서 취할 수 있는 대안을 제시하게 한다든가 역사 교과서에서 남북 전쟁 후의 경제적 팽창을 다룬 자료를 읽게 하고 19세기 말과 20세기에 미국의 산업이 성장하게 된 이유를 분석하게 하는 등의 예가 나타난다. 이것은 모두 인물의 성격이나 산업의 발달과 같은 교과 학습 내용과 밀접한 관련을 지니며, 이에 대한 이해를 심화시키기 위한 의도를 잘 보여주고 있다.

51) Judith A. Langer & Arthur N. Applebee, *How writing shapes thinking : a study of teaching and learning*, Urbana, Ill. : National Council of Teachers of English, 1987.

시키고 학습된 내용에 대한 심화된 이해를 가능하게 만드는 학습 도구로서의 위상을 지닌다.

학습 논술은 교과 학습과 관련된 문제를 글쓰기를 통한 학습자의 능동적 의미 구성에 의해 해결해 나가는 도구에 해당한다. 학습 논술은 학습의 도구로 기능하기 때문에 그 구체적 적용 방향은 대상이 되는 교과 내용에 영향을 받을 수밖에 없다. 교과 내용을 기준으로 학습 논술을 구분하면 이는 개별 교과가 다루는 학습 내용을 위주로 한 교과 내 학습 논술과 범교과적 내용을 기반으로 한 교과통합 학습 논술[52)]로 나눌 수 있다.

국어교육에서의 학습 논술은 국어교과의 교육 내용과 깊은 관련을 가질 수밖에 없다. 국어교과는 문법과 문학과 관련된 고유의 지식을 지닌 내용교과이면서 언어사용을 통해 의사소통과 교과 학습 능력의 바탕을 마련하는 도구교과로서의 성격 또한 지니고 있다. 이는 국어교과가 교육의 내용으로 삼는 언어가 가진 복합적 성격에 기인한다. 언어는 그 자체로 하나의 세계를 이루면서 의사소통의 수단이 되며 사고와 정서를 구체화하는 매체이기도 하므로 국어교육에서 고려해야 할 언어의 본질은 체계, 행위, 문화의 세 가지로 압축될 수 있다. 즉 언어는 질서를 갖춘 체계로 존재하며, 사고를 조직하고 표현하는 행위로 나타나고, 사상과 정서를 드러내는 문화로 실현되는 것이다.[53)] 그리고 언어가 지닌 이러한 복합성

---

52) 논술과 관련된 논의에서는 통합교과 논술이라는 용어가 사용되기도 하는데 '통합교과'라는 말은 몇 개의 교과를 통합한 새로운 교과가 존재하는 듯한 인상을 주어 사용을 피하였다. 교과통합이라는 말이 교과 간에 연계가 가능한 공통적인 문제를 다룬다는 의미를 지칭하는 용어로 더 적당한 것으로 생각된다.

53) 김대행, 「국어교과학을 위한 언어 재개념화」, 『선청어문』 30, 서울대 국어교육과, 2002.

에 기반하여 국어교육의 목표를 설정하면 범교과적 도구 능력 향상, 성장 후의 실용적 언어생활 대비, 문화 계승과 창달 등으로 나타낼 수 있을 것이다.[54] 국어교육을 바라보는 관점에 따라 국어교과의 목표와 내용에 대한 강조점의 차이는 있을지 몰라도 언어의 복합성에 의해 국어교과가 내용교과와 도구교과로서의 양면성을 지닌다는 점에 대해서는 이론의 여지가 없을 것이라 생각된다.

국어교과가 내용교과와 도구교과로서의 양면성을 지닌다고 해서 두 요소가 상반되는 것만은 아니다. 문법과 문학과 같은 내용교과 영역이라 해도 학습 과정에서 언어활동의 수행이 필요하며, 언어사용 영역 또한 활동의 대상이 되는 내용 요소를 갖추고 있어야만 하기 때문이다. 다만 내용교과 영역에서는 언어활동의 수행이 해당 영역의 지식을 학습하기 위한 수단으로 작용하는 경우가 일반적이며, 도구교과 영역에서는 언어수행 능력 향상 자체를 목적으로 하기 때문에 내용 요소가 수단으로 활용된다는 차이가 존재한다.[55] 이런 점에서 내용 요소를 기준으로 하여 국어교과와 관련된 학습 논술 대상을 살펴보면 언어 현상이나 체계와 관련된 이해, 문학 작품의 감상, 학습자의 체험이나 일상적 현상 등이 이에 해당된다. 따라서 국어교과에서 교과 내 학습 논술은 학습 목적이나 상황, 학습자들의 수준을 고려하여 이와 관련된 문제들을 해결해 나가는 방향으로 구성될 수 있을 것이다.

---

54) 김대행, 「국어교과학의 과제」, 『청람어문교육』 25, 청람어문학회, 2002. 이 논문에서는 국어교육의 목적으로 개인의 성장, 범교과적 도구, 성장 후의 실용성, 문화 계승과 창달, 문화 분석 능력의 다섯 가지를 제시하고 있다.

55) 언어사용 영역의 경우에는 교육 목표가 언어수행 능력 향상 자체에 놓이기 때문에 내용 요소가 학습자의 언어 수행을 방해하지 않는 체험적 범위나 일상적 현상에 한정되는 경향이 있다.

현실에 존재하는 문제 상황의 복합적인 측면을 반영하고 학습자의 사고 능력을 진작시키기 위해서 학습 논술은 범교과적 차원에서 국어교과와 다른 교과 내용과의 확장적 연계를 추구하는 교과 통합의 방향에서 실현될 수도 있다. 현대사회가 지닌 지식의 파편화 경향에 대해 이는 실제 세계의 반영이라기보다 학자들이 만든 인공적 상황의 결과물이며, 따라서 현상을 올바르게 설명하기 위해서는 사실에 기반한 이론들을 연결함으로써 지식을 통합할 필요가 있다는 주장이 제기되고 있다.[56] 이를 교육적 국면에서 생각해보면 교과는 인간과 세계의 현상을 각 학문의 논리에 따라 구분해놓은 것으로 학습자가 경험하는 현실은 여러 교과의 내용과 중첩되는 경우가 많다. 따라서 학습자를 중심에 둔다면 교과의 학습 내용이 굳이 개별 교과의 내용영역 내에만 제한될 이유는 없으며, 오히려 서로 관련을 지닌 다른 교과와의 연대를 통해 교육적 효과를 극대화하는 방안을 모색할 필요가 있다.[57]

학습 논술을 위한 교과 간 통합은 교과 내용 간의 상호 관련성을 기반으로 성립될 수 있다. 예를 들어 국어교과에서 어휘에 내재한 이데올로기적 지향성과 사회문화적 의미를 비판적으로 분석하는 활동을 사회교과의 내용과 연계하거나[58] 개인적 역사 기록이라

---

56) 에드워드 윌슨 지음/최재현 · 장대익 옮김, 『통섭』, 사이언스 북스, 1998, 39～47면.

57) 이와 관련한 사항은 '박인기, 「국어교육학 연구의 방향:재개념화, 그리고 가로지르기」, 『국어교육학연구』 22, 국어교육학회, 2005'와 '박인기, 「국어교육과 타 교과교육과의 상호성」, 『국어교육』 120, 한국어교육학회, 2006', '박인기, 「교과의 생태와 교과의 진화」, 『국어교육학연구』 34, 국어교육학회, 2009'에서 지속적으로 제기되었다.

58) '정재찬, 「소통과 연대를 위한 국어교육」, 『국어교육』 120, 한국어교육학회, 2006'에서는 비판적 사고와 사회적 소통의 측면에서 국어교과와 사회교과의 다양한 연대 가능성을 모색하고 있다.

할 수 있는 문학과 역사교과의 내용을 관련지어 범교과적 학습을 기획하는 것은 얼마든지 가능하며 그 교육적 효과도 클 것이라 기대된다. 물론 교과통합이 단순히 소재적 차원에서의 결합만으로 이루어진다면 문제가 있겠지만 교과 간 학습 목표나 내용이 유사한 부분을 출발점으로 삼아 다양한 방식으로 접근해 나간다면 의미 있는 교과통합 학습 논술이 가능하리라 생각된다.

학습 논술은 학습자로 하여금 교과 학습과 관련된 문제를 글쓰기를 통해 해결하도록 함으로써 학습 내용에 대한 심화된 이해를 이끌어내는 학습 도구로서 기능을 한다. 학습자는 학습 논술을 수행하는 과정에서 사고의 활성화와 의미 구성을 경험하게 되고, 이를 통해 학습 내용과 관련된 심화된 이해에 도달할 수 있게 된다. 이런 점에서 학습 도구로서 학습 논술의 효과를 극대화하기 위해서는 학습자의 능동적인 의미 구성을 촉진할 수 있는 교육적 방안 마련이 요청된다.

나. 논증 행위로서의 학습 논술

학습 논술은 학습자들에게 교과 학습과 관련된 문제에 대한 수용 가능한 의미의 산출을 요구한다. 학습 논술 쓰기에서 학습자들은 형식적이고 기계적인 절차에 따라 필연적으로 도출되는 결론을 확인하는 것이 아니라 주체적인 관점에 의해 해석하고 판단하는 작업을 수행해야 한다. 이런 점에서 학습 논술에서의 논증은 고정된 결론을 지양하고 이에 이르는 다양한 경로를 긍정하는 비형식적 논증의 특성을 갖는다.

비형식적 논증에서 '비형식적'이라는 말은 논리의 부재를 뜻하는 것이 아니라 형식적으로 규정될 수 없는 현실적이고 인간적인 사고의 다양성과 복잡성을 나타내는 것이라 할 수 있다. 비형식적 논증의 특성을 잘 보여주는 것으로는 우선 Perelman의 논증 도식을 들 수 있다. 그는 논증 행위를 크게 사고를 연결시키는 연합 논증과 전체를 이루는 부분을 분리시키는 분리 논증[59]으로 나누었다. 그의 논증 도식에서는 연합 논증이 풍부하게 나타나는데, 이는 준 논리적 논증, 연결에 의한 논증, 연결을 만드는 논증의 세 가지로 구분된다. 준 논리적 논증은 비슷한 관계를 요소들 사이에 세우는 것으로 논증 근거들의 유대 관계를 전제로 구성되며,[60] 연결에 의한 논증은 이미 받아들여진 것에서 받아들이게 하려는 것으로 넘어가는 논증으로 연속적 관계와 동시적 관계의 두 유형이 있다.[61] 연결을 만드는 논증은 비유나 예시와 같은 것으로 둘 사이의 관계는 미리 주어져 있지 않으며 청자들에 의해 적절한 관계가 구성되는 특징을 나타낸다.[62]

van Eemeren은 논증 도식을 징후 논증, 유사 논증, 도구 논증의 세 가지로 나누어 설명하였다. 먼저 징후 논증은 어떤 것이 다른

---

59) 분리 논증은 하나로 묶여 있는 것처럼 보였던 것을 분리하여 하나의 단위 속에 가려 보이지 않던 개념을 분명히 드러내는 데 사용된다. 가령 무신론자를 "거짓 무신론자는 신과 이성적 존재를 혼동하여 신을 부정하며, 진정한 무신론자는 자신의 지성으로 모든 가치를 바꾸고 자신 안에 깊이 침잠함으로써 신을 부정한다"와 같은 진술로 구분하는 것이 이에 해당한다.

60) "국가를 훔치거나 공적 질서에 반하는 선물 공세를 하거나 그 죄는 마찬가지"라는 비교 논증은 준 논리적 논증에 속하는 대표적 예라 할 수 있다.

61) "게으른 자도 돌보는 신이 하물며 그에게 더욱 소중한 이성적 존재들을 등한시 하겠는가"는 예는 동시적 관계의 논증에 해당된다.

62) Perelman의 논증 도식에 대한 설명과 예는 '필립 브르통·질 고티에 지음/장혜영 옮김, 앞의 책, 2006, 45~61면'과 '루스 아모시 지음/장인봉 외 옮김, 『담화 속의 논증』, 동문선, 2003, 20~24면' 참조.

어떤 것의 징후라고 지적함으로써 주장과 논거가 수반 관계를 맺어 전제의 수용 가능성이 결론으로 전이되는 도식을 나타낸다. 여기에서는 근거에 진술된 것이 주장 내용과 관련된 표현, 현상, 신호 등이 되며, 'X는 Y의 특징이다, X는 Y의 전형이다'와 같은 표준화된 표현 형식을 띠게 된다.[63] 유사 논증은 어떤 것이 다른 것과 유사하다고 강조함으로써 주장과 근거가 유추 관계를 맺어 전제의 수용 가능성이 결론으로 전이되는 도식을 의미한다. 여기에서는 근거와 주장이 일치, 병치, 대응 등의 관계를 맺으며, 'X는 Y에 비길 만하다, X는 Y와 꼭 닮았다'와 같은 표준화된 표현 형식을 갖는다.[64] 도구 논증은 어떤 것이 다른 것의 도구라고 여김으로써 주장과 논거가 인과 관계를 맺어 전제의 수용 가능성이 결론으로 전이되는 도식을 뜻한다. 여기에서는 근거의 내용이 주장된 것의 수단, 방법, 원인으로 작용하며, 'X는 Y를 이끌어낸다, Y는 X로부터 나온다'와 같은 표현 형식을 지니게 된다.[65]

Perelman과 van Eemeren이 제안한 논증 도식은 기계적 논증 구조와 달리 납득 가능한 합리적 결론의 도출을 목표로 하는 비형식

---

63) "다니엘은 미국인이니까(그리고 미국인은 돈에 대해 관심이 많은 경향이 있어서), 그는 비용에 대해 걱정하고 있음에 틀림없다"는 명제가 징후 논증의 예에 해당한다.

64) "내가 제안한 방법이 작년에 효과가 있었다. (그리고 이 문제는 우리가 작년에 겪었던 것과 유사하다.) 그래서 이 방법은 다시 효과가 있을 것이다."는 명제가 유사 논증의 예에 해당한다.

65) "탐은 위스키를 너무 많이 마셔서(그리고 위스키 과음은 지독한 두통을 유발하므로), 그는 지독한 두통을 겪고 있음에 틀림없다"는 명제가 도구 논증의 예에 속한다. 이상의 내용과 논증 도식의 예는 'F. H. van Eemeren & R. Grootendorst, *Argumentation, communication, and fallacies : a pragma-dialectical perspective*, Hillsdale, N.J. : L. Erlbaum, 1992, pp. 94～102' 참조.

적 논증의 특성을 잘 보여주고 있다. 비형식적 논증은 논리학적 논증이나 과학적 논증에 비해 엄밀성은 떨어지지만 현실적 사고방식을 잘 반영하고 있으며 그 유용성 또한 뛰어난 것으로 평가할 수 있다. 학습 논술에서 학습자들이 수행하는 논증 행위 또한 이러한 추론 작용을 적용하는 방향에서 이루어질 가능성이 크다. 즉 주장과 근거 사이에 준 논리적 관계를 설정하고 이를 징후나 도구 등으로 파악함으로써 새로운 의미를 창출해 나갈 수 있게 되는 것이다.

논증은 주장과 근거 사이에 타당한 관계를 세우는 행위라 할 수 있다. 형식논리학에서는 이를 참인 전제에 기반하여 필연적인 진리를 도출하는 과정으로 파악하지만 실제적인 논증 양상은 이와는 거리가 멀다. 실제적인 논증은 주장을 정당화하기 위해 관련된 근거를 찾고, 이를 인정받을 수 있도록 합리적인 추론 관계를 설정하려는 인지적 작업으로 파악할 수 있다. 이때의 추론은 기계적인 합리성과 같은 엄밀한 증명력을 나타내지는 않으며, 다양한 경로와 함께 비판 가능성을 갖게 된다. 따라서 학습 논술 수행에서 학습자는 주장을 뒷받침 할 수 있는 근거를 마련하고 다양한 비판에도 견딜 수 있는 합리적인 추론 관계를 제시함으로써 수용 가능한 논리를 산출할 수 있도록 노력해야 할 것이다.

다. 쓰기 양식으로서의 학습 논술

학습 논술에서 교과 학습과 관련된 문제의 해결은 텍스트의 산출로 귀결된다. 학교 현장에서 학습 논술과 관련해 일반적으로 산출되는 쓰기 양식으로는 보고서, 비평문, 감상문 등을 들 수 있다. 이들 양식은 쓰기 목적에 있어서 차이를 나타내는데 이는 각 양식이 다루는 논제의 성격과 깊은 관련을 맺고 있다. 따라서 쓰기 양식의 측면에서 학습 논술의 특성을 파악하기 위해서는 이들 양식이 다루는 논제와 논증의 성격에 대한 고찰이 필요하다.

학습 상황에서 활용되는 전반적인 쓰기 양상과 유형을 살펴본 대표적인 연구로는 1970년대 초 영국에서 Briton 외 4인의 연구자가 공동으로 수행한 프로젝트를 들 수 있다. 이들은 영국 중등학교 교과과정 내에서 실행되는 글쓰기의 양상을 살펴보고 쓰기 능력 발달 단계를 기술하고자 65개 중등학교 1, 3, 5, 7학년의 교과과정 수업과 관련된 글 2,000여 편을 수집하여 분석하였다.[66] 이 연구에서는 수집된 자료들을 표현적 쓰기(expressive writing)[67], 해결적 쓰기(transactional writing)[68], 시적 쓰기(poetic writing)[69]의 세 유

---

66) 학습자들의 연령은 11세에서 18세 사이이다. 연구 자료는 교사들의 자발적 지원에 의해 수집되었고 영어, 역사, 지리, 과학, 종교 과목에서 생산되었다.

67) 표현적 쓰기는 일상적이고 친밀한 상황을 바탕으로 생성되는 글이다. '기르던 개의 죽음'이나 '파티에 입고가고 싶은 옷'과 같은 제목의 글들이 이에 속하는 예에 해당하며, 전체 자료 가운데 5.5%의 비중을 차지하였다. 표현적 쓰기는 주로 어린 필자들에게서 나타나는데 연구자들은 친밀한 맥락에 바탕한 표현적 쓰기가 언어 능력 발달에 필수적인 역할을 하며 이를 성공적으로 수행할 수 있어야 쓰기 능력 발달을 제대로 이룰 수 있게 된다고 보았다.

68) 해결적 쓰기는 실제 세계에 바탕한 글로 개인적인 요소의 배제를 특징으로 한다. 전체 자료 가운데 63.4%를 차지하였으며, 설득적 글쓰기는 비중이 1.6%에 불과하고 대부분의 글은 정보적 글쓰기에 해당되었다. 정보적 글쓰기의 하위 유형으로는 기록, 보고, 일반화된 서사(generalized narrative) 혹은 기술적 정보(descriptive information), 유추적 글쓰기(analogic writing), 이론적 글쓰기(theoretical writing)가 있는데, 이 가운데 유추적 글쓰기가 37%로 가장 높은 비중을 차지하였다. '왜 영국은 스페인 전쟁에 관여했으며, 무엇을 얻게 되었나?'나 '토끼와 관련시켜 포유동물의 주요 특징을 기술하라'와 같은 물음에 대한 대답의 글이

형으로 분류하고 각각의 특성을 고찰하였다.[70] 연구 결과 중등학교의 쓰기는 해결적 쓰기 · 정보적 쓰기 · 유추적 쓰기가 우세하게 나타나며, 시적 쓰기와 표현적 쓰기는 저학년과 영어 · 종교 과목에서 상대적으로 높은 비중을 차지하지만 학년이 올라갈수록 해결적 쓰기의 비중이 점차 강화되는 경향이 있는 것으로 드러났다.[71]

Briton 외의 연구는 다양한 교과목에서 쓰기가 활용되는 양상과 발달 과정을 폭넓게 기술하였다. 이에 의하면 중등학교의 글쓰기는 표현적 쓰기 능력을 기초로 하여 개인적 요소가 사라지고 실제 세계가 대상이 되는 해결적 쓰기와 개인적 요소가 내면화되어 특별한 자기표현의 세계를 창조하는 시적 쓰기로 발달하게 된다고 한다. 학년과 과목에 따라 각 쓰기 유형이 차지하는 비중은 차이가 나지만 중등학교의 쓰기 양상은 해결적 쓰기 · 정보적 쓰기가 중심적인 역할을 하는 것으로 밝혀졌다. 이는 지식의 이해에 초점을 둔 학교 교육의 모습을 잘 반영하는 현상이라 할 수 있을 것이다.

Briton 외의 연구에서 해결적 쓰기는 학습 논술과 유사한 성격을 지니는데, 여기에서는 해결적 쓰기를 설득적 쓰기와 정보적 쓰기로 나누고, 정보적 쓰기의 하위 유형으로 유추적 쓰기와 이론적 쓰기와 같은 몇 가지 양식을 제시하고 있다.[72] 그러나 이는 현상

해결적 글쓰기의 예에 해당한다.

69) 시적 쓰기는 필자의 내적 경험에 해당하는 특별한 자기표현의 글이다. 시적 쓰기는 언어를 예술매체로 사용하며 특별한 패턴이나 새로운 세계를 창조한다. 전체 글 가운데 17.6%를 차지하며, '1차 세계대전의 경험과 관련된 이야기 창작'과 같은 예가 여기에 속한다.

70) 수집된 글들이 모두 분명하게 세 유형으로 나뉘는 것은 아니며, 두 영역의 성격이 겹치는 글들 또한 적지 않게 나타났다.

71) James Britton et al., *The development of writing abilities (11-18)*, London : Macmillan, 1975.

72) op. cit., pp. 146～161.

적인 측면을 기술한 것에 가까우며, 그 양상 또한 학습 내용에 대한 정리와 관련된 것에 치우쳐 있다. 따라서 학습 논술의 구체적 양식을 체계적으로 분류하기 위해서는 논증의 내적 본질에 비추어 논증적 글쓰기를 구분하는 작업이 필요하다.

이와 관련하여 Habermas는 합리적 의사소통의 차원에서 논증 행위를 인식하고, 그에 근거하여 논증 유형을 분류하고자 했다. 그는 논증을 참여자들이 문제가 되는 타당성 주장을 주제화하고 그것을 근거를 통해 뒷받침하려고 시도하는 대화 형태로 규정하였으며 이로 인해 각 의사소통 행위에 상응하는 여러 가지 논증 형태가 존재한다고 보았다. 이에 의하면 논증 유형은 인지적 · 도구적 문제를 다루는 이론적 토의, 도덕적 · 실천적 문제와 관련된 실천적 토의, 예술의 평가 문제와 연관된 미학적 비판, 자기표현의 문제를 중심으로 한 치료적 비판, 상호 이해의 문제를 다루는 설명적 토의로 나타난다. 그는 논증의 타당성은 논증이 형식적으로 서로 구분되기 때문에 그에 따라 기준이 달라질 수 있다고 보았으며, 각각의 타당성은 입증이 수행되는 논증 논리적 조건들을 구체적으로 밝힘으로써 해명될 수 있다고 설명하였다.[73)]

Habermas가 언급한 의사소통 행위에 상응하는 논증 유형은 논증적 글쓰기 양식과 긴밀한 관련을 맺을 수 있다. 쓰기 행위는 본질적으로 의사소통 상황을 전제로 하므로 논증적 글쓰기 양식은 의사소통을 전제로 한 논증 유형과 관련을 지닐 수밖에 없다. Habermas는 논증의 형식과 논제의 성격, 논증 타당성의 핵심을 연계하여 논증의 유형을 설정하고 있는데, 이를 논증적 글쓰기의 구

73) 이와 관련된 자세한 사항은 '위르겐 하버마스 지음/장춘익 옮김, 『의사소통 행위 이론』 1, 나남출판사, 2006, 43~65면' 참조.

체적 양식과 연결시키면 아래와 같이 나타낼 수 있다.[74)]

논증의 형식	문제가 되는 발언의 종류	논란이 되는 타당성 주장	쓰기 양식
이론적 토의	인지적-도구적	명제의 진리, 목적론적 행위의 효율성	논문, 보고서
실천적 토의	도덕적-실천적	행위 규범의 정당성	논설문, 비평문
미학적 비판	평가적	가치 기준의 적합성	비평문, 감상문
치료적 비판	표출적	표현의 진실성	자서전, 일기
설명적 토의	……	상징적 구성물의 이해가능성 내지는 형상화의 적절성	설명문

<표 1. 논증 유형에 따른 쓰기 양식>[75)]

제시된 표에 잘 드러나듯이 Habermas는 논증의 유형을 논제의 종류와 타당성 주장을 기준으로 하여 5가지로 분류하고 있다. 이는 논증의 대상을 객관적 세계, 사회적 세계, 주관적 세계, 개인적 세계, 메타적 영역으로 구분하여 각각에 해당하는 합리성의 근원을 구분한 체계라 할 수 있다. 이들을 글쓰기 양식과 관련시켜 보면 객관적 세계와 관련된 이론적 토의는 논문이나 보고서 양식과,

74) 하버마스의 논증 유형과 연계한 논증적 글쓰기의 분류는 이광모의 논의를 참조하였으며, 본고에서의 분류는 구체적 양상에서 다소 차이를 나타낸다. 이와 관련된 논의는 '이광모, 「의사소통적 합리성과 논증적 글쓰기」, 『헤겔연구』 24, 한국헤겔학회, 2009, 370면' 참조.

75) 논증의 형식과 문제가 되는 발언의 종류, 논란이 되는 타당성 주장은 하버마스의 도표를 인용한 것이며, 쓰기 양식은 필자가 덧붙인 것이다. 하버마스의 도표는 '위르겐 하버마스 지음/장춘익 옮김, 앞의 책, 2006, 65면' 참조.

사회적 세계와 연관된 실천적 토의는 논설문이나 비평문 양식과, 주관적 세계와 관련된 미학적 비판은 비평문이나 감상문 양식과 연관성을 지닐 수 있다.[76] 이 가운데 학술적 글쓰기에 해당하는 논문과 설득적 글쓰기에 해당하는 논설문을 제외하면 학습 논술과 관련된 주된 쓰기 양식은 보고서, 비평문, 감상문이라고 할 수 있겠다.

학습 논술 쓰기에서 학습자는 쓰기 수행 과정을 거쳐 보고서, 비평문, 감상문과 같은 텍스트를 학습 결과물로 산출한다. 보고서는 특정한 주제에 대하여 해당 자료를 수집·분석·종합하여 심화된 정보를 알려주는 글이라 할 수 있다. 보고서는 자료의 성격이나 활동 내용에 따라 다양하게 나뉠 수 있는데, 과학 과목에서 실험이나 관찰 활동 후에 이와 관련된 사항을 정리한 실험보고서나 관찰보고서[77], 사회 과목에서 사회적 활동을 실천하고 그 과정과 결과를 서술한 사회참여보고서[78], 역사 과목에서 유적지를 다녀온 후 작성한 답사보고서[79] 등이 그 예에 해당된다.

---

76) 하버마스는 치료적 비판의 모델로 프로이트의 치료적 대화를, 설명적 토의의 모델로는 번역 작업을 들고 있는데 여기에 해당하는 자기 성찰적 쓰기와 메타적 쓰기는 논증적 글쓰기에 포함시키기에는 논란의 소지가 있을 것으로 보인다. 관련된 내용은 '앞의 책, 58～65면' 참조.

77) 이범홍, 「과학과 수행평가」, 『한국교원대과학연구소 36차 학술세미나 발표문』, 교원대 과학연구소, 1999, 29～33면.

78) 마미화, 「사회과 수행평가 과제의 적합성 분석과 과제」, 『시민교육연구』 36, 한국사회과 교육학회, 2004, 55～58면. 사회참여보고서는 학습자가 실제 생활에서 문제라고 생각하는 현상에 대해 그 문제점을 분석하고 대책을 수립하여 이를 해결하기 위해 노력한 과정과 결과를 정리한 글에 해당한다. 마을 생활에서 불편한 점을 동사무소에 알리고 개선을 촉구하는 편지를 보낸다거나 자신이 지지하는 단체 활동에 참여한 후 그 결과를 보고하는 것이 여기에 속하는 예이다.

79) 이대희, 「고등학교 국사과 역사적 사고력 신장을 위한 수행평가 방안」,

학습 상황에서 비평문은 학습 내용과 관련된 사항에 대하여 분석과 비판을 통해 최선의 판단을 내리고자 하는 글이라 할 수 있다. 비평문은 읽기와 쓰기가 긴밀한 관련을 맺고 있는 쓰기 양식으로 비평의 대상은 문자 텍스트뿐만 아니라 영상 텍스트나 사회문화적 현상까지 포함될 수 있다. 비평문 쓰기에서 대상 텍스트는 쓰기 과제나 문제 발견의 원천, 내용 구성의 자료로서 그 역할을 한다.[80] 역사 과목에서 역사적 사건이나 인물에 대하여 평가하거나 사회 과목에서 사회 제도나 관습에 대하여 비판적 견해를 밝히고, 윤리 과목에서 가치 갈등 상황에서의 도덕적 선택에 대하여 의견을 서술하는 것[81] 등은 모두 이에 속하는 것이라 할 수 있다.

감상문은 주로 예술 작품을 대상으로 하여 보고 느낀 바를 적는 글로 문학, 미술, 음악 학습과 연관성을 지닌다. 감상과 비평은 그 구분이 명확하지 않은 측면이 있는데 대체로 객관적인 기준을 들어 대상을 분석하고 그 타당성이나 의미를 논하는 것을 비평으로 보고, 주체의 내면을 드러내면서 작품을 수용하는 것을 감상으로 간주한다.[82] 예술 작품을 대상으로 한 학습의 경우에는 객관적인 분석을 기하기보다 학습자의 공감적 이해를 유도하며, 주체의 내면을 드러내는 것을 긍정적으로 인식하는 경향이 강하다는 점에서 감상문 쓰기가 일반적이라 할 수 있다.

이상에서 살펴본 학습 논술의 쓰기 양식과 관련된 사항은 아래

『역사교육 논집』 29, 역사교육학회, 2002, 66~68면.

80) 박영민, 「비평문 쓰기를 통한 작문 지도 방법 연구」, 교원대 박사논문, 2003, 16~23면.

81) 이경원, 「도덕과 수행평가에 관한 탐색」, 『윤리연구』 53, 한국국민윤리학회, 2003, 11~18면.

82) 우한용, 「문학교육의 평가」, 『국어교육』 100, 한국국어교육연구회, 1999, 540면.

와 같이 정리할 수 있다.

쓰기 양식	논증 영역	논증 목적	쓰기 양상
보고서	객관적 세계의 사실 확인	이해의 심화	실험 보고, 관찰 보고, 참여 보고 등
비평문	사회적 세계의 규범적 정당성	최선의 판단	인물 비평, 사건 비평, 제도 비평 등
감상문	주관적 세계의 가치 평가	공감의 확대	미술 감상, 음악 감상, 문학 감상 등

<표 2. 학습 논술의 쓰기 양식>

학습 논술은 최종적으로 텍스트의 형태를 띠게 된다. 제시된 표에 잘 나타난 것처럼 학습 논술은 논증 영역과 목적에 따라 구체적 양상을 띠는 보고서, 비평문, 감상문의 형태로 실현된다. 쓰기 양식의 측면에 주목했을 때 학습 논술 교육은 학습자로 하여금 이러한 양식적 글쓰기를 능숙하게 수행하도록 만드는 데 초점을 두어야 할 것이다.

3. 학습 논술의 교육적 의의

1) 학습을 위한 논증적 글쓰기 교육의 비판적 검토

그동안 학습과 관련된 논증적 글쓰기 교육은 입시 논술에 초점이 맞춰져왔다. 입시 논술은 교육과정의 틀에서 벗어나 있지만 논증적 글쓰기 교육에서 현실적으로 막대한 영향력을 가지고 있다. 아래에서는 입시 논술의 양상과 문제점을 살펴보고 학습을 위한 논증적 글쓰기 교육의 방향에 대해 서술해 나가도록 하겠다.

현실적인 측면에서 봤을 때 논술이라는 용어는 입시 논술을 지칭하는 경우가 흔하다. 논리적 서술을 뜻하는 논술이라는 말이 입시를 위한 글쓰기의 한 형태를 가리키는 의미로 사용되기 시작한 것은 대학 입시에 논술고사가 도입되면서부터이다. 1981년 입시에서 시작된 선다형 위주의 학력고사와 내신중심 선발은 고등학교 교육의 질적 저하와 대학의 학생선발권을 침해한다는 비판을 받았는데,[83] 이를 보완하기 위해 1986년도 입시부터 논술고사가 실시되면서 논술이 글쓰기의 한 형태를 의미하기 시작했다. 이때 논술문은 대학 입시라는 틀 속에서 제시된 문제에 답하는 과정에서 생산된 글을 가리키게 되었는데, 논술이란 말에는 정감적 표현이 중시되는 글에 비하여 논리적 진술이 요구된다는 것을 강조하기 위한 의도가 담겨 있었다.[84] 이 시기의 논술은 읽을 자료를 주고 그와 관련된 문제를 서술하는 자료제시형과 논제를 직접 제시하는 단독과제형이 함께 나타났는데, 그 가운데에는 '여성의 미'나 '인생의 가치'에 대한 생각을 서술하도록 하는 수필식 논제도 존재했다.[85] 이러한 수필식 논제는 이전 시기 본고사 작문 시험의 영향으로 나타난 것이라 생각된다.[86]

1986년에 처음 도입되었던 논술 고사는 채점의 공정성 문제가

83) 송순재 외, 『대학입시와 교육제도의 스펙트럼』, 학지사, 2007, 15~20면.
84) 김은전, 「논술고사란 무엇인가」, 『국어교육』 53, 한국국어교육연구회, 1985, 446면.
85) 박갑수, 「논술고사 출제에 관한 반성과 개선방안」, 『제10차 대학교육발전 학술 세미나 : 대학입시제도발전과 논술고사의 운영방향』, 1986, 25면.
86) 1980년 이전에 실시되었던 본고사 시험에서는 작문의 일환으로 300~400자 정도의 논설문이나 수필을 쓰는 시험이 실시되었다고 한다. 김중신, 「국어교육과 통합교과 논술의 방향」, 『국어교육학연구』 29, 국어교육학회, 2007, 7면.

제기되면서 1987년까지 2년간의 시행을 끝으로 폐지되었다가[87] 1994년 입시 제도가 바뀌면서 부활하게 된다. 이후 논술 시험은 동서고금의 고전을 지문으로 제시하고 지문에 나타난 작자의 견해를 오늘의 현실과 결부시키는 형식을 띤 고전 논술의 출현과 논술 고사 가이드라인과 같은 입시 정책의 영향으로 인해 나타난 통합 논술의 강조와 같은 몇 가지 변화를 겪었지만[88] 입시 논술로서의 근본적 성격은 변하지 않았다. 이를테면 근래에 강조되는 통합 논술도 처음 논술 시험이 도입될 때부터 의도된 것으로[89] 크게 새로운 내용이라 할 수 없다.[90]

입시 논술에 대한 비판은 논술의 효과와 논술 수준의 적합성이라는 두 가지 측면에서 제기되었다. 논술의 효과와 관련하여서는 과연 논술 시험이 이를 시행하는 측에서 주장하는 대로 사고력과

---

87) 송순재 외, 앞의 책, 2007, 18면.

88) 김중신, 앞의 글, 2007, 8~9면.

89) 논술 고사는 처음 도입될 때 다음과 같이 개념이 규정되었다. "논술 고사란 대학 입학을 희망하는 응시자들의 고차적인 사고 능력(표현력 · 조직력 · 종합력 · 추리력 · 창의력 등)을 평가하기 위해 특정 교과목의 내용에 구애받지 않는 소재(탈교과적 · 범교과적) 중에서 주제를 선정하여 논문 형태로 출제, 채점되는 고사" 문교부, 「문교부 대입 논술고사 지침」, 1984. '김은전, 앞의 글, 1985, 444면'에서 재인용. 논술이 특정 지식을 묻는 시험이 아닌 이상 근본적으로 통합교과적 성격을 지닐 수밖에 없는 것이다.

90) 근래에 강조되는 통합 논술은 기존의 논술 시험이 2~3개의 활동으로 문제를 해결하도록 한 데 비해, 그보다 복잡한 6~7개의 활동으로 나누어 문제를 해결하도록 유도하고 있는데 이것이 오히려 단편적인 문제해결력을 조장하고 있다. 여러 개의 지문을 섞어 놓는다고 통합논술이 되지는 않으며 단일한 논제라도 복합적 사고를 겨냥하고 있으면 충분히 통합논술이 될 수 있는 것이다. 근래의 통합논술 시험에 대한 비판은 '김동환, 「대학별 논술고사의 정체성과 방향」, 『국어교육학연구』 29, 국어교육학회, 2007.'

표현력을 향상시키는 매개체로서의 역할을 제대로 수행하고 있느냐에 대한 의문이 나타났다. 논술에 대해 비판적인 논자들은 논술 시험이 젊은이들의 기발한 상상이나 논리를 빼앗으면서 정답을 찾아내려는 고심과 상투적인 내용 전개를 보이는 글을 양산하여 사유의 획일화를 가져온다는 문제점을 제기한다.[91] 또한 논술 시험의 대비가 몇 가지 영역의 배경지식을 학습하고 모범 논술문을 모방하는 방식으로 이루어져 의미의 발견이 없는 죽은 논술을 조장하고 있다는 문제점도 지적되었다.[92] 이는 선발과 배제를 위해 설계된 입시 논술이 지닌 본질적 한계에 해당하는 것이기도 하다.

입시 논술이 지닌 이러한 문제점은 조선시대 과거 제도를 통해 생산되었던 책문(策文)의 경우와 흡사하다. 원래 군주의 물음에 답하는 글인 대책(對策)에서 유래하여 과문(科文)의 육체(六體) 중 하나가 된 책문은 조선후기에 이르러 그 사회적 효용성에 대해 강한 의문이 제기되었다. 군왕인 정조로부터 유수원, 최한기 등 많은 학자들에 이르기까지 책문의 상투적인 형식과 천편일률적 내용이 대책이 원래 지니고 있던 문제의식의 긴요성과 진정성을 상실해 쓸모없는 글이 되었다고 비판하고 있다.[93] 논술 또한 대학 입시에서만 통용되는 특수한 글쓰기에 그치게 된다면 책문과 하등 다를 바가 없을 것이다. 이를 탈피하기 위해서 논술은 교육과정과 밀접한 관련을 맺고 그 바탕 위에서 교육적 설계가 논의될 필요가 있다.[94]

---

91) 김병익, 「논술교육의 역설」, 『중등우리교육』 92, 1997, 37면.
92) 김대행, 「논술과 문학교육의 방향」, 『중등우리교육』 65, 1995, 203～205면.
93) 최식, 앞의 글, 2009, 389～391・396～397면.
94) 김종철, 「논술의 정체성」, 『작문학회 제7회 연구발표회 자료집』, 한국

입시 논술이 교육과정과의 연계성보다 대학의 필요성에 의해 강제되는 형식을 띠게 되면서 발생하는 문제가 논술 수준의 적합성이다. 현행 논술 시험은 기존의 학습을 바탕으로 한 능력을 측정하기보다 장차 대학에서 수학할 수 있는 자질을 갖추고 있는가를 묻는 데 초점이 맞춰져 있다. 이로 인해 특별한 학생만을 위한 논술, 별도의 과정을 통해 대비할 수밖에 없는 논술, 교육과정에 기반을 두지 않은 논술이라는 혐의를 벗어나지 못하고 있다.[95] 교육에서의 평가는 가르친 사실을 바탕으로 시행되어야 하는데, 학습자의 수준을 벗어난 논술 시험은 설익은 지식의 나열이나 글쓰기 자체에 대한 거부감을 가중시킬 수밖에 없다. 따라서 일회적인 논술 시험을 대비한 논술 교육이 아니라 교육과정에 기반을 두고 언어활동을 진행하는 과정 속에서 논리적·비판적·창의적 사고력을 기를 수 있는 논술 교육의 설계가 요청된다.

입시 논술이 지닌 문제점을 극복하고 논증적 글쓰기가 지닌 교육적 효과를 교육과정 내로 끌어들이려는 시도는 2007년 개정 교육과정에서 학습을 위한 글쓰기 영역의 도입으로 나타났다. 논증적 글쓰기와 관련해 기존의 교육과정이 설득을 위한 글쓰기 교육에 치중하는 경향을 보여주었다면 여기에서는 이전과 다르게 학습을 위한 글쓰기 영역을 설정하여 변화를 꾀하고 있다.

> ㈎ 학습을 위한 글쓰기
>
> ① 작문의 원리와 전략에 관한 지식을 활용하여 학습을 위한 글을 쓴다.

작문학회, 2006, 26면.

95) 임광찬, 「수행평가를 통한 논술지도의 실제와 한계」, 『작문학회 제7회 연구발표회 자료집』, 한국작문학회, 2006, 62면.

② 다양한 작문 과제에 대하여 보고서, 요약문, 개요, 논술문 등의 글을 쓴다.[96]

2007년 개정 교육과정에서 학습을 위한 쓰기를 도입한 것은 쓰기를 통한 사고발달과 학습 능력 향상이라는 교육적 가치를 국어교육에서 적극적으로 수용해 나가겠다는 의지의 표명으로 여겨진다. 학습은 지식에 대한 배움과 이를 바탕으로 한 적용과 발견으로 이루어지며, 학습을 위한 쓰기의 핵심에는 논술이 자리한다. 인용문에 제시된 개요와 요약문은 학습과 관련된 논술 텍스트를 생산하기 위한 중간 단계의 산물이라 보는 것이 적절하며, 이를 통해 최종적으로 생산되는 텍스트가 보고서와 비평문 등이라 할 수 있다. 논술문은 논증적 서술을 갖춘 글 전반을 가리키는 말로 보고서와 비평문 등의 장르종을 아우르는 장르류에 해당하는 개념이라 할 수 있을 것이다.

2007년 개정 교육과정에서 학습을 위한 글쓰기 가운데 논술문을 위치시킨 것은 논증적 글쓰기 교육이 입시 상황이 아닌 학습 상황에 초점을 맞춰 설계되어야 한다는 관점을 잘 보여주고 있다. 이는 학습 상황에 바탕한 논증적 글쓰기 교육의 중요성을 인정하면서도 이를 어떻게 실현시켜 나가야 할지에 대한 구체적 방안을 제시하지 못함으로써 선언적인 차원에 그치는 한계를 나타내고 있다. 따라서 학습을 위한 논증적 글쓰기의 교육 내용과 방안을 마련하는 일은 앞으로 국어교육이 해결해나가야 할 중요한 과제에 해당한다. 아래에서는 학습을 위한 논증적 글쓰기 교육을 위해 고려해야 할 사항을 몇 가지로 나누어 살펴보도록 하겠다.

---

96) 교육인적자원부 고시 제2007-79호, 작문.

첫째, 학습을 위한 논증적 글쓰기 교육을 위해서는 학습자의 논증적 글쓰기 수준을 파악하는 작업이 필요하다. 학습자의 수준을 벗어난 논증적 글쓰기의 시행은 학습자의 인지 구조에 아무런 영향을 주지 못하고 논증적 글쓰기에 대한 거부감만 증폭시키게 된다. 이러한 폐해는 학습자의 수준을 뛰어넘는 입시 논술의 시행이 획일화된 텍스트를 양산하고 대다수 학습자를 소외시키는 비교육적 결과를 초래한 데에서 잘 드러난다. 이는 학습자의 수준을 고려하지 않는 논증적 글쓰기 교육이 가져올 부정적 결과를 집약적으로 보여주는 것으로 논증적 글쓰기 교육에서 학습자 요인이 갖는 중요성을 잘 나타내고 있다.

둘째, 학습을 위한 논증적 글쓰기 교육은 교과 학습과의 연계를 강화해 나가야 한다. 논증적 글쓰기는 학습자의 사고력을 향상시킬 수 있는 교육적 수단에 해당하며, 여기에 중요하게 작용하는 것은 논증적 글쓰기 교육의 효과를 극대화하기 위하여 학습자들에게 무엇을 논증하도록 만들 것이냐와 관련된 선택이라 할 수 있다. 학교 교육의 양상을 살펴보면 학습자들은 많은 시간과 노력을 교과 학습과 관련된 문제를 해결하는 데 쏟고 있다. 따라서 논증적 글쓰기가 지닌 교육적 효과를 극대화시키기 위해서는 교과 학습과 논증적 글쓰기의 연계를 강화해 나가야 하며, 교과 학습과 관련된 사항을 논증적 글쓰기 교육에 어떻게 도입할 것이냐에 대한 많은 고민을 해 나가야 한다.

셋째, 학습을 위한 논증적 글쓰기 교육에서는 학습자들의 인지적 부담을 덜어줄 수 있는 교육 방법을 제공해야 한다. 논증적 글쓰기 수행은 학습자들에게 많은 인지적 부담을 야기한다. 학습자들은 논증적 글쓰기를 수행하는 과정에서 문제 상황을 파악하고, 자신의 주장을 정립하며, 근거를 마련하는 등의 작업을 실행하는 동시에 이를 쓰기를 통해 체계적으로 표현해 나가는 과업을 실천해야 한다. 여기에는 사태에 대한 분석과 해석 능력과 같은 고등 사고력이 요구되는데, 학습자들은 이를 수행해 나가는 과정에서 많은 인지적 부담을 느끼고 이로 인해 형식적인 결과물을 산출하거나 쓰기 자체를 거부하는 경향을 나타내게 된다. 따라서 학습자들이 의미 있는 논증 텍스트를 생산하도록 만들기 위해서는 학습자들이 부딪치게 되는 인지적 부담들을 경감시킬 수 있는 교육 방안 마련이 요청된다.

학습을 위한 논증적 글쓰기 교육을 위해서는 학습자가 주도적으로 논증적 글쓰기를 수행할 수 있는 환경을 조성하는 일이 필요하다. 학습을 위한 논증적 글쓰기는 교사의 일방적 지식 전달에서 벗어나 학습자의 능동적 의미 구성을 통한 교육 목표 달성을 추구한다. 이를 효과적으로 실현하기 위해서 학습을 위한 논증적 글쓰기 교육은 무엇보다 학습자 요인을 중요하게 고려해 나갈 필요가 있다.

2) 학습 논술의 교육적 의의

학습을 위한 논증적 글쓰기 교육은 교과 학습 내용을 바탕으로 하여 문제해결을 추구하는 학습 논술의 형태로 이루어져야 한다. 이와 관련해 McPeck은 특정한 분야 또는 문제 영역들과 별도로 추상적으로 존재하는 사고는 없으며, 어떤 가능한 해결책은 그 분야와 관련된 지식 또는 정보에 의해 산출된다고 보았다. 그는 비판적 사고라 칭할 수 있는 보편적인 기능은 존재하지 않으므로 그것은 교과에 통합된 일부로 가르쳐져야 한다고 주장하였다.[97] 이는 논증적 글쓰기 교육에 있어서 교과가 다루는 지식과 정보의 중요성을 강조한 견해로 학습 논술과 긴밀한 관련을 맺는다. 아래에서는 학습 논술의 특성을 바탕으로 논증적 글쓰기 교육에 있어서 학습 논술이 지닌 교육적 의의를 밝혀나가도록 하겠다.

가. 교과 연계를 통한 학습량의 적정화

논증적 글쓰기는 학습자들에게 논제와 관련된 문제 해결을 요구한다. 이로 인해 학습자들은 분석하고, 해석하고, 판단하는 등의 고차적 사고 작용을 수행해야 하며, 이는 학습자들에게 많은 인지적 부담을 야기한다. 따라서 논증적 글쓰기 교육에서는 학습자들이 논증 과정에서 겪게 되는 인지적 부담을 덜어주고 쓰기 수행을 원활하게 만드는 교육적 접근을 시도해야 한다.

논증적 글쓰기의 수행 양상을 살펴보면 학습자들이 겪는 어려움은 주로 논제에 대한 이해와 지식의 부족에서 기인하는 것으로 여겨진다. 학습자들은 논제가 의미하는 바를 제대로 파악하지 못하거나 논제와 관련된 지식과 정보의 부족으로 인해 논증 내용 생성에 곤란을 겪는 경우가 흔하다. 학습 논술은 교과 학습과 논증 수행을 연계시킴으로써 학습자의 논제에 대한 이해를 증진하고 인지적 부담을 완화하는 작용을 할 수 있다.

학습 논술은 교과 학습 맥락의 연장선상에서 논제를 부여함으로써 이에 대한 학습자의 이해를 증진시킨다. 학습 내용과 무관한 논증적 글쓰기 수행은 논제에 대한 분석과 이해를 고스란히 학습자의 몫으로 부과한다. 이는 논증적 글쓰기에 익숙하지 않은 학습자들에게는 시작 단계부터 과도한 학습 부담으로 작용하며 학습자의

---

97) 존 맥펙 지음/박영환 외 옮김, 『비판적 사고와 교육』, 배영사, 1989, 22~83면.

쓰기 동기를 저하시키는 요인이 된다. 학습 논술은 논증적 글쓰기 수행을 교수 학습 맥락과 연계시킴으로써 논제와 관련된 학습자들의 학습 부담을 덜어주고 활발한 쓰기 수행을 유도해 낼 수 있다.

학습 논술은 학습자에게 논제와 관련된 기본적인 지식과 정보를 제공함으로써 논증 내용 생성을 활성화시키는 효과를 나타낸다. 학습자들이 논증적 글쓰기를 어려워하는 이유 중 하나는 논제와 관련된 배경지식의 부족에 있다. 이런 측면에서 논제와 관련된 학습된 지식의 존재는 학습자들의 학습량을 덜어주는 역할을 하며, 또한 학습자들은 이를 보다 심화된 탐구를 이끄는 실마리로 활용하여 논의의 수준을 향상시킬 수 있다. 즉 학습 논술은 지식과 정보의 수집을 학습자에게만 맡겨 두었을 때보다 논증 내용 생성에 있어서 더 큰 효과를 거둘 수 있게 만든다.

논증적 글쓰기 수행에는 지식 요소가 중요한 역할을 한다. 논증적 글쓰기에서 추구하는 문제 해결은 필자의 주관적인 의견 표명만으로 정당화될 수는 없으며, 이를 뒷받침하기 위한 객관적인 지식과 정보를 요구한다. 이로 인해 학습자들은 논증적 글쓰기 수행에서 내용 생성에 어려움을 겪으며 이는 논증적 글쓰기를 어렵게 만드는 요인이 된다. 이런 점에서 교과 학습과 연계된 학습 논술은 논제와 관련된 기본적인 이해와 정보를 제공함으로써 논증적 글쓰기 수행에서 학습자들의 학습량을 적정화하는 데 큰 기여를 할 수 있다.

나. 학습 내용에 대한 이해의 심화

학습은 배움을 통해 학습자에게 발생하는 내적인 변화를 가리키는 것이라 할 수 있다. 이런 관점에서 보면 학습은 교사의 일방적인 지식 전달에 의해서는 달성될 수 없으며, 진정한 학습은 학습자 스스로에 의한 의미 구성을 통해서만 가능하다. 학습 논술은 교과 학습과 관련된 논제 제시를 통해 학습자 스스로 문제를 해결해 나가는 것을 추구하며 이는 학습 내용에 대한 이해의 심화를 가능하게 만든다.

학습은 일반적으로 수업을 통해 이루어진다. 수업은 교사와 학생, 수업 대상의 세 가지 요소로 구성되며, 교사는 수업 대상을 학생들에게 접근가능 하도록 만드는 것을 주 임무로 한다. 교사의 수업 행위는 수업 대상과 학생 사이의 매개 작업이라 할 수 있으며, 교사는 학생들이 학습 목표를 달성할 수 있도록 수업 중에 행위하도록 만들어야 한다. 교사는 학생 대신 행위할 수 없으며 교사의 영향은 활동의 주체인 학생이 자신의 활동을 통해 스스로 변화하는 한, 학생의 주관성에 간접적으로만 작용할 수 있다.[98)]

이와 관련해 교수 행위에 대해 도출된 근본 원리는 개념과 개념적 관계가 한 사람의 마음에서 다른 사람의 마음으로 전달될 수 없는 성질의 것임을 명확히 하고 있다. 교사가 올바른 것으로 간주되는 개념이나 원리를 말해주면 학생들은 이를 수동적으로 받아들이지만 이해하지는 못한다. 교수 학습에서는 이보다는 오히려 학생들이 사용하는 직관적 이론이 들어맞지 않는 상황을 제시하는 것이 더 효과적이며, 이를 해결해 나가는 과정에서 학생 스스로 생성해 낸 위기의 순간들은 개념적 조절에 있어서 외부의 어떠한 비판보다도 더 효과적이라고 한다.[99)]

학습과 관련된 이러한 관점은 구성주의 교수 원칙과 긴밀한 관

98) 볼프강 쥥켈 지음/권민철 옮김, 앞의 책, 2005, 107~109면 · 149~151면.
99) 글라스펠드 지음/김판수 외 옮김, 『급진적 구성주의』, 원미사, 1999, 325~329면.

련을 맺는다. 구성주의 교수 원칙은 학습자 중심, 지식구성활동이 가능한 학습 환경 조성, 학습자의 혼란에 대한 교사의 인내, 기존 인지 구조에 대한 혼란과 극복을 중심으로 한다.[100] 학습자에 의한 학습 논술 수행은 바로 이러한 구성주의 교수 원칙을 실현하는 효과적인 수단에 해당된다. 학습자는 학습 내용과 관련된 문제를 해결해 나가는 과정에서 주체적인 의미 구성을 경험하고 이를 통해 학습 내용에 대한 이해를 심화시킬 수 있게 되는 것이다.

학습 논술은 학습자를 지식의 수용자에서 새로운 담론의 생산자로 변화시킨다는 점에서 교육적 의의를 지닌다. 지식의 수용자로서의 학습자는 학습 내용을 고정된 지식의 체계로 받아들이지만, 담론의 생산자로서의 학습자는 학습된 지식을 새로운 사태에 적용시켜 그 의미를 탐구함으로써 학습 내용에 대한 심화된 이해를 이룰 수 있다. 비록 이에 도달하는 과정은 학습자의 많은 인지적 노력을 요구하지만 노력의 결과는 지식 전달 수업으로는 달성할 수 없는 학습자 내면의 인지적 발달을 가능하게 만든다.

다. 논증 논리 중심의 논증 수행 강화

그동안의 논증적 글쓰기 교육은 의사소통 상황에 바탕을 둔 설득적 글쓰기 교육에 치우치는 경향을 나타내었다. 이는 의사소통 능력과 수사학적 논증 능력 향상이라는 목표와 관련된 교육적 의의를 지니고 있지만 논증 행위의 핵심을 차지하는 논증 논리에 대한 교육적 관심을 간과한 측면이 있다. 이는 Aristoteles의 체계로

---

100) 강인애, 「구성주의 인식론; 발명된 현실」, 교원대 초등교육연구소 편, 『구성주의와 교과교육』, 문음사, 1999, 29면.

말하자면 텍스트 외적인 에토스나 파토스적인 요소는 강조해 왔어도, 텍스트의 내적 요소인 로고스에 대한 관심은 비교적 소홀히 해왔다는 점을 나타낸다. 따라서 논증적 글쓰기 교육에서는 상황 맥락에 의존한 설득 지향의 관점에서 벗어나 논증 논리에 주목한 해결 지향의 관점을 강화할 필요가 있다.

학습 논술은 논제와 관련된 수용 가능한 해결책의 제시를 핵심으로 하며, 이는 특정 소통 상황에 종속되지 않는 논증 논리의 구축을 필요로 한다. Perelman은 설득시키기(persuading)와 납득시키기(convincing)를 구분할 것을 주장하면서, 결과에 관심 있는 사람에게는 설득이 납득을 능가하지만 이성적 측면에 관심이 있는 사람에게는 납득이 설득보다 더 중요한 작용을 한다고 보았다. 이러한 구분을 통해 그는 특정한 청중에게 타당성을 요구하는 논증을 설득이라는 용어로, 모든 이성적 존재에게 동의를 얻기를 원하는 논증을 납득이라는 용어로 구분해 사용해야 한다고 주장하였다.[101] 이는 구어적 소통 상황을 기반으로 하여 특정 청중을 설득하는 것을 목적으로 하는 설득 지향의 논증과 문어적 소통 상황을 바탕으로 보편청중을 상정하고 이를 납득시키는 것을 목표로 하는 해결 지향의 논증이 지닌 차이를 잘 드러내고 있다.

기존의 논증적 글쓰기 교육에서 강조해 온 것은 논증 텍스트가 주장, 근거, 추론으로 이루어진다는 사실과 근거로부터 주장을 도출해내는 추론 방법에는 연역법, 귀납법, 유비추리가 존재한다는 사실을 소개하는 데 있었다.[102] 이는 논리학적 논증과 관련된 기본적인 지식에 해당하는 것으로 실제 논증적 글쓰기를 수행하는

101) CH. Perelman, & L. Olbrechts-Tyteca, op. cit., pp. 26～28.
102) 주재우, 「설 양식을 활용한 설득적 글쓰기 교육 연구」, 서울대 박사논문, 2011, 44면.

데 있어서는 별다른 도움을 주지 못한다. 실제의 논증은 현실에 의해 파생되는 다양한 맥락을 함의하고 있으며, 참임을 보장하는 대전제를 가지고 결론을 도출할 수 있는 경우는 거의 없다. 실제적인 논증은 참인 대전제에서 출발하는 것이 아니라 논제에 대한 주체의 관점 정립과 판단에서 시작하여 이를 뒷받침하는 타당한 논증 논리를 구성하는 방향으로 진행된다.

학습 논술은 논리학적 논증으로 대변되는 논증 방법에 대한 좁은 이해와 상황 맥락에 의존하는 수사학적 논증 방식에 대한 의존에서 벗어나 논증 논리 중심의 쓰기 교육을 강화하는 통로가 된다. 학습 논술 수행에서 학습자들은 논제와 관련된 수용 가능한 해결책을 산출하기 위하여 지식을 탐구하고 새로운 의미를 발견하려는 인지적 노력을 기울여야 한다. 이는 상황 맥락을 뛰어넘는 타당한 논증을 구성하기 위한 인지적 노력의 과정에 해당하며, 이를 통해 학습자들은 논증 논리 중심의 논증 수행 경험을 강화할 수 있게 된다.

라. 양식에 기반한 쓰기 능력 신장

쓰기 양식과 관련된 논의는 사회구성주의 작문 이론과 연관을 갖는다. 사회구성주의 작문 이론에서는 텍스트를 언어 공동체의 담화 관습 및 규칙의 집합으로 규정한다. 이에 의하면 필자가 쓰기를 통해 의사소통에 참여하기 위해서는 해당 텍스트 공동체 구성원들이 지닌 장르 지식을 공유할 필요가 있는데, 이는 장르가 텍스트의 의미를 구성하는 기본 골격의 역할을 하기 때문이라 할 수 있다.[103)]

이처럼 쓰기 양식은 담화 공동체 구성원들이 지닌 텍스트 쓰기와 관련된 일종의 규약에 해당된다. 쓰기 교육에서 양식은 쓰기에 익숙지 않은 학습자들에게 쓰기 수행을 원활하게 만드는 요소로서 중요한 역할을 할 수 있다. 비록 쓰기 수행이 양식 규칙에 의한 기계적 실행일 수는 없겠지만, 쓰기 양식은 학습자들에게 쓰기를 위한 기본적인 안내 역할을 한다.

앞선 논의에서는 학습 논술과 관련된 대표적 양식으로 보고서, 비평문, 감상문을 들고 이와 관련된 몇 가지 사항들을 살펴보았다. 이에 의하면 보고서는 객관적 세계의 사실 확인을 중심으로 한 이해의 심화를 추구하고, 비평문은 사회적 세계의 규범적 정당성과 관련된 최선의 판단을 추구하며, 감상문은 주관적 세계의 가치 평가를 중심으로 공감의 확대를 추구하는 특성을 지니는 것으로 나타났다. 또한 각 양식은 다루는 논증 대상에 따라 보다 구체적인 쓰기 양상을 띠게 된다.

이처럼 학습 논술은 쓰기 상황과 목적에 따라 구체적인 쓰기 양식으로 실현되는 양상을 나타낸다. 이는 학습 논술 교육이 양식에 기반한 쓰기 교육의 형태로 이루어질 수 있는 가능성을 드러내고 있다. 쓰기 양식에 바탕을 둔 교육적 접근은 쓰기 행위에 대한 기술이나 분화된 교육 없이도 쓰기 양식에 익숙해지는 과정을 통해 자연스러운 글쓰기를 유도할 수 있는 장점을 지닌다.[104] 이는 쓰기 양식이 지닌 안정성이 학습자들의 쓰기 수행을 원활하게 만드는 요인으로 작용한 결과 나타난 현상으로 학습 논술 교육 또한 이를 가능하게 하는 요건을 갖추고 있다.

쓰기 양식은 쓰기 목적, 텍스트 형식, 소통 맥락과 같은 쓰기 지식을 제공한다. 쓰기 양식에 기반한 지식은 특히 쓰기 교육에서 그

103) 박영목, 『작문교육론』, 역락, 2008, 177~185면.
104) 배수찬, 「근대적 글쓰기의 형성과정 연구」, 서울대 박사논문, 2006, 224면.

효용성이 극대화될 수 있는데, 이는 쓰기 양식이 쓰기에 어려움을 느끼는 학습자들에게 많은 도움을 제공해 주기 때문이다. 즉 학습자들은 쓰기 양식에 대한 학습을 통해 담화 공동체가 요구하는 쓰기 능력을 효과적으로 발달시키는 기회를 얻게 된다. 학습 논술은 쓰기 양식을 바탕으로 한 교육 설계가 가능하다는 점에서 양식에 기반한 학습자들의 쓰기 능력을 신장시킬 수 있는 교육적 이점을 지닌다.

Ⅲ. 학습자의 학습 논술에 나타난 논증 양상과 문제점

학습 논술은 학습된 지식을 바탕으로 하여 교과 학습과 관련된 문제를 해결해 나가는 글쓰기 양식에 해당한다. 이 장에서는 국어교과의 학습과 관련된 논제를 제시하고 산출된 논술문 자료 분석을 통해 학습자들의 학습 논술 쓰기에 나타난 논증 양상과 문제점을 분석해 나가도록 하겠다. 학습자들이 지닌 논증적 글쓰기 능력에 대한 진단은 학습 논술 교육을 설계하는 데 있어 출발점이 될 수 있을 것이다.

1. 분석의 관점

1) 논제 및 쓰기 상황

본고에서는 학습자들의 논증적 글쓰기 능력을 파악하기 위해 교과 관련 논제로 영어공용화 논쟁과 문학 작품 속 인물 평가와 관련된 사항을 제시하였다. 영어공용화 논쟁은 언어를 바라보는 근본적인 인식의 문제와 연관되는 것으로 변화되는 현대의 언어 환경 속에서 국어에 대한 학습자들의 올바른 가치관과 태도를 형성하는 데 중요한 학습 제재가 될 수 있다. 또한 작품 속 인물에 대한 평가는 문학 감상에서 빈번하게 다루어지는 제재로 작품에 대한 이해의 심화와 직결되는 요소라 할 수 있다. 영어공용화 논쟁과 작품 속 인물 평가는 언어 현상에 대한 이해와 작품의 능동적 감상이라는 교과 목표와 관련을 지니면서 학습자들의 경험과 인지 영역을 벗어나지 않는다는 점에서 학습 논술의 논제로서 적합성을 갖는다.

영어공용화 논쟁은 7차 국어과 교육과정, 10학년 국어 교과서(상)의 '황소개구리와 우리말'이라는 단원에서 다루어지고 있다. 단원명에서 잘 드러나듯이 여기에서는 황소개구리와 블루길과 같은 외래 생물종이 참개구리와 붕어와 같은 토착 생물종을 몰아내고 있는 현상에 빗대어 영어공용화가 가져올 우리말 파괴의 위험성을 경고하고 우리말 우선의 관점을 강조하고 있다.[1] 이는 영어공용화와 관련된 문제점을 효과적으로 드러내고 있기는 하지만 비유와 유추가 중심이 되다보니 연관된 사항을 본격적으로 탐구하는 데에는 한계를 보이고 있다. 따라서 영어공용화와 관련된 심화된 학습을 위해 학습자 스스로 탐구하고, 의미를 구성해 나가는 과정이 필요하며 학습 논술 쓰기는 그 효과적 수단이 될 수 있을 것이다.

학습 논술 쓰기 교육의 가장 손쉬운 방법은 아무런 정보도 주지 않고 학습자들에게 영어공용화 논쟁에 대해 글을 써 오라고 주문하는 것이다. 그러나 이는 학습 의욕이 부족한 많은 학습자들에게

---

1) 교육과학기술부, 『국어』 상, (주)두산, 2009, 14~18면.

과제에 피상적으로 접근하거나 수행 자체를 포기하게 만드는 결과를 초래할 가능성이 크다. 일반적인 학습 상황에서 학습자들은 학습 내용이나 과제에 대해 매우 피동적인 태도를 나타내는 경향이 있는데 이를 타개하기 위해서는 교사가 학습자들에게 해야 할 일을 명확히 알려주고 최소한의 정보를 제공하는 과정이 필요하다. 따라서 본고에서는 학습자들에게 영어공용화 논쟁과 관련된 기본적 자료를 제시하고 학습 논술을 수행하도록 하였다.

※ 다음 글을 읽고, 우리나라에 영어공용화를 시행하자는 주장에 대한 자신의 생각을 밝혀 보시오.

(가)

이처럼 한 국가나 지역에서 공식적으로 사용되는 언어를 공용어(公用語, official language)라고 한다. '공용어'는 공공기관의 문서를 비롯하여 정치, 경제, 사회, 문화, 교육 등 제 부문에서 공식적인 기록이나 의사소통을 위해 쓰이는 언어를 말한다. (중략) 어떤 한 언어가 '공용어'로 지정되면 그 언어는 그 지역 내에서 각종 공공 문헌과 행정 담화에서 유통되어야 할 권리를 가지며, 모든 개인의 사회 활동과 참여의 기회가 이 언어를 통하여 이루어져야 한다는 것을 의미한다.

이러한 '공용어'는 한 지역이나 국가가 적절하게 통일된 의사소통의 수단을 가지지 못하였을 경우에 유력한 언어들 중에서 하나가 선정됨으로써 효율적인 언어 통일을 이루려는 도구가 된다. 대개의 경우 공용어는 한 지역에서 통용되는 언어 중에서 가장 유력한 언어(곧 가장 많이 쓰이는 언어)를 선택하여 공식적인 언어로 지정하게 된다. 이상적인 경우라면 하나의 유력한 언어를 공식 언어로 선택하여 언어의 통일을 이루는 것이지만 때로는 두 개 이상의 공식 언어를 지정하는 경우도 있다.

-박영준 외, <영어 공용화 국가의 말과 삶> 중에서

(나)

위에서 든 설득력이 작지 않은 논거에도 불구하고 영어 공용을 반대하는 사람들에게, 그래서 우리 후손들에게 모국어를 고를 권리를 주는 것을 반대하는 사람들에게, 나는 간단한 사고 실험 하나를 해 볼 것을 요청한다. '만일 막 태어난 당신의 자식에게 영어와 조선어 가운데 하나를 모국어로 고를 기회가 주어진다면, 당신은 자식에게 어느 것을 권하겠는가? 한쪽엔 영어를 자연스럽게 써서 세상의 모든 사람들과 쉽게 어울리고 일상과 직장에서 아무런 불이익을 보지 않고 영어로 구체화된 많은 문화적 유산들과 첨단 정보들을 쉽게 얻는 삶이 있다. 다른 쪽엔 조상들이 써 온 조선어를 계속 쓰는 즐거움을 누리지만, 영어를 쓰는 것이 힘들고 괴로워서 다른 나라 사람들과 어울리는 것을 기피하고 평생 갖가지 불이익을 보고 영어로 구체화된 문화적 유산들을 거의 향유하지 못하고 분초를 다투는 정보들을 실시간으로 얻지 못하고 뒤늦게 오류들이 많은 번역으로 얻어서, 그것도 이용

> 가능한 정보들의 몇 십만 분의 일이나 몇 백만 분의 일만 얻어서, 세상과 경쟁해야 하는 삶이 있다. 당신은 과연 어떤 삶을 자식에게 권하겠는가? 아예 그에게서 선택권을 앗겠는가?
>
> -복거일, <영어를 공용어로 삼자> 중에서

-조건

1. 영어공용화에 대한 찬반 입장을 분명히 할 것
2. 그렇게 판단한 이유를 타당한 근거를 들어 뒷받침 할 것
3. 분량은 1,200자 이상으로 할 것

<자료 1. 영어공용화 논쟁 관련 과제문>

'자료 1'의 글은[2)] 영어공용화에 대한 개념 규정과 영어공용화 도입의 필요성을 주된 내용으로 하고 있다. (가)글을 학습자들에게 제시한 이유는 영어공용화와 관련된 올바른 논의를 위해서는 논제와 관련된 기본적 정보에 대한 이해가 중요한 역할을 한다고 보았기 때문이며, (나)글은 현상에 대한 문제제기의 성격을 띤 글이어서 학습자들이 논점을 파악하는 데 도움을 줄 수 있다고 판단했기 때문이다. 즉 제시된 자료를 통해 학습자들은 영어공용화가 무엇인지와 이것의 도입을 주장하는 사람들의 생각을 인지하고 학습 논술을 수행할 수 있게 되는 것이다. 이런 점에서 인용된 자료는 영어공용화 논쟁과 관련하여 학습자가 알아야 하는 기본적인 학습

2) '박영준 외, 『영어공용화 국가의 말과 삶』, 한국문화사, 2004, 7~8면'과 '복거일, 『영어를 공용어로 삼자』, 삼성경제연구소, 2003, 119~120면'에서 인용.

지식으로서의 역할을 하고 있다.[3)]

학습자들의 논증적 글쓰기 능력을 평가하기 위한 영어공용화 관련 논제는 본 연구자가 근무하고 있던 서울 소재 S공립 고등학교 2009학년도 2학기 11학년 수행평가 과제로 주어졌다. 본 연구에서는 학습자들의 논증적 글쓰기 능력을 진단하고 여기에서 나타난 문제점을 분석해 교육적 처방을 시행할 계획이 있었기 때문에 동료 교사와의 협력이 필요하였다. 이에 동료 교사가 담당한 11학년 인문계 반 학생들을 대상으로 하여 먼저 관련된 수업을 진행하게 되었다.[4)]

수업은 1차시로 시행되었고, 학습자들은 <자료 1>에 제시된 영어공용화 논쟁 관련 글을 읽고 주어진 조건에 의거해 원고지에 자필로 논술문을 작성하였으며, 이 과정에서 교사는 학습자들에게 특별한 지도나 간섭을 행하지 않았다. 한 차시, 50분 정도의 시간만으로 논술문을 완성하는 것은 무리가 있고, 학습자들에게 자신의 생각을 표현할 충분한 시간을 주기 위해 논술문은 쓰기 수행 수업 후 3~4일 뒤에 제출하도록 하였다. 학습자들의 논증적 글쓰기 능력을 진단하기 위한 논술문 분석은 남녀 각 1개 반을 대상으로 실시하였으며 수집된 자료의 수는 아래와 같다.[5)]

---

3) 여기에서 영어공용화에 대한 반대 의견을 보여주는 자료를 제시하지 않은 것은 앞서 언급한 대로 학습자들이 관련 내용을 교과 과정에서 이미 배웠기 때문이며, 이런 점에서 (나)글은 학습자들의 인지 균형을 맞추는 역할을 하기도 한다.

4) 수업은 2009년 11월 2일~11월 6일 사이에 실시되었다.

5) 자료는 집단별로 순번을 매겨 표시하였다. 예를 들어 ‘B-5번 글’은 여학생 반 5번째 학생의 글을 가리킨다.

	A학급(남)	B학급(여)
대상 인원	35	34
과제 미제출	9	2
대상 자료	26	32

<표 3. 영어공용화 관련 분석 대상 자료 수>

문학 작품과 관련된 학습 논술은 이문열의 <우리들의 일그러진 영웅>을 대상으로 하여 작품 속 인물인 한병태의 도덕적 선택에 대해 의견을 밝히는 것을 논제로 제시하였다. 이 작품을 학습 논술의 대상 작품으로 선정한 것은 이 소설이 학교 상황을 배경으로 하여 벌어지는 아이들 간의 다툼을 내용으로 하고 있어서 학습자들의 공감적 이해가 용이하다고 보았고, 또 교실 상황이 사회적 상황을 우의적으로 표현하고 있어서 학습자들의 다양한 해석과 의견 진술을 도출해 낼 수 있다고 보았기 때문이다.[6] 또한 이 소설이 주로 다루고 있는 학교 폭력과 따돌림의 문제는 학습자들 대부분이 성장 과정에서 직간접적으로 경험하게 되는 것으로 작품에 나타난 도덕적 딜레마는 학습자들의 주체적 판단이 용이한 상황이라고 생각하였다. 실제로 학습자들이 제출한 논술문을 보면 학습자들은 병태가 자유와 억압, 복종과 평안 사이의 도덕적 선택의 기로에서 고민하는 모습을 보고 이를 자신의 실존적 고민처럼 받아들여 다양하고 적극적인 반응을 나타내었다.

6) 이 작품을 대상으로 한 수업 비평 연구를 보면 학습자들이 초등학교 5학년 학생임에도 불구하고 작품에 대해 활발한 이해를 보이는 모습이 나타난다. 물론 초등학교 학습자이다 보니 이 작품에 대한 심도 있는 이해에 이르는 데에는 한계가 있었지만 이 작품이 지닌 학습자들의 활발한 참여를 이끌어내는 교육 제재로서의 유용성은 충분히 드러나고 있다. 이에 대한 자세한 사항은 '정재찬, 「국어수업 비평론」, 『국어교육학연구』 25, 국어교육학회, 2006' 참조.

<우리들의 일그러진 영웅>을 대상으로 한 학습 논술은 서울 소재 S공립 고등학교 11학년 3개 반, 남녀 학습자 115명에게 문학 수업의 수행 평가 과제로 주어졌다. 학습자들은 수업이 있기 2주일 전부터 해당 작품을 읽도록 안내 받았다. 이와 관련된 교실 수업은 총 2차시로 구성되었으며, 수업은 담당 교사인 본 연구자가 진행하였다.7) 1차시에 학습자들은 연구자가 제시한 학습지를 친구들과 의논해 가며 자유로운 분위기 속에서 작성하였으며, 2차시에는 연구자가 작품 내용 중 일부를 발췌한 지문을 읽고 쓰기를 수행하는 시간을 가졌다. 논술문은 학습자들에게 충분한 생각의 시간을 주기 위해 2차시 수업이 있은 3~4일 후까지 완성하게 하여 일괄적으로 제출받았다.

아래는 1차시 수업 시간에 학습자들에게 주어진 학습지 문항에 해당한다.

<문학 수행평가 학습지>

2학년 반 성명:

여러분들은 이문열의 <우리들의 일그러진 영웅>이란 작품을 읽었습니다. 아래는 그와 관련된 몇 가지 물음들입니다. 작품 내용을 생각하면서 다음 물음에 답해 보세요.

7) 수업은 2009년 4월 6일~4월 13일에 걸쳐 시행되었다.

Ⅰ. 이 작품의 줄거리를 요약해 보세요.

Ⅱ. 인물 평가

1. 다른 아이들과 달리 병태가 석대에게 저항한 이유가 무엇인지 설명해 보세요.
2. 엄석대가 어떤 아이인지를 설명하고 그에 대한 자신의 생각을 써 보세요.
3. 작품에 나오는 5학년 담임선생님과 6학년 담임선생님을 비교해 보세요.

Ⅲ. 엄석대가 반장인 학급의 한 학생이었다면 나는 어떻게 행동했을지에 대해 써 보세요.

<자료 2. 작품 이해를 위한 수행평가 학습지>

학습지는 먼저 줄거리 요약을 통해 작품 전체 내용을 학습자들에게 정리하도록 하고, 다음으로는 논제에 해당하는 한병태에 대한 평가를 수행하기에 앞서 한병태를 둘러싼 주변 인물들에 대해 학습자들이 판단하도록 하였다. 마지막으로는 학습자들이 작품 속의 상황으로 들어가 자신이라면 어떻게 행동했을지를 생각해 보고, 작품의 상황과 인물의 선택에 대해 성찰적으로 사고하도록 하였다. 이는 본 논제가 문학 작품을 매개로 이루어지는 것인 만큼 작품에 대한 이해가 전제되어야 심도 있는 글쓰기가 가능하다는 의도에서 구성된 것으로, 학습자들은 1차시 수업 동안 학습지의 물음에 대한 답안을 작성하였다.

2차시에는 아래에 제시된 지문을 읽고 학습 논술을 수행하는 시간을 가졌다.

※ 다음은 이문열의 <우리들의 일그러진 영웅>이라는 작품 중 일부입니다. 병태의 고민에 유의하면서 이 글을 잘 읽어 보고 다음 물음에 답해 보세요.

<앞선 내용>

서울에서 시골학교로 전학 온 '나'는 반장인 엄석대에게 대항하다 집단 따돌림을 당하게 된다. 석대에게 굴복하고 난 후, 다시 예전처럼 학교생활을 할 수 있게 되었는데, 우연히 학급 우등생들이 석대 대신 시험 답안지를 작성해 주는 사실을 알게 된다.

하지만, 그때 이미 나는 갑작스럽고도 세찬 유혹에 휘말려 제정신이 아니었다.

그 유혹이란 방금 알아낸 이 엄청난 비밀로, 어느 누구도 용서할리 없는 무서운 비행(非行)의 이 움직일 수 없는 증거로, 이미 끝난 석대와의 싸움을 뒤집어 보자는 것이었다. 담임 선생이 아무리 무정하고 성의 없다 해도 석대의 그 같은 비행까지는 묵인하지 않을 것 같았다. 그리하여 석대를 잡기만 한다면 지금껏 그를 두둔해 온 담임 선생에게 멋진 앙갚음이 될 뿐만 아니라, 나를 믿지 않고, 윽박지르기만 한 아버지, 어머니에게도 멋진 앙갚음이 될 것이었다. 억눌러 참고는 있어도 실은 괴로워하고 있음에 틀림없는 아이들에게 나는 새로운 영웅으로 떠오를 것이고, 쓰라림으로 포기해야 했던 자유와 합리의 지배가 되살아날 것에 대해서도 나는 분명 가슴 두근거렸다.

그러나 다시 수업 시작을 알리는 종소리가 나고 시험 감독으로 들어온 담임 선생의 얼굴을 보게 되면서부터 들떠 있던 내 마음은 조금씩 가라앉기 시작했다. 이미 있는 것은 모두가 심드렁하고 새로움과 변화는 오직 귀찮고 성가실 뿐이라는 듯한 그의 표정에서 라이터 사건 때의 참담한 실패가 떠오른 까닭이었다. 움직일 수 없는 증거를 코앞에 들이대지 않는 한 그의 둔감과 무관심의 벽을 허물 수 있는 일은 아무것도 없을 성싶었다.

거기서 나는 다시 아이들을 돌아보았다. 움질일 수 없는 증거가 돼줄 수 있는 것은 그들이었으나, 그들이 갑자기 내 편이 되어 그 때껏 묵인하고 협조해 오던 석대의 그 같은 비행(非行)을 담임 선생에게 밝혀 주리라는 보장 또한 그리 많아 보이지는 않았다. 거기다가, 어떤 의미에서는 그들도 석대의 공범자들이 아닌가. 석대와 힘을 합쳐 담임 선생의 공정한 채점을 방해해 오지 않았는가 — 하는 생각이 들자 나는 더욱 자신이 없어졌다. 그때 분명히 석대에게 라이터를 빼앗겨 놓고도 담임 선생이 묻자 빌려 주었을 뿐이라며 시치미를 떼던 병조의 얼굴이 머릿속에 생생히 떠오르고, 모처럼 석대를 마음놓고 고발할 기회를 주었건만 오히려 내 자신의 자질구레한 잘못들만 가득 적혀 있던 시험지들이 섬뜩하게 눈앞에 되살아났다.

그때는 이미 두 달 가까이나 맛들인 굴종의 단 열매나 영악스런 타산도 나를 말렸다. 사실 이런저런 어른들 식의 정신적인 허영을 빼면 석대의 질서 아래 있다고 해서 내게 불리할 것은 아무것도 없었다. 이미 말했듯, 나의 끈질기고 오랜 저항은 오히려 훈장이 되어 내게 여러 가지 특전으로 되돌아온 까닭이었다. 어떤 면에서 나는 어린이 자치회와 다수결의 지배를 받았던 서울에서

> 보다 더 많은 자유를 누렸고 반(班) 아이들에 대한 영향력에 있어서도 서울에서의 내 위치였던 분단장급보다 크면 컸지 적지는 않았다. 성적에 있어서도 — 석대가 그런 식으로 계속 다른 아이들의 발목을 잡아 주는 게 내게 유리할 수도 있었다. 일 등을 넘보지 않는 한 이등은 그리 힘들이지 않고도 내 차지가 될 것이기 때문이었다.

◎ 병태는 석대의 비리를 고발할 것인가에 대해 고민하다가 결국 포기하고 맙니다. 병태의 결정에 대한 자신의 생각을 밝혀 보세요.

-유의사항: 1. 병태의 결정에 대한 필자의 판단을 분명히 할 것

2. 그렇게 판단한 이유를 작품 내용, 독서 체험, 생활 경험 등을 토대로 타당한 근거를 들어 뒷받침 할 것

3. 분량은 1,200자 이상으로 할 것

<자료 3. 작품 속 인물 평가 관련 과제문>

작품 중 인용 부분은 ‘한병태’가 ‘엄석대’의 시험 중 부정행위를 알고 이 사실을 고발할까 망설이는 내용에 해당하며, 학습자들은 이 부분을 읽고 한병태가 고발을 포기한 행위에 대해 판단하는 글쓰기를 수행하도록 요구받았다. 2차시 수업에서는 쓰기에 앞서 학습자들에게 자신의 의견을 분명히 할 것과 타당한 근거를 들어 이를 명확히 뒷받침 할 것을 주문하였다. 논술문은 연구자가 제공한 원고지에 자필로 작성하도록 하였으며, 학습자들은 못다 쓴 글을 다음 차시까지 완성하여 제출하도록 안내받았다. 학습 논술 수행

을 통해 115명의 대상 학생 가운데 미 제출자 9명을 제외한 총 106편의 논술문이 제출되었으며, 그 가운데 줄거리만 요약한 1편과 논제와 상관없는 내용을 서술한 1편의 글을 제외한 총 104편의 글(남학생 46편, 여학생 58편)이 본 연구의 자료로 수집되었다.[8)]

2) 분석의 틀

본고의 분석 작업은 학습 논술에 나타난 학습자들의 논증적 글쓰기 능력을 파악하여 이를 기반으로 학습자들의 논증적 글쓰기 능력 향상을 위해 필요한 교육 내용과 방법을 구안하려는 목적을 지니고 있다. 분석 대상 자료는 영어공용화 논쟁과 관련된 논술문 58편과 작품 속 인물 평가와 관련된 논술문 104편으로, 모두 162편이 해당된다. 이들 자료들은 다루는 논제의 성격에 있어서 차이점을 나타내는데, 화제의 영역을 고려하면 영어공용화 논쟁은 언어 현상과 관련이 있고 작품 속 인물 평가는 문학 감상과 연관을 지니며, 명제의 유형을 고려하면 영어공용화 논쟁은 정책 명제와 관련이 있고, 작품 속 인물 평가는 가치 명제와 연관을 지닌다. 하지만 본고에서는 이들 자료들이 나타내는 차이에 주목하기보다는 논증적 글쓰기 능력이라는 사항에 초점을 맞추어 학습 논술에 나타난 논증 양상과 문제점을 밝혀나가고자 한다.

학습 논술을 분석하는 방법으로는 먼저 Toulmin이 제시한 논증 구조의 모델을 활용하는 방식을 생각해 볼 수 있다. 이를 활용하면 논증 텍스트의 보편적 구성 요소로 받아들여지는 자료(혹은 근거),

8) 자료의 구분을 위해 총 104편의 자료를 순번을 매겨 표시하였다. 표시는 남학생의 논술문은 'M-번호'로 여학생의 글은 'F-번호'로 나타내었다.

정당한 이유들(혹은 전제), 지지작용, 한정어, 반박 조건, 주장(혹은 결론)을 분석 틀로 하여[9] 논술문의 구조를 분석하고 이를 비판적으로 검토하는 작업이 가능하다. 이를 통해 학습 논술에 나타난 논리적 정합성과 문제점을 판별할 수 있을 것이다.

하지만 Toulmin의 논증 모델은 텍스트에 대한 정적이고 탈맥락화된 판단을 제공할 수 있을지는 몰라도 글쓰기가 지니는 역동적 과정과 맥락의 관여를 사상시키는 결과를 가져올 수 있다. 대부분의 논증이 근거로부터 시작되는 것이 아니라 문제에서 출발한다는 것은 추론 모형으로서 Toulmin의 도식이 논증의 심리학적 진행과는 거리가 있음을 나타내고 있다.[10] 이런 점에서 Toulmin의 논증 모델은 논증적 글쓰기의 전모를 밝혀내는 데 있어서 한계를 지닌다.

전문화된 담론 양식에서 벗어나 문어적 추론에 기반한 에세이 교육의 필요성을 강조한 Crosswhite는 글쓰기를 통해 의사소통하는 학생들의 일반적인 능력을 추론을 하는 능력, 매우 다양한 자료에서 인용하는 능력, 다양한 청중에 적응하는 능력, 의사소통 상황을 이해하고 합리적으로 반응하는 능력으로 제시하였다.[11] 이는 앞선 논의에서 살펴본 논증적 글쓰기 능력의 세 가지 측면인 논증 내용 생성 능력, 논증 타당화 능력, 논증 소통 능력과 연관성을 갖는다. 즉 논증적 글쓰기 능력은 지식과 정보의 획득, 주장과 논거의 조직, 효율적인 메시지 전달이라는 측면을 중심으로 접근이 가

9) 스티븐 툴민 지음/고현범 · 임태범 옮김, 『논변의 사용』, 고려대출판부, 2006, 157~177면.

10) 오준영 · 김유신, 「Toulmin의 논증의 옹호와 교육적 적용에 대한 탐색」, 『범한철학』 55, 범한철학회, 2009, 405면.

11) 제임스 크로스화이트 지음/오형엽 옮김, 『이성의 수사학』, 고려대출판부, 2001, 35면.

능하다.

학습 논술에 드러난 논증 내용 생성의 측면과 관련해서 본고는 학습자들이 논술문에 도입한 지식과 정보의 출처와 그 활용 방식에 초점을 맞추고자 하였다. 이는 학습자들이 논증 내용 생성을 위해 어떤 자료에 주로 의존하며 이를 어떻게 활용하는가에 대한 기제를 보여줄 수 있을 것이다. 논증 타당화와 관련해서는 주장과 근거의 관계맺기 방식에 관심을 기울였다. 학습 논술에서 핵심적인 것은 수용 가능한 논리를 구성하는 일로 본고에서는 학습자들이 주로 어떠한 추론 방식을 사용하여 주장을 정당화해 나가는지를 파악하고자 하였다. 논증 소통과 관련해서는 독자들을 납득시키기 위해 학습 논술에서 어떠한 방법이 사용되었느냐를 파악하는 데 중점을 두었다. 학습 논술의 실제적 독자는 교사와 동료 학생 정도로 간주할 수 있지만 필자가 이들 한정된 독자들을 대상으로 논증을 수행하는 것은 아니다. 따라서 학습 논술에서 필자가 보편청중을 대상으로 자신의 주장을 효과적으로 전달하기 위해 어떠한 표현 전략을 사용하였는지를 밝히는 데 초점을 맞추었다.

학습 논술 교육을 설계하는 데 있어서 중요하게 고려해야 할 사항은 학습자들의 논증적 글쓰기 능력이라 할 수 있다. 학습자들의 수준이 파악되지 않은 상태에서 교육적 설계를 하고 실행을 하는 것은 기대하는 교육적 성과를 거두기 힘들게 만드는 요인이 된다. 아래에서는 논증적 글쓰기 능력과 관련된 세 가지 기준을 바탕으로 하여 학습자 논술문에 나타난 논증 양상과 문제점을 분석함으로써 학습자들의 논증적 글쓰기 능력을 진단해 나가도록 하겠다.

2. 학습자의 학습 논술에 나타난 논증 양상

1) 논증 내용 생성의 기제

가. 학습 자료 인용형

학습 논술은 학습된 지식을 바탕으로 논제와 관련된 수용 가능한 해결책을 산출하는 글쓰기를 지향한다. 학습과 관련된 내용은 일반적으로 교재에 수록된 자료의 형태로 주어지며, 학습자는 이를 교사의 설명이나 능동적 읽기를 통해 지식으로 습득하게 된다. 학습 논술에서 학습 자료와 관련된 내용은 교사가 논제를 구성하고 학습자가 쓰기를 시작하는 원천으로서 역할을 한다. 학습 논술은 학습 자료에 대한 읽기로부터 출발하며 학습자는 읽기를 통해 구성된 의미 이해를 바탕으로 쓰기 과정을 거쳐 주체적이고 의미 있는 내용 산출에 이르러야 한다.

영어공용화 논쟁과 관련해서 학습자들에게 제공된 자료는[12] 학습된 내용의 역할을 하며, 학습자들은 이를 실마리로 삼아 논제와 관련된 심화되고 확장된 논의를 이끌어내야 한다. 본고에서 분석 자료로 삼고 있는 학습자 논술문 58편을 대상으로 하여 글 속에서 제시된 읽기 자료를 언급하거나 인용한 수를 조사해 보면 모두 22편이 나타난다. 이는 비율로 환산하면 전체 글의 40%에 가까운 수치이며, 해당 자료의 활용 빈도는 다음과 같다.

12) 앞서 제시한 <자료 1. 영어공용화 논쟁 관련 과제문>에 제시된 자료를 가리킨다.

	(가) 활용	(나) 활용	(가)와 (나) 활용	합계
해당 편수	4	15	3	22

<표 4. 영어공용화 관련 학습자 논술문에 나타난 읽기 자료 활용 빈도>

제시된 표에 잘 드러나듯이 학습자들은 영어공용화의 개념을 설명한 (가)자료와 영어공용화의 필요성을 제기한 (나)자료 가운데 (나)글에 더 주목하는 경향을 보여주었으며, 두 자료의 활용 양상은 차이를 나타내었다. 학습자들은 (가)자료를 서론에서 말머리를 여는 화제 제시의 역할로 사용하는 반면에 (나)자료는 본론에서 주장을 뒷받침하는 주요 근거로 활용하는 모습을 보여주었다. 이는 (나)글이 몇 가지 이유를 들어 영어공용화의 필요성을 강하게 주장하고 있는데다가 이와 관련된 질문을 던지고 있기 때문이며, 여기서 학습자들은 해당 내용을 인용하거나 요약하고 그에 대한 의견을 덧붙이는 형태로 논증 내용을 생성해 나가고 있다.

> 세 번째 이유는 좀 더 원론적인 문제인데, 이런저런 상황을 따지지 않고 순수하게 영어를 공용화 할 필요가 없다는 것이다. 복거일의 <영어를 공용어로 삼자>에선 영어로 구체화된 문화적 유산들을 거의 향유하지 못하고 분초를 다투는 정보들을 실시간으로 얻지 못하고 뒤늦게 오류들이 많은 번역으로 얻어서, 그것도 이용가능한 정보들의 몇 십만 분의 일이나 몇 백만 분의 일만 얻어서, 세상과 경쟁해야 하는 삶이 현재 우리의 삶이라고 과장하고 있다. 그밖에 '영어를 쓰는 것이 힘들고 괴로워서 다른 나라 사람들과 어울리는 것을 기피하고 평생 갖가지 불이익을 본다'라는 오버를 하기도 한다. 말해 두는데 이게 지금 우리를 표현하는 말이라는 것이다. 공감이 가는가? 난 안간다. 마치 사교성

> 이 부족하고 성적이 안좋은 바람에 은근히 따돌림 당하는 아이를 표현한 말 같다. 우리나라에서 배출해낸 수 많은 총명한 인재들을 무시하자는 의견 자체다. 좀 그런 해석이 가능하다. 친미적이거나 세계화에 지나치게 편승하여 하는 것 같다는 느낌 말이다.
>
> (B-18번 글)

제시된 자료는 (나)글을 활용하여 논의를 전개해 나간 논술 사례에 해당한다.[13] 인용된 논술문을 살펴보면 여기에서는 논증 내용이 (나)글에 대한 인용과 그에 대한 필자의 의견 제시로 이루어져 있음을 발견할 수 있다. 필자는 (나)글에서 영어공용화가 시행되지 않음으로 해서 우리에게 발생하는 문제점으로 제시된 사항을 차례로 열거하고 이를 과장되고 사대적이라고 비판하는 의견을 덧붙이고 있다. 학습 자료를 인용한 논술문을 살펴보면 자료의 요약과 의견 제시 가운데 전자가 높은 비중을 차지하는 경향이 나타난다. 이는 학습자들의 사고가 개입할 공간을 줄인다는 점에서 아쉬운 대목이라 할 수 있다.

작품 속 인물 평가와 관련된 학습 논술 수행에 있어서 학습자들은 작품 내용에 대한 요약적 제시를 통해 논증 내용을 가장 많이 생성하였다.[14] 이에 속하는 글들은 크게 작품 내용에 기반한 상황 설명과 필자의 견해가 드러난 의견 제시 부분으로 구성되어 있다. 상황 설명과 의견 제시가 논술문에서 차지하는 비중에 따라 학습자의 논술문은 다양한 편차를 나타내는데 의견 제시가 우세할수록 논술문의 수준은 높게 평가될 수 있다.

---

13) 본고에서 인용한 학습자 논술문의 전문은 부록에 수록하였다.
14) 비율로 따지면 약 60%의 글이 이에 해당된다.

> 그 이유는 우선 우리들의 일그러진 내용을 읽어보면 병태는 아버지의 사업때문에 서울에 살다가 시골로 전학을 오게 되었는데 오자마자 첫날부터 석대는 병태에게 이것저것 캐묻고 물을 떠오라 시킨다. 하지만 시키는대로 하는 반아이들과는 달리 처음에는 병태도 얕보이기 싫고 그래서 거절한다. 여기까진 참 좋았으나 그일이 있고난 후부터 병태는 흔히 말하는 따돌림을 당하게 된다. …… 나는 이러한 일들을 당하지않아 잘모르겠지만 만약에 겪게 된다면 상상도 못하게 끔직하다. 병태도 혼자 많이 힘들었을 것이다. 따돌림, 이건 겪어보지 못한 사람들은 생각하지도 못하는 것이다. 그렇기에 병태가 석대의 비리를 알고서도 담임선생님께 말씀드리기엔 다시 따돌림을 당할 무서움과 자신의 일이 아니라는 그런 일반아이들과 같은 마음을 가져서 못말했기에 왠지 나는 충분히 이해가 된다.
>
> (M-24번 글)

인용된 글은 작품 내용에 대한 설명과 그에 기반한 논평을 통한 논증 내용 생성을 잘 보여주는 사례에 해당한다. 인용문에 잘 드러나듯이 필자는 병태를 이해하는 입장에서 작품 내용을 요약적으로 제시하고 주위의 무관심과 따돌림에 대한 두려움을 이유로 들어 자신의 주장을 정당화하고 있다. 여기에 속하는 글들은 작품 내용에 의존하는 바가 크고, 필자의 사고가 차지하는 비중은 적기 때문에 일반적인 의미 생산의 범주를 벗어나지 못하는 경향을 나타낸다.

학습 자료의 인용은 학습자들이 학습 논술의 논증 내용 생성에 있어서 일반적으로 취하는 방식이라 할 수 있다. 학습 논술 수행이 학습 자료를 바탕으로 논의를 이끌어 나가는 형태를 나타낸다는 점에서 일견 이는 자연스러운 현상으로 받아들일 수 있다. 하지만 학습 자료에 대한 의존이 의견 제시의 약화로 이어지면 해당 논술문은 학습 자료를 해설한 글의 수준을 벗어나기 힘들다. 학습 자료의 인용은 그와 연관된 학습자의 논평이 강화될 때 좋은 글의 산출로 이어질 가능성을 갖게 된다.

나. 경험 도입형

경험은 인간의 사고방식을 결정짓는 핵심적인 요소에 해당한다. 불에 덴 사람이 불을 무서워 할 수밖에 없는 것처럼 인간은 경험적 요소에 강력한 지배를 받는다. 인간은 행동 당사자로서 현상을 직접 체험하기도 하고, 관찰자로서 현상을 바라보기도 하면서 경험을 구축해 나간다. 경험은 개인의 영역에 제한되기 때문에 주관성을 지닐 수밖에 없지만 공유된 경험적 요소의 제시는 논증에서 강한 힘을 발휘할 수가 있다. 이때 논증의 수용성은 주체가 경험적 요소로부터 얼마나 적절한 추론을 이끌어낼 수 있느냐에 좌우된다.

영어공용화 논쟁과 관련된 학습 논술에서 학습자들은 경험적 요소를 글 속에 빈번히 도입하지는 않았다.[15] 이는 학습자들이 공적인 문제와 관련된 글쓰기에서는 경험적 요소보다 객관적인 근거를 제시하는 것이 더 바람직하다는 의식을 지니고 있기 때문이라 여겨진다. 하지만 경험적 요소를 도입한 경우에는 이를 상세화함으로써 주장하고자 하는 바를 부각시키려고 노력하였다.

---

15) 약 10%의 글에서 경험적 요소의 도입이 나타났다.

> 나는 지금까지 영어공부를 어렸을때부터 항상 해왔고, 영어단어와 떨어져 살아 본 일이 없었다. 그치만 지금의 난 적잖은 노력에도 불구하고 영어성적은 형편없다. 이렇게나 오래해왔는데도 못하면 가끔 내가 바보가 된 기분이 들때도 있다. 하지만 내가 태어날 때부터 영어가 공용화가 되어 영어와 함께 했다면 지금처럼 영어를 못했을까? 나는 아니라고 생각한다. 물론, 우리나라의 우수하고 합리적인 한국말을 버리자는 것은 아니다. 단지 우리나라의 국가경쟁력도 높이고 한층 수준높은 삶을 영위하기 위하여 영어공용화도 받아들이는 동시에 한국어도 지금처럼 쓰자는 것이다.
>
> (B-16번 글)

제시된 글은 영어공용화에 찬성하는 입장을 지닌 학습자의 논술문 중 일부분으로 여기에서 학습자는 영어 문제와 관련하여 자신이 겪어 온 경험적 요소를 도입함으로써 논증 내용을 생성해 나가고 있다. 필자는 지속적인 영어 교육과 개인적인 노력에도 불구하고 영어가 능숙해지지 않는 현실을 부각시키고 이러한 문제를 해결하는 돌파구로 영어공용화의 도입을 주장하고 있다. 영어공용화 논쟁과 관련된 글에서는 경험적 요소를 주로 서론부에서 활용하는 방식을 취하고 있는데 이는 경험이 지닌 구체성에 기대어 주장의 정당성을 효과적으로 드러내고자 하는 필자의 의도가 반영된 것으로 풀이된다.

작품 속 인물 평가의 경우는 경험적 요소의 도입이 영어공용화 논쟁의 경우보다 더 빈번한 양상을 나타내었다.[16] 이는 해당 논제

---

16) 약 25%의 글에서 경험적 요소의 도입이 나타났다.

가 학습자와 동일화가 가능한 인물을 다루고 있기 때문이기도 하지만 문학 감상과 관련해서는 경험적 요소를 글쓰기에서 적극적으로 활용해도 된다는 학습자들의 인식이 존재하기 때문이라 여겨진다. 특히 영어공용화 논쟁의 경우에는 경험적 요소가 논증 내용의 실마리나 일부분으로 작용하는 경향이 있지만 작품 속 인물 평가의 경우에는 경험적 요소가 주도적으로 작용하는 경향이 나타난다.

> 따돌림을 당한다는 것은 매우 비참하고 쓸쓸하며 시간이 지나도 아물기 어려운 마음의 깊은 상처를 남기는 것이다. 내가 따돌림에 대해 이렇게 말할 수 있는 것은 나 역시 병태와 비슷한 경험을 당한 적이 있기 때문이다. 당시 초등학생이였던 나는 엄석대와 같은 한 아이의 절대적인 권력으로 따돌림을 당한 적이 있다. 내가 왜 따돌림을 당하는지 이유조차 몰랐던 나는 답답함과 외로움을 느끼는 동시에 아이들에 대한 배신감과 분노로 매우 힘든 나날을 보냈었다. …… 5년 이상이 흐른 지금도 그 당시 느꼈던 감정들이 그대로 느껴지고 가끔 눈물이 나기도 한다. 초등학생이 견디기에는 너무나도 큰 아픔이였나보다. 그렇기에 한병태는 이러한 아픔을 2번씩이나 느끼고 싶지 않았을 것이다.
>
> (F-5번 글)

인용된 글은 작품 속 인물과 유사한 경험을 도입하여 이를 상세화하는 방식으로 논증 내용을 생성한 사례에 해당한다. 여기에서 학습자는 작품 속 인물의 선택을 정당화하기 위해 자신이 겪은 따돌림의 경험과 그로 인해 느낀 감정의 고통을 구체적으로 부각시키는 방식을 택하고 있다. 학습자의 경험은 해당 논술문에서 부차적인 요소가 아니라 논증 내용의 핵심적 위치를 차지하고 있다. 이처럼 작품 속 인물 평가와 관련하여 경험적 요소를 활용한 대부분의 글들이 경험적 요소를 상세화하고 이와 관련된 의미를 추출하는 방식으로 논증 내용을 생성해 나가고 있다.

경험적 요소를 도입하고 이를 상세화함으로써 논증 내용을 생성하는 방식은 논의에 구체성을 부여하고 활기를 불어넣는다는 점에서 긍정적인 효과가 있다. 그러나 논증적 글쓰기에서 개인의 경험은 다른 사람이 의심할 수 없는, 사회적으로 지극히 안전한 장소일 뿐이므로 근거로 사용될 수 없다는 견해도 존재한다.[17] 본고에서 다루는 두 논제와 관련된 논술문에서 드러난 것처럼 경험적 요소의 활용 양상은 논제의 성격이나 필자의 장르 의식에 따라 차이를 나타낸다. 특히 수용 가능한 논리를 추구하는 학습 논술의 경우에는 경험적 요소를 배제하기보다 논지 전개에 따라 이를 적절히 활용하거나 경험에서 의미를 추출하는 방법을 가르치는 것이 더 적절하다고 생각된다.

다. 배경지식 활성화형

논증적 글쓰기는 지식과 정보에 기반한 쓰기라 할 수 있다. 논증적 글쓰기의 핵심적 요소에 해당하는 근거는 지식과 정보를 바탕으로 생성되며 이런 측면에서 논증적 글쓰기는 주장을 뒷받침하는 타당한 지식과 정보를 제공하는 행위를 기본으로 한다. 논증에 필요한 지식과 정보는 필자의 장기 기억 속에 배경지식으로 존재

---

17) 조셉 윌리암스 · 그레고리 콜롬 지음/윤영삼 옮김, 『논증의 탄생』, 홍문관, 2008, 236면.

하거나 필자의 자료 조사 행위에 의해 획득되어 글 속에 도입되는 과정을 거친다. 여기에서는 해당 지식과 정보가 필자가 지닌 배경지식에서 나온 것인지 자료 조사를 통해 획득된 것인지 구별하기 힘들므로 이를 구분하지 않고 배경지식으로 통칭해 논의를 전개해 나가겠다.

배경지식의 종류는 다양하게 구분할 수 있지만 본고에서는 이를 교양 상식, 매체 자료, 독서 경험의 세 가지로 나누어 살펴보고자 한다. 교양 상식은 대부분의 사람들에게 타당한 것으로 인정되는 보편적 지식에 해당하는 것으로 사실, 법칙, 이론 등이 이에 속한다. 학습자들에게 있어 교양 상식의 주된 획득 경로는 교과 학습에 의한 것이라 할 수 있겠다. 매체 자료는 텔레비전, 신문과 잡지, 영화 등 대중매체를 통해 획득된 지식과 정보를 가리킨다. 이는 현대의 변화된 문화적 환경을 고려하면 그 영향력이 매우 큰 자료원이라 할 수 있을 것이다. 독서 경험은 책읽기를 통해 획득한 지식과 정보를 가리키는 것으로 심층적인 차원의 논증 내용을 제공할 수 있는 수단이지만 학습자들에게 가장 드물게 나타나는 경우에 해당한다. 학습자들은 이러한 배경지식을 활성화하여 주장과 연계시킴으로써 논증 내용을 생성해 나가게 된다.

영어공용화 논쟁과 관련하여 학습자 논술문에 나타난 논거를 살펴보면 찬성 측에서는 주로 영어의 중요성, 경쟁력 향상, 이중언어 사용 가능, 정보습득에 유리함 등을 논거로 들고 있으며, 반대 측에서는 국어 소멸의 우려, 국어의 우수성, 영어 필요층 한정, 문화 파괴의 우려 등을 제시하고 있다. 이러한 논거의 내용을 구체화하기 위해 학습자들은 배경지식을 활성화하고 있는데, 영어공용화 논쟁에서는 대부분의 논증 내용이 교양 상식과 이에 바탕한 추론을 위주로 전개되는 양상을 보인다.

> 우리는 오랜 시간동안 우리말과 함께 해왔다. 그러나 우리말은 그 시간동안 많은 어려움을 겪었다. 처음 한글이 창제되었을 때 수많은 양반들과 유생들은 한글 사용을 반대하였다. 그렇게 한글은 태어나면서부터 핍박과 천대를 당했다. 그리고 일제강점기시대에도 우리말은 쓰지 못하게 되었다. 일제가 우리말을 쓰는 학생들은 벌을 주었으며 강제로 우리말 이름을 쓰는 우리나라 사람들의 이름을 일본식 이름으로 바꾸기를 강요하였다. 하지만 그 중에도 개명하지 않고 우리말을 지키기위해 노력해 온 선인들이 있었다.
>
> (B-1번 글)

제시된 글은 영어공용화에 반대하는 입장에서 교양 상식을 바탕으로 논의를 전개해 나간 논술문 사례에 해당한다. 인용문을 보면 학습자는 우리말의 역사와 관련된 지식을 제시하면서 우리말이 고난의 환경 속에서도 선인들의 노력에 의해 보존되어 온 가치 있는 대상임을 부각시키고 있다. 이는 영어를 중심으로 한 21세기의 변화된 언어 환경 속에서도 우리에게 필요한 것은 영어공용화가 아니라 우리말을 소중히 가꾸고 지켜나가는 태도라는 주장으로 연결되고 있다. 이처럼 영어공용화를 다룬 논술문에서 학습자들은 논제와 관련된 교양 상식을 제시하고 이를 주장과 연관짓는 방식으로 논증 내용을 생성하는 양상을 보여주고 있다.

작품 속 인물 평가와 관련하여 학습자들이 배경지식을 활성화한 비율은 전체 글의 약 15% 정도로 작품 내용이나 경험적 요소에 비해 상대적으로 낮게 나타났으며, 배경지식으로는 주로 매체 경험과 교양 상식이 활용되었다.[18] 여기에서 학습자들은 문제 상황

18) 독서 경험을 활용한 경우는 거의 나타나지 않았으며, 해당 경우에 있

과 배경지식 간의 관련성을 부각시켜 주장을 정당화해 나가고 있으며, 관련된 여러 배경지식을 함께 동원하는 양상도 보여주었다.

> 그리고 나는 이 부분을 읽으면서 TV의 동물 프로그램에서 말을 듣지 않는 개를 주인에게 순종하는 착하고 순한 개로 바꿔주는 파트가 생각났다. 예를 들어 어떤 말썽쟁이 개가 있는데 도저히 그 개를 감당하지 못한 주인이 프로그램에 의뢰를 한다. 그 개는 처음엔 매우 공격적이지만 충격을 주거나 여러 복종을 하게하는 방법들을 통해 주인에게 복종하는 순한 개로 바뀌게 된다. 달라진 개의 태도에 주인의 태도도 달라지게 되고 그 개는 계속 말을 잘 듣는다. 여기서 개는 한병태와 주인은 엄석대와 매우 유사한 것 같다. 개는 아마 더 편해진 생활에 그다지 예전처럼 반항할 마음은 들지 않았을 것이다. 이 점이 작품 속의 한병태의 상황과 잘 맞아떨어진다.
>
> (F-52번 글)

학습자들은 인용된 글에 나타나듯 논제와 관련 있다고 생각하는 매체 자료를 제시하고 이를 자신의 주장을 강화하는 근거로 활용하는 양상을 보여주었다. 제시된 글에서 한병태를 길들여진 개에 비유한 것처럼 다른 글에서는 엄석대를 고발 프로그램에서 본 지적장애인을 괴롭히는 악한과 관련시키거나 작품 내의 상황을 학교폭력을 다룬 영화의 내용과 같은 것으로 파악하는 모습을 보이기도 한다. 매체를 활용한 글에서 학습자들은 매체 자료를 주장과 관

어서도 인용 내용은 교과서에서 접한 소설이나 교과서 내용의 일부분을 제시하는 데 그쳤기 때문에 독서 경험이라고 하기에 는 부족한 측면이 있다.

련시키고 이를 자신의 관점에서 재해석함으로써 논증 내용을 생성하는 양상을 나타내고 있다.

> 또한 일제 시대도 이와 마찬가지이다. 일본인들이 우리나라 사람들을 지배하려 함으로서 반 아이들처럼 힘있는 사람 밑에 들어가 그들에게 복종하는 친일파들도 생겨났었지만, 독립군, 안중근, 김구선생님처럼 일본에 대항하려는 사람들도 많이 있었다. 비록 우리나라만의 힘으로 독립을 이루지는 못했지만 그들의 노력이 없었더라면 우리는 독립을 이루지 못했을 것이다. …… 민주화를 이룬 사람들, 일본에 맞서 싸운 우리나라 사람들, 70년대 대통령에 맞서 싸운 미국 기자들, 이들 모두 '권력'이라는 힘에 포기를 안하고 끝까지 싸웠다. 만약 한병태도 이들처럼 포기를 안하고 계속 노력했더라면 새로오신 담임선생님의 힘이 아닌, 자신의 힘으로 엄석대의 비리를 밝힐 수 있었을 것이다.
>
> (F-33번 글)

인용문은 교양 상식을 활용한 경우에 해당하는 사례로 이 글에서는 독립운동가, 워터게이트 사건을 파헤친 미국 기자들, 민주화 운동가 등을 부당한 권력에 맞서 싸워 승리를 쟁취한 인물로 제시하면서 병태가 끝까지 저항했다면 이들과 같은 성과를 거둘 수 있었을 것이라고 관련성을 부각시키고 있다. 다른 글에서도 노무현 대통령 주변의 금품 수수 사건, 김용철 변호사 폭로 사건과 같은 부정부패와 관련된 시사적 소재와 일제시대의 친일 행위, 민주화 운동 관련 사항과 같은 역사적 지식을 활용하여 이들과 병태의 결정 사이를 관련시켜 논증 내용을 생성하고 있다. 여기서는 주로 병태의 선택이 지닌 의미를 사회적 차원으로 확대하여 해석하고, 시사적 현상이나 역사적 사례를 통해 병태의 선택이 지닌 문제점을 지적하는 방식으로 내용을 전개해나가는 특성을 보인다.

학습자들은 학습 논술 수행에서 교과 학습을 통해 습득한 것으로 여겨지는 교양 상식을 많이 활용하였으며, 일상생활에서 흔히 접하게 되는 매체 자료 또한 적지 않게 활용하는 양상을 보여주었다. 이에 비해 논술문에서 독서 경험의 활용은 거의 나타나지 않는 문제점을 보이기도 하였다. 학습자들은 논제와 관련된 배경지식을 동원하여 이를 추론을 통해 주장의 정당화와 관련짓는 방식으로 논증 내용을 생성하는 양상을 나타내었다. 이 경우 배경지식의 활성화는 주장을 뒷받침하는 타당한 추론으로 연결될 때 그 가치를 지니게 된다고 할 수 있을 것이다.

2) 논증 타당화 방식의 유형

가. 논거 나열형

학습 논술 수행은 논제에 대한 학습자의 해결책 제시를 핵심으로 한다. 이는 학습 논술이 지닌 문제해결 과정으로서의 성격을 분명히 나타내는 것으로 학습자는 타당한 논거의 제시를 통해 자신의 주장이 수용 가능한 것임을 인정받을 필요가 있다. 학습자들이 제출한 논술문을 살펴보면 학습자들이 자신의 주장을 정당화하기 위해 가장 선호하는 방식이 논거 나열에 있음을 알 수 있다. 즉 학습자들은 자신이 타당하다고 생각하는 논거들을 최대한 제시함으로써 주장의 정당성을 인정받고자 하는 경향을 드러낸다. 이는 일종의 양적 논증 방법에 해당하는 것으로 첫째, 둘째와 같은 서수사가 논증 표지로 등장하는 양상을 보인다.

영어공용화 논쟁과 관련된 논술문에서 학습자들은 찬반 입장에 따라 자신의 주장을 뒷받침할 수 있는 근거를 최대한 제공하고자 하는 의도를 드러낸다. 여기에서 학습자들은 가능한 많은 이유를 제시하는 것이 주장을 정당화할 수 있는 최선의 방법인 것으로 여기는 듯한 모습을 보여준다. 그러나 문제는 논거의 양적 제시가 논증의 질적 깊이를 담보해 내지 못한다는 데 있다.

> 우선 한국의 주체성이 점점 사라질 것이다. 한국이라는 나라에 한국어라는 과학적인 문자가 있는데 가봤더니 영어만 쓰더라 하는 외국인들도 생길 것이다. 또 영어를 쓰게 된다면 우리의 영어로 표현되지 않는 말은 설명조차 힘들 것이다. 또한 태어날 때 모국어를 선택하도록 한다고 했다. 이럴 경우 한국내에 국민들끼리 마저 의사소통이 되지 않는 어이없는 현상이 생길수도 있다. …… 위에 언급한 이유 외에도 더 있다. 넓게 생각하여 당장에 TV, 신문, 라디오등 언론매체들은 통역방송을 시작해야 될 것이고 그렇게 되면 방송 내에서도 혼란이 생길 것이다. 당장에 회사나 거리에서 식당, 관공서, 이런 모든곳에서 영어까지 대비하는 일을 해야할 것이다. 그 외에 또 영어를 사용하는 한국인과 한국어를 사용하는 한국인과 의식이 달라져 서로를 비판하게 될 것이고 분열이 생기게 될 것이다. …… 따라서 영어공용화는 시급하지 않고 아직은 부적절하다고 본다.
>
> (A-20번 글)

제시된 글은 영어공용화 도입에 반대하는 입장에서 논거 나열을 통해 정당성 강화를 꾀한 논술문 사례에 해당한다. 여기에서 학습자는 주체성 상실, 의사소통 단절, 생활에서의 혼란 등 다양한 논거들을 제시함으로써 자신의 주장을 정당화하고 있다. 그런데 인용문에 잘 드러난 것처럼 다양한 논거를 제시하려다 보니 논증 내용이 구체적이지 못하고, 유사한 논거의 내용을 반복적으로 서술하는 양상을 나타내고 있다. 또한 제시된 논거 사이의 상관성이 미약하여 이들이 주장을 뒷받침할 수 있도록 긴밀한 연관 관계를 맺지 못하는 문제점을 드러내고 있다. 이처럼 논거 나열을 통한 정당성 강화 방식을 사용하는 논술문은 영어공용화를 반대하는 이유에 대한 다양한 정보를 알려주는 성격의 글로 귀결되는 경향이 있다.

작품 속 인물 평가와 관련된 논술문에서 학습자들은 작품 내용을 인용하고 이와 관련된 논평을 덧붙이는 방식을 연속적으로 사용함으로써 자신의 주장을 정당화해 나가고 있다. 즉 작품 내용을 부분적으로 인용하고 이에 대해 논평을 덧붙이는 것이 하나의 논거로 작용하고 이러한 단위를 나열함으로써 논증을 완성해 나가고 있는 것이다. 그 결과 해당 논술문은 작품 내용에 대한 과도한 의존과 필자의 간략한 논평이 가미된 독후감 형식의 글이 되어 작품에 대한 필자의 주체적인 해석과 비평에 이르지 못하는 양상을 보여주고 있다.

> 이 상황에서 나는 병태의 결정이 옳았다고 생각한다. 그렇게 생각하는 첫번째 이유는 반 아이들의 태도이다. 병조는 석대에게 라이터를 빼앗긴 것이 분명함에도 불구하고 선생님께는 빌려준 것이였다며 시치미를 떼었다. …… 두번째 이유는 바로 담임선생님의 태도이다. 그는 모든 일에 무관심하고 귀찮아한다. 심지어 엄석대에게 모든 일을 맡기는 것으로 보아 석대에게 큰 믿음을 갖고 있는 사람이었다. …… 마지막 이유는 바로 병태의 생각이다. 처음에 석대에게 저항하다 쓴맛을 알게 된 병태는 결

> 국 석대에게 굴복을 하게 되고 그 후에 굴복의 단맛에 빠지게 된다. 병태는 석대의 질서 아래 있다고 해서 불리한 것은 없다고 생각한다.
>
> (F-50번 글)

제시된 인용문은 병태의 선택을 지지하는 필자의 입장을 작품 내용을 토대로 한 논거의 나열을 통해 정당화하고 있는 사례에 해당한다. 인용문을 살펴보면 필자는 병태가 고발을 포기할 수밖에 없었던 이유를 반 학생들의 비협조, 담임선생님의 무사안일, 병태의 이기심을 들어 정당화하고 있다. 이는 병태가 석대에게 저항할 수 없었던 이유를 작품 내용을 토대로 해설한 글로서의 성격을 지니며 여기에서 논제와 관련된 필자의 깊이 있는 성찰을 찾아내기는 힘들다. 즉 논거 나열을 통한 정당성 강화의 방식을 활용한 논술문은 논제와 관련하여 작품 속 인물이 그럴 수밖에 없었던 이유를 확인시키는 성격의 글에 머무는 경향이 있다.

학습 논술 수행에서 학습자들은 논거 나열을 통한 주장의 정당성 강화를 일반적인 논증 타당화 방식으로 활용하였다. 이러한 방식에 흔히 사용되는 첫째, 둘째와 같은 논증 표지는 학습자들이 논술문을 일종의 정해진 해답을 작성하는 과정으로 인식하는 듯한 느낌을 던져준다. 즉 필자의 주장을 뒷받침하기 위해 논거를 체계적으로 도입해 활용하는 것이 아니라 자신이 논제와 관련된 정보를 많이 알고 있다는 사실을 알려주기 위한 목적이 강하게 느껴진다.

논증의 타당성이 단순히 논거의 양적 제시를 통해 이루어질 수 없음은 물론이다. 논거는 주장을 뒷받침할 수 있도록 충분한 추론적 설명이 주어져야 하며, 논거가 몇 가지로 제시될 때는 논거 간의 관계가 주장을 정당화하기 위해 긴밀하게 조직되고 초점화 되어야 할 필요가 있다. 도입된 논거에 대한 적절한 설명과 논거 사이의 체계적인 연관성이 확보될 때 논거 나열을 통한 정당성 강화 방식이 논증에서 의의를 획득할 수 있게 될 것이다.

나. 유추 의존형

유추 의존형은 필자가 논제 상황과 비슷한 사례를 들어 자신의 주장을 정당화해 나가는 논증 방식에 해당한다. 이는 필자의 주장과 제시된 사례 사이에 존재하는 연관성에 의해 작동되며 둘 사이의 관련성이 긴밀하다고 여겨질수록 논증의 효과는 커지게 된다. 유추에 의한 유사성 강조는 주장과 사례 사이의 관계가 필연적으로 연결되는 것이 아니기 때문에 수학적 증명과 같은 객관성과 엄밀성을 갖추기 힘들며, 사람에 따라 이를 받아들이는 정도가 다르게 나타난다. 이러한 한계에도 불구하고 유추 의존형은 현실적으로 매우 활발하게 통용되는 논증 방식으로서의 위상을 확보하고 있다.

영어공용화 논쟁과 관련된 논술문을 살펴보면 학습자들은 영어공용화를 시행하는 나라 혹은 시행하지 않는 나라와 우리의 경우를 비교함으로써 자신의 주장을 정당화하는 방식을 구사하고 있다. 여기에서 학습자는 자신의 주장을 지지해 줄 수 있는 사례를 제시하고, 비교 대상이 되는 나라의 실정이 이러하기 때문에 우리의 경우도 마찬가지일 것이라는 유사성을 강조하는 방식을 활용한다. 이러한 논증 방식의 기본적인 자질은 논증 대상과 비교 대상간의 일치도에 있다. 둘 사이의 관계가 높은 긴밀성을 가지면 그만큼 설득의 효과는 커질 수밖에 없고, 반면에 둘 사이의 관계가 상관성이 적으면 주장의 수용 가능성은 그만큼 약해지게 된다.

> 그렇게 하면 세계화에 뒤쳐질 수 있지 않느냐고 할 수도 있다. 하지만 가까운 나라인 일본을 예로 들어보자. 일본도 영어에 대한 교육열은 우리나라와 비슷하지만 그들은 선천적으로 영어 발음이 잘 되지 않는다. 하지만 일본은 그들의 언어와 문화를 버리지 않았고 현재 일본의 국력은 어느 나라도 무시할 수 없고 국제 사회의 중심에 우뚝 서 있다고 할 수 있다. 여기에서 볼 수 있듯이 국가 경쟁력에서 중요한 것은 영어 공용화가 아니라는 것이다.
>
> (A-10번 글)

제시된 글은 영어공용화에 반대하는 입장에서 일본과의 비교를 통해 논의를 전개해 나간 논술문 사례에 해당한다. 인용문을 보면 학습자는 일본과 우리나라에 존재하는 영어 교육열의 공통점을 들면서도 일본이 영어공용화를 실시하지 않고 자국 문화를 존중하는 상황에서 국제적인 경쟁력을 갖추고 있음을 부각시키고 있다. 이는 영어공용화와 국가 경쟁력의 상관성을 부정하는 것으로 학습자는 이를 우리나라에 적용시켜 영어공용화가 필요하지 않다는 논거로 활용하고 있다. 이처럼 영어공용화를 다룬 논술문에서 학습자들은 논제 상황과 관련된 사례를 제시하고 두 대상을 비교하여 유사성을 강조하는 방식을 통해 주장을 정당화해 나가고 있다.

작품 속 인물 평가와 관련된 논술문에서 학습자들은 논제로 제시된 한병태의 문제 상황을 필자 자신의 체험이나 배경지식과 연결시켜 둘 사이의 유사성을 강조해 주장을 정당화하는 모습을 보여주고 있다. 즉 학습자들은 자신이 겪은 일이 이러하기 때문에,

혹은 자신이 알고 있는 지식이 이러하기 때문에 병태의 결정에 대한 판단 또한 이럴 수밖에 없다는 논증을 구사하고 있는 것이다.

> 내가 초등학교때 병태와 비슷한 상황이 있었다. 나랑 가장 친한 친구가 있었는데, 그 친구가 조금 안좋은 행동을 하였다. 그래서, 난 친한 친구임에도 불구하고 담임선생님께 말씀을 드렸다. 근데 담임선생님은 그냥 모른척을 하셨다. 거기까지면 차라리 괜찮은데, 내가 담임선생님께 말씀 드렸다는 사실을 그 친구가 알아버린 것이다. 난 단지 그 아이의 잘못을 고쳐주고 싶었을 뿐이었는데 그 친구는 배신감을 느꼈나보다. 결국에 더는 친한 친구로 지내지 못하고 안 좋게 헤어졌다. 나의 경험으로 미루어보아서 병태의 결정은 잘한 것으로 보여진다. 물론 상황을 봐가면서 결정해야겠지만 병태의 상황은 그렇게 결정할 수밖에 없는 상황이었다. 나는 병태의 심정을 이해할 수 있다. 내가 겪어보았기 때문이다.
>
> (F-51번 글)

> 혁명은 시작이 힘들 뿐이지 시작을 하면 과정을 밟아 나가기만 하면된다. 인내심의 문제일 뿐이다. 예로들자면 이육사선생님이 대표일 것이다. 이육사 선생님은 일본에서 독립되는 날 8월 15일을 위해 계속 저항시를 쓰신 분 아니신가? 저항시로 인해 감옥에 들어가신 것에 불구하고 계속 저항시를 쓰시며 이름까지 죄수번호로 바꾸셨다. 결국 광복 1년전에 돌아가셨지만 돌아가시기 전까지 광복을 위하여 끝까지 노력하신 이육사 선생님. 지금 얼마나 존경을 받고 계신가?
>
> (M-42번 글)

첫 번째 인용문을 살펴보면 여기서 필자는 병태의 결정을 지지하는 의견을 표명하면서 그 이유로 자신의 유사한 체험을 도입하고 있다. 즉 이글에서 필자는 자신이 비슷한 경험을 해 봤기 때문에 병태의 입장이 십분 이해되고 또 정당하다는 논증을 구사하고 있는 것이다. 그러나 이는 자신의 경험과 거리를 두고 객관화하려는 시도가 부족한 채 정서적 공감에 의존하고 있어서 같은 체험을 공유하는 독자에게는 설득력을 가질 수 있지만 보편적인 설득력을 얻기는 힘든 측면이 있다. 두 번째 인용문을 보면 여기서 필자는 병태가 석대를 고발했어야 한다는 주장을 펼치기 위해 이육사 시인의 사례를 도입하고 있다. 이를 통해 병태의 선택과 이육사 시인의 선택을 비교함으로써 병태도 이육사 시인처럼 석대에게 인내심을 가지고 저항하다 보면 석대를 꺾을 수도 있고, 아이들의 존경도 받을 수 있었을 것이라는 추론을 이끌어내고 있다. 그러나 이 주장은 이육사와 한병태 사이에 존재하는 차이에 대한 성찰이 부족한 채 이를 동일화하는 데만 치중하고 있기 때문에 보편적 설득력을 얻지 못하고 있다. 이처럼 유사성에 기반한 논증은 구체적 사례를 도입한다는 점에서 주장을 쉽게 전달할 수 있는 장점을 지니지만 도입된 사례가 보편적 공감을 얻지 못하는 경우에는 설득력에 있어서 한계를 나타내게 된다.

유추 의존형은 문제 상황과 관련 있는 다른 비교 대상을 도입하여 둘 사이의 연관성을 통해 주장을 정당화해 나가는 논증 방식에 해당한다. 비유가 다른 대상을 활용하여 원래 대상에 대한 이해를 돕듯이 이는 비교 추론 과정을 통해 수용자의 이해를 용이하게 만들 수 있다는 점에서 설득의 효과가 높은 논증 방식이라 할 수 있다. 유추에 의한 유사성 강조가 효과적으로 작용하기 위해서는 기본적으로 문제 상황과 비교 대상 사이에 관련성이 존재해야만 한다. 도입되는 대상이 적절치 못하거나 둘 사이의 의미 연결이 적합하지 못하면 논술문의 수용 가능성은 그만큼 약화될 수밖에 없다. 그렇다고 두 대상 사이의 관련성만 확보된다고 해서 훌륭한 논증이 이루어지는 것은 아니다. 관계짓기가 두 대상 사이에 존재하는 유사성을 조명하는 데 그치고 필자에 의한 새로운 통찰이 이루어지지 않는다면 이는 일면적이고 평면적인 논증에 제한될 수밖에 없다. 필자의 통찰과 사고가 가미될 때 유사성 강조는 비로소 새로운 의미 생산을 거둘 수 있게 되는 것이다.

다. 논평 중심형

논평 중심형은 필자가 문제 상황을 바라보는 특정한 관점에 의거해 논평을 전개하여 주장을 부각시켜 나가는 논증 방식에 해당한다. 관점이란 주체가 대상을 파악하는 일정한 준거 틀로 글에 일관성을 부여하고 필자의 사고와 가치관을 드러내는 지표로서의 역할을 한다. 우리는 글을 읽을 때 우선적으로 필자가 제시한 관점에 따라 사태를 파악하게 되며 글에 대한 평가도 필자가 보여준 관점의 타당성에 의해 판단하게 되는 바가 크다. 이처럼 필자의 관점은 글의 중심을 잡아주는 구심점으로 작용하며 논평 생산의 원천이 된다.

영어공용화 논쟁과 관련된 논술문에서 학습자들은 주로 자신들이 지닌 언어관에 의거해 문제 상황을 파악하고 이와 관련된 논평을 서술하는 방식으로 논의를 전개해 나가고 있다. 영어공용화를 찬성하는 입장에서는 언어를 경쟁의 도구로 보는 반면에 반대하는 입장에서는 언어가 지닌 정신적 가치를 강조하는 입장을 나타낸다. 이 유형에 속하는 글들에서 학습자는 먼저 자신의 관점을 명확히 제시하고 이에 기반하여 내용을 전개해 나가는 특성을 보인다.

> 영어 공용화를 실시한 후에 사람들이 영어를 더 선호하여 더 많이 쓰게 된다면 시간이 흘러가면서 조선어의 입지는 점점 더 작아질 것이다. 그러다 결국에는 조선어거 없어져 버릴 가능성이 매우 크다. 민족이 그 나라의 국어를 잃는다는 것은 주체성도 잃는다는 것이다. 참혹했던 일제강점기 시대에 일본이 우리나라의 언어를 말살시켰던 이유도 나라에 대한 주권을 망각시키기 위해서였다. 불과 60년 전에 증오하고 탈피하려 노력했던 정책을 우리 손으로 다시 시행하려 하고 있는 것이다. 따라서 영어 공용화를 실시하자는 주장은 곧 우리나라의 얼과 혼을 다 버리고 영어를 쓰는 나라의 언어적 속국이 되겠다는 것이다.
>
> (B-13번 글)

제시된 인용문에서 필자는 영어공용화가 가져올 결과로 우리말 소멸을 언급하고 이를 주체성 상실로 규정하고 있다. 필자는 이런 관점에서 영어공용화의 도입을 일제강점기의 민족어 말살 정책과 연관시키고 이를 우리나라의 얼과 혼을 저버리는 행위로 비판하고 있다. 이처럼 필자의 관점 제시와 이에 기반한 논평의 부각은 주장하고자 하는 메시지를 분명하게 만들고 글에 응집성을 부여하는 효과적인 수단으로서 작용을 한다.

작품 속 인물 평가와 관련된 논술문에서 학습자들은 도덕적 가치와 현실적 상황 논리의 갈등 속에서 자신의 관점을 규정하고 이를 토대로 논의를 전개해 나가고 있다. 병태의 선택을 지지하는 필자들은 강자와 약자의 대립에서 약자가 가질 수밖에 없는 처세술의 면모를 토대로 하며, 이를 비판하는 필자들은 정의와 양심 등의 가치를 바탕으로 자신의 생각을 밝혀나간다.

> 한 일년 전쯤에 김용철 변호사 사건이 있었다. 바로 삼성의 변호사로 일하던 김용철 변호사가 삼성의 비리 행위에 대해 양심고백을 한 사건이었다. 그 때 당시, 김용철 변호사에 대한 의견은 크게 둘로 나뉘었었다. 사회정의의 수호자라는 의견과 조직을 배신한 배신자라는 것이 그것이었다. 그러나, 소(小)를 위해 대의를 희생시킬 순 없는 법이다. 병태의 경우도 마찬가지이다. 병태에게 석대의 비리를 폭로하는 것은 석대에게 굴종한 이상 배신행위이지만, 크게 보면 자신의 공범행위를 뉘우치고, 학교에 올바른 정의가 실현되도록 하는 대의적 성격을 띄고 있기도 한다. 따라서 병태가 좀 더 '의로운' 일을 행하고 싶었다면 대의를 택하여 진실을 밝히고 자신의 죄에 대해 진심으로 반성했어야한다.
>
> (F-3번 글)

제시된 인용문은 병태의 입장을 비판하기 위해 '김용철 변호사 사건'과 관련된 배경지식을 도입하여 이것이 병태의 경우와 어떤 관련을 맺고 있는지를 밝히면서 주장을 펼쳐나가고 있다. 여기서 필자는 김용철 변호사의 폭로와 병태의 고발을 인간적인 배신행위와 대의의 대립이란 공통분모로 설정하고 대의를 선택해야 한다는 관점을 토대로 병태에 대한 비판을 설득력 있게 전개해 나가고 있다. 앞서 살핀 비교와 유추에 의한 유사성 강조가 문제 상황과 배경지식 사이의 관련성에만 주목한 평면적 방식을 보여주고 있다면 여기에서는 두 가지 사태를 꿰뚫는 필자의 관점을 명확히 제시함으로써 보다 입체적인 논증을 구사하는 것으로 평가할 수 있다.

관점 적용을 통한 논평의 부각은 주로 필자가 옳다고 생각하는 관점을 미리 제시하고 이를 사태에 적용해 논평을 생산하는 방식을 취하고 있지만, 역으로 사태에 대한 분석을 통해 의미 있는 관점을 추출하는 방식의 글도 나타나고 있다. 즉 전자의 방식이 문제 상황과 관련된 관점의 적용에 무게가 놓인다면 후자의 방식은 가치를 발견해 나가는 과정에 초점이 놓인다고 할 수 있겠다.

> 내가 ○○중학교 2학년 때 우리 중학교에서 힘쌔다고 소문난 노는 아이가 있었다. 어느 날 점심시간 때 우리들은 목이 말라서 내기를 해서 지는 사람이 떠오기를 하였다. 내 친구 ○○은 져서 물을 떠 오는 도중에 그 노는 애랑 부딪쳐서 바지를 거의 다 젖게 했다. 우리는 ○○에게 우리가 지켜줄게 라는 위로의 말은커녕 그냥 가만히 있었다. 다음 쉬는 시간이 오자 그 노는 애가 와서 우리가 보는 앞에서 내친구 ○○을 때리기 시작했다. 그때 우리가 그 자식을 말리거나 때렸으면 됐는데, 우리는 저 멀리서 조용히 지켜봤다. 누구도 용기가 없었던 것이다. 이 경험이 있는 만큼 병태를 이해 할 수는 있다. 이러한 경험은 누구나 비슷하게 가진다고 생각한다. 그리고 한 개인이 폭력에 대항한다는 것이 어려운 것은 다 그럴 것이다. 하지만 그러면 그럴수록 폭력은 사라져야 한다. 폭력이 줄어들고 힘없는 친구들도 함께 잘 살 수 있는 교실을 위해 어떻게 해야 할지 생각도 해봤다.
>
> 이 소설에서 병태는 좋은 교육을 받았고 남보다 여러 가지 뛰어난 그는 불의를 없애는데 앞장 서 주었으면 했다. 엄석대는 거의 독재자와 같다. 그러나 병태는 그 지배로부터 학급을 구해줄 아이이다. 그가 이기적인 생각을 위해 저항을 하다만게 아깝다. 또한 6학년 선생님도 좋긴 좋은 선생님이지만 알고 보니 이

> 소설에서 폭력으로 그 독재자를 해결하는 셈이다. 폭력을 써서 해결하면 새로운 폭력이 된다는 말이 생각난다. 그 석대와 같은 독재자로부터 다수의 아이들을 보호할 수 있는 법이나 생각을 마련할 수도 있을거라 생각한다.
>
> (M-29번 글)

제시문은 체험에서 보편적 가치에 대한 발견을 이끌어 낸 사례에 해당한다. 학습자는 중학교 때 부당한 폭력의 횡포 앞에 친구가 고통을 당하는 모습을 지켜봤고, 이를 작품의 의미와 연계시켜 폭력에 대한 깊은 성찰 과정을 보여주고 있다. 특히 6학년 담임선생님의 문제 해결 방식에 나타난 폭력성을 비판하고 제도적 장치를 고민한 부분은 예리한 비판 의식을 잘 드러내고 있다. 이처럼 논술문은 쓰기과정에서 학습자에 의한 새로운 발견이 이루어질 때 글의 가치와 교육적 의의를 배가할 수 있다. 이런 관점에서 보면 논술 교육은 장르 문법이나 문장 표현 등의 형식적 요소에만 한정될 것이 아니라 우리가 살아가는 세상과 현실에 대해 학습자들이 진지하게 고민하고 성찰하는 기회를 제공할 수 있는 방향으로 설계되어야 할 필요가 있다.

학습자들의 논술문을 살펴보면 내용 설명이나 체험 혹은 사례의 제시가 곧 논증의 완성이라고 생각하는 경향이 발견되는데, 이는 학습자들의 논술 수준을 떨어뜨리는 중요한 요인으로 작용한다. 논술 교육에서 핵심이 되는 사항은 학습자들의 논증 능력 향상에 있으며, 논증 능력은 필자의 독창적 해석 능력과 적합한 의미 추출 능력으로 집약된다. 따라서 논술 교육은 필자가 자신의 명확한 관점을 토대로 주체적인 논평을 생산해 낼 수 있는 환경을 조성하는 데 심혈을 기울여야 할 것으로 생각된다.

3) 논증 소통을 위한 전략

가. 현실 강조형

글쓰기는 필자와 독자 사이의 의사소통 상황을 기반으로 하여 이루어진다. 그런데 논증적 글쓰기에서의 의사소통 상황은 필자가 특정한 독자를 직접 겨냥한 경우가 아니라면 앞선 논의에서 살펴본 것처럼 보편청중을 대상으로 이루어진다. 보편청중은 본질적으로는 필자 개인의 지성이 추상화된 형태에 속하는 것이지만 필자가 타자와의 합리적 대화 상황 속에 논의를 두려고 노력함에 따라 점점 객관화된 형태를 갖추게 된다. 즉 학습 논술에서 필자는 머릿속에 타자를 상정하고 합리적인 대화를 시도함으로써 자신의 논의가 수용 가능성을 높일 수 있도록 만들어 나간다.

학습 논술에서 학습자들이 보편청중을 설득하기 위해 우선적으로 사용하는 전략으로는 현실적 상황 맥락의 강조를 들 수 있다. 이는 필자가 자신의 문제의식을 잘 드러낼 수 있는 현실의 모습을 제시하고 이것이 논제와 관련된 핵심적 사항임을 강조함으로써 독자에게 다가가는 전략에 해당한다. 이를 통해 필자는 자신의 문제의식과 주장이 논제와 관련된 실제적이고 현실적인 접근법임을 부각시키려는 의도를 드러낸다.

영어공용화 논쟁과 관련된 논술문을 살펴보면 현실적 상황 맥락의 강조는 영어 와 관련된 개인적, 사회적 문제의 심각성을 드러내는 방향에서 진행된다. 영어공용화를 찬성하는 입장에서는 과도한 사교육 문제, 영어 교육의 비효율성 등이, 이를 반대하는 입장에서는 무분별한 영어의 남용, 과대평가된 영어의 위상 등이 논제와 관련된 현실적 상황 맥락으로 제시된다.

> 학생들은 물론이고 유치원생들, 일반인들까지 영어에 관한 책을 보고 접하며 영어를 잘하기위해 노력한다. 서점에도 영어에 관련된 책이 가장 크게 즐비해있다. 여기도 영어, 저기도 영어로 덮혀 간판은 물론이고 노래가사나 우리나라의 메이커까지도 영어로 쓰여있다. 그런데 요즘에는 우리나라의 아름다운 한글을 버리고 영어를 공용어로 삼자는 주장이 크게 들리고 있다.
>
> (B-23번 글)

인용문은 영어공용화를 반대하는 입장에서 무분별한 영어 남용 현상을 현실적 상황 맥락으로 도입한 사례에 해당한다. 여기에서 필자는 일상생활에서 영어가 범람하는 현실을 문제점으로 지적하면서 이런 상황에서 영어공용화를 주장하는 것은 잘못임을 강조하려는 의도를 드러내고 있다. 이는 독자의 동의를 얻기 위해 현실의 문제점에 대한 공통된 인식을 불러일으키고 이를 통해 자신의 주장을 받아들이도록 만들기 위한 소통 전략의 일환에 해당한다. 현실에 대한 공통된 인식은 주장의 수용을 위한 전제 조건이 되는 것이기도 하다.

작품 속 인물 평가와 관련한 논술문에서도 학습자들은 현실에 대한 공통된 인식 기반을 다지기 위해 애를 쓴다. 병태의 선택을 지지하는 입장에서는 강자에 대한 약자의 현실적 한계, 인간이 지닌 이기심 등을 강조하고, 이를 비판하는 입장에서는 억압이 주는 폐해, 현실의 개선 가능성 등이 현실적 상황 맥락으로 제시된다.

> 우린 초등학생때, 아니 더 이전부터 성인이되어 사회에 나가서까지 강자와 약자로 나뉜다. 한번 보고 앞으로 만나지 않을

> 상황이면 모르지만, 강자들과 약자들이 함께 오래모여지낸다면 누군가 정해주지 않아도 자연스럽게 서열이 생기고 그 서열에따라 하는 행동, 말투, 생각까지 다르게 된다. 강자들은 비슷한서열의 강자들과 같이 다니며 힘을 더 키운다거나 과시하고 서로를 도와주는 유대감이 깊은 그룹을 만들게 된다. …… 약자들도 강자들처럼 비슷한 사람끼리 그룹을 형성하는데 이들은 서로모여 강자들을 헐뜯거나 강자들이 모르게 도와주는게 대분이다. 강자를 뒤에서는 헐뜯겠지만 강자들 앞에서는 어쩔수없이 싫은일, 불이익을 당하는 일까지 할수도있고 그일을 하기 싫어 가식을 보여줄때도 있다. 혹 약자가 강자들에게 저항을 한다해도 강자그룹내의 강자들이 가만히두지 않을것이다. 이러한 상황에 처해있는 한병태를 보자.
>
> (M-46번 글)

인용문은 이 세상을 강자와 약자의 대립된 구도로 파악하고 약자가 강자에게 대항하기는 힘들다는 인식을 통해 병태의 선택이 지닌 불가피성을 옹호하는 입장을 나타내고 있다. 이는 현실을 일종의 약육강식 법칙이 지배하는 정글로 파악하는 관점으로 필자는 이를 통해 병태를 옹호하는 자신의 주장이 현실성 있고 실제적인 것임을 보여주고자 한다. 이 또한 현실적 상황 맥락에 대한 공통된 인식을 바탕으로 독자가 자신의 견해를 수용하도록 만들려는 필자의 의도를 담고 있다.

학습 논술의 쓰기 상황을 고려하면 현실적으로 교사와 동료 학습자가 예상 독자에 해당한다고 생각할 수 있다. 그러나 학습자들이 이들을 예상 독자로 한정하고 논의를 전개해 나가는 것은 아니다. 주장은 글로 표현되는 순간 특정한 상황 맥락을 벗어나 시간과 공간을 초월한 독자에게 전해질 수 있으며, 학습자들 또한 교실을 벗어나 보편청중을 염두에 두고 글쓰기를 수행한다. 이에 필자는 보편청중과의 논증 소통을 위해 상황 인식을 공유할 필요가 있으며, 이는 현실에 대한 필자의 인식을 드러내는 현실적 상황 맥락의 강조로 나타나게 된다. 필자가 제시한 현실적 상황 맥락에 대한 인식을 독자가 인정하게 된다면 필자의 주장을 수용할 가능성은 그만큼 커지게 되는 것이다.

나. 반론 고려형

주장은 고립된 상황에서 단일 논리의 명제를 말하는 것이 아니라 응답과 질문을 요구받는 담화 행위에 해당된다. 주장은 어떤 것을 이해하는 특별한 방식을 공유하자는 요청의 성격을 지니며 대상을 이해하는 방식이 대립할 때 논증을 통한 해결을 추구한다. 이 과정에서 주체는 자신의 주장이 보편성을 획득하기를 기대하는데 이때의 보편성은 주체와 타자 사이에 발생하는 끊임없는 시험을 통해 산출될 수 있다.[19] 이런 의미에서 주장은 본질적으로 타자와의 대화를 기반으로 한 의사소통 상황을 전제하고 있다.

주장이 타자와의 대화에 바탕을 두고 있다면 그 가운데서도 주체와 의견이 다른 타자의 견해는 주장의 설득력을 확보하는 데 중요한 역할을 할 수 있다. 설득의 이론에서는 메시지의 유형을 표현주체가 자신의 주장과 그것을 뒷받침하는 내용들만을 주로 내세우는 일면적 메시지와 반대편의 입장과 주장 등을 함께 제시하면서 자신의 주장을 펴는 이면적 메시지로 구분하고 있다. 이 두 유형의

19) 제임스 크로스화이트 지음/오형엽 옮김, 앞의 책, 2001, 63~66면 · 195면.

메시지가 수용자들에게 미치는 영향을 연구한 실험을 보면 일면적 메시지는 필자의 주장에 동조하는 사람과 교육 수준이 낮은 사람들에게 효과적이며, 이면적 메시지는 필자의 주장에 반대하는 사람과 교육 수준이 높은 사람들에게 효과가 큰 것으로 나타났다.[20] 이런 측면에서 보면 반론에 대한 고려는 필자의 주장을 보다 폭넓은 범위에서 설득력 있게 만드는 전략으로서 가치를 지니고 있다.

영어공용화와 관련된 논술문에서는 논제 자체가 정책적 선택의 문제와 직결되어 있어서 찬반 대립이 뚜렷이 나타나고 있다. 학습자들은 첨예한 대립을 보이는 논쟁 상황에서 자신의 입장을 분명히 드러내면서도 반대 담론에 대해 고려하는 모습을 보여주고 있다.

> 영어공용화 시행에 반대하는 사람들은 아마도 '한국어는 우리나라의 위대한 자산이며 없어서는 안된다'라고 할 것이다. 그런데 영어공용화 시행이 된다면 한국어가 사라지는 것이 아니라 '선택'하는 것이기 때문에 한국어가 사라지지 않는다. 또 반대론자들은 '한국인이면 세종대왕이 만든 한국어를 써야지'라고도 할 수 있다. 그런데 한국인이라고 꼭 한국어를 써야 하는가? 지금은 글로벌 시대이며 정보화 시대인데 꼭 한국어를 써야하는가?
>
> (B-20번 글)

제시된 인용문은 영어공용화에 찬성하는 입장에서 이를 반대하는 견해를 고려하여 논술문을 작성한 사례에 해당한다. 여기에서 필자는 영어공용화를 반대하는 대표적인 논거로 우리말의 소멸 우려와 민족어 애호 정신을 들고 이에 대해 반박하는 언급을 가미하

---

20) 차배근, 『설득 커뮤니케이션 이론』, 서울대출판부, 1989, 272~287면.

고 있다. 마찬가지로 영어공용화를 반대하는 입장의 글에서는 찬성 측의 주요 근거에 해당하는 영어의 중요성이라든가 국가 경쟁력 향상과 같은 논거를 언급하고 이에 반박하는 방식을 취하고 있다. 그런데 학습자 논술문에 나타난 반론에 대한 고려는 단순한 언급 차원에 그치는 경우가 많으며 심도 있는 반박이 이루어진 경우는 드물게 나타난다.

작품 속 인물 평가와 관련된 논술문에서도 설득력을 높이기 위한 반론에 대한 고려가 나타나고 있다.

> 물론 그래도 병태의 결정은 옳지 못하다고 이익보다는 정의에 따라 선생님께 얘기를 했어야 했다고 생각하는 사람이 있을 것이다. 하지만 어떻게 보면 올바르다고 할 수밖에 없는 불합리함 속에서 그 힘듬을 겪고 다시 찾은 것을 또 잃을 가능성을 가진 행동을 실행에 옮기는 것이 얼마나 힘들지에 대해 생각해 보면 병태의 결정이 비판받을만큼 잘못된 것은 아니다. 그 외로운 싸움에 또 모든 것을 잃고 싶지 않다는 것은 병태에게도 우리에게도 공감되는 것이 아닌가.
>
> (F-15번 글)

인용문은 병태의 선택을 지지하는 입장에서 이러한 판단이 비도덕적이라는 반론을 고려하여 논의를 전개해 나간 논술문 사례에 해당한다. 여기에서 필자는 자기를 희생하면서까지 정의를 실천하는 것은 매우 어려운 일이라는 점을 부각시키면서 예상되는 비판에 대응하는 모습을 보이고 있다. 마찬가지로 병태의 선택을 비판하는 논술문에서는 도덕적 선택의 실천 가능성에 대한 회의적 견해에 대응하는 모습을 보이면서 논의를 전개해 나가고 있다. 이러한 반론에 대한 고려는 대립되는 가치 선택의 상황 속에서 필자의 생각을 분명히 하는 효과를 나타낸다.

반론에 대한 고려는 필자의 견해를 논제와 관련된 논쟁적 대화의 상황 속에 두게 함으로써 주장하고자 하는 바를 독자에게 분명히 인식시키고 논증 내용을 사려 깊게 느끼도록 만들 수 있다. 이런 점에서 반론에 대한 고려는 논증 소통을 효과적으로 만드는 전략으로서 의의를 지니지만 학습자 논술문을 살펴보면 반론에 대한 고려가 형식적인 측면에 치우치는 한계 또한 나타나고 있다. 즉 반론에 대한 고려가 심도 있는 반박으로 이어지기보다 이를 언급하는 데에 그치고 만다는 것이다. 반론에 대한 고려가 의미를 지니려면 반론을 소개하는 데 그치지 말고 이에 대한 논파가 본격화될 필요가 있다.

다. 공감 유도형

학습 논술은 학습된 지식을 바탕으로 한 문제해결의 글쓰기로 수용 가능한 논리의 산출을 목표로 한다. 학습 논술은 제안서나 신청서와 같이 실제적 목적을 달성하기 위해 특정한 독자를 설득하는 것을 지향하지는 않지만, 수용 가능성이라는 말이 암시하는 것처럼 보편청중에게 자신의 주장이 받아들여지기를 희망한다. 필자가 지닌 이러한 욕구는 학습 논술에서 자신의 주장과 관련해 독자에게 공감적 이해를 유도하는 형태로 나타난다.

> 이러한 이유들로 영어공용화는 더 생각해보고 결정할 필요가 있다고 본다. 과연 세계화에 발맞춘답시고 영어공용화를 통한 '세계화'가 아닌 '획일화' 되어가고 있지는 않은지 세계에서 인정

> 하는 가장 과학적인 언어이자 우리 조상의 얼인 한글을 정작 쓰고 물려받은 우리가 너무 가볍고 촌스럽게 생각하지는 않는지 생각을 해보고 반성 해야한다. 일제시대의 무자비한 한글말살정책으로부터 목숨지키고 한글을 지켜낸 우리들의 조상님과 똑같이 행동하지는 못하지만, 적어도 우리의 글, 우리의 말, 우리의 얼은 후손에게 바른 모습으로 물려줄 의무가 우리들 각각 한사람 한사람에게 남아있지 않는가?
>
> (B-12번 글)

제시된 인용문은 영어공용화에 반대하는 입장에서 영어공용화에 내재한 문제점을 지적하여 사람들의 각성을 촉구하는 내용을 담고 있다. 필자는 혹독한 환경 속에서도 우리말을 지켜온 선인들의 노력을 언급하면서 현재를 살아가는 우리들이 이를 계승할 의무가 있음을 강조하고 있다. 필자의 이러한 의도는 마지막 문장에 나타난 수사적 의문문의 활용에 집약되어 있는데, 필자는 이러한 질문을 던짐으로써 자신의 주장에 대한 동의를 독자들에게 요청하고 있다. 수사적 의문문의 활용은 독자의 공감적 이해를 유도하는 방법으로써 학습자들의 논술문에서 빈번하게 사용되고 있다.

> 결국, 사회적 분위기가 한병태를 그렇게 행동하게끔 하였고 그것으로 한병태를 비난할 수는 없다는게 내 생각이다. 우리나라 속담에는 '모난 돌이 정 맞는다'라는 말이 있다. 나는 위 상황에 이 속담을 적용시켜 말하고 싶다. 정 맞은 돌이 둥굴어 지는 것은 죄가 아니라고. 조금이라도 모난구석에 가차없이 내리퍼붓는 망치질이 오히려 더 잘못된 것이라고 말이다.
>
> (F-4번 글)

제시된 인용문은 병태의 선택을 지지하는 입장에서 비유적 표현을 활용하여 독자의 공감적 이해를 유도하는 논술문 사례에 해당한다. 여기에서 필자는 '모난 돌이 정을 맞는다'는 속담을 인용하여 병태가 고발을 포기하는 것은 망치질로 비유되는 주변의 부정적 환경 때문이라는 결론을 집약적으로 나타내고 있다. 이는 속담의 권위를 빌어 자신의 주장을 정당화하고 이를 통해 독자의 동의를 손쉽게 이끌어내려는 전략의 일환에 해당한다. 이처럼 학습자들은 격언이나 속담이 지닌 권위를 빌리거나 비유가 지닌 집약적인 표현 효과를 활용하여 독자들의 공감적 이해를 유도하는 시도를 보여주고 있다.

학습 논술 수행은 기본적으로 필자의 머릿속에서 진행되는 질문과 대답의 연속으로 이루어진다. 여기에서 필자는 자신의 주장이 독자에게 수용될 수 있을까를 끊임없이 고민하며 이에 대한 해답을 추구하게 된다. 이 과정에서 필자는 자신의 주장을 독자들이 쉽게 받아들이기를 희망하며 이는 수사적 의문이나 비유적 표현의 활용과 같은 표현 기교의 사용을 동반하게 된다. 비록 이러한 표현 기교의 활용이 논증의 본질적 측면을 변화시킬 수 있는 것은 아니지만 필자의 주장에 대한 독자의 접근을 용이하게 만든다는 점에서 의미를 지닌다고 하겠다.

3. 학습자의 학습 논술에 드러난 문제점

가. 학습 자료에 의존한 내용 생성

논증 내용 생성과 관련하여 학습자 논술문에 나타난 가장 큰 문제점은 학습 자료에 대한 의존이라 할 수 있다. 학습 논술 수행에서 학습 자료에 대한 이해를 바탕으로 논의를 전개해 나가는 것은 잘못이 아니며 당연한 현상이라고 할 수 있다. 그러나 문제는 학습자들이 학습 자료를 논의의 실마리로 활용하는 것이 아니라 논증 내용의 중요한 원천으로 삼는 데 있다.

우리가 학습 논술을 통해 기대하는 것은 논제와 관련된 학습자들의 심화된 이해라 할 수 있다. 좋은 글이란 자료의 직접적 인용에 기대는 것이 아니라 학습자의 인지적 전략에 의해 자료를 적절히 활용할 때 산출될 수 있으며, 학습 논술은 학습된 지식의 재생이 아니라 새로운 의미를 생성해 낼 때 비로소 그 교육적 의미를 갖게 된다. 따라서 학습자 논술문에 나타난 자료 의존성은 논술 수행의 결과를 학습된 지식의 재생으로 이끈다는 점에서 심각한 문제에 해당된다.

학습 논술은 기존의 지식과 관련된 심화되고 확장된 이해를 보여줄 수 있어야 한다. 이와 관련해서는 Bereiter와 Scardamalia가 언급한 작문 과정의 두 모형인 '지식 나열하기(knowledge telling)'와 '지식 변형하기(knoeledge transforming)'에 대한 논의를 참고할 수 있다. 이들은 실제로 존재하는 지식 자체가 중심이 되는 글쓰기 모형을 지식 나열하기로, 지식에 대한 필자의 판단 능력이 중심이 되는 글쓰기를 지식 변형하기라 명명하였으며, 이 두 모형을 서로 질적으로 다른 종류의 쓰기로 파악하였다.[21] Bereiter와 Scardamalia의 논의를 학습 논술과 연관시켜 보면 지식 나열하기는 학습된 내용을 반복하는 데 그친 텍스트를, 지식 변형하기는 학습된 내용에

21) Carl Bereiter & Marlene Scardamalia, *The psychology of written composition*, Hillsdale, N.J. : L. Erlbaum Associates, 1987, pp. 3~30 · 339~363.

바탕하여 새로운 의미를 산출한 텍스트를 가리키는 것이라 할 수 있다. 이들이 지식 나열하기와 지식 변형하기를 질적으로 다른 수준의 글쓰기로 파악한 것처럼 학습자의 논술문 또한 이 두 유형 가운데 어디에 속하느냐에 따라 글의 수준이 달라진다.

영어공용화 논쟁과 관련하여 학습자들의 논술문을 살펴보면 제시된 자료에 의존하여 논의를 전개해 나가는 글들이 높은 비중을 차지하고, 그 가운데 대부분의 글들이 자료의 내용을 본론에 배치하여 논의의 중심으로 삼는 경향이 나타났다. 또한 작품 속 인물 평가와 관련된 논술문에서도 해당 작품의 줄거리 정리나 작품 내용의 요약적 제시를 주요 논거로 활용하는 경향이 나타났다. 이는 학습된 지식의 심화된 이해와 확장적 적용을 추구하는 학습 논술의 교육적 지향을 고려할 때 문제적 상황이라 할 수 있다.

학습 논술에 나타난 자료 의존성은 학습자들이 자신의 주장을 정당화하기 위해 필요한 정보와 지식을 충분히 획득하지 못한 데에서 기인한 것으로 보인다. 지식 변형하기 유형의 글쓰기가 이루어지기 위해서는 우선 논제와 관련된 풍부한 지식과 정보가 마련되어야 한다. 필자가 지닌 지식과 정보가 학습 자료의 영역을 벗어나지 못한다면 이에 의존하는 글쓰기는 어찌 보면 당연한 것이라 할 수 있다. 따라서 학습 논술 교육에서는 학습자들이 논제와 관련된 다양한 지식과 정보를 접하고 이에 기반하여 깊이 있게 사고할 수 있도록 만드는 교육적 접근이 요청된다.

나. 관점 부각과 논평 제시에 대한 소극적 태도

학습 논술은 논제와 관련된 수용 가능한 해결책의 제시를 목표로 한다. 이는 주장을 뒷받침하는 논증 타당화 과정에 의해 이루어지며, 논증 타당화는 주장과 논거를 연결하는 추론 작용에 의해 구체화된다. 결국 학습 논술에서의 문제 해결은 주장과 관련된 타당한 추론을 제시하는 데 있으며, 이는 필자의 명확한 관점과 이에 기반한 적절한 논평의 제시에 달려있는 것이라 할 수 있다.

학습 논술에 나타난 논증 타당화 방식의 유형은 관련된 논거의 제시에 치중하는 논거 나열형, 문제 상황과 논거 사이의 유사성을 강조하는 유추 의존형, 관점 적용을 통한 의견 제시를 중심으로 한 논평 중심형의 세 가지로 구분된다. 논거 나열형은 논제와 관련 있는 논거들을 최대한 제시하려는 특성을 나타내는데, 여기에서는 제시된 논거 사이의 긴밀성이 부족하여 산출된 글들이 논제와 관련된 다양한 정보를 제공하는 성격을 지니게 된다. 유추 의존형은 문제 상황과 제시된 논거 사이의 유사성을 통해 주장을 정당화하는 방식으로, 이는 새로운 정보와 지식의 도입을 통해 논의를 확장해 나간다는 의의가 있으나 논거 제시 자체를 논증의 완성으로 여긴다는 점에서 한계를 드러내고 있다. 논평 중심형은 논제와 관련된 필자의 관점을 바탕으로 하여 논평을 부각시켜 나가는 방식으로 논지 전개 과정에서 필자의 사고가 적극적으로 반영되고 논증 내용이 체계적인 장점을 갖는다.

논증 타당화 방식과 관련된 학습자 논술문의 문제점은 논거 나열형의 비중이 높고 논평 중심형의 비중이 낮게 나타나는 데 있다. 이는 학습자들이 학습 논술을 수행함에 있어서 자신만의 관점이나 생각을 표현하기보다 내용 설명이나 사례의 제시에 치중하여 주장을 전개해 나가는 경향이 있음을 드러내고 있다. 학습 논술이 필자의 사고를 위주로 하는 글이 되어야 한다는 점을 고려하면 내용 설명보다는 그에 대한 필자의 해석이, 단순한 사례의 제시보다는 이를 조망하는 필자의 관점이 명확히 드러나는 것이 중요하다.

학습자들이 학습 논술을 수행함에 있어서 관점 부각과 논평 제시에 소극적인 태도를 보이는 것은 논증적 글쓰기가 요구하는 바를 제대로 파악하지 못해 발생한 현상이라 할 수 있다. 이러한 문제점을 개선하기 위해서는 먼저 학습자로 하여금 논증적 글쓰기의 본질이 정보의 양적 제시가 아닌 필자의 명확한 관점에 의한 새로운 내용 생성에 있음을 주지시켜야 한다. 또한 자신의 논증 행위가 어떠한 유형에 속하는지를 비판적으로 인식할 수 있는 계기를 마련해 주는 것이 필요하다.

다. 독자의 이해 증진을 위한 고려 부족

쓰기는 의사소통 상황을 전제로 하므로 텍스트를 읽는 독자를 가정한다. 학습 논술의 경우, 쓰기의 목적은 수용 가능한 논리를 산출하여 독자로 하여금 그 타당성을 인정하도록 만드는 데 있다. 이는 텍스트가 나타내는 논증 논리에 대한 독자의 이해를 전제로 하며, 따라서 필자는 텍스트가 의도하는 메시지가 독자에게 잘 전달될 수 있도록 논증 소통의 측면에 주의를 기울여야 한다.

학습 논술에서 학습자들은 자신의 입장을 현실적 상황 맥락과 긴밀하게 연관시키고, 예상되는 반론을 반박하며, 자신의 주장에 대해 독자의 공감적 이해를 불러일으키려는 소통 전략을 구사하는 것으로 나타났다. 이러한 요소 가운데 논증 소통과 관련하여 문제가 되는 것은 예상되는 반론의 반박이 해당 사항을 피상적으로 언급하는 데 그치고 있다는 점이다. 자신과 다른 견해를 이해하고 이를 논리적으로 반박하는 것은 논의를 깊이 있게 만드는 중요한 통로에 해당한다. 이런 점에서 학습자들이 보여주는 예상 반론에 대한 피상적인 접근 태도는 독자의 이해를 증진하기 위해 개선이 필요한 사항이라 할 수 있다.

이밖에 논증 내용의 서술 방식에 있어서도 독자의 이해를 방해하는 요소가 나타나고 있다. 이는 독자를 위한 메시지 전달의 효율성과 관련된 것으로 주장과 연관된 정보량의 조절과 관련을 맺고 있다. 즉 학습자들은 주장의 정당화와 관련해 필요한 설명을 빠뜨리거나 불필요한 서술을 삽입함으로써 독자의 이해를 저해하는 잘못을 범하기도 한다.

> 오늘날 우리사회에서는 영어를 잘 하는것이 매우 중요하다. 한국말을 하는중에 영어를 섞어쓰기도 하며, 아예 우리말처럼 된 영어도 있다.
>
> 이렇듯 영어가 우리사회에서 많이 쓰이게된 이유는 무엇일까? 아마도 우리나라가 수출지향적인 국가고, 또 전세계의 흐름을 주도하는 미국이 쓰는 언어가 영어이기 때문일 것이다.
>
> 그런데 요즘 이토록 영어의 비중이 높아지는 사회분위기 속에서 영어를 공용어로 채택하자는 목소리가 높아지고 있다.
>
> 물론 영어를 잘하면 좋은점이 많고, 세계의 흐름을 쉽게 알 수 있지만, 모든 국민이 필수적으로 영어를 유창하게 할 필요는 없다고 생각한다. 왜냐하면 외국과 많이 접촉한다고 해도, 정작 외국인을 만나는 사람들은 몇몇밖에 없다.
>
> (A-4번 글)

> <우리들의 일그러진 영웅>이라는 짧은 작품의 일부 글을 읽다보니 중학교 2학년 때의 어떤 경험이 떠올랐다. 중학생때의 나는 너무 어렸었던 것 같다. 우리반의 남학생들은 시험 때든 평소에도 괴롭히는 어떤 한 아이가 있었다. 시험 때는 더 심하

> 게 괴롭히고 때리기 까지 했다. 어쩌면 그게 너무도 당연한 듯 보였다. 그리고 어떨 때는 나도 그아이가 반 친구들에게 괴롭힘을 당하는게 그 아이의 탓처럼 느껴지기도 했다. 그래서 시험기간에 답안지를 보여달라면서 요구해대는 그 폭력성에서 그냥 입을 다물고 있었다. 그 아이를 볼 때 마다 "네가 못나서 당하고 있는데 내가 무슨 상관이야"라고 생각했던 것이다. 지금 이 책을 읽고 나서 그때 일을 돌이켜보니 나는 방관자 였다.
>
> (F-58번 글)

제시된 글은 메시지를 전달하는 데 필요한 내용 서술을 빠뜨리거나 불필요한 내용을 서술함으로써 독자의 이해를 방해하고 있는 사례에 해당한다. 첫 번째 인용문은 영어공용화 논쟁과 관련해 학습자가 제출한 글의 전문에 해당하는 것으로, 이를 살펴보면 학습자는 영어공용화와 관련된 상황적 배경을 몇 줄로 제시하고 이에 반대하는 이유를 단 두 문장으로 설명해 버리고 만다. 이는 내용 생성 차원의 문제이면서 동시에 쓰기 수행에 있어서 독자의 이해를 고려하는 태도 부족의 문제와도 연결된다. 두 번째 인용문은 작품 속 인물 평가와 관련된 논술문의 일부분으로 여기에서 학습자는 텍스트의 초점을 자신의 과거를 반성하는 데 맞춤으로써 논제에서 벗어나는 잘못을 범하고 있다. 이는 쓰기의 목적이 논제와 관련된 독자의 이해를 증진하는 데 있음을 인식하지 못하고 자신만의 세계에 몰두해 나타난 현상이라 할 수 있을 것이다.

학습 논술에서 독자의 이해에 대한 고려는 텍스트의 내용을 명확히 하고 메시지 전달의 효율성을 높이는 데 기여한다. 특히 쓰기 경험이 미숙한 학습자들의 경우 논증적 글쓰기 수행에 있어서 자기중심성을 벗어나 독자의 시각을 고려하고 이를 텍스트에 반영하는 것이 어렵게 느껴질 수 있다. 따라서 학습 논술 교육에 있어서 학습자들로 하여금 독자의 입장을 고려하고 이를 바탕으로 메시지 전달의 효율성을 높일 수 있게 만드는 교육적 접근이 요구된다.

학습 논술 교육은 학습자를 지식의 수용자에서 의미의 생산자로 변화시킬 수 있는 유용한 교육적 실천이라 할 수 있다. 그러나 논술 쓰기를 무조건 시행한다고만 해서 수동적인 학습자들이 적극적인 의미 생산자로 갑자기 탈바꿈 하는 것은 아니다. 앞서 살펴 본 것처럼 많은 학습자들은 논술을 수행함에 있어서 자료 의존, 논거 나열, 독자 고려 부족 등의 문제점을 드러내고 있다. 좋은 글이란 장르를 불문하고 필자가 생성해 낸 의미가 높은 비중을 차지할 것을 요구하며, 필자가 산출한 의미가 독창성과 정합성을 지닐수록 글의 가치는 더 커진다. 따라서 학습 논술 수행 과정에서 학습자들이 소극적인 태도를 벗어나 적극적인 의미 생산자가 될 수 있도록 만드는 다양한 교육적 방안의 기획과 실천이 요청된다.

Ⅳ. 학습 논술에서의 논증 능력 향상을 위한 교육 방법

1. 학습 논술에서의 논증 능력 향상을 위한 교육 방법 탐색

학습 논술 교육은 학습자가 논제와 관련하여 수용 가능한 논리를 갖춘 설득력 있는 텍스트를 산출하도록 만드는 것을 목표로 한다. 이를 위해서 학습자는 논제와 관련된 다양한 정보를 획득하고, 이를 주장을 정당화하기 위해 타당한 논거로 제시하며, 메시지를 독자가 받아들일 수 있도록 효과적으로 표현하는 능력을 갖추어야 한다. 그런데 앞선 학습자 논술문 분석에서 잘 드러난 것처럼 학습자들은 논증 내용을 생성함에 있어서 주어진 학습 자료에 의존하고, 논증 타당화 방식에 있어서 논거의 나열을 논증의 완성이라 여기며, 논증 소통에 있어서 독자의 이해에 대한 배려가 부족한 경향을 보여주었다. 따라서 학습 논술 교육은 학습자가 갖추어야 할 논증 능력의 이상과 학습자가 나타내는 논증 능력의 실제 사이에 존재하는 간극을 좁혀 학습자가 의미 있는 논증 텍스트를 생산할 수 있게 만드는 데 목표를 두어야 한다.

의미 있는 논증 텍스트 생산을 위한 학습 논술 교육에서의 접근은 학습자들에게 인지적 조력을 제공하는 방향에서 이루어져야 한다. 학습 논술 수행은 학습자들에게 많은 인지적 부담을 야기한다. 학습자들은 학습 논술을 수행하는 과정에서 논제를 파악하고, 자신의 주장을 정립하며, 근거를 마련하는 등의 작업을 실행하는 동시에 이를 쓰기를 통해 체계적으로 표현해 나가는 과업을 실천해야 한다. 여기에는 사태에 대한 분석과 해석 능력과 같은 고등 사고력이 요구되는데, 학습자들은 이를 수행해 나가는 과정에서 앞서 살펴 본 주어진 자료에 대한 의존이나 자신의 논증에 대한 비판적 인식 부족과 같은 문제점을 노출하게 되는 것이다. 이는 학습 논술 수행 과정에서 발생하는 인지적 부담의 해결을 개별 학습자에게만 맡 겨둔 결과 나타난 현상이라 할 수 있다. 따라서 학습자들이 의미 있는 논증 텍스트를 생산하도록 만들기 위해서는 학습자들이 학습 논술 수행 과정에서 부딪치게 되는 인지적 부담들을 경감시킬 수 있는 교육 방안 마련이 요청된다.

학습 논술 교육 방안의 마련은 다양한 측면에서 접근이 가능하겠지만 여기에는 지켜야 할 원칙을 세 가지 생각해 볼 수 있다. 이는 학습자 중심의 원칙, 쓰기 과정 중심의 원칙, 상호 작용의 원칙으로 정리할 수 있다. 즉 학습 논술 교육은 학습자의 자력을 중심으로 한 문제해결, 쓰기 단계를 기반으로 한 도움 제공, 학습자 간 상호 작용의 촉진을 토대로 구체적인 교육 방안을 마련하도록 해야 한다.

학습자 중심의 원칙은 학습자의 주체적인 문제해결을 지향한다. 학습 논술 수행에서 학습자들의 인지적 부담을 경감시킬 필요가 있다고 해서 이를 교사의 직접적 개입을 통해 해결하는 것은 부적절한 접근법이라 할 수 있다. 학습 상황에서 교사의 직접적 개입은 학습자들에게 마땅히 따라야 할 준거로 받아들여지기 마련이며,

이는 교사의 일방적 지식 전달에서 벗어나 학습자의 능동적 의미 구성을 추구하는 학습 논술 교육의 취지에 어긋나는 것이기도 하다. 이처럼 학습 논술 교육은 학습자의 인지적 부담 경감과 교수자의 직접적 개입 최소화라는 딜레마적 상황 속에서 학습자의 주체적 문제해결을 이끌어내는 교육 방안을 고민해 나가야 한다.

학습 논술은 논증 텍스트 산출을 목표로 하며 학습자는 쓰기 단계를 거쳐 텍스트를 산출하게 된다. 따라서 학습 논술 쓰기에 대한 교육적 접근 또한 쓰기 과정의 단계를 기준으로 학습자에게 필요한 도움을 제공하는 형태로 이루어져야 한다. 쓰기 교육에서 과정중심 접근 이론의 효용성은 널리 받아들여지고 있다. 과정중심 작문 이론은 미국에서 쓰기에 대한 교사의 생각과 교육과정에 광범위한 영향을 미쳐 대다수의 교사들이 쓰기 과정이 그들의 교수에 있어 중심적인 역할을 한다고 인정하도록 만들었다.[1)] 쓰기 과정의 인지 모형과 관련해서는 Flower와 Hayes가 선구적 논의를 전개하였다. 이들은 2년 동안의 프로토콜 분석을 통해 쓰기 모형을 제시하였는데, 이는 과제 환경(task environment), 필자의 장기 기억(the writer's long term memory), 쓰기 과정(the writing process)의 세 가지 요소로 구성되며, 쓰기 과정은 또한 계획하기(planning), 표현하기(translating), 검토하기(reviewing)의 세 단계로 나누어졌는데, 이들 각 단계에도 하위 단계가 설정되었다.[2)] 학습 논술의 교육 방법

1) Arthur N. Applebee, Alternative models of writing development, Roselmina Indrisano and James R. Squire, editors, *Perspectives on writing : research, theory, and practice*, Newark, Dela. : International Reading Association, 2000, pp. 101～103.

2) John Hayes & Linda Flower, Identifying the organization of writing processes, Lee W. Gregg & Erwin R. Steinberg, editors, *Cognitive processes in writing*, Hillsdale : Erlbaum, 1980, pp. 10～20.

또한 이러한 쓰기 과정을 토대로 필요한 교수 학습적 지원을 시행하는 방향에서 이루어져야 할 것이다.

상호 작용의 원칙은 학습 논술 교육에 필요한 교육적 지원을 학습자 간의 상호 협력에서 구하고자 하는 시도를 의미한다. 이는 협력 학습과 긴밀한 관련을 맺는데, 협력 학습은 동료 그룹의 영향력을 통해 지적 문제와 관련된 근본적인 학습 조건들을 제공함으로써 학습자들을 지적 과정의 핵심으로 이끄는 역할을 한다. 협력 학습은 불일치나 의견 차를 설명하려는 노력을 강력한 교육적 동인으로 삼아 동료 간의 대화를 통해 논쟁적이고 불확정적인 지식을 다룰 수 있는 인식의 틀을 제공한다.[3] 이처럼 학습자 간 상호 작용의 촉진은 동료 학습자들의 시각을 학습 논술 쓰기 과정에 끌어들임으로써 학습자가 겪게 되는 인지적 부담을 감소시키는 역할을 할 수 있다.

학습자 중심의 원칙, 쓰기 과정 중심의 원칙, 상호 작용의 원칙을 고려하면 학습 논술 교육은 계획하기, 표현하기, 검토하기 단계에서 동료 학습자의 조력을 제공하여 학습자 스스로 논증 텍스트를 산출하도록 만드는 구체적 방안을 마련하는 데 초점이 놓여야 한다. 학습 논술 쓰기에서 계획하기, 표현하기, 검토하기는 논증 내용 생성하기, 논증 내용 조직하기, 논증 내용 표현하기, 논증 텍스트 검토하기의 단계와 대응된다. 논증 내용 생성하기 단계에서 교육적 접근은 학습자들의 상호 작용이 논제와 관련된 정보와 지식을 확충하도록 만드는 데 초점을 두어야 하고, 논증 내용 조직하기 단계에서는 논거의 타당성을 증진하도록 만드는 데 중점을 두

3) Kenneth A. Bruffee, *Collaborative learning : higher education, interdependence, and the authority of knowledge(2nd Edition)*, Baltimore : Johns Hopkins University Press, 1999, pp. 82~89.

어야 한다. 또한 논증 표현하기 단계에서는 메시지 전달을 위한 효과적인 소통 전략을 마련하는 데 초점을 두어야 하고, 논증 텍스트 검토하기 단계에서는 산출된 텍스트에 대한 객관적인 점검이 가능하도록 만드는 데 중점을 두어야 한다.

본고에서는 학습자들의 학습 논술 수행에 나타난 문제점들을 개선하기 위한 교육 방안으로 논증 내용 생성하기 단계에서는 협의 토론을, 논증 텍스트 검토하기 단계에서는 동료 평가를 적용하고자 하였다.[4] 이는 협의 토론이 학습자들의 논증 내용 생성에 나타난 제시 자료에 대한 의존성을 동료와의 협력적 상호 작용을 통해 개선할 수 있을 것이라 예상했기 때문이며, 또한 동료 평가가 학습자들이 보여주는 산출된 논증 텍스트에 대한 비판적 인식 부족을 동료와의 협력적 검증 작업을 통해 개선시킬 수 있을 것이라 생각했기 때문이다. 아래에서는 이러한 교육 방법의 적용이 학습 논술 쓰기에 어떠한 영향을 미치는지를 구체적으로 분석해 나가도록 하겠다.

2. 논증 내용 생성하기 단계에서 협의 토론의 적용

1) 협의 토론 모형과 수업 설계

앞선 장에서는 논증 내용 생성과 관련하여 학습자 논술문에 나

4) 쓰기 과정을 쓰기 전, 쓰기 중, 쓰기 후 단계로 구분하면 교육적 지원은 주로 쓰기 전과 쓰기 후 단계에서 집중적으로 이루어질 수 있다. 쓰기 중 행위는 기본적으로 필자 개인의 영역에 속하는 것이라 할 수 있기 때문이다. 이런 측면에서 본고에서의 교육 방안 적용은 쓰기 전 단계인 논증 내용 생성과 쓰기 후 단계인 논증 텍스트 검토만을 대상으로 하였다.

타난 문제점으로 자료 의존성을 제기하였다. 이는 학습자들이 학습 논술을 수행함에 있어서 제시된 자료를 논의의 핵심 근거로 활용하여 주장을 전개해 나가는 측면을 지적한 것이라 할 수 있다. 학습자들의 논술문에 나타난 이러한 문제점은 결국 학습자들이 논술 쓰기에서 주어진 지식을 벗어나 다양한 내용을 생성하는 데 어려움을 겪고 있음을 잘 드러내고 있다. 본고에서는 이를 개선하기 위한 방안으로 협의 토론 모형을 제시하고 실제 교수 학습을 통해 이를 실천함으로써 그 효과를 검증해 보고자 한다. 수업 실행은 찬반 입장을 나누어 토론 실천이 용이한 영어공용화 논쟁을 대상으로 하였다.

토론(debate)은 정해진 규칙에 따라 긍정과 부정으로 대립하는 두 팀이 논제에 대해 논거에 의한 주장과 이에 대한 검증, 의논을 되풀이함으로써 이성적 판단을 내리는 화법을 의미한다. 토론은 흔히 토의(discussion)와 유사한 의미로 사용되지만 그 특성에 있어서는 차이를 보인다. 토론이 규칙과 규율에 의해 이루어진다면[5] 토의는 자유로운 의사 개진을 바탕으로 하고, 토론이 주체가 특정한 입장을 가지고 상대방을 설득하는 것을 목표로 한다면 토의는 집단적 협의를 통해 최선의 해답을 구하는 것을 목표로 한다. 또한 토의에서는 개방적이고 타협적인 담화가 가능한 반면에 토론에서 상대의 의견은 반박의 대상이며 논제와 관련되지 않은 사항의 언급은 상대의 공격을 유발하기 쉽다.[6]

---

5) 토론은 엄정한 규칙을 바탕으로 성립되기 때문에 토론의 형식 또한 정해져 있는 경우가 많다. 토론의 형식으로 많이 사용되는 CEDA 토론, 링컨-더글라스 토론, 의회 토론 등의 모형은 찬반 참석자의 수나 발언 시간, 발언 순서 등이 이미 정해져 있고 참석자들은 이러한 규칙을 준수하기를 요구받는다.

6) 강태완 외, 『토론의 방법』, 커뮤니케이션 북스, 2001, 14~16면 · 57~85면.

토론과 토의는 엄격하게 구분되는 용어로 사용되기도 하지만 문제해결을 위한 집단적 상호작용이라는 공통점에 초점을 맞춰 서로 통용되는 의미로 쓰이기도 한다. 이런 경우에는 토론이란 말이 토의를 포함하는 포괄적 의미로 사용되는 경우가 흔하며 이때에 토론은 공통 관심사에 대해 의문을 제기하고 답을 얻기 위해 서로 다른 관점을 교환하는 집단적 상호작용을 뜻하는 말로 쓰인다.[7] 이러한 토론 과정을 통해 도달할 수 있는 목표로는 특정 주제에 대한 검토된 이해, 토론 참여자들의 자기비판 능력 제고, 의견의 다양성에 대한 인식 촉진, 지각 있는 행위를 위한 촉매 역할의 4가지가 주로 언급되는데[8], 이는 토론 수행이 앞서 살펴본 학습자들의 논술문에 나타난 문제점을 해결하는 적절한 수단이 될 수 있음을 잘 보여주고 있다.

교육적 상황에서는 토론과 토의를 엄격하게 구분하기보다 이 둘을 집단적 상호작용의 틀에서 포괄하는 것이 더 적절한 경우가 많다. 학습을 위한 토론에서는 상대방을 논박하는 말하기 자체가 교육 목표인 경우가 아니라면 학습과 관련된 문제를 해결하기 위해서 구성원들 간의 협의와 논쟁을 동시에 진행하는 경우가 더 효과적일 것이기 때문이다. 학습자들은 동료와의 협의를 통해 과제에 대한 이해의 기반을 마련할 수 있으며, 다른 집단과의 논쟁을 통해 이에 대한 이해를 심화시킬 수 있을 것이다. 이런 점에 착안하여 본고에서는 학습 상황에서 구성원 간의 협의와 찬반 의견에 따른 논쟁을 함께 진행하는 말하기 방식을 협의 토론이라 명명하고 이

7) 제임스 딜론 지음/김정효 옮김, 『토론학습의 이론과 실제』, 교육과학사, 7~12면.

8) 브룩필드 · 프레스킬 지음/전남대 교육발전연구원 옮김, 『토론(-수업을 위한 도구와 기법)』, 학이당, 2008, 39면.

것이 학습자들의 논술 쓰기에 어떤 영향을 미치는지를 살펴보고자 한다.

협의 토론과 학습 논술 쓰기와 관련된 수업은 앞선 경우와 마찬가지로 본 연구자가 근무하고 있던 서울 소재 S공립 고등학교 2009학년도 2학기 11학년 수행평가 과제로 3개 반을 대상으로 실시되었으며[9], 앞서 살펴본 학습자 논술문과의 효과적인 비교를 위해 토론 내용과 논술문 자료 분석은 남녀 각 1개 반을 대상으로 작업을 진행하였다. 관련 수업은 담당 교사였던 본 연구자에 의해 진행되었으며, 전체 수업은 과제 안내, 토론 수행, 쓰기 수행에 이르는 총 2.5차시로[10] 구성되었다. 첫 번째 1/2차시 수업에서는 토론 수업을 위한 모둠 편성과 토론 과정에 대한 안내가 이루어졌다. 영어공용화에 대한 찬반 입장을 정하는 것을 돕기 위해 학습자들에게는 앞서 제시된 바 있는 영어공용화 논쟁과 관련된 <자료 1>이 주어졌으며[11], 학습자들은 이를 읽는 시간을 갖고 자신의 견해를 확정하여 모둠을 편성하였다. 그 결과 연구 대상이 된 2개 반 가운데 남학생 반은 찬성과 반대 의견이 비슷한 숫자로 나타나 6~7명을 한 모둠으로 한 3개의 찬성 모둠과 3개의 반대 모둠이 조직되었고, 여학생 반은 반대 의견이 다소 우세하게 나타나 7명을 기준으로 한 반대 모둠 3개와 5명을 기준으로 한 찬성 모둠 3개가 구성되었다. 모둠 편성 후에는 교사에 의해 2차시 토론 수업의 절차와 방법에 대한 안내가 이루어졌으며, 토론이 활발하게 진행될 수 있도록 2차시 수업 전에 미리 영어공용화 논쟁과 관련된

9) 수업은 2009년 11월 16일~11월 24일에 걸쳐 진행되었다.

10) 과제 안내에 해당하는 첫 번째 수업 시간은 전반부는 교과 진도를 나가고 후반부에 해당 사항을 학생들에게 설명하였다.

11) Ⅲ장에 제시된 <자료 1>과 동일한 것이다.

자료 조사와 공부를 해 올 것을 학습자들에게 주문하였다.

2차시에는 협의 토론 수업을 실시하였으며 그 진행 절차와 내용은 아래와 같다.

시간	토론 과정	토론 내용	비고
수업시작~15분	조별 협의	주장에 대한 조별 논리 구축	
15분~20분	자료 시청	논제와 관련된 뉴스 시청	mbc뉴스 자료영상
20분~40분	대표 토론	1. 조별 의견 발표 -대표 발표자가 해당 조에서 논의된 내용을 정리해 입론을 펼침. 2. 교차 토론 시간 -찬성 측과 반대 측의 질의와 답변을 교대로 진행	사회는 담당 교사가 맡아서 진행
40분~50분	질의 및 변론	1.청중 질의 2.최후 변론	

<표 5. 협의 토론 수업 진행 절차>

협의 토론 수업은 토론 수행에 용이한 환경을 갖춘 교내 영어전용 교실과 도서관에서 실시되었으며, 토론 과정은 조별 협의, 대표 토론, 질의 및 변론의 순서로 진행되었다. 조별 협의는 견해를 같이 하는 모둠 구성원끼리 논제와 관련된 의견을 교환하며 해당 논리를 정련하는 과정으로 학습자들의 적극적인 참여를 이끌어내기 위해 참여 기록지가 주어졌으며, 그 구체적 내용은 아래와 같다.

<u>토론 참여 기록지</u>

1. 당신은 영어공용화에 대해 어떤 생각을 가지고 있습니까?
   □찬성 □반대

2. 모둠 활동에서 당신은 자신의 생각을 정당화하기 위해 어떤 의견을 진술하였습니까?

3. 모둠 활동에서 다른 친구는 어떤 의견을 제시하였습니까?
   (친구 이름:)

4. '영어공용화'에 대한 토론 수업을 통해 새롭게 알게 된 사실이나 느낀 점이 있으면 적어 보세요.

<자료 4. 토론 참여 기록지>

토론 참여 기록지는 논제에 대해 자신이 이야기한 내용을 적는 난과 짝을 이루는 동료의 의견을 듣고 기록하는 난으로 짜여졌다. 이는 조별 협의 과정에서 방관적인 입장을 고수하는 학생들을 방지하고자 하는 의도로 만들어졌으며, 마지막 문항으로 토론 수업에 대한 학습자들의 반응을 적는 것이 추가되었다. 토론 시간 중 학습자들이 참여 기록지 작성에 몰두하는 것을 방지하기 위해 교사는 학습자들에게 기록지에 관련 사항만 간단하게 메모할 것을 당부하고 다음 시간까지 이를 정리해서 제출하도록 안내하였으며, 협의가 진행되는 중에는 모둠 사이를 돌며 학습자들의 질문을 받거나 활발한 논의 분위기가 조성될 수 있도록 유도하였다.

대표 토론은 교실 앞에 마련된 토론석에 각 모둠에서 뽑힌 찬성 측 3명, 반대 측 3명의 대표토론자가 나와 토론을 진행하는 방식으로 실시되었으며, 토론의 원활한 진행을 위해 사회는 본 연구자가 담당하였다. 대표 토론에 앞서 학습자들의 관심을 환기시키기 위해 영어공용화 논쟁과 관련된 뉴스 자료 시청이 이루어졌다. 해당 뉴스는 이명박 정부 초기 영어교육 강화 관련 정책을 다룬 것으로 주로 교육적 측면에서 영어공용화 논쟁에 접근하는 내용을 담고 있다.[12] 대표 토론은 조별 협의에서 논의된 내용을 정리해

12) 해당 자료는 'mbc 뉴스 투데이(2008.1.23)'에서 방송한 것으로 인터넷을 통해 검색하여 학생들에게 제공하였다. 관련 뉴스 내용은 아래와 같다.

● 앵커 : 인수위는 또 여러 일반과목을 영어로 수업하는 방안도 추진합니다. 영어의 사교육 부담을 덜자는 게 취지인데 영어를 사실상 공용화하는 게 아니냐는 논란도 예상됩니다. 이정신 기자입니다.

● 기자 : 대통령직 인수위원회는 영어가 아닌 다른 과목도 영어로 수업을 해 고등학교까지 공교육만으로도 영어를 자유롭게 쓸 수 있게 하겠다는 구상을 공개했습니다. 이경숙 위원장은 사교육비의 상당 부분이 영어 때문이며 이로 인해 조기유학이나 기러기아빠 문제, 가족 이산 등 심각한 사회문제가 발생하고 있다고 구상의 배경을 설명했습니다. 영어 교육을 새 정부의 핵심 국가 과제로 삼고 가장 역점을 두겠다는 겁니다.

● 이경숙 위원장 (대통령직 인수위) : 영어를 공용으로 하는 그러한 나라들을 벤치마킹을 하면서 어떻게 하면 태어나서부터 영어문제 하나만은 정말 제대로 해결하고 학부모들이 여기서 해방될 수 있을까.

● 기자 : 인수위는 장기적으로 초등학교 고학년부터 영어로 수업하는 일반 과목의 비율을 단계적으로 높이고 이에 걸맞는 교육과정 개편과 수업교재 개발을 연구하고 있습니다. 특히 초중등 수업을 영어로 진행할 교사 자격제도를 마련해 매년 3000명을 영어 전담교사로 양성하는 방안도 검토 중인 것으로 전해졌습니다. 하지만 영어를 사실상 반공용어로 채택했다는 논란과 영어 사교육비 부담을 오히려 늘릴 것이라는

공개적으로 발표하고 반대 측과의 교차 토론을 통해 자신의 주장을 정당화하고 상대방의 주장을 논박하는 과정으로 진행되었다. 대표 토론은 조별 협의를 거친 후 선택된 모둠 대표가 토론을 수행하기 때문에 모둠 구성원들의 관심을 이끌어낼 수 있고, 실제 논박이 이루어지는 과정을 학습자들에게 보여줌으로써 자신의 의견을 평가하는 기회를 갖도록 만든다. 즉 학습자들은 대표토론자들이 의견을 주고받는 과정을 지켜봄으로써 자신의 생각을 점검하고 반대 측의 반박에 대응하는 논리를 고민하는 계기를 얻게 되는 것이다.

질의 및 변론은 토론 내용과 관련된 청중의 질의를 받고 찬반 대표 토론자 1인이 최후 의견을 진술하는 것으로 구성되었다. 실제 수업에서는 시간적 제약으로 인해 3～4인 정도의 청중 질의만이 가능했으며, 최후 변론은 남학생 반만 실시할 수 있었다. 이상 실행된 토론의 전 과정은 방송반 학생의 협조를 얻어 비디오카메라로 촬영하였으며 토론 후 전사하여 분석 자료로 활용하였다.[13]

3차시에는 학습자들에게 논술 쓰기의 시간이 주어졌다. 학습자들은 <자료 1>에 제시된 영어공용화 논쟁 관련 글을 읽고 주어진 조건에 의거해 원고지에 자필로 논술문을 작성하였으며, 이 과정에서 교사는 학습자들에게 어떠한 지도나 간섭도 행하지 않았다. 한 차시, 50분 정도의 시간만으로 논술문을 완성하는 것은 무리가 있고, 학습자들에게 자신의 생각을 표현할 충분한 시간을 주기 위해 논술문은 쓰기 수업 후 3～4일 뒤에 제출하도록 하였다.

반론도 만만치 않아 정책이 실현되기까지 상당한 논란과 진통이 예상됩니다.

13) 토론 전사 자료는 부록에 첨부하였다.

	C학급(남)	D학급(여)
대상 인원	38	39
과제 미제출	7	2
대상 자료	31	37

<표 6. 협의 토론을 적용한 분석 대상 자료 수>

제시된 표는 수업 후 학습자들이 제출한 논술문 자료의 수를 나타낸 것으로 여기서는 모두 68편의 논술문이 수집되었고[14], 이밖에도 학습자들이 수행한 토론의 전 과정을 담은 전사 자료와 학습자들이 적어 낸 토론 참여 기록지가 산출되었다. 이 자료를 대상으로 하여 본고에서는 협의 토론의 시행이 학습 논술 쓰기에 어떠한 영향을 미쳤는지를 파악하고자 하였다. 이는 협의 토론과 논술 쓰기의 상관성을 밝혀 논증적 글쓰기 교육의 효과적인 방안을 마련하고자 하는 시도로서 의미를 갖는다.

2) 협의 토론이 학습 논술 쓰기에 미친 영향

본고에서는 영어공용화 논쟁과 관련해 학습자 논술문에 나타난 문제점을 개선하기 위하여 논증 내용 생성하기 단계에서 동료 간의 협력에 바탕을 둔 협의 토론을 실시하였다. 이를 통해 산출된 학습자 논술문에 나타난 변화를 파악하기 위해서는 협의 토론 여부에 따른 집단 간 비교가 필요하다. 여기에서는 앞선 장에서 살펴본 협의 토론 없이 논술 쓰기만 수행한 집단을 통제집단으로, 협의 토론 후 논술 쓰기를 수행한 집단을 실험집단으로 보고 협의 토론

14) 해당 자료는 집단별로 순번을 매겨 구분하였다. 예를 들어 'C-5번 글'은 남학생 반의 5번째 글을 나타낸다.

과 학습 논술 쓰기의 상관성을 분석해 나가도록 하겠다.

가. 논증 내용 생성에서 토론 맥락을 활용한 논증 내용의 구조화

본고에서 논의 대상으로 삼고 있는 두 집단을 구별하는 기준은 협의 토론의 수행 여부에 있다. 토론을 진행하는 과정에서 실험집단에게는 정부의 영어 정책과 관련된 시청각 자료가 따로 주어지긴 했지만 두 집단을 가르는 본질적인 차이는 학습자 간의 협력에 바탕을 둔 협의 토론을 통한 쓰기와 학습자 개인의 능력에 의존하는 개별적 쓰기라는 데 놓인다. 실험집단의 학습자들은 토론을 위해 논제와 관련된 정보를 조사하고 이를 동료 학습자들과 교환하며 논쟁 과정에 직간접적으로 참여하는 과정을 거쳐 글쓰기를 수행하였고[15], 통제집단의 학습자들은 제시된 자료를 읽고 개인적인 차원에서 쓰기를 진행하였다. 이로 인해 두 집단 간에는 논증 내용을 생성하는 방식에 있어서 차이가 나타난다.

실험집단과 통제집단의 논증 내용 생성 방식은 우선 제시된 자료에 대한 접근에서 차이를 보인다. 실험집단의 논술문이 토론의

15) 학습자들이 제출한 토론 참여 기록지를 보면 토론 과정에서 공개적인 발언을 하지 않은 학생들도 본인의 입장에 따라 쟁점에 대해 심적으로 참여하고 있음을 드러내는 글이 다수 나타난다. 예를 들어 "처음에는 '영어공용화'에 대해서 긍정적으로만 생각했는데 토론 수업을 해보니 예상할 수 없었던 정당한 이유의 반대의견들도 많았다. 또한 찬성의견에서 제시한 의견 중 모순도 있다는 것을 알게 되었다. 그래서 당황하였지만 그 덕에 '영어공용화'에 대해 더 깊게 생각할 수 있었던 것 같다."(D-18번의 글)는 글에 이러한 모습이 잘 드러나 있다. 토론 참여 기록지의 표기는 앞서 제시한 논술 자료의 표기법을 그대로 따르며, 논술문과 기록지의 동일한 표기는 동일한 학습자를 가리키는 것이다.

내용과 맥락에 기반해 주장을 펼쳐나가는 특성을 보인다면 통제집단의 논술문은 제시된 읽기 자료에 의존하는 특성을 나타낸다. 앞서 살펴 본 것처럼 통제집단에서는 약 40% 정도의 글이 제시된 자료를 언급하고 있는데, 이 가운데 대부분은 주로 영어공용화의 필요성을 제기한 (나)글을 인용하고 그에 대해 논평하는 것으로 해당 내용은 학습자 논술문의 본론 부분을 차지하고 있다. 실험집단에도 통제집단과 똑같은 읽기 자료가 제공되었기 때문에 이를 활용하는 글들이 나타나고는 있지만 그 구체적 활용 양상에는 차이가 존재한다.

> 요즈음 영어공용화의 찬반논쟁이 불거지고 있다. 영어공용화란 공공기관의 문서를 비롯하여 정치, 경제, 사회, 문화, 교육 등 제 부문에서 공식적인 기록이나 의사소통을 영어로 하는 것을 말한다. 현대시대는 글로벌 사회이고 여러나라 사람들과 의사소통을 하며 일을 하게 될 것이다. 그렇게 된다면 영어공용화를 모든사람이 쌍수들고 환영하게 되겠지만 내 생각은 "글쎄올시다"이다. …… 복거일씨의 글을 읽고 찬반을 가린다면 찬성일게 분명하다. 하지만, 우리나라는 아직까지 폐쇄적인 사회이다. 자신의 의사를 제대로 표현하지 못하는 아이들에게 개방적인 외국의 문화와 폐쇄적인 우리나라의 문화가 서로 뒤섞여 아이들에게 정체성의 혼란이 오게될 수 있다.
>
> (C-8번 글)

인용문은 읽기 자료에 대한 실험집단의 활용 양상을 보여주는 한 사례에 해당한다.[16] 읽기 자료를 직접 인용하거나 언급한 실험

16) 인용된 자료는 부록에 전문을 수록하였다.

집단의 글은 모두 9편이 나타나는데(약 13%) 이를 자세히 살펴보면 다음의 두 가지 특성을 발견할 수 있다. 첫째, 실험집단의 경우에는 읽기 자료에서 영어공용화의 개념을 설명한 (가)글과 영어공용화의 필요성을 제기한 (나)글 중 (가)글의 활용에 치중하는 모습을 보인다. 9개 논술문 가운데 제시된 'C-8번' 인용문만이 (나)글의 필자에 대한 간단한 언급을 하고 있을 뿐, 나머지 글들은 모두 (가)글에서 공용어를 정의한 부분만을 인용하는 양상을 드러내고 있다. 둘째, 실험집단의 학습자들은 해당 지문의 내용을 서론의 배경 제시나 문제제기 부분에서만 활용할 뿐 본론에서는 이를 전혀 언급하지 않는다. 제시된 'C-8번 글'에서처럼 서론부에서 공용화의 정의를 간단하게 언급하여 논의의 실마리로는 삼고 있지만 본격적인 논의가 시작되는 국면에서는 읽기 자료를 활용하지 않는다. 이는 실험집단의 학습자들이 논제와 함께 제공된 읽기 자료를 내용 생성의 원천으로서보다 참고 자료로만 받아들이고 있음을 드러내고 있다.

실험집단의 논술문에서 읽기 자료의 활용 비중이 낮게 나타나는 것은 이보다 더 좋은 내용 생성의 원천을 토론을 통해 확보했기 때문이며, (나)글의 내용에 주목하지 않는 것도 토론 과정에서 이보다 훨씬 생생하고 구체적인 동료 학습자들의 목소리를 접했기 때문이라 설명할 수 있다. 반면에 통제집단의 학습자들이 읽기 자료에 더 의존하고 이를 중심 내용으로 삼아 논의를 전개해 나가는 것은 토론의 맥락이 하는 역할을 읽기 자료가 대신하기 때문에 나타난 현상이라 할 수 있다. 이로써 볼 때 토론 활동은 논증 내용 생성에 큰 영향을 미치는 요인으로 파악할 수 있을 것이다.

실험집단의 학습자들은 논증 내용 생성을 위해 토론의 맥락과 내용을 쓰기에서 적극적으로 활용하고 있으며, 이는 논거 생산의 측면에도 많은 영향을 미치고 있다. 즉 실험집단의 학습자들은 찬반 토론을 통해 오고간 논쟁 사항을 중심으로 논거를 생산하는 경향을 보여주고 있다. 이는 토론 내용과 실험집단의 논술문에 나타난 논거의 양상을 살펴봄으로써 확인 가능하다.

실험집단의 논술문에 도입된 논거의 종류를 살펴보면 찬성 측에서는 주로 영어 문제 해결, 사교육비 감소, 경쟁력 향상 등을 근거로 사용하고 있으며, 반대 측에서는 영어와 경쟁력 향상의 관계 부정, 사교육비 증가, 국어 소멸의 우려 등을 활용하고 있다. 실험집단의 논술문에 나타난 논거의 종류는 집단별로 큰 차이가 없지만 어떤 논거가 우위를 차지하는가는 협의 토론의 내용에 따라 집단별로 다르게 나타난다.

먼저 실험집단의 남자 반인 C집단의 경우를 살펴보면 영어공용화에 대한 입장이 찬성 16명과 반대 15명으로 나타나는데 찬반 양측에서 주로 도입하는 상위 세 가지 논거의 순위와 빈도를 비교하면 다음과 같다.

찬성 측		반대 측	
논거의 종류	논거의 빈도	논거의 종류	논거의 빈도
1. 영어문제 해결	9	1. 국어 소멸 우려	8
2. 사교육비 감소	7	2. 사교육비 증가	8
3. 영어의 중요성	6	3. 문화 파괴 우려	7

<표 7. C집단의 주요 논거 빈도>

제시된 표에 잘 드러나듯 찬성 측에서는 영어공용화 실시가 의사소통 능력 향상과 같은 영어 문제를 해결해 줄 것이라는 기대와 사교육비 감소 효과, 세계화 시대에 영어가 차지하는 국제적 위상

을 들어 주장을 정당화해 나가고 있으며, 반대 측에서는 국어의 소멸 우려, 영어와 관련된 사교육비 증가, 문화 파괴 우려를 들어 영어공용화의 문제점을 비판하고 있다. 논거의 빈도는 해당 논거가 논술문에 사용된 횟수를 나타낸 것으로 논거를 활용한 학습자의 수와 일치한다. 즉 C집단의 찬반 양측의 절반이 넘는 학습자들은 공용화가 우리가 겪고 있는 영어문제를 해결해 줄 것이라는 기대와 공용화가 실시되면 국어가 소멸될 것이라는 우려를 기반으로 논증을 전개해 나가고 있는 것이다.

C집단에 나타나는 이러한 논증의 양상은 토론 수행과 밀접한 관련을 지니고 있다. C집단에서 실시된 토론 내용을 살펴보면 먼저 조별 토의 내용 발표에서 찬성 측은 세계화 시대에 영어의 중요성을 강조하는 입장을 취하고 반대 측은 영어공용화로 인한 국어 훼손의 우려를 표명한다. 이어지는 대표 토론에서는 크게 사교육비 문제와 우리사회에서의 영어의 역할과 필요성을 중심으로 논쟁이 벌어지고, 청중 질의에서는 찬성 측에서는 미래 세대를 위한 영어공용화 도입의 필요성을 제기하고 반대 측에서는 정체성 혼란과 사교육비 및 사회적 비용 증가를 문제점으로 지적하는 양상을 보여주고 있다. 마지막으로 최후 변론에서는 찬성 측에서 영어공용화가 국가 홍보와 정보 습득의 효과적인 수단임을 강조하고 반대 측에서는 영어공용화로 인한 국민들의 고통 가중을 강조하는 입장을 나타낸다.[17)]

> 사회자-아 예. 여기서 지금 자연스럽게 논점이 영어공용화를 도입하는 게 필요하다고 주장하시는 분들은 세계화 시대에 우리

17) 토론 내용은 부록에 전사한 전문을 수록하였다.

가 살아가기 위해서는 영어를 피할 수 없다 영어는 반드시 필요한 것이니까 반드시 영어 공용어를 도입해야 된다 이렇게 말씀하셨는데 반대 측에서는 영어가 세계화 시대에 우리가 살아가는 경쟁력이고 꼭 필요한 것이기 때문에 영어공용화를 도입해야 한다는 주장에 대해서 어떻게 생각하십니까? 네.

6조 대표-방금 이렇게 찬성 측에서 말씀하신 것처럼 영어를 외국인과 의사소통 하고 인터넷에서 이렇게 우리나라를 알리고 하려면 차라리 영어를 따로 습득해가지고 공부를 하면 충분히 의사소통이나 뭐였더라 충분히 공부하면은 다 의사소통이나 이런 게 원활할 수 있다고 생각합니다. 그래서 지금도 뭐였더라 공용어를 특별히 안 해도 의사소통을 잘 할 수 있는 분들도 많으시고 그렇습니다.

사회자-지금 굳이 영어공용어를 도입하지 않아도 영어가 필요한 분들은 영어 의사소통 하는 데 문제가 없는데 굳이 영어공용어를 도입할 필요가 있느냐는 취지로 말씀해 주셨는데 혹시 보충해서 자 여기 보고 말씀해 자 크게.

4조 대표-우리나라에서 영어가 꼭 필요한 사람과 필요하지 않은 사람이 있는데요 영어가 꼭 필요한 사람보다는 영어가 필요하지 않은 사람이 더 많을 거구요 공용화보다는 필요한 사람만 배우면 될 것 같습니다.

사회자-네 중요한 지적을 해 주셨는데 그러니까 영어공용화에 대해서 필요한 사람과 필요하지 않은 사람이 있고 그 지금 반대 측에서 생각하기에는 영어를 필요로 하는 사람보다 전체 국민을 보면 필요로 하지 않는 사람들이 더 많은 것 같은데 굳이 영어공용어를 우리가 도입해야 하느냐는 말씀을 해 주셨는데 찬성 측에서는 이에 대해 어떤 생각을.

> 3조 대표-아니 공용화를 하지 않아도 필요한 사람은 배워서 다 한다고는 하는데 그 필요한 사람들이 요새 점점 증가하는 추세이고 그 영어를 다 계속 배우기 위해서 뭐 외국에 나가서 외국에 나갔다 온다든지 학원에 다닌다든지 함으로써 경제적 손실이 꽤나 크기 때문에 학교에서도 쉽게 영어를 좀 더 많이 배울 수 있게 그런 공용화를 하자는 것이지 필요한 사람만 배운다는 건 아니고 앞으로 세계화가 더 될 것이고 우리나라 찾는 관광객도 많아질 텐데 영어를 필요로 하는 사람도 많아질 거라고 생각합니다.
>
> (C집단의 토론 내용 중에서 인용)

제시된 인용문은 토론 과정에서 찬반 양측이 우리사회에서 영어가 차지하는 위상과 역할에 대해 뚜렷한 인식 차이를 보여주는 부분에 해당된다. 토론에서 찬성 측은 세계화 시대에 영어의 중요성과 영향력 확대를 기반으로 영어공용화가 우리의 영어 문제를 해결해 줄 것이라는 긍정적 전망을 피력하고, 반면에 반대 측은 우리사회에서 영어의 위상이 과장되어 있음을 지적하고 필요한 사람만 영어를 배우면 된다는 주장을 펼치고 있다.[18] 학습자들은 협의 토론 과정을 통해 영어공용화를 둘러싼 논쟁의 전모를 파악하게 되고, 이에 바탕을 두고 자신의 주장을 구조적으로 전개해 나가는 모습을 나타내게 된다.

> 나는 영어 공용화에 찬성한다. 우리나라는 영어 사교육비가 전세계1위이다. 영어 공용화를 하면 이 비용을 완전히는 아니지

18) 1, 2, 3조 대표는 찬성 측에, 4, 5, 6조 대표는 반대 측에 속한다.

만 줄게 할 수 있을 것이다. 물론 처음에는 별도의 영어강사가 필요해서 돈이 들겠지만 시간이 지나면 일반 교사도 영어를 기본으로 할 수 있게 되기 때문에 큰 문제는 없다. 또한 유학, 영어유치원등 경제적으로 위에있던 사람들과의 격차도 줄어서 경제적으로 낮은 사람들도 기회를 갖게 된다. …… 갈수록 정보가 힘인 세계의 정보중의 70% 이상이 영어로 되어있고 그것을 자유자재로 쓸 수 있는 외국인들과의 경쟁은 불보듯 뻔한일이다. 무한경쟁 속에서 영어는 반드시 필요한 것이다. 예로 컴퓨터 프로그램을 영어로 만들었다고 치자. 그것을 쓰기위해 한글로 번역해야 할 것이다. 반대로 우리나라에서 만들었다고 해도 외국에 팔기 위해서 영문판을 만들어야 한다. 영어공용화는 이런 번거로움을 없애주는 것이다. …… 점점 다른나라로의 진출이 많아지는데 그 흐름을 따라가지 못한다면 경쟁에서 지는 것이다. 그렇기에 점점 기본으로 요구되는 영어를 어려서부터 익혀서 문법뿐만 아니라 의사소통이 자유자재로 되는 기본의 상태에서 경쟁을 시작했으면 생각한다.

(C-22번 글)

만약 영어시간이 아닌 타수업시간에도 영어로 수업을 하면 상당한 문제요소들이 존재한다. 일단 영어를 못하는 아이들은 그나마 있던 공부욕심도 달아날 것이고, 그과목보다 영어해석하기 바쁠 것이다. 이 제도가 공교육강화목적으로 추진되는 제도 같은데 내가 보기엔 사교육이 더 판을 칠 것이다. 일단 상위권 아이들은 제외하고 중하위권 아이들은 수업시간에 영어로 하니 영어과외나 학원을 다닐 것이고, 여기까진 이해한다. 그러나 수업시간에 못알아듣는 영어 때문에 그 과목자체를 학원에서 배우

> 게 될 것이다. …… 우리나라에서 영어는 그렇게 필요하지 않다. 기본영어만 알아도 생활 할 수있다. 내 생각인데영어에 특수성을 부여해서 누구나 배우는게 아니라 영어가 주된 직종이나 분야, 외국인들과 소통을 하면서 일하는 직업만 배우게 하는 것이 적절하다고 본다. 왜 영어를 다 배우게 해서 대학교 합격을 좌지우지하는 과목이 되게 하는지 모르겠다. 영어잘한다고 다른일을 잘할지 누가 알까? 이 세상은 너무 성적 위주다.
>
> (C-7번 글)

제시된 글들은 C집단의 찬반 논술문의 양상을 잘 보여주는 사례에 해당한다. 'C-22번 글'의 경우 영어공용화로 인한 사교육비의 감소, 현대 사회에서 영어가 지닌 중요성, 경쟁력 향상을 주요 논거로 제시하여 영어공용화 실시를 정당화하고 있으며, 'C-7번 글'은 영어공용화로 인한 사교육비 증가와 영어의 과장된 필요성을 비판하면서 영어공용화의 부당성을 부각시키고 있다. 여기에서 학습자들은 협의 토론 과정을 통해 영어공용화와 관련된 쟁점 사항을 파악하고, 이러한 이해의 바탕 위에서 자신의 주장을 체계적으로 서술해 나가는 모습을 보여주고 있다. 즉 통제 집단의 논술문이 제시 자료의 인용과 의견 첨가를 통해 논의를 전개해 나간다면 실험 집단의 논술문은 영어공용화를 둘러싼 논쟁의 전체적 구도 속에서 자신의 주장을 구조적으로 전개해 나가는 모습을 나타내고 있다.

다음으로 실험집단의 여자 반인 D집단의 경우에는 영어공용화에 대한 입장이 찬성 15명과 반대 22명으로 나타나는데 찬반 양측에서 주로 활용한 상위 세 가지 논거의 순위와 빈도를 제시하면 다음과 같다.

찬성 측		반대 측	
논거의 종류	논거의 빈도	논거의 종류	논거의 빈도
1. 사교육비 감소	7	1. 사교육비 증가	14
2. 경쟁력 향상(경제 발전, 정보 습득 유리)	5(4)	2. 영어와 경쟁력은 무관	14
3. 영어문제 해결	5	3. 영어교육 개선으로 충분	6

<표 8. D집단의 주요 논거 빈도>

제시된 표에 잘 드러나듯 찬성 측에서는 영어공용화 실시가 경쟁력 향상과 사교육비 감소, 영어 고민 해결이라는 긍정적 효과를 가져다 줄 것이라는 기대를 통해 주장을 정당화해 나가고 있으며, 반대 측에서는 경쟁력과 영어 능력의 관계 부정, 사교육비 증가, 영어교육 개선을 통한 영어문제 해결을 들어 영어공용화의 문제점을 비판하는 방식을 보이고 있다. 여기서는 무엇보다 특정한 사안을 둘러싼 찬반 양측의 대조적인 시각이 부각되고 있다. 즉 영어공용화가 경쟁력 향상에 도움이 될 것이라는 견해와 도움이 되지 않는다는 견해, 영어공용화가 사교육비를 증가시킬 것이라는 관점과 사교육비를 감소시킬 것이라는 관점, 영어공용화가 영어문제를 해결할 것이라는 의견과 영어교육만으로도 충분하다는 의견이 바로 이에 해당된다. 이러한 대조적인 견해는 D집단의 토론 과정에서 주된 논쟁점을 형성하고 있었던 것이기도 하다.

이와 관련해 D집단에서 진행된 토론 내용을 살펴보면 먼저 조별 협의 내용 발표에서 찬성 측은 영어의 중요성과 함께 영어공용화를 통한 영어능력 향상과 사교육비 절감을 내세우는 입장을 취하고 반대 측은 영어공용화가 영어 문제를 해결한다는 전제에 대한 회의적 시각을 나타내면서 그로 인한 전통 문화의 훼손과 사교육 심화를 문제점으로 지적하고 있다. 대표 토론 과정에서는 사교육비 문제, 영어 능력과 경쟁력 향상의 관계, 이중 언어 사용과 국어소멸 가능성을 중심으로 논쟁이 진행되었고, 청중 질의에서 찬성 측에서는 변화된 환경과 그에 따른 영어공용화의 불가피성이 집중적으로 제기되었으며 반대 측에서는 공용화에 따른 정체성 혼란을 문제점으로 지적하고 영어교육의 개선을 공용화의 대안으로 제시하는 모습을 보여주었다.

> 1조 대표-이쪽에서는 필리핀이나 그런 나라에 대해서 그쪽은 발전 잘 안되었다고 하셨는데 우리나라는 필요에 의해서 영어를 사용하는 것이고 그쪽은 외부 다른 나라에 의해서 영어를 사용하게 된 것이기 때문에 경우가 다르다고 생각합니다. 그리고 우리나라가 엄청난 발전된 언어라고 하셨는데 그건 맞는 말입니다. 그리고 우리 모국어가 아무리 소중하고 우수하다고 해도 언어는 도구이기 때문에 우리가 그것을 너무 꼭 그걸 추구해야 할 필요는 없다고 생각합니다. 언어는 도구이기 때문에 우리가 우리의 필요에 의해서 선택할 수 있는 것이라 생각합니다.
>
> (중략)
>
> 6조 대표-언어는 도구라고 하셨잖아요, 필요에 의해서 더 편한 것을 선택한다고. 그러면 이 시기에 우리에게 영어와 한국어가 주어진다면 당연히 영어를 더 많이 선택하겠죠. 그러면 저희 모국어가 파괴되는 것이라고 생각하는데 문화가 파괴되거나 그런 것까지 야기하지 않는다고 하셨는데 좀 모순되는 것 같아요.
>
> (중략)
>
> 1조 대표-모순된다고 하셨는데 아까 제가 말한 거에서 도구라고 했잖아요 제가, 도구를 한 가지만 쓰는 것이 아니라 더 나은

걸 하나 더 수용해서 양 방향에서 모두가 쓸 수 있다고 생각합니다.

사회자-둘 다 쓰면 되지 않느냐. 왜 하나만 쓴다고 그렇게 단언하느냐 하고 말씀하신 것 같고 그러면 여기서 지금 시간이 많이 남아있지 않기 때문에

4조 대표-한 마디만 더 해도 될까요?

사회자-아 네. 말씀하시죠. 간단하게 해 주세요. 지금 질문을 기다리는 분들이 많은 것 같아서.

4조 대표- 언어가 도구라는 것도 찬성을 하는데 언어가 도구니까 둘 다 사용할 수 있다고 생각을 하는데 그걸 굳이 공용화시켜서 사용할 필요는 없다고 생각을 하구요 지금 필리핀 같은 경우에도 영어가 공용화되어 있는 상태인데 되게 어색한 영어를 하고 있다고 합니다. 그러면은 굳이 우리가 공용화하지 않은 상태에서 그냥 영어를 따로 배워서 하는 것과 다를 바가 없다고 생각합니다.

(D집단의 토론 내용 중에서 인용)

인용된 부분은 영어공용화와 국가경쟁력 사이의 관계에 대해 학습자들이 토론한 내용 중의 일부이다. 여기에서는 반대 측이 필리핀의 예를 들어 영어공용화가 경쟁력 향상과 무관하다는 주장을 펼치자 찬성 측에서 이를 방어하는 가운데 언어가 도구라는 언급을 해 논쟁을 심화시키고 있다.[19] 이어지는 논의에서 반대 측에서는 언어가 도구라는 주장으로 인해 국어가 소멸하지 않을 것이란 찬성 측의 주장에 담긴 모순점을 공격하고 있으며, 찬성 측에서는 이중 언어 사용의 가능성을 내비치면서 이를 방어하려는 모습을

19) 1, 2, 3조 대표는 찬성 측에, 4, 5, 6조 대표는 반대 측에 속한다.

보인다. 이처럼 협의 토론에 나타난 논쟁적 사항들은 학습자들의 논술문에서 주요한 내용 요소로 자리하게 되며, 학습자들은 자신의 의도에 따라 이를 배치하고 이에 대한 견해를 밝힘으로써 주장을 체계적으로 펼쳐나가고 있다.

> 지금 전세계에서 영어공용 국가가 45개 국가 이상이다. 그리고 인구수로는 최고이다. 그리고 영어공용하는 국가는 더 늘어날것이다. 왜 시대의 흐름을 거스르려고 하는것일까? 필리핀, 인도, 파키스탄이 영어를 쓰면서도, 세계화에 동참못하는건, 그 나라의 리더쉽 부재 때문이다. 이 나라들이 공용화를 선택하지 않았다면 더 좋지 못한 나라가 되었을 것이다. 우리나라가 풍부한 영어 능력과 리더쉽이 어울려 진다면, 계속 진보하는 나라가 될 것이다.
>
> 또, 굳이 모국어라고 고집한다면 엄청난 자원과 시간, 경제력을 허비하게될 것이다. 우리나라의 사교육은 영어가 제일많은 비중을 차지한다. 하지만 공용화가 된다면 자연스럽게 언어 구사력도 늘 수 있고, 해외로 영어를 배우러 가는 사람도 줄기 때문에 외화 낭비도 안되고, 영어의 엄청난 사교육 시장도 줄일수 있을 것이다 물론 처음에는, 그니깐, 영어공용화가 된 첫세대에서는 사교육 시장이 늘수도 있지만 후손들을 생각한다면 지금 공용어가 된다는건 더 이익일 것이다. 후손들은 자연스레 영어를 말하게 되면서 사교육을 거의 받지 않아도 될수 있기 때문이다.
>
> (D-6번 글)

> 영어를 쓰지않으면 경제적으로 뒤쳐질 수도 있다. 하지만 필리핀을 예로 들자면 영어공용화인데도 불구하고 우리나라보다

경제력이 떨어진다는 것을 알 수 있다. 그리고 굉장히 어색한 영어를 사용한다고 한다. 우리나라도 지금처럼 영어를 사용하고 교육화하면 될 것 같은데 굳이 영어공용화를 해야 하는 이유가 무엇인지 의문이 생긴다. …… 물론 지금 말을 배우기 시작하는 아이들이 영어를 어렸을 때부터 사용하게 된다면 사교육비는 크게 줄어들 것이다. 하지만 여기서도 문제가 생길 수 있다. 지금 말을 배우는 아이들의 부모는 20~30후반정도 일 것이다. 이들의 세대는 우리처럼 영어를 필수로 생각하고 배우던 때가 아니다. 말을 배우는 아이들은 영어와 한글 사이에서 혼란을 겪게 될 것이다. 그렇다고 부모들이 아이를 위해서 영어를 배울 수도 없는 노릇이고 배운다고 가정해봐도 사교육 지출은 줄어들지 않는 다는 것을 알 수 있다.

나는 한글을 크게 보면 우리민족의 얼이라고 생각한다. 언어를 하나의 도구라고 생각 할 수도 있다. 그렇다면 더 좋은 도구인 영어를 사용하는 것이 당연하다. 우리나라는 일본의 식민지였다. 그때 일본이 제일 먼저 한 일은 우리나라말을 사용금지하는 것이였다. 언어가 단순한 도구일 뿐이라면 일본이 왜 우리나라말의 사용을 금지 했을까? 언어는 단순한 도구가 아니라 한 민족의 얼이고 뿌리가 있는 하나의 문화이다.

(D-24번 글)

인용된 글은 앞서 제시한 토론 내용을 바탕으로 주장을 펼친 사례에 해당된다. 두 글은 모두 토론의 쟁점 사항이었던 영어공용화와 경쟁력의 관계, 사교육비 문제를 다루면서도 필자의 의도에 따라 이를 다르게 활용하는 양상을 나타내고 있다. 첫 번째 인용문에서는 필리핀과 같은 나라들의 열악한 상황을 리더십의 문제로 파악하고 영어공용화가 사교육비를 경감시키며 영어로 인한 사회적 격차를 줄이는 효과적인 방안이 될 것이라는 주장을 펼치고 있다. 이에 비해 두 번째 인용문에서는 필리핀의 사례를 영어공용화가 지닌 경쟁력 향상을 부정하는 논거로 활용하면서 영어공용화가 사교육비 경감 효과는 없이 정체성 혼란을 가중시킬 것이라는 이유를 들어 언어가 지닌 문화성을 강조하는 입장을 피력하고 있다. 이는 학습자들이 협의 토론의 내용을 논술의 주요한 근거로 삼으면서도 자신의 입장에 따라 이를 다르게 구조화하는 양상을 잘 보여주고 있다. 즉 실험 집단의 논술문에서는 협의 토론의 내용을 필자의 의도에 따라 체계적으로 활용함으로써 더 큰 설득력을 얻고 있는 것이다.

실험 집단의 논술문을 살펴보면 학습자들이 협의 토론의 맥락을 활용하여 논증 내용을 생성하고 이를 자신의 의도에 따라 구조적으로 배치하는 경향이 있음을 발견할 수 있다. 통제 집단의 학습자들이 학습 자료의 인용과 의견 첨가라는 수동적인 논증 내용 생성 방식에 의존하고 있다면 실험 집단의 학습자들은 논증 내용을 구조화 해 제시하는 개선된 모습을 보여주고 있다. 이는 학습자들이 조별 협의 과정에서 자신의 의견을 개진하고, 대표 토론을 통해 전개된 논쟁 양상을 지켜보면서 내적으로 토론의 과정에 적극적으로 참여한 결과 나타난 현상이라 할 수 있을 것이다.

나. 논증 소통에서 쟁점 이해를 통한 반론 고려의 심화

앞선 논의에서 통제집단의 논술문에서는 예상되는 반론을 언급하고 이에 대해 형식적으로 접근하는 경향이 있음을 밝혔다. 이는 학습자들이 반론에 대한 고려가 논증 소통에 있어서 좋은 인상을 준다는 사실을 인식하고 있더라도 추정에 의한 반론 고려는 한계를 지닐 수밖에 없음을 드러내주고 있다. 이런 점에서 협의 토론을 통해 반론에 실제적으로 노출되는 것은 학습자로 하여금 논제와 관련된 쟁점을 이해하게 만들고 이를 통해 반론에 대한 구체적 논박을 가능하게 만드는 기회를 제공한다.

협의 토론 과정을 거친 실험집단의 논술문 가운데 반론을 고려한 논증 구성을 보이는 글은 50%로 나타났다. 통제집단에서 반론을 고려한 글들이 20% 정도에 그치는 것을 감안하면 이는 협의 토론이 글쓰기 과정에서 학습자로 하여금 반론을 상기시키는 요인으로 작용하고 있음을 드러내고 있다. 이와 관련해 실험집단 각각에서 예상 반론의 도입 여부에 따른 논증 구성의 양적 측면을 살펴보면 아래와 같이 나타난다.

	C집단	D집단
반론 논박	1	3
주장의 정당화 + 반론 논박	15	15
주장의 정당화	15	19
합계	31	37

<표 9. 실험집단 논술문의 논증 구성>

제시된 표에서 '반론 논박'은 학습자가 자신의 주장과 대립되는 의견에 대한 반박만으로 글을 구성한 경우에 해당하며, '주장의 정당화'는 반론에 대한 고려 없이 자신의 주장만을 펼친 경우에 속한다. 이에 비해 '주장의 정당화+반론 논박'은 자신의 주장을 펼쳐나가는 가운데 반론을 고려하여 이에 대해 반박하는 내용을 글에 담고 있다. 실험집단에서는 반론만을 논박한 경우까지 합하여 절반에 해당하는 글들이 필자의 주장과 대립되는 의견을 고려한 논중 구성 방식을 보여주고 있다.

실험집단의 논술문에서 중요한 것은 반론에 대한 양적 비중이 높아졌다는 사실이 아니라 반론에 대한 논박의 내용이 구체화되고 심화되었다는 사실에 있다. 이는 학습자들이 토론 과정에서 반론에 직접적으로 노출되어 그에 대한 대응이 글쓰기에 자연스럽게 침투한 결과 나타난 현상으로 파악된다. '토론 참여 기록지'를 보면 많은 학생들이 토론에 대한 감상으로 자신과 대립되는 의견을 듣고 해당 문제에 대해 많은 것을 생각하게 되었다는 느낌을 서술하고 있다. 바로 학습자들의 이러한 반응이 글쓰기에서 반론에 대한 심화된 논박으로 연결되고 있는 것이다.

> 영어공용화를 찬성하는 측과 반대하는 측의 입장 모두 간과할 수 없는 사실들로 그들의 의견을 내세우고 있다. 하지만 쉽게 결정할 수 없는 사안이니만큼 조금 더 신중하고 침착한 대응 방안을 모색해 보는게 좋을 거란 생각이 들었다. 토론 수업을 통해 양 측에서 주장하는 의견을 곱씹어 볼 수 있었고 재밌는 시간이었다. 반대하는 입장으로서 찬성측 주장을 들을 때마다 '아 저렇게 생각하는 친구들이 의외로 많구나'라는 점에서 다시 한번 생각해보려 했고, 하지만 무언가 영어공용화에 대한 환상에 사로잡혀 있는 것 같아서 씁쓸한 마음이 없지 않았다.
>
> (D-21번의 기록 중에서)

토론기록지에 나타난 학습자들의 반응을 살펴보면 많은 학습자들이 자신의 의견이 제시되면 상대방이 쉽게 수긍할 것이라 예상을 했는데 날카로운 반박이 나와서 당황스러웠고, 또 상대방의 주장을 통해서 문제 상황에 대해 더 깊이 알게 되었다는 반응을 나타내었다. 제시된 인용문을 보면 학습자는 토론 과정을 통해 찬반 양측의 주장이 쉽게 간과할 수 없는 것임을 깨닫고 논제에 대해 더 신중한 대응을 모색할 필요를 느꼈다고 술회하고 있다. 이로 인해 학습자는 상대방의 입장에서 생각해 보려는 노력을 병행하면서 공용화에 찬성하는 사람들이 환상에 사로잡혀 있다는 비판 의식을 예각화 하고 있다. 이처럼 협의 토론 과정에서 학습자들은 자신의 주장을 내세우고 상대방의 주장을 경청하는 과정을 통해 문제 상황에 내재한 복합적인 측면을 볼 수 있게 되고, 이는 반론을 고려한 심도 있는 논증 소통으로 이어지는 경향을 나타내게 되었다.

> 여기서 모국어 즉 한글이 사라져도 별 문제가 되지 않는다고 생각하는 사람이 없지는 않을 것이다. '어차피 우리나라 안에서만 통하는 말인데 차라리 한글을 안쓰고 세계 어디든 통하는 영어를 쓰지 뭐'라는 생각을 버려야 한다. 적어도 우리 문화를 사랑하는 사람이라면. 한글은 단순히 말을 표현하는 그림이 아니다. 우리민족과 여태까지 함께한 소중한 문화의 일부인 것이다. 한글로 쓰여진 많은 문학 작품들 그 수많은 작품들을 영어로 번역해도 작품 내면의 섬세함을 표현하는 것에는 한계가 있다. 그 이유는 영어권 문화와 한글을 쓰는 우리문화와 차이점이 존재하기 때문이다. 이것으로 문자가 문화의 일부라는 사실을 어렵지 않게 알 수 있다.
>
> (C-15번 글)

> 한국어와 영어를 공용화함으로써 벌어질 수 있는 일에 대한 반대측의 입장의 예로 민족성 상실과 사교육비 절감의 역효과 정도를 들 수 있는데 TV에서 영어신동이니 몇 개국어를 한다느

> 니하는 얘기가 심심찮게 나온다. 이런 아이들의 공통점을 보면 아주 어렸을 때부터 영어만화와 영화 더 나가서는 외국뉴스 채널 등을 통해 영어를 하게 되었다. 이렇게 영어를 생활화하여 딱딱하지 않게끔 받아들이게 하는 것이 고액과외나 기러기 아빠를 낳는 현 교육정책보다는 나을 것이다. 그리고 그렇게 민족주의를 부르짖으며 영어공용화 반대편을 향해 맞불작전으로 공방전을 벌일 것이라면 그 열의로 영어공용화를 수용함에 따라 소홀해질 수 있는 한국어를 붙잡고 교육대책을 세우면 될 것이다.
>
> (D-10번 글)

토론은 상대가 존재하고 논쟁이 외현되는 장에 해당한다. 글쓰기가 내적 대화를 통해 이루어진다면 토론에 기반한 쓰기는 외적 대화를 거쳐 다시 내적 대화로 들어가는 과정을 밟게 된다. 인용된 글에 잘 드러나듯이 협의 토론을 거친 학습자들은 한국어 소멸에 무감각한 상대와 공용화의 부작용을 강조하는 상대를 염두에 두고 자신의 논증을 전개해 나간다. 이를 통해 첫 번째 글에서는 언어와 문화의 관계에 대한 성찰을 이끌어낼 수 있었고, 두 번째 글에서는 영어공용화의 가능성과 현실의 문제를 고찰해 볼 수 있었다. 이와 같이 상대의 주장을 반박하고 자신의 논리를 개발해 나가는 과정에서 학습자는 일면적 주장만을 전개할 때보다 논제에 대한 더 깊은 이해를 보여주는 수준에 도달할 수 있게 된다.

협의 토론은 학습자 간의 논쟁적 상호 작용을 통해 학습자들을 반론에 직접적으로 노출시키는 효과를 발생시킨다. 이는 학습자들의 논술 쓰기에 있어 반론에 대한 형식적 고려를 반론에 대한 심도 있는 논박으로 전환시키는 계기를 제공한다. 논쟁적 논제에서 반론에 대한 이해와 심도 있는 논박은 논증 소통을 위한 효과적인 전략이자 논증의 수준을 향상시키는 의의를 지닌다. 이런 점에서 협의 토론은 학습자 간의 상호 작용을 통해 논증 텍스트의 수준을 향상시키는 교육 방안의 하나로서 유용성을 갖는다.

3) 학습 논술 쓰기에서 협의 토론의 효과 검증

앞선 논의에서는 협의 토론이 학습자의 학습 논술 쓰기에 긍정적 영향을 미치고 있음을 몇 가지 측면으로 나누어 살펴보았다. 이러한 효과를 좀 더 객관적으로 검증하기 위해서는 일반적인 논증적 글쓰기 평가 기준에 비추어 쓰기만을 수행한 통제 집단과 협의 토론을 진행한 실험 집단의 논술문을 평가해 보는 작업이 필요할 것이다. 아래에서는 논증적 글쓰기 평가와 관련된 일반적인 논의들을 살펴보고 이에 기초하여 본 연구와 연관된 논증적 글쓰기 평가 기준을 제시하고, 3인의 평가자에 의해 두 집단의 논술문을 평가하는 작업을 진행함으로써 협의 토론의 교육적 효과를 점검해 나가도록 하겠다.

쓰기 평가 방법은 평가자가 글 전체를 하나의 단위로 보고 이를 전체적 인상에 의하여 평가하는 총체적 평가 방식과 쓰기 기능과 관련된 구체적 평가 기준에 의하여 평가하는 분석적 평가 방식으로 대별된다. 총체적 평가 방식은 평가자 개인의 주관에 의존하기 때문에 글에 대한 평가가 평가자에 따라 크게 달라질 수 있는 반면에 분석적 평가 방식은 글을 판단할 수 있는 근거를 제공하고 이에 의하여 평가하는 방식을 취하기 때문에 총체적 평가 방식에 비해 객관도와 신뢰도가 높은 장점을 지닌다.[20] 본 연구는 협의

---

20) 김라연, 「총체적 쓰기 평가와 분석적 쓰기 평가의 상관 연구」, 『이중언어학』 35, 이중언어학회, 2007, 107면.

토론 수행이 학습 논술 쓰기에 어떤 영향을 미치는가를 집단 간 비교·분석을 통해 밝히려는 목적을 지니고 있으므로 객관도와 신뢰도를 보다 용이하게 확보할 수 있는 분석적 평가 방식을 채택하였다.

분석적 평가 방식에서는 대상이 되는 글을 평가하는 기준의 마련이 핵심적인 역할을 한다. 글을 평가하는 기준이 적절치 못하면 평가의 객관성이나 신뢰성이 총체적 평가 방식보다 떨어질 염려가 있다. 일반적으로 글에 대한 평가는 내용, 구성, 표현의 세 가지 측면을 바탕으로 이루어지며, 이는 논증적 글쓰기도 예외가 아니다. 의미 있는 내용을 짜임새 있게 구성하고 정확하게 표현하는 것은 좋은 글이 갖추어야 할 필수적인 요건이라 할 수 있으며 논증적 글쓰기와 관련된 평가 기준도 이 세 가지 범주를 기반으로 하여 논증적 글쓰기의 특성을 반영하는 요소로 구성되어야 한다. 논증적 글쓰기의 평가 기준과 관련한 대부분의 연구도 이런 관점을 취하고 있으며 내용 영역과 관련된 요소로 '논증의 타당성' 등을, 구성 영역과 관련해서는 '단락 구분 및 연결' 등을, 표현 영역과 관련해서는 '맞춤법 및 적절한 어휘의 사용' 등을 기준으로 제시하고 있다.[21)]

본고에서는 논증적 글쓰기 평가와 관련된 기존의 연구 성과를 수용하면서도 평가 기준의 설정은 연구의 목적에 맞게 변용하였다. 이 연구는 협의 토론 수행이 학습 논술 쓰기에 긍정적 영향을

---

21) 논증적 글쓰기의 평가 기준과 관련한 구체적 사항은 '김정자, 「쓰기평가 방법 연구」, 서울대 석사논문, 1992, 50면', '원진숙, 「논술평가 기준 설정 연구」, 『한국어학』 2, 한국어학회, 1995, 300~302면', '박태호, 「6가지 주요 특성 평가법을 활용한 논술 고쳐쓰기 지도」, 『새국어교육』 71, 한국국어교육학회, 2005' 참조.

미친다는 가정에 바탕을 두고 있는데 이는 글쓰기에서 사고 활성화를 통한 내용 생성의 측면을 염두에 둔 바가 크다. 기존의 쓰기 평가에서 표현 영역은 주로 맞춤법이나 적절한 어휘의 사용과 관련된 사항을 다루는 경향이 있는데, 이는 논증적 글쓰기에서 다양한 언어활동의 수행을 통해 얻을 수 있는 긍정적 효과와는 비교적 관련이 없는 것으로 파악할 수 있다. 맞춤법의 오용이나 잘못된 어휘의 사용은 독자로 하여금 필자가 전달하고자 하는 내용 자체에 대한 이해를 저해하거나 오인하도록 만들기도 하지만 이는 오랜 시간동안 축적된 문법 능력 부족의 결과로 보는 것이 온당할 것이다. 따라서 본 연구에서는 논술문을 평가하는 데 있어 문법적 정확성을 위주로 한 표현 영역과 관련된 요소는 평가 기준에서 제외하였으며, 평가 기준의 설정은 언어활동의 수행이 보다 직접적으로 영향을 미칠 것이라 판단되는 논증적 글쓰기의 내용과 구성 영역에 한정하였다.22)

논증적 글쓰기는 논증을 통한 문제해결의 글쓰기로 정의할 수 있는데, 이에 의하면 논증적 글쓰기의 핵심에는 논증과 문제해결이 자리 잡게 된다. 학습 논술에서 문제해결은 수용 가능한 논리의 생산을 의미한다. 학습 논술에서는 학습자가 학습 내용을 바탕으로 수용 가능한 의미를 산출하는 것을 목표로 하며, 따라서 이에 대한 평가는 학습자가 생산한 글이 수용 가능한 논리와 의미, 즉

22) 논술경시대회의 평가에 참여한 평가자들의 경험을 분석한 연구를 보면 평가자들이 논술문에서 주로 주목하는 것은 논지의 명확성과 내용 전개의 일관성 같은 요소로 나타났다. 즉 평가자들은 논술문에서 내용과 관련된 요소에 민감하게 반응하는 반면에 문법적인 요소에는 상대적으로 덜 주목하는 경향을 보인다. 이와 관련한 사항은 '박영민, 「논술 평가자의 주관적 경험 분석」, 『우리어문연구』 33, 우리어문학회, 2009, 514~515면' 참조.

설득력이 있는 내용을 생성하였는가에 대한 판단에서 시작되어야 할 것이다. 또한 논증적 글쓰기의 문제해결은 논증의 과정을 필요로 한다. 논증의 성패는 결국 주장을 정당화하는 근거에 의해 좌우되므로 필자의 주장을 뒷받침하는 타당한 근거가 제시되었는지, 그 근거는 적절한 설명력을 확보하고 있는지가 논증적 글쓰기 평가에서 관건으로 작용할 수밖에 없다. 이를 토대로 내용 영역과 관련된 논증적 글쓰기의 평가 기준을 정리하면 다음과 같이 나타낼 수 있다.

-내용 영역-

1. 글의 내용은 설득력이 있는가?
2. 주장을 정당화하는 데 타당한 근거가 사용되었는가?
3. 제시된 근거에 대한 적절한 설명이 이루어졌는가?

구성 영역과 관련해서는 내용의 체계적인 조직이 중요한 평가 기준으로 작용한다. 글의 구성은 필자가 말하고자 하는 내용을 짜임새 있게 엮어내는 일이라 할 수 있는데 이는 논지 전개의 흐름과 완성된 글의 구조를 통해 나타난다. 개별 단락의 내용이 타당성을 확보하고 있더라도 단락 간의 논지 전개가 필자의 주제 의식을 구현할 수 있도록 수렴되지 않는다든지, 완성된 전체 글의 구조가 서론만 비대한 비정상적 형태를 띤다면 이를 좋은 글이라 평가할 수는 없을 것이다. 따라서 단락 간의 논지 전개가 일관성을 확보하고 있는지, 전체 글은 글의 목적에 맞는 적합한 형식을 갖추고 있는지가 구성 영역에서 논증적 글쓰기의 평가 기준으로 작용할 수 있다.

-구성 영역-

4. 전체 글의 논지는 명확하고 일관되게 전개되었는가?
5. 전체 글은 글의 목적에 맞는 적합한 구조를 갖추었는가?

제시된 다섯 가지의 기준은 논증적 글쓰기의 수준을 평가하는 데 핵심적인 역할을 하며, 글에 나타난 사고력과 밀접한 관련을 맺고 있기 때문에 협의 토론의 수행이 학습 논술 쓰기에 어떠한 영향을 미치는지를 파악하는 지표로 받아들일 수 있다. 즉 타당한 근거와 적절한 설명을 통해 자신의 주장을 정당화하고 이를 완결된 구조를 사용하여 조리 있게 전개해 나간 글은 높은 설득력을 지니므로 필자의 뛰어난 사고 능력이 발현된 것으로 평가할 수 있다. 본고에서는 이 다섯 가지의 기준을 논증적 글쓰기 평가의 핵심 요소이자 논술문에 나타난 사고 능력을 반영하는 지표로 인식하고 이를 토대로 실험군과 대조군의 논술문 자료들을 비교·분석하여 협의 토론의 수행이 학습 논술 쓰기에 어떠한 영향을 미치는가를 밝혀내고자 하였다.[23]

본 연구의 분석 대상이 된 집단은 모두 4개 반으로 실험집단은 연구자가 담당하고 있는 11학년 남녀 각 1개 반 학생들이며, 통제집단은 동료 교사가 담당한 11학년 남녀 각 1개 반 학생들이다. 이들 집단의 사전 학업 능력을 파악할 수 있는 객관적인 지표로는 전국연합학력평가를 들 수 있다. 학력평가가 객관식 시험으로만 구성되어 있어서 학업 능력의 전모를 보여주는 지표로 사용되기에

23) 물론 이 외에 다른 평가 기준의 적용 또한 가능할 것이다. 그러나 평가 기준의 확대는 실제적으로 그만큼 평가자의 평가 부담을 가중시키고 집중력을 저하시켜 평가의 타당도와 신뢰도를 떨어뜨릴 위험성이 크다. 본고에서는 이를 고려하여 평가 기준을 최소한의 핵심적인 사항에 한정시키고자 하였다.

는 한계를 지니고 있지만 언어영역 성취도 비교를 통해 4개 집단 간의 상대적인 읽기와 이해의 수준을 파악하는 데에는 의미를 가진다고 생각된다. 아래의 제시된 자료는 4개 집단의 학력평가 언어영역 성취도를 나타낸 것이다.[24)]

	통제집단		실험집단	
	A학급(남)	B학급(여)	C학급(남)	D학급(여)
언어영역 표준점수	97.8	109.1	94.5	107.9

<표 10. 집단 간 학업능력 비교>

제시된 표의 점수는 언어영역 시험 성적의 전국 평균을 100으로 잡았을 때 해당 집단이 획득한 점수를 나타내고 있다. 표를 보면 남학생 집단은 100점에서 3~5점 가량 모자라는 점수를, 여학생 집단은 7~9점 정도 상회하는 점수를 드러내고 있는데 언어영역의 경우 여학생 집단이 남학생 집단에 비해 성적이 다소 우수하게 나타난다는 점을 고려하면 이 네 집단은 전국 평균에 가까운 학력을 소지한 집단으로 파악할 수 있을 것이다. 또 표에 의하면 통제집단이 실험집단에 비해 남학생 반의 경우 3.3점이, 여학생 반의 경우는 1.2점이 높게 나타나는데 이로써 보면 통제집단이 실험집단에 비해 학업 능력이 뒤처지지 않는다는 사실을 알 수 있다.

논술문 평가는 평가의 객관성을 높이기 위해 본 연구자를 제외한 3인의 평가자에 의해 실시되었다. 평가에 참여한 사람은 여자 평가자 1인과 남자 평가자 2인으로, 여자 평가자 H는 통제집단의 수업을 맡아 진행한 협력 교사로 고등학교 경력 2년차의 현직 교

---

24) 이 시험은 2009년 11월 17일 실시되었다.

사이다. 남자 평가자 K는 국어교육과 대학원 박사 과정에서 공부하고 있으며 고등학교 교사 2년과 대학 강의 1년의 경력을, 남자 평가자 J는 국어교육과 대학원 박사 과정에서 공부하고 있으며 고등학교 교사 1년과 대학 강의 2년의 경력을 가지고 있다. 평가자들은 앞서 논의한 분석적 평가 기준을 반영한 5점 척도의 평가 채점 기준표를 사용하여 실험집단과 통제집단 전체 학생들의 논술문을 평가하였다.

논술 평가 채점표

평가자: ______________________

평가대상 학생: 2학년 __반 __번 ____

평가 영역	평가 기준	평가 점수
내용	1. 글의 내용은 설득력이 있는가?	1 2 3 4 5
	2. 주장을 정당화하는 데 타당한 근거가 사용되었는가?	1 2 3 4 5
	3. 제시된 근거에 대한 적절한 설명이 이루어졌는가?	1 2 3 4 5
구성	4. 전체 글의 논지는 명확하고 일관되게 전개되었는가?	1 2 3 4 5
	5. 전체 글은 글의 목적에 맞는 적합한 구조를 갖추었는가?	1 2 3 4 5
	총점	

<자료 5. 논술문 평가 채점표>

실제적인 평가에 들어가기에 앞서 논술문 평가와 관련된 워크숍을 진행하였다. 분석적 평가에서는 평가 기준을 분명하게 제시하더라도 평가자가 평가 항목을 각자 다르게 해석하여 평가의 합치성이 떨어지는 경우가 있다. 이를 사전에 방지하기 위해서는 기준이 되는 평가 항목에 대한 평가자 간 협의와 함께 실제 사례를 통한 훈련이 선행되어야 한다.[25] 이에 평가자 워크숍에서는 평가 기준표의 각각의 항목이 의미하는 바가 무엇이며 이를 실제 논술문 평가에 적용할 때 어디에 초점을 맞추어야 하는지에 대한 협의를 진행하였다.[26] 또한 연구 대상 집단에 포함되지 않은 영어공용화 논쟁 관련 논술문 4편[27]을 대상으로 예비 평가 작업을 실시하고[28]

---

25) 김라연, 앞의 글, 2007, 123면.

26) 협의된 내용은 다음과 같다. 평가 기준표의 1번 항목은 글의 설득력에 대한 총체적인 인상 평가를 나타내는 것으로 하였다. 2번 항목은 제시된 근거의 중요도와 충분성, 정확성을 중심으로 평가하는 것으로 하였다. 3번 항목은 논증 내용의 충실성과 관련된 것으로 설명이 부족하거나 불필요한 설명이 첨가된 경우 모두 감점하도록 하였다. 4번 항목은 논지 흐름의 적절성과 관련된 것으로 단락 간 연계성이 부족하거나 논점을 흐트러뜨리는 경우 감점 대상이 되는 것으로 하였다. 5번 항목은 전체 글이 서론-본론-결론이나 논술문에 적합한 형식을 지니고 있는가와 각 부분에 적합한 내용과 분량을 배치하고 있는지를 평가하도록 하였다. 또한 학습자들의 논술문에 나타나는 한국어와 한글의 혼동(한글을 한국어의 의미로 사용함)은 공통적인 현상이기 때문에 평가에서 문제 삼지 않는 것으로 하였다.

27) 4편은 협의 토론을 수행한 집단에서 남녀 각 1편, 쓰기만 수행한 집단에서 남녀 각 1편을 무작위로 선택하였다.

28) 4편에 대한 예비 평가 결과 논술문에 대한 점수 배점은 평가자마다 차이가 있었지만 평가 순위는 일치하였다. 점수 부여는 평가자 개인의 성향에 따라 다르게 나타날 수 있으며, 중요한 것은 평가 순위라 할 수 있으므로 평가자들 간의 평가 기준은 유사한 것으로 간주할 수 있을 것이다.

실제 평가에서 유의할 사항에 대해 논의하였다.29)

평가 분석은 크게 두 가지 방면에서 이루어졌다. 첫째로 본 논의의 핵심이라 할 수 있는 실험집단과 통제집단 간의 점수 차이를 비교하였으며, 둘째는 남녀 차이를 살펴볼 수 있는 반별 비교를 진행하였다. 통계 작업은 SPSS 프로그램을 사용하였고, 기술통계와 t-검정 실행을 통해 산출된 자료를 활용하였다.

평가 항목	실험집단		통제집단		평균 차이
	평균	표준편차	평균	표준편차	(실험-통제)
설득력	3.31	0.73	2.77	0.83	0.54
근거의 타당성	3.47	0.74	2.81	0.79	0.66
근거의 적절성	3.55	0.75	2.80	0.90	0.75
논지의 일관성	3.65	0.66	3.01	0.87	0.64
구조의 적합성	3.57	0.59	3.14	0.95	0.43
총점	17.54	3.11	14.53	4.06	3.01

(사례 수: 통제집단-58, 실험집단-68)

<표 11. 실험집단과 통제집단 간 평가 항목별 평균 비교>

실험집단과 통제집단의 평균을 비교해보면 총점을 비롯한 전 평가 항목에서 실험집단의 점수가 통제집단의 것보다 더 높게 나타나는 것을 알 수 있다. 인용된 표에 드러난 다섯 가지 평가 항목별

29) 논술문 평가에서는 평가 기준의 타당성에 못지않게 평가자 개인의 일관성이 중요한 역할을 한다. 많은 글을 읽다 보면 처음에는 엄격하게 배점을 하다가 나중에는 관대하게 바뀔 수도 있고, 시간차를 두고 평가를 하다보면 평가 기준의 적용이 시간에 따라 다르게 나타날 수도 있다. 이와 관련하여 4개 집단 논술문을 균등하게 나누어 배분하고 시간차를 두지 않고 일시적으로 평가하는 방식을 권장하는 등 평가자의 일관성을 확보할 수 있도록 노력하였다.

실험집단과 통제집단 간 평균 점수 차이를 보면 '근거의 적절성→근거의 타당성→논지의 일관성→설득력→구조의 적합성'의 순으로 점수 차가 크게 나타난다. 이는 토론 수행이 학습 논술 쓰기에서 타당한 근거를 생산하고 이에 대해 적절한 설명을 가하며, 논지를 전개해 나가는 데 일정한 영향을 주었음을 의미하는 것으로 파악할 수 있다.

실험집단과 통제집단의 평가 항목별 평균 점수 차이와 관련된 통계적 유의성을 검증하기 위해 t-검정을 실시하였으며, 그 결과는 아래와 같이 나타난다.

평가 항목	F값	유의확률	결과
설득력	1.210	0.273	등분산성이 가정됨
근거의 타당성	0.288	0.592	등분산성이 가정됨
근거의 적절성	2.237	0.137	등분산성이 가정됨
논지의 일관성	1.416	0.236	등분산성이 가정됨
구조의 적합성	7.892	0.006**	등분산성이 가정되지 않음
총점	2.547	0.113	등분산성이 가정됨

*p<0.05, **p<0.01, ***p<0.001

<표 12. Levene의 등분산성 검증 결과>

제시된 표에 잘 나타나듯이 Levene의 등분산성 검증 결과 여섯 개의 항목 중 구조의 적합성을 제외한 나머지 평가 요소들에 있어서 등분산성을 가정할 수 있었고, 구조의 적합성 영역은 등분산성이 가정되지 않았기 때문에 Welch의 자유도 계산방법을 통한 t-검증을 실시하였다. 평가 항목별로 t-검증을 실시한 결과는 아래와 같다.[30)]

30) 이와 관련된 영가설과 대안가설을 각각 다음과 같이 설정하였다.

평가 항목	t	자유도	유의확률(양쪽)
설득력	-3.896	124	0.000***
근거의 타당성	-4.802	124	0.000***
근거의 적절성	-5.101	124	0.000***
논지의 일관성	-4.653	124	0.000***
구조의 적합성	-2.960	91.978	0.004**
총점	-4.712	124	0.000***

*p<0.05, **p<0.01, ***p<0.001

<표 13. 평가 항목별 평균 차에 관한 독립표본 t-검증 결과>

제시된 표에 잘 드러나듯이 유의도 0.01 하에서의 t-검증 결과, 모든 평가 항목에 있어 집단 간 평균 점수의 차이가 통계적으로 유의하다는 결론을 내릴 수 있다. 즉, 통제집단의 논술문 점수의 평균보다 실험집단의 논술문 점수의 평균이 통계적으로 유의하게 높다는 결론을 내릴 수 있고, 이는 본고에서 실험집단에 실시한 협의 토론이 학습자의 논증적 글쓰기 능력 향상에 효과적으로 작용하였음을 의미한다. 통계적 검증을 통해 확인된 이러한 결과는 논술문 평가를 수행한 평가자들의 언급을 통해서도 뒷받침되고 있다.

> 토론 수업의 활용 : 몇몇 학생의 글에서는 토론에 대한 언급이 있었다. 즉 해당 논제에 대해 친구들과 토론하고 이 토론에

H_0: 실험집단과 통제집단의 논술점수의 평균은 동일하다.
$(\mu_1 - \mu_2 = 0)$
H_A: 실험집단과 통제집단의 논술점수의 평균은 동일하지 않다.
$(\mu_1 - \mu_2 \neq 0)$
μ_1: 통제집단의 논술점수의 평균
μ_2: 실험집단의 논술점수의 평균

서 생각하고 깨달은 바를 글에 반영하는 것이다. 해당 글들이 모두 토론을 한 후에 수행된 결과라고 보았을 때 토론 자체를 언급한 글들은 필연적으로 반대쪽 주장의 근거를 함께 제시하고 자신의 논지에 통합한다는 점에서 좀 더 대화적인 논지 전개 양상을 보였다. 토론 수업이 어떻게 논지 전개에 개입하고 기여하는지를 좀 더 보고 싶었지만 논지 구성이나 전개에 대해 메타적으로 기술한 글이 적어 확인하기는 쉽지 않았다.

(J평가자의 평가 소감문 중)

먼저 논거의 다양성 측면에서 살피면, '실험집단'에서는 '영어 공용화 문제'에 대해 자신이 전개하는 주장의 설득력을 높이기 위해 서너 가지 이상의 논거를 제시하고 있음에 비해, '통제집단'에서는 한 가지의 논거만을 가지고 중언부언 비슷한 논의를 전개하고 있다는 인상을 강하게 받았다.

다음, 논거에 대한 상술 능력 역시 '실험집단'에서 두드러지게 드러났는데, 하나의 논거에 대해 필요한 내용들을 비교적 상세하게 작성하여 주장의 타당성을 높이고 있었다. 그에 반해, '통제집단'에서는 같은 분량의 내용을 기술하더라도 논거에 대한 상술은 한두 문장 정도로만 제시되고, 비슷한 논의를 반복하거나 전혀 다른 방향의 내용을 해당 논거에 대한 상술로 대체하는 현상을 보였다.

(K평가자의 평가 소감문 중)

그냥 제시글만을 본 후 글을 쓴 문과 학생과, 해당 논제에 대한 찬반 토론을 거친 이과 학생들의 글의 차이에 대해 받은 인상을 간단히 나누고자 한다. 물론 집단내의 편차도 크기 때문에

> 이러한 차이점이 확연히 드러난다고 보기는 어렵다. 먼저, 이과 학생들은 해당 논제에 대해 일반적으로 거론되는 찬반 양쪽의 근거를 명확히 파악하고 있는 경우가 많았다. 많은 사람들이 지적하고 있는 근거를 집어줌으로써, 혹은 반박함으로써 좀 더 객관성을 확보할 수 있었다. 그에 비해, 문과 학생은 사회적인 소통이 없는 상황에서 자신의 견해를 밝히다 보니 다소 주관적이고, 상대적으로 근거의 수에 있어서 빈약하다는 인상을 주었다. …… 또한 글의 구성의 측면에서도 개인차가 큰 가운데 이과 학생들이 보다 돋보였다. 문과 학생의 글에서는 머릿속에 혼재해 있는 입체적인 아이디어들을 선적으로 풀어내어야 하는 고충이 느껴지는 경우가 많았다. 그 과정에 필요한 구조화의 작업에 익숙하지 못하여 생각의 흐름처럼 연상되는 대로 글을 써 내려갔고, 결과적으로 읽는 이가 논지 전개의 일관성을 발견하기 어려워졌다. 이과 학생들은 많은 수가 이미 토론의 과정을 통해 명확하게 각각의 근거와 아이디어들이 범주화가 되어 있었다. 그래서 글의 흐름도 훨씬 간명하여 이해하기 쉬운 글이 될 수 있었다.
>
> (H평가자의 평가 소감문 중)
>
> ※글의 강조 및 밑줄 표시는 본 연구자에 의한 것임.

인용된 글은 평가자들의 소감문 중 일부로[31] 평가자들 모두 협의 토론의 수행이 학습 논술 쓰기에 긍정적인 영향을 미치고 있음을 피력하고 있다. 이를 구체적으로 살펴보면 논거 생산의 측면에서 실험집단이 두세 가지의 논거를 효과적으로 제시하는 데 비해 통제집단은 한두 가지의 논거를 가지고 중언부언하는 경향을 보이고 있으며, 논지 전개의 측면에서도 통제집단의 글이 연상되는 대

31) 평가 소감문의 전문은 부록에 수록하였다.

로 서술되어 논지의 일관성을 발견하기 힘든 반면에 실험집단의 글에서는 아이디어들이 범주화 되어 간명하게 서술되는 특징이 나타난다고 하였다. 결국 이는 집단 간 통계 수치 비교를 통해 드러난 것처럼 토론 수행을 통해 대화의 과정을 거친 실험집단의 학습자들이 개인적인 쓰기를 진행한 통제집단의 학습자들보다 논거에 대한 설명과 구조적 체계화의 측면에서 강점을 나타낸다는 점을 지적하고 있는 것이다.

집단 간 평균 점수 비교와 평가자들의 비평적 언급을 통해 협의 토론 수행이 학습 논술 쓰기에 긍정적인 영향을 미친다는 것은 일정 정도 확인되었다고 생각된다. 아래에서는 이를 좀 더 구체적으로 살펴볼 수 있는 각 반별 비교 자료를 통해 토론 수행이 남녀 집단 간에는 어떤 영향을 미쳤는지를 파악해 보도록 하겠다.

평가 항목	평균점수(표준편차)			
	실험집단		통제집단	
	C(남)	D(여)	A(남)	B(여)
설득력	3.17 (0.65)	3.43 (0.78)	2.45 (0.82)	3.03 (0.76)
근거의 타당성	3.33 (0.68)	3.58 (0.78)	2.50 (0.80)	3.06 (0.70)
근거의 적절성	3.54 (0.65)	3.56 (0.82)	2.44 (0.90)	3.09 (0.81)
논지의 일관성	3.56 (0.68)	3.72 (0.65)	2.77 (0.93)	3.21 (0.77)
구조의 적합성	3.45 (0.49)	3.67 (0.65)	2.81 (0.97)	3.42 (0.85)
총점	17.05 (2.80)	17.96 (3.32)	12.96 (4.14)	15.81 (3.55)

(사례 수: A-26, B-32, C-31, D-37)

<표 14. 학급 간 평가 항목별 평균 비교>

제시된 표는 연구 대상이 된 각 반별 해당 평균 점수를 나타낸 것으로 이를 살펴보면 실험집단 여자(D집단), 실험집단 남자(C집단), 통제집단 여자(B집단), 통제집단 남자(A집단) 순으로 점수가 높게 나타나는 것을 알 수 있다. 실험집단과 통제집단 간 같은 성끼리 평균 점수 차를 비교해 보면 총점을 기준으로 여학생의 경우는 2.15점(D-B), 남학생의 경우는 4.09점(C-A)의 차이가 나타나 남학생의 경우가 여학생의 경우보다 거의 2배 가까운 차이가 드러난다. 이는 협의 토론 수행이 여학생의 경우보다 남학생에게 더 효과적으로 작용했음을 보여주는 것이라 해석할 수 있다. 실제로 과제 수행과 관련된 학습자의 태도를 보면 남학생보다 여학생의 경우가 더 적극적이고 능동적임을 발견하게 된다. 즉 아무런 자극을 주지 않았을 때 남학생 집단보다 여학생 집단이 과제에 더 적극성을 보이는 경우가 흔하며, 따라서 적절한 자극의 효과는 여학생보다 남학생에게 더 크게 나타난다고 얘기할 수 있을 것이다. 본고에서 제시한 논제의 경우 협의 토론과 같은 자극이 주어지지 않을 때 여학생들은 상대적으로 능동적인 반응을 보여주는 반면에 남학생들은 과제에 대한 의욕과 흥미가 매우 저하된 상태를 그대로 유지하게 된다. 이런 까닭으로 인해 토론이 주는 사고활성화의 효과는 남학생 집단의 경우에 더 크게 작용해 남학생 집단 간 평균의 차(C-A)가 여학생 집단의 차(D-B)보다 높게 나타나는 것이라 할 수 있을 것이다.

이상으로 협의 토론 없이 쓰기만을 진행한 통제집단과 협의 토론 과정을 거친 실험집단의 논술문을 일반적인 논증적 글쓰기 평가 기준에 의해 검토해 본 결과 실험집단의 글이 더 우수한 것으로 드러났다. 이는 협의 토론이 학습자들의 학습 논술 쓰기에 있어 긍정적 영향을 미치는 것을 의미한다. 협의 토론은 문제 상황과 관련된 학습자들의 상호 작용을 활성화시키고 이를 통해 논제에 대한 심화된 이해와 심도 있는 쓰기를 가능하게 만드는데, 이는 구성원 간의 협의와 토론 과정이 논증 내용 생성에 있어 긍정적 역할을 하기 때문이라 할 수 있다. 이러한 점에서 협의 토론은 학습자들의 논증적 글쓰기 능력을 향상시키는 효과적인 교육 방안으로서 의의를 지닌다.

3. 논증 텍스트 검토하기 단계에서 동료 평가의 적용

1) 동료 평가 모형과 수업 설계

앞선 장에서는 논증 타당화 방식과 관련하여 학습자 논술문에 나타난 문제점으로 논거의 양적 제시에 치중한 논거 나열형의 비중이 높고 주체적 관점에 의한 논평 중심형의 비중이 낮게 나타난다는 것을 제시하였다. 이는 학습자들이 비판적인 입장에서 자신의 글을 검토하고 이를 바탕으로 독자들에게 설득력을 얻을 수 있는 타당한 논증을 제시하려는 노력이 부족했기 때문에 나타난 현상이라 생각된다. 즉 학습자들은 자료의 정리나 관련된 지식의 제시를 논증의 완성으로 여기고 이에 대한 비판적 사고를 제대로 수행하지 못했던 것이다.

본고에서는 학습 논술에 나타난 이러한 문제점을 해결하기 위해 일차적으로 산출된 논증 텍스트를 대상으로 동료 평가를 실시하고, 이에 대한 학습자들의 반응 양상을 살펴보고 논증 개선 효과를 분석하고자 한다. 동료 평가는 필자가 인식할 수 없었던 문제점들을 동료의 언급을 통해 표출시키고 이를 바탕으로 한 수정 작업을 가능하게 함으로써 논증적 글쓰기의 수준을 제고하는 효과적인 방안이 될 수 있다. 이와 관련된 수업 실행은 가치 판단의 객관화가 중요한 요소로 작용하는 작품 속 인물 평가와 관련된 논제를 대상으로 하였다.

동료 평가는 일반적인 쓰기 과정에서 필자에 의해 가정되고 추론되는 독자의 존재를 외면화·실체화시키는 역할을 한다. 동료 평가는 필자에게 직접적으로 독자의 목소리를 접할 수 있는 경험을 제공하고 이를 통해 필자는 자신의 글쓰기를 객관적으로 성찰할 수 있는 기회를 가지게 된다. 이를 좀 더 구체적으로 얘기하면 동료 평가는 독자가 듣는 방식으로 필자가 원하는 것을 말하도록 도우며, 필자는 이를 통해 독자에게 도달하는 방식을 전략화 할 수 있게 된다. 동료 평가를 통해 학습자들은 교사에 대한 의존을 벗어나 동료와의 협상을 통한 주체적인 문제해결력을 기를 수 있게 되는 것이다.[32)]

동료 평가와 학습 논술 쓰기를 연계한 수업은 앞선 장에서와 마찬가지로 S공립 고등학교 2010학년도 2학기 11학년 3개 반, 남녀 학습자 105명에게 수행평가의 일환으로 실시되었다. 학습자들은 학습 논술 수행을 위해 사전에 해당 작품인 <우리들의 일그러진 영웅>을 읽도록 안내 받았으며, 관련 수업은 총 2차시에 걸쳐 담당 교사였던 본 연구자에 의해 진행되었다.[33)] 1차시에 학습자들은 작품에 대한 이해와 감상을 활성화시키기 위해 연구자가 만든 학습지를 친구들과 의논해가며 자유로운 분위기 속에서 작성하였고[34)], 이후 논제와 관련된 지문을 제공받고[35)] 3∼4일의 기한 내에

32) Mara Holt, The Value of Written Peer Criticism, *College Composition & Communication*, 43(3), 1992, p. 390.

33) 관련 수업은 2011년 11월 4일∼11월 11일에 걸쳐 시행되었다.

워드 프로세서를 이용해 1차 논술문을 작성하여 본 연구자의 이메일로 전송하였다.[36] 이를 통해 학습자들이 산출한 1차 논술문 89편이 수집되었으며, 해당 글은 익명 처리되어 동료 평가를 위한 기본 자료로 활용되었다. 2차시 수업에서는 모둠을 구성하여 1차 논술문 자료에 대한 동료 평가를 실시하였다. 동료 평가 전에 해당 수업에서는 우선 동료 평가 방법 및 주의 사항과 관련하여 10분 남짓 동안 본 연구자의 강의식 설명이 이루어졌다.

<u>좋은 논술문의 요건</u>

1. 논술이란?
-문제 상황을 해결해 나가는 글쓰기.
-문제 상황에 대한 필자의 주장과 이를 뒷받침하는 근거로 이루어짐.

2. 좋은 논술문을 쓰기 위한 필요조건
1) 필자의 주장이 명확하게 제시되어야 함.
자신의 입장을 감추거나 애매모호하게 서술하는 것을 피

34) 학습지는 Ⅲ장의 <자료 2>와 동일한 것이다.
35) 관련 논제는 Ⅲ장의 <자료 3>과 동일한 것이다.
36) 1차 논술문은 학습자들이 동료 평가를 거치지 않고 단독으로 작성한 논술문을 가리킨다. 또한 동료 평가를 거쳐 학습자에 의해 수정·보완된 글은 2차 논술문이라 명명하였다. 앞선 Ⅱ장에서와 달리 학습자들에게 워드 프로세서를 이용해 논술문을 작성하도록 한 것은 동료 평가자들에게 평가 대상이 되는 글을 쉽게 제공할 수 있도록 만들기 위한 연구 작업상의 편의 때문이었다.

해야 함.

2) 글 속에 모순된 주장이나 내용이 나타나면 안 됨. 설득력을 잃게 됨.

3) 문제 상황과 관련 없는 내용을 서술하면 안 됨. 집중력이 떨어지게 됨.

따라서 좋은 글을 쓰기 위해서는 "글에서 주장을 명확하게 제시하고 있는가?", "글 가운데 모순이 나타나지 않는가?", "논점에서 벗어나거나 불필요한 내용을 서술하고 있지 않은가?"를 스스로 점검하는 과정이 필요함.

3. 좋은 논술문을 쓰기 위한 충분조건

-필자가 생산해 낸 의미가 풍부하고 구체적으로 드러나야 좋은 글이 될 수 있음.

-이를 위해서는 특히 근거 제시에 많은 노력을 기울여야 함.

1) 작품 내용을 근거로 삼는 경우

-줄거리 정리나 내용 요약에 그쳐서는 안 되며 작품 내용을 해석하고 활용하는 필자의 관점이 잘 나타나야 함.

2) 체험을 근거로 도입하는 경우

-체험과 주장 사이에 적절한 연결 관계가 성립해야 함. 특히 독자가 체험을 실감나게 느낄 수 있도록 구체적으로 서술하고 이에 대한 필자 나름의 의미 부여가 드러나야 함.

3) 배경지식을 근거로 활용하는 경우

-독서 경험, 매체 경험, 교양 상식 등의 배경 지식이 주장하는 내용과 잘 부합해야 함. 배경지식이 주장하는 내용과 어떻게 연결되는지에 대해 독자가 이해할 수 있도록 구체적으로 설명해야 함.

<자료 6. 동료 평가를 위한 학습 자료>

제시된 자료는 학습자들의 적절한 동료 평가를 돕기 위해 본 연구자에 의해 작성된 학습 자료로 크게 두 부분의 내용으로 짜여졌다. 첫 번째는 논술문이 갖추어야 할 기본적인 조건에 해당하는 것으로 주장의 명확성과 내용의 정합성 등을 들었으며, 두 번째는 앞선 장에서 살펴 본 논술문에 나타난 학습자들의 논증 유형을 바탕으로 하여 각각의 상황에서 좋은 논증을 펼치기 위해 필요한 사항을 기술하였다. 2차시 수업에서 해당 자료는 학습자들에게 배부되었고 그 의미에 대한 설명이 연구자에 의해 주어졌다. 동료 평가를 시행하기에 앞서 연구자는 학습자들에게 동료의 글을 평가할 때 잘한 점은 칭찬하고 개선할 점은 비판하도록 주문하였으며, 문법적 요소에 얽매이지 말고 내용 영역의 평가에 초점을 맞출 것을 요청하였다. 해당 설명 뒤에는 학습자들에게 1차 논술문 자료와 함께 동료 평가지가 주어졌고, 학습자들은 3인 1개 조를 단위로 하여 동료 평가를 수행하였다.

동료평가 및 자기평가서

이름:

1. 동료 평가

평가자:	
평가자:	
평가자:	

2. 자기 평가 및 수정 계획

<자료 7. 동료 평가 및 자기 평가서>

제시된 자료는 학습자들에게 제공된 ‘동료 평가 및 자기 평가서’에 해당된다. 학습자들은 3인 1개 조를 기본 단위로 하여 2개 조 6명이 원탁에 모여 한 모둠을 구성하였고, 각 조에는 3편의 논술문이 배부되었는데 이로 인해 각 학습자는 3편의 논술문 평가를 수행하고 해당 필자는 3인에 의한 논술문 평가를 제공받게 되었다.[37] 1차 논술문 자료는 작성자에 대한 정보가 삭제된 채 각 평가자에게 주어졌고, 평가자들에게는 자신의 평가에 대한 익명성이

37) 동료 평가에 흥미를 느낀 학습자들이 자신이 맡은 글 이외에도 동료 평가를 진행하여 몇몇 글의 경우에는 4~5인의 평가가 진행된 경우도 있었다.

보장된다는 사실을 주지시키고 수업을 진행하였다. 이는 평가자들이 필자와의 인간관계나 자신의 평가가 공개됨으로써 발생할 수 있는 문제 상황을 고려하여 평가 작업에 소극적인 태도를 보일 가능성을 미연에 방지하고자 하는 의도에서 행해졌다. 수업에서 학습자들은 30분 남짓의 시간 동안 자유롭게 친구들과 이야기하며 해당 글에 대한 평가를 수행하였고, 2차시 수업에서 작성된 동료 평가지는 연구자에 의해 수합되었다. 수합된 동료 평가지에서 평가자의 이름은 익명 처리되어 수업 시간에 해당 필자에게 다시 배부되었고, 해당 필자는 동료 평가를 참고해 자기 평가 및 수정 계획을 작성해 제출하고, 수정・보완된 2차 논술문을 3～4일 후에 연구자의 이메일로 전송하였다. 수업 과정을 통해 수집된 자료의 종류와 수는 다음과 같다.

	남자 학급	여자 학급	합계
총원	66	39	105
1차 논술문	53	36	89
동료 평가 및 자기 평가서	41	36	77
2차 논술문	34	34	68
모두 제출한 경우	30	34	64

<표 15. 동료 평가와 관련된 자료의 종류 및 수>

본 연구에서는 남자 두 학급과 여자 한 학급을 대상으로 수업을 진행하였는데[38], 제시된 표에서 잘 드러나듯이 남학생 집단의 경

38) 본 연구의 대상이 되는 3개 학급의 학력 수준을 제시하면 다음과 같다.

	남자 학급 1	남자 학급 2	여자 학급
언어영역 표준점수	99.6	104.2	111.8

제시된 자료는 전국 연합학력평가(2010.9.16. 시행) 언어영역의 표준점

우에는 수업 단계가 진행될수록 제출되는 과제의 수가 줄어드는 반면에 여학생 집단의 경우에는 대부분이 과제를 제대로 제출하여 동료 평가의 교육적 효과를 비교를 통해 파악할 수 있게 하는 1차 논술문, 동료 평가 및 자기 평가서, 2차 논술문을 모두 제출한 경우가 남녀 집단이 비슷한 숫자로 나타나게 되었다. 이에 본고에서는 관련된 자료를 모두 제출한 남학생의 30사례와 여학생의 34사례를 대상으로 하여 동료 평가가 학습자들의 논술 쓰기에 어떠한 영향을 미쳤는지를 분석해 나가도록 하겠다.[39] 이러한 작업을 통해 논술 수행과 동료 평가의 상관성이 규명되고 이를 기반으로 한 효과적인 학습 논술 교육 방안이 도출될 수 있기를 기대한다.

2) 동료 평가에 대한 반응 양상과 효과

본 연구의 관심은 동료 평가가 학습자들의 논술 쓰기에 어떻게 작용하는지를 분석하고, 이것이 학습자들의 논술 쓰기 개선에 어떠한 영향을 미치는지를 밝혀내는 데 있다. 아래에서는 먼저 1차 논술문에 대한 동료 평가의 주된 내용을 살펴보고, 그에 대한 필자들의 반응 양상과 그로 인한 효과를 검토해 나가도록 하겠다.

수를 나타낸 것으로 남학생 집단은 전국 평균에 가까운 수준을, 여학생 집단은 전국 평균을 10점 남짓 상회하는 수준을 보여주고 있다.

39) 해당 되는 자료는 남성(male)이나 여성(female)을 뜻하는 말의 머리글자에 속하는 M이나 F, 자료의 순서를 나타내는 숫자, 자료의 성격을 드러내는 말의 조합으로 표시된다. 예를 들어 'M-5-1차'는 남학생 집단의 다섯 번째 학습자가 쓴 1차 논술문을, 'F-11-평가'는 여학생 집단의 열한 번째 학습자와 관련된 동료 평가 및 자기 평가서를, 'M-20-2차'는 남학생 집단의 스무 번째 학습자가 쓴 2차 논술문을 가리킨다.

가. 긍정적 인정과 선택적 수용에 의한 논증 개선

1차 논술문과 관련된 학습자들의 평가 초점을 살펴보기 위해서 본고에서는 동료 평가서에 나타난 해당 사항을 하나하나 헤아려 보고 이를 성격에 따라 분류해 보았다. 아래는 64명의 학습자가 산출해 낸 1차 논술문 전체 자료를 대상으로 하여 동료 학습자들이 평가한 사항을 빈도가 높은 순으로 정리한 것이다. 한 학습자의 글에 대해 세 명의 평가자가 모두 근거가 부족하다는 지적을 하였다면, 이는 아래 표에서 숫자 3으로 표시된다. 즉 아래의 숫자는 평가서에 나타난 모든 비판적 언급의 숫자를 합하여 나타낸 것에 해당한다.

순위	해당 사항	빈도
1	근거 부족	44
2	불분명한 주장	39
3	작품 내용 및 줄거리 의존	34
4	어색한 문장 표현	27
5	부적절한 근거	26
6	불필요한 내용	23
7	어색한 논지 전개	21
8	내용 반복	17

<표 16. 1차 논술문에 대한 동료 평가 사항>

제시된 표를 살펴보면 1차 논술문에 대한 동료 평가의 비판적 언급은 대부분 내용 요소에 해당됨을 알 수 있다. 표에 나타난 8가지 사항 중에 '어색한 문장 표현'만이 내용 요소와 직접적인 관련이 없는 것이라 말할 수 있으며, 나머지 사항들은 논증 내용이나

논지 전개와 같은 내용 영역과 밀접한 관련을 지니고 있다. 학습자들이 전반적으로 문법 사항이나 문장 표현과 같은 내용 외적 요소에 평가의 초점을 두지 않은 것은 동료 평가를 시행하기 전 교수자에 의해 내용 요소를 중점적으로 다루라는 요청이 주어졌고, 이와 관련된 설명식 수업이 진행되었기 때문으로 생각된다. 이로 인해 학습자들은 1차 논술문에 대한 평가에서 근거 부족과 불분명한 주장, 작품 내용 및 줄거리 의존 등과 같은 내용 요소에 주목하는 양상을 보여주고 있는 것이다.

> 한병태의 '결정'에 대해 서술한 것이 아니라 한병태가 어렸다는 식으로 말하며 너무 감싸려는 것 같고 주장이 확실하지 않다. 너무 작품의 세계에만 의지하는 면이 있다. 근거를 좀 더 다양하게 제시했더라면 훨씬 좋은 글이 되었을 것 같다.
>
> 자신의 주장을 정확하게 알 수 없다. 글의 내용을 제시한 것은 좋았으나 조금 긴듯했고, 자신의 생각을 서술한 것은 좋았으나 애매모호한 주장으로 인해 근거로 보이지 않는다.
>
> 과제의 내용과는 너무 반대로 한병태라는 아이에 대해서만 서술을 하였고 자신의 주장도 명확하게 드러나 있지 않다. 읽는데 조금은 알 수 없는 의문들이 많이 들었다.
>
> (F-18-평가)

인용된 글은 동료 평가지에 나타난 동료 평가의 전형적 양상을 보여주는 사례에 해당하는 것으로, 이는 학습자들이 동료의 글을 평가함에 있어서 명확한 메시지와 충분한 근거를 중요한 요소로 인식하고 있음을 잘 보여주고 있다. 인용문에서 지적된 근거 부족이나 불명확한 주장, 작품 내용 및 줄거리 의존은 논증 차원에서

서로 긴밀한 연관 관계를 맺고 있다. 즉 논제에 해당하는 소설 속 인물의 도덕적 선택에 대한 필자의 입장이 명확하지 못하다 보니 이를 뒷받침 할 근거를 제대로 제시할 수 없고, 이로 인해 작품 해설이나 줄거리 설명에 의존하는 글쓰기 양상을 나타낼 수밖에 없게 되는 것이다. 이밖에도 앞선 표에 제시된 불필요한 내용과 어색한 논지 전개 등도 글을 지루하게 하거나 어색하게 만든다는 점에서 내용 개선과 관련하여 동료 평가에서 중요하게 다루어지고 있다. 이와 같이 동료 평가의 지적 사항을 바탕으로 한 필자의 수정 작업은 내용적 차원에서 종합적인 접근을 필요로 한다.

자신의 글에 대한 동료들의 평가와 관련해 학습자들은 동료 학습자가 제기한 비판적 언급을 부분적으로 수용하면서 이를 2차 논술문에 반영하려는 모습을 보인다. 즉 학습자들은 동료 평가자들이 지적한 많은 사항들을 검토하고 이 가운데 일부를 받아들여 수정 계획을 작성하고 이를 실행하고자 하였다. 수정 계획을 실행하는 과정에서도 또한 누락되는 요소가 발생하게 되는데, 이로 인해 2차 논술문에서는 동료 평가 중에 일부 사항만 반영되고 실천되는 양상을 띠게 되었다.

순위	수정 사항	빈도
1	문장 표현 수정	21
2	불필요한 내용 삭제	15
	근거 추가	15
	보충 문장 삽입	15
3	반복되는 내용 삭제	7
4	작품 내용 및 줄거리 축약	6

<표 17. 2차 논술문에 반영된 동료 평가 사항>

제시된 표는 동료 평가 과정에서 나온 비판적 언급을 학습자가 2차 논술문 쓰기에서 실제 반영한 빈도순으로 나열한 것이다. 이 표를 보면 수정 사항의 반영 빈도는 문장 표현 수정, 불필요한 내용 삭제, 보충 문장 삽입, 근거 추가 등의 순으로 나타나는데, 앞서 살펴본 동료 평가의 지적 사항을 고려하면 학습자들의 실질적 수용 정도는 이와 다르게 파악할 수 있다. 즉 문장 표현 수정은 약 78%, 불필요한 내용 삭제는 약 65%에 해당하는 높은 고쳐쓰기 반영률을 보이는 반면에 근거 추가는 34% 정도를 나타내는 데 그치고 있다. 이는 필자들이 문장 표현의 수정이나 기존 내용의 삭제와 같이 큰 인지적 노력을 요하지 않는 작업에는 쉽게 반응하면서도 근거 추가와 같은 새로운 내용 생성을 필요로 하는 사항은 회피하려는 경향이 있음을 잘 드러내고 있다. 보충 문장 삽입은 필자들이 지닌 이러한 성향이 절충되어 나타난 형태로 부족한 설명이나 논지 전개를 보완하기 위해 추가적인 서술을 부가한 경우에 해당한다. 결론적으로 말해 동료 평가의 비판적 언급이 전반적인 내용 차원에서의 수정을 요구하고 있다면 실제 필자들의 고쳐쓰기는 부분적인 수정 양상을 나타낸다고 할 수 있다.[40]

> 또한 이 소설 내에서 석대의 비행을 고발할 수 있는 인물은 병태 1명 밖에 없을 것이다. 아니 병태 1명 뿐이다. 무관심한 선생님이나 석대를 무서워하는 아이들은 분명 석대의 비행을 바로 잡지 못할 것이다. …… 만약 6학년 담임 선생님이 등장하지 않았다면 6학년 때에도 5학년 때와 마찬가지로 석대의 독재하에 학급이 통제되고 아이들은 서로 잘 믿지 못하며 모두 자신감을

40) 이밖에도 주장 부각, 내용 배치 변경, 맞춤법 교정 등의 사항이 고쳐쓰기에 반영되었다.

잃은 채로 국민 학교를 졸업했을 것이다. 이 때문에 병태는 사실을 알게된 후에 위험을 감수해서라도 바로 고발을 했었어야 하는 것이다.

나는 이 세 가지의 이유로 병태의 결정은 잘못 된 것이라고 판단하였다. 만약 병태가 시험지 대리제출을 고발하여 같은 반 급우들과 함께 엄석대를 몰아내고 급우들 모두가 같이 학급을 운영하였다면 어땠을까.. 서로 더욱 더 믿을 수 있고 단합할 수 있으며 자신들의 힘으로 엄석대를 몰아내었다는 자부심과 자신감이 생기지 않았을까.. 결국 6학년 담임 선생님에 의해 엄석대의 권력은 무너지게 되고 아이들은 자신들의 권리를 되찾게 되지만, 급우들의 힘으로 엄석대를 밀어내는게 더 의미있을 거라고 생각한다.

끝으로, 나는 고등학교에 들어와서 책을 본 기억이 거의 없는 것 같은데 요번 수행평가를 계기로 오랜만에 책을 재밌게 읽게 되었고, 석대를 좋아하진 않지만 석대의 냉정함만은 본 받을 수 있도록 노력해야 겠다. 그리고 소설 초기에 병태처럼 모두가 yes라고 말 할 때 no라고 말할 수 있는 사람이 되도록 노력해야겠다.

(M-13-1차)

1. 동료 평가

자기의 체험이나 배경지식으로 쓴 근거가 없어 잘 이해가 되지 않는다. 그것 빼고는 잘쓴 것 같다.

세 번째 이유가 조금 억지라는 느낌이 들었다. 대체적으로는 잘 썼지만 배경지식, 경험 등의 자료가 부족하다.

자신의 이야기를 대체하여 쓰는 자료가 부족하고 갑자기 느낀점을 쓰는건 뜬금없다. 그러나 전체적으로 글은 잘 쓴것같다.

2. 자기 평가 및 수정 계획

친구들의 평가를 받아들여서 수정해야겠다. 배경지식 or 경험을 알맞게 사용해야 겠고, 느낀점은 삭제해야겠다. 다른 사람이 이해하기 쉽게 써야겠다.

(M-13-평가)

또한 이 소설 내에서 석대의 비행을 고발할 수 있는 인물은 병태 1명 밖에 없을 것이다. … (1차 논술문 내용과 동일) … 이 때문에 병태는 사실을 알게된 후에 위험을 감수해서라도 바로 고발을 했었어야 하는 것이다. 역사적으로 보더라도 일제의 탄압에 벗어나기 위해 자신의 생명을 내던진 안중근의사와 윤봉길의사 같은 분들이 존경을 받지 그대로 순응한 친일파가 존경을 받는 것이 아니다.

나는 이 세 가지의 이유로 병태의 결정은 잘못 된 것이라고 판단하였다. … (1차 논술문 내용과 동일) … 결국 6학년 담임 선생님에 의해 엄석대의 권력은 무너지게 되고 아이들은 자신들의 권리를 되찾게 되지만, 급우들의 힘으로 엄석대를 밀어내는게 더 의미있었을 거라고 생각한다.

(마지막 문단 삭제)

(M-13-2차)

※ 밑줄 친 강조 부분은 연구자에 의한 것임.[41)]

41) 아래의 자료 인용에서도 밑줄과 강조 표시는 연구자에 의한 것임을 밝히며, 따라서 이와 관련된 언급은 생략하기로 한다.

제시된 자료는 동료 평가의 비판적 언급을 고쳐쓰기에 반영한 전형적 사례에 해당된다.[42] 인용된 1차 논술문에 대해 동료 평가자들은 세 가지 문제점을 제기하고 있다. 첫째는 체험이나 배경 지식이 없어서 이해가 잘 되지 않는다는 것, 둘째는 병태가 위험을 감수하고서라도 고발했어야 한다는 주장이 억지라는 느낌이 든다는 점, 셋째는 갑자기 마지막 문단에서 느낀 점을 서술하는 것이 어색하다는 점이 그것이다. 필자는 동료들의 이러한 평가를 수용하려고 노력하는 모습을 보이는데, 2차 논술문을 보면 필자는 병태가 석대의 비리를 고발했어야 한다는 점을 납득시키기 위해 독립투사와 친일파에 대한 역사적 평가와 관련된 보충 설명을 추가하고, 석대와 병태를 칭찬하는 등의 논지와 어긋나는 감상을 담은 1차 논술문의 마지막 문단을 삭제하고 있다. 인용문의 필자가 보여주는 이러한 수정 양상은 불필요한 내용 삭제와 보충 문장 삽입에 해당하는 것으로 이러한 작업을 통해 해당 논술문은 설득력이나 논지 전개의 측면에서 개선된 모습을 나타내게 되었다.

대부분의 경우 필자들은 동료 평가의 지적 사항을 긍정적으로 인정하고 이를 2차 논술문에 반영하려고 노력하는 모습을 보여준다. 이 과정에서 동료 평가에서 제기된 모든 문제점들이 필자에 의해 수용되는 것은 아니며, 수정 작업은 필자에 의해 비교적 용이하게 수행될 수 있는 문장 표현의 교정이나 불필요한 내용의 삭제, 혹은 이미 생성된 내용에 대한 부분적 보완에 해당하는 보충 문장 삽입 등의 형태로 나타나는 경향이 있다. 동료 평가에 대한 필자들의 수용 양상과 반응 정도는 학습 논술의 질적 향상과 긴밀한 관련을 맺는 것으로 파악된다.

---

42) 인용된 자료는 부록에 전문을 수록하였다.

나. 부정적 거부와 맹목적 수용에 의한 현상 유지

본고에서 다루는 남녀 학습자 64명이 산출한 자료들을 살펴보면 대부분의 학습자들은 1차 논술문에 대해 동료들이 평가한 사항을 긍정적으로 수용하는 자세를 나타내며 자기 검토 과정을 거쳐 이 가운데 일부를 2차 논술문에 반영하는 모습을 보이고 있다. 그런데 몇몇 경우에는 동료들의 평가에 대한 반박을 통해 수정 작업을 최소화하거나 거부하는 양상을 보여주기도 한다. 여기에 속하는 경우는 모두 다섯으로 나타났으며 반박을 통해 수정을 최소화 한 것이 세 사례, 수정 자체를 거부한 것이 두 사례로 나타났다.

1. 동료 평가

엄석대의 잘못을 서술하며, 한병태의 잘못된 점을 서술하고자 하는 의도는 정말 좋았지만 중간과 끝 부분에 독자가 이해하기 힘들게 써 놓은 점은 수정하는 게 좋을 것 같고, 글을 문단으로 나누어 쓰는 편이 글의 주장을 더 확고하게 표현해줄 것 같다.

<u>5학년 때의 병태의 행동에 대한 잘못을 주장하면서 근거는 6학년 때 병태의 행동에 대한 잘못을 말하고 있다. 그리고 병태가 전학와서 잘 모른다는 핑계는 핑계가 아니고 진심이었다고 나와 있는데 석대에 대한 의리와 우정으로 핑계를 대었다고 했다.</u>

한 문장이 너무 길어서 읽기 힘들뿐아니라 이해하기도 힘들었다. 그래서그런지 이글을 읽기 전에 읽었던 글보다 이해하는 것도, 집중도 잘 않됐다. 하지만 내용은 다른 아이들이 쓴거보다 '병태의 결점에 대한 자기생각'인 논제(?)에 가장 충실하게 쓴거

> 같다.
>
> 2. 자기 평가 및 수정 계획
>
> 문장의 길이를 줄이고 문단으로 나누어 써서 예전보다 읽는 사람이 편하고 내용전달이 빠르게 되도록 수정하였다. 그리고 2번째 아이가 5학년때 병태의 잘못을 주장하면서 6학년때 일을 근거로 들고 있는게 잘못되었다고 하였는데 나는 5학년때는 말할 수 있었으면서 6학년때 와서 말하지 않은 것을 얘기하고 있는 것이다. 그리고 전학왔다고 핑계를 댄 것도 나에게는 핑계로 느껴졌기 때문에 그렇게 한 것이다.
>
> (F-11-평가)

인용된 글은 동료 평가 가운데 일부는 수용하고 일부는 반박을 통해 거부함으로써 수정 작업을 최소화 한 사례에 해당한다. 동료 평가의 내용은 크게 두 가지로 구분되는데 하나는 문장 길이나 문단 구분과 같은 표현 교정의 영역에 속하며, 다른 하나는 논제 파악과 관련된 사항이라 할 수 있다. 필자는 표현 교정과 관련된 문제는 긍정적으로 수용하면서도 논제 파악과 관련된 사항에 대해서는 동료의 언급에 대해 반론을 펼치는 것으로 대응하고 있다. 두 번째 평가자의 지적처럼 논제는 석대의 시험 비리를 알게 된 5학년 당시 병태의 고발 포기 행위에 대한 가치 판단을 묻고 있는데, 필자는 6학년 담임선생님에 의해 실시된 석대의 비리 캐기 장면에서 병태의 고발 포기 행위에 초점을 맞춰 글을 서술하는 잘못을 범하고 있다. 즉 필자는 동료 평가의 비판적 언급이 지닌 의미를 제대로 파악하지 못함으로써 논제를 벗어난 엉뚱한 내용을 서술하는 오류를 시정하지 못하는 결과를 초래하고 말았다.

동료 평가에 대한 부정적 인식의 극대화는 수정 자체에 대한 전면적인 거부로 나타나기도 한다.

> 1. 동료 평가
>
> 글을 아주 잘 썼다. 전체적인 내용도 잘 연결되고 자신의 주장이 하나하나 잘 드러나게 썼다. 중간중간에 책 내용도 나오는데 의견을 뒷받침하면서 쓴게 잘한 것 같다. 단어도 잘 선택한 것 같다. 한가지 흠이 있다면 <u>조금본문 내용에 치중했다는 생각이 든다.</u>
>
> 말은 정말 잘하는 것 같지만 언어표현도 좋은데 전체적으로 봤을 때 그냥 독후감 쓸때 중간중간 자기의 생각을 넣은 <u>독후감 형식의 글인것 같다.</u>
>
> 자신의주장을 잘 드러나게 썼고 병태의 선택에 의한 여러가지 상황을 상상하게 해 줬음
>
> 2. 자기 평가 및 수정 계획
>
> 나는 내 주장을 잘 드러나게 썼고 근거도 명료하게 썼다고 생각한다. 또한, 읽는이의 마음에 잘 와닿도록 단어선택도 신중하게 곰곰이 생각해서 썼고, 흔히 있고 모두가 공감할 수 있는 사례를 들었다. 첫째 평가자가 쓴 <u>본문의 내용에 치중했다는 말은 내가 생각하기에 당연히 해야하는 것이라고 생각하고,</u> 두번째 평가자의 독후감 형식의 글이라는 말은 내가 내 글을 보기에 전혀 그렇지 않고 <u>나는 내 글이 주장하는 글인 논설문에 가깝다고 생각한다. 고로 나는 수정할 계획이 없다.</u>
>
> (F-14-평가)

인용된 글은 동료 평가의 비판을 전면적으로 부정함으로써 수정을 거부한 사례에 해당된다. 제시된 동료 평가에서 학습자들은 F-14 학습자의 1차 논술문에 대해 본문 내용에 치중했다는 점과 글이 내용 설명에 느낀 점을 덧붙인 독후감 형식에 가깝다는 비판을 가하고 있다. 이와 관련해 해당 필자는 작품 내용에 대한 의존은 당연한 일이고 본인의 글은 주장이 중심이 된 논설문에 가깝다는 반박을 펼치며 수정 자체를 거부하는 모습을 보인다. 해당 학생의 글은 동료 평가자들이 지적한 것처럼 주장이 명확하고 논지 연결이나 문장 표현도 우수한 편에 속하지만 논증이 작품 내용의 해설에 치우친 문제점을 안고 있다. 이러한 동료들의 적절한 비판에 대하여 해당 필자는 자기 글에 대한 강한 확신 때문에 이를 수용하지 못하고 수정 자체를 거부하는 상황으로 나가고 있으며, 이로 인해 텍스트의 개선 가능성을 스스로 차단하는 결과를 도출하고 말았다.

이와는 대조적으로 동료들의 호의적인 평가를 그대로 받아들임으로써 표면적인 차원의 수정만 시행한 경우도 세 사례가 나타났다.

> 1. 동료 평가
>
> 자신의 주장이 일관적으로 나타나있고 처음 읽는 사람도 이해하기 쉽게 잘쓴것 같다.
>
> 줄거리 요약과 자기의 경험 주장이 잘 나타난 것 같고 내용도 재밌었다.
>
> 줄거리요약이나 글쓴이의 견해나 생각등이 부분적으로 잘들어가있고 내용요약도 잘되었고 읽기 좋았다.

2. 자기 평가 및 수정 계획

애들이 적어준 문제점이 없으므로 읽어보면서 어색한 문장이나 단어위주로 수정하겠다. 그리고 추가할 내용이 있으면 추가해야겠다.

(M-4-평가)

인용된 글은 동료 평가에 나타난 호평에 의존하여 수정 계획을 최소화시킨 사례에 해당한다. 제시된 언급에서 잘 드러나듯 동료들은 M-4 학습자의 1차 논술문에 대해 호의적인 평가를 내리고 있는데, 필자는 이를 그대로 받아들여 문장 표현 차원에서의 수정 작업을 진행하겠다는 계획을 밝히고 있으며, 실제로 2차 논술문에서 두세 단어를 바꾸는 정도의 수정만 가하고 있다. 해당 학생의 글은 줄거리 정리에 약간의 감상을 덧붙인 소박한 작품 해설 수준의 글임에도 불구하고 평가자들이 적절한 비판적 언급을 제공하지 못해 몇 가지 단어를 교체하는 정도의 표면적인 수정에 그치고 만 경우에 해당된다. 이는 적절치 않은 동료 평가가 제공될 때 발생할 수 있는 문제점을 잘 보여주는 사례로, 결국 동료 평가 또한 필자의 자기 인식을 통해 비판적 검토가 필요함을 드러내주고 있다.

이상으로 본고에서는 학습자들이 생산한 논술문과 동료 평가 및 자기 평가서 자료를 대상으로 하여 동료 평가의 내용과 이에 대한 해당 필자들의 반응 양상을 고찰해 보았다. 자료에 대한 분석 작업을 통해 관찰한 사실은 다음의 세 가지로 정리할 수 있다.

첫째, 학습자들은 동료 학습자가 쓴 논술문을 평가함에 있어서 연구자가 요청한 대로 내용 영역에 초점을 맞추어 활동을 수행하고자 노력하였다. 동료 평가 과정에서 내용 외적 요소에 대한 학습자들의 관심을 차단하기 위해 연구자는 이에 대한 직접적인 주의

나 자료를 통한 설명을 제공하였으며, 동료 평가서의 항목을 살펴본 결과 학습자들이 이를 충실히 따르려 했다는 사실을 읽어낼 수 있었다.

둘째, 학습자들은 동료 평가에서 제기된 비판적 사항 가운데 일부를 수용하여 2차 논술문에 반영하는 모습을 보여주었다. 여기에서 학습자들은 동료 평가에서 많이 제기된 새로운 내용 생성을 요청하는 제안보다 기존의 내용을 삭제하거나 문장 차원에서 다듬는 작업, 보충 문장 삽입을 통한 내용 보완을 선호하는 경향을 나타내었다.

셋째, 대부분의 학습자들은 동료 평가에 나타난 언급을 긍정적으로 인정하고 이를 2차 논술문에서 반영하고자 노력하는 모습을 보였으나 일부 학습자들은 동료 평가의 내용을 반박하거나 호의적인 평가에만 주목함으로써 고쳐쓰기 자체를 거부하거나 최소화하는 모습도 보여주었다. 이러한 사례는 동료 평가에 대한 지나친 부정이나 의존이 학습자들의 논술 쓰기를 개선하는 데 장애 요소가 될 수 있음을 잘 드러내주고 있다.

3) 동료 평가가 학습 논술 쓰기에 미친 영향

앞선 논의에서는 학습자들이 동료 평가에서 제기된 비판적 사항 가운데 일부를 수용하여 2차 논술문에 반영하고, 이를 통해 논증 개선을 이루는 것을 확인하였다. 여기에서 중요한 점은 학습자들의 동료 평가 수용이 논증 능력의 어떤 측면에 작용하고 이것이 논술 쓰기의 개선에 어떻게 반영되는지를 밝히는 일일 것이다. 아래에서는 이러한 측면에 초점을 맞춰 학습자 논술문을 분석함으로써 학습 논술 쓰기에서 동료 평가가 지닌 교육적 효과와 의의를 살펴나가도록 하겠다.

가. 논증 소통에서 독자의 이해를 고려한 논증 내용의 상세화

동료 평가는 필자로 하여금 쓰기 과정에서 머릿속에 잠재적으로만 존재하고 있던 독자를 실체로서 접하도록 만드는 역할을 한다. 이러한 쓰기 과정에서의 협력적 접근은 필자와 독자를 더 가깝게 묶고 이를 통해 필자에게 독자에 대한 직접적인 경험의 기회를 제공하며, 동료와의 소통을 통해 필자 자신의 언어를 탐험하는 기회를 갖게 만든다.[43] 동료 평가를 통해 필자는 독자의 요구를 구체적으로 알게 되며 이를 수용하고 고쳐나가는 과정에서 논증 소통의 개선을 이루게 된다.

1차 논술문에 대한 동료 평가의 비판적 언급을 살펴보면 근거 부족, 불분명한 주장, 어색한 논지 전개 등이 중요한 문제로 부각되고 있다. 이 가운데 근거 부족이 새로운 내용의 제시를 요청하고 있다면, 불분명한 주장과 어색한 논지 전개는 불명확성과 부자연스러움을 해소할 내용의 보완을 요구한다는 점에서 차이를 지닌다. 학습자들의 고쳐쓰기에 나타난 '보충 문장의 삽입'은 논증 내용의 부분적인 보완을 통해 이러한 문제점을 해결해 나가는 효과적인 방법으로서의 역할을 수행하고 있다.

학습자들의 2차 논술문을 살펴보면 보충 문장의 삽입을 통해 내용을 보완한 경우는 모두 15사례로 나타난다. 보충 문장이 2차 논술문에서 수행한 역할에 따라 이를 좀 더 구체적으로 살펴보면

---

43) Anne Ruggles Gere, *Writing Groups: History, Theory, and Implications*, Southern Illinois Univ Press, 1987, pp. 66~68.

‘서론이나 결론의 재구성’, ‘의미 첨가를 통한 논지 강화’, ‘설명 부가를 통한 내용 상세화’의 세 가지로 구분할 수 있다. 이 가운데 가장 많은 비중을 차지하는 것은 설명 부가를 통한 내용 상세화로 모두 8사례가 이에 해당되며, 의미 첨가를 통한 논지 강화는 4사례, 서론이나 결론의 재구성은 3사례로 나타난다. 아래에서는 보충 문장의 삽입이 논증 소통 개선에 어떠한 영향을 미치는지를 각 사례에 해당하는 구체적 자료를 통해 분석해 나가도록 하겠다.

서론이나 결론의 재구성은 말 그대로 새로운 문장을 덧붙임으로써 서론이나 결론의 내용을 변화시킨 경우에 해당한다. 이는 글을 검토하는 과정에서 필자가 서론이나 결론의 역할을 재인식하고 텍스트의 완결성을 위해 고쳐쓰기를 수행한 결과 나타난 현상이라 할 수 있다.

> 내 생각은 병태 결정이 옳았다고 본다. 그 이유는 첫째, 병태가 5학년인 담임선생님한테 말한다고 해봤자 뭐가 달라질까? 6학년 담임선생님이라면 모를까 5학년 담임선생님은 이 소설에서 아이들에게 별로 관심 없고 석대를 믿어서 반에는 별로 신경을 쓰지 않는 사람이다.
>
> (M-18-1차)

> <u>석대와의 대립에서 진 병태는 석대의 권력 가운데 전보다 후한 학교생활을 하게 되고 같이 어울리지만, 시험을 치르면서 석대의 엄청난 비밀을 알게 되고 만다. 그건 바로 석대가 자신의 실력이 아닌 다른 아이들의 실력으로 시험을 치른 것. 병태는 이 사실을 말할까 말하지 말까 고민하게 되는데 결국 말하지 않게 된다.</u> 이 병태의 결정에 대한 내 생각은 병태가 말하지 않은

게 잘 한 거라고 생각을 한다. 그 이유를 설명하자면,

첫째, 병태가 5학년인 담임선생님한테 말한다고 해봤자 뭐가 달라질까? 6학년 담임선생님이라면 모를까 5학년 담임선생님은 이 소설에서 아이들에게 별로 관심 없고 석대를 믿어서 반에는 별로 신경을 쓰지 않는 사람이다.

(M-18-2차)

인용된 자료는 논술문의 서론에 해당하는 부분으로 1차 논술문에 비해 아래의 2차 논술문은 논제와 관련된 맥락을 제시하는 도입부를 설정하고 있다. 동료 평가나 필자의 자기 평가를 살펴보면 이와 관련된 특별한 언급이 나타나지 않는데도 불구하고 이러한 도입부가 추가된 것은 필자가 실제 고쳐쓰기를 수행하는 과정에서 1차 논술문의 서론부를 비판적으로 인식한 결과로 여겨진다. 즉 필자는 1차 논술문이 상황 맥락에 대한 설명 없이 바로 본론으로 넘어가는 것을 문제점으로 인식하고 도입부를 설정함으로써 서론부를 강화하는 선택을 한 것으로 생각된다. 이는 고쳐쓰기 과정에서 일반적으로 서론에 기대되는 내용을 보완해 넣음으로써 보다 완결된 텍스트 구성을 이끌어낸 시도로 평가할 수 있을 것이다.

의미 첨가를 통한 논지 강화는 원래의 글에 없었던 새로운 내용을 덧붙임으로써 필자의 주장이나 논지 흐름을 보완하는 고쳐쓰기 행위라 할 수 있다. 이는 필자의 주장과 관련된 해석적 논평을 글에 첨가하거나 문단 간 논지 흐름을 매끄럽게 하기 위해 연결 고리를 마련하는 등의 형태로 나타나며, 논증 내용을 보완하는 효과를 거두게 만든다.

<u>자유는 인간 누구나가 누릴 수 있는 권리이다.</u> 어떤 관점에서

생각해보면 인류의 역사는 자유를 끊임없이 추구해온 사람들의 역사라고도 볼 수 있다. 이와 대조적으로, 병태네 반 아이들은 석대의 독재시대를 끝낼 열쇠를 쥐고 있는 병태의 포기로 인해 그 기본적인 권리조차 누릴 수 없었고, 새로운 담임선생님이 오기 전까지는 여전히 부당한 대우를 당하면서 지냈다. 병태가 석대의 비리를 고발 하지 않은 것은 잘못된 행동이다. 잘못된 행동이라고 생각한 이유는 크게 두 가지이다.

(중략)

둘째, 자신이 맞닥뜨린 벽에 너무도 쉽게 무너졌다. 우리는 살면서 많은 벽에 부딪히게 된다. 여러 곳에서 배울 수 있듯이, 우리는 역경에 부딪혔을 때 쉽게 무너지면 안 된다고 배운다. 그것은 그런 역경들을 극복하지 못했을 때 우리는 더 나은 자신을 찾아 볼 수 없기 때문이다. 어떻게 보면 병태가 석대의 비행을 멈추려 여러 번 노력 했다고 볼 수 있다. 그러나 학급에서 발생한 문제가 매우 심각한 수준임에도 불구하고 그 것을 해결하기엔 너무도 작은 시도에 불과했다. 병태는 쉽게 포기했기 때문에 겉으로는 반 아이들보다 많은 훨씬 많은 자유를 누리는 것처럼 보였을 지라도 내면적으로 본다면 자신의 기본적인 권리조차 지키지 못한 반 아이들과 똑같은 사람이 된 것이다. 만약 병태가 석대의 비행을 고발 했다면 자신에게 떳떳한 더 나은 자신을 만들 수 있었을 것이다.

(F-19-1차)

1. 동료 평가

제일 첫문장에 자유에 대해 강조할 것 같았는데 두 가지 이유 중 두 번째 이유는 처음 문장과 연관성이 약간 부족한 것 같다.

전체적으로 굉장히 잘쓴 것 같다. 특히 문단구분이 잘 된 것 같다.

2. 자기 평가 및 수정 계획

내가 생각했을 때에도 두 번째 이유는 머리말과 관련성이 별로 없어보였다. 머리말에 인간의 내면과 관계된 내용을 조금 추가해야 할 것 같고 내 주장을 작품에 근거해 펼치는 내용을 더 추가해야 할 것 같다.

(F-19-평가)

자유는 인간 누구나가 누릴 수 있는 권리이다. …(1차 논술문과 동일)… 새로운 담임선생님이 오기 전까지는 여전히 부당한 대우를 당하면서 지냈다. 또한 책에 직접적으로 표현 된 것은 없지만 자신의 결정이 옳은 것인지에 대한 의심으로 내내 마음이 불편했을 것이다.

병태가 석대의 비리를 고발 하지 않은 것은 잘못된 행동이다. 잘못된 행동이라고 생각한 이유는 크게 두 가지이다.

(F-19-2차)

인용된 자료에서 필자는 병태의 결정에 대한 판단을 자유의 가치에 초점을 맞춰 논의해 나가고 있다. 이에 대해 동료 평가에서 한 학습자는 병태가 자신의 이익을 위해 고발을 포기함으로써 학급의 자유가 사라지게 되었다는 첫 번째 이유는 자유와 연관이 있지만 병태가 내면적으로 볼 때 떳떳하지 못하고 반 아이들과 똑같은 인간이 되었다는 두 번째 이유는 자유와 관련성이 적은 듯하다는 의문을 제기하고 있다. 이와 관련해 필자는 동료 평가의 지적을 수용하여 2차 논술문에서 병태가 자신의 선택과 연관된 내적 갈등을 겪었을 것이란 내용을 첨가함으로써 본론과의 논지 연결을 강화시키고 있다.[44] 이는 보충 문장의 삽입을 통해 연결 고리를 마련함으로써 논지 전개의 일관성을 확보하고자 한 시도로 평가할 수 있을 것이다.

설명 부가를 통한 내용 상세화는 글에 이미 서술된 내용을 부연 설명함으로써 논증 내용을 상세화하는 고쳐쓰기를 가리킨다. 이는 기존의 내용에 대한 상세화를 기반으로 한다는 점에서 새로운 의미를 덧붙이는 논지 강화를 통한 의미부여와는 차이를 지닌다. 논증적 글쓰기에서 미흡한 설명과 이로 인한 의미 전달의 장애는 흔히 발생하는 현상이라 할 수 있으며, 여기에서 살펴보고 있는 보충 문장의 삽입을 통한 고쳐쓰기 유형에서도 절반이 넘는 경우가 이에 해당되고 있다. 논술에서 미흡한 설명이 가져오는 문제점은 주장의 내용과 그 근거를 독자들이 쉽게 이해할 수 있도록 만드는 서술의 충분성을 통해 해소될 수 있으며, 설명 부가를 통한 내용 상세화는 바로 이를 목적으로 한 수정 행위라 할 수 있다.

> 나는 한병태의 결정이 옳지 못하다고 생각한다. 만약 한병태가 끝까지 엄석대에게 굴복하지 않고 저항했다면 어떻게 됐을진 모르겠지만 <u>한병태가 결국 엄석대에게 굴복함으로써 아이들에 대한 엄석대의 영향력이 더 커졌을 것이다.</u> 또한 이 책에 '이미 두 달 가까이나 맛들인 굴종의 단 열매나 영악스런 타산도 나를

44) 필자가 원래의 의도를 살리지 못하고 동료 평가의 지적을 그대로 수용한 것은 다소 아쉬운 점이 있다. 즉 자유의 의미를 외면적인 차원에서만 파악하기보다 양심의 자유와 같은 내면적 가치 또한 자유의 범주에 들어간다는 인식을 보여줄 수 있었다면 말하고자 한 바를 더욱 잘 살릴 수 있었을 것이란 생각이 든다.

말렸다.'라는 문장이 있다. 한병태는 결국 권력에 굴복함과 동시에 자신의 이익과 편안함을 위해 잘못된 현실을 묻어 버린 것이다. 나는 다른 사람이 한 잘못을 덮어주는 것부터가 잘못된 행동이고, 잘못을 덮어준 사람도 공범이라고 생각한다. 이 책은 4.19혁명을 빗대어서 쓴 책이라고 한다. 만약 내가 한병태의 반 아이들 즉, 독재 정치 속에 살고 있던 우리 나라 국민이라고 생각해 봤다. 괴롭고 나의 권리를 찾아볼 수 없는 사회에서 한병태같은 인물이 나타났다면 어땠을까? 처음에는 권력을 가진 독재자가 무서워서 한병태같은 인물을 그저 지켜보기만 하고 속으로만 응원했을 것이다. 그러나 그 사람이 어떠한 압력과 공포심 속에서도 권력 앞에 당당히 맞서 싸우면 나도 그 모습에 용기를 얻어 함께 권력에 맞서 싸웠을 것이다. <u>만약 4.19혁명 당시 우리 나라 국민들이 한병태 같았다면 우리 나라는 민주주의를 이룩할 수 없었을 뿐만 아니라 국민들의 좌절감(?)은 더 심해지고 이런 행동이 독재정치를 더욱 부추겼을 것이다.</u>

(F-15-1차)

1. 동료 평가

글의 내용 전체가 구구절절 늘어놓지 않고 직접적으로 간결하게 얘기해서 읽고 이해하기 쉬운 점은 좋다. 그러나 <u>자신의 주장에 뒷받침할 근거가 조금 모자란 것 같다.</u>

2. 자기 평가 및 수정 계획

내가 생각해도 내 주장을 뒷받침할 근거가 부족하다고 생각했다. 그리고 4.19혁명을 쓴 것도 시간에 쫓겨 제대로 쓰지 못했다. …… 그래서 <u>일단 4.19혁명에 비유해서 쓴 부분을 좀 더 구체적으로 써서 내 주장을 확실하게 뒷받침 할 수 있게 쓰고, 한</u>

병태의 전체적인 행동이 아닌 결정에 대한 내 생각을 다시 생각해보고 조금씩 고칠 것이다.

(F-15-평가)

나는 한병태의 결정이 옳지 못하다고 생각한다. 만약 한병태가 끝까지 엄석대에게 굴복하지 않고 저항했다면 어떻게 됐을진 모르겠지만 한병태가 엄석대에게 굴복하는 것만으로도 아이들에 대한 엄석대의 영향력이 더 커졌을 것이다. 또한 한병태가 굴복함으로써 얻은 편안한 학교생활과 반 아이들에 대한 영향력, 석대의 특별한 관심을 얻으면서 아이들로 하여금 석대에게 더욱 복종하게 만들었을 것이다. 그런 상황에서 석대의 잘못된 행동을 알고도 고발하지 않았다는 것은 결국엔 그 상황을 더욱 심각하게 만든 사람이 오히려 한병태가 아닌가? 라는 생각이 든다. … (1차 논술문 내용과 동일) … 그러나 그 사람이 어떠한 외압과 공포심 속에서도 권력 앞에 당당히 맞서 싸우면 나도 그 모습에 용기를 얻어 함께 권력에 맞서 싸웠을 것이다. 그런데 만약 4.19혁명 당시 용기를 내서 국민들을 선동하고 권력에 맞서 싸우자고 외치던 사람이 한병태 같았다면, 민주주의를 이룩하고 권리를 찾자고 외치던 사람이 권력의 단맛을 보더니 결국 그 권력 앞에 무릎 꿇고 독재자의 만행을 보고도 눈감았다면 우리나라는 민주주의를 이룩할 수 없었을 뿐만 아니라 국민들의 좌절감은 더 심해지고 이런 행동이 독재정치를 더욱 부추겼을 것이다.

(F-15-2차)

인용된 자료는 설명 부가를 통한 내용 상세화가 텍스트의 개선을 이루어낸 사례에 해당한다. 동료 평가에서는 1차 논술문에 대해 근거의 부족을 문제점으로 지적하고 있는데, 필자는 일단 이를 인정하면서도 고쳐쓰기 방향은 기존의 근거에 대한 상세화와 초점이 되는 내용에 대한 보완으로 설정하고 있다. 이는 우선 한병태의 굴복이 아이들에 대한 엄석대의 영향력을 확대시켰다는 1차 논술문의 서술이 2차 논술문에서 부연 설명되는 양상으로 나타나고 있다. 즉 한병태의 굴복과 그로 인한 이권 획득이 석대의 지배력을 공고화시키고 또 병태의 고발 포기가 부조리한 상황의 지속을 용인한다는 점이 2차 논술문에서 강조됨으로써 필자의 병태에 대한 비판적 관점이 부각되고 있는 것이다. 또한 1차 논술문에 제시된 4.19와 관련된 내용이 2차 논술문에서 부가적인 설명을 통해 상세화됨으로써 논거로서의 역할을 제대로 수행할 수 있게 되었다. 즉 1차 논술문에 나타난 4.19혁명, 한병태, 우리 국민, 민주주의, 독재정치 사이의 모호한 상관성이 2차 논술문에서 한병태를 변절한 지식인상으로 설정하는 설명이 부가됨으로써 그 관계가 명확히 드러나는 효과를 거두게 되었다. 이처럼 설명 부가를 통한 논증 내용의 상세화는 필자의 주장을 강화하고 독자의 이해를 돕는 역할을 수행하게 된다.

학습자들의 고쳐쓰기에 나타난 보충 문장 삽입의 효과는 서론이나 결론을 재구성하여 텍스트의 완결성을 보완한 경우, 새로운 의미를 첨가함으로써 주장의 내용이나 논지 흐름을 강화한 경우, 기존의 내용에 바탕을 두고 설명을 부가함으로써 내용을 상세화한 경우의 세 가지로 정리할 수 있다. 이는 모두 원래의 텍스트가 지닌 미흡한 논증 내용 부분을 보충 문장의 삽입을 통해 구체화·상세화 함으로써 보완해 나간 노력의 일환에 해당한다. 이러한 시도를 통해 텍스트에 나타난 논증 내용의 충실도가 높아지고 주장하는 메시지가 독자들에게 보다 쉽게 전달되는 효과 또한 거둘 수 있게 된다.

나. 논증 타당화 방식에서 논평 중심형의 비중 강화

학습자 1차 논술문에 대해 동료 평가자가 가장 많이 지적한 사항을 차례대로 나열하면 근거 부족, 불분명한 주장, 작품 내용 및 줄거리 의존 순이었다. 이는 상호 간에 긴밀한 연관 관계를 지니고 있는데 학습자들이 논술을 수행함에 있어 작품 내용의 정리에 의존한 채 주장을 뒷받침하는 타당한 근거를 제시하지 않아 그 주장을 쉽게 받아들일 수 없게 된다는 의미를 내포하고 있다. 따라서 이러한 문제를 개선하기 위해서는 작품 내용 정리와 같은 불필요한 내용을 줄이고 타당한 근거를 제시함으로써 필자의 주장을 설득력 있게 펼쳐나가는 것이 필요하다.

학습자들의 고쳐쓰기에서 근거 추가와 관련된 것은 모두 15사례가 나타났다. 이들을 논술문에서의 수정 양상을 기준으로 살펴보면 기존 내용을 위주로 근거 추가에 의존한 경우부터 기존 내용의 삭제와 새로운 근거의 추가가 전폭적으로 이루어진 경우까지 다양하게 나타나고 있다. 후자의 경우에 가까울수록 텍스트에서 논증 방식의 변환과 내용의 개선이 이루어질 가능성이 커지게 된다.

> 한병태는 모든 고난을 이겨낼 수 있는 영웅, 엄석대의 제국 속에서 민중들을 구할 수 있는 구원자가 아니라 서울 생활과 다름에 잠시 적응 하지 못했던 한낱 인간이기에 그를 겁쟁이로 보는 건 옳지 않다고 생각 합니다. 그를 겁쟁이라 본다면 세계 대부분 사람이 겁쟁이고 비겁한 사람일 테니까요. 생각해보세요.

살다 보면 어느 곳이든 리더, 독재자는 한 명씩 꼭 있습니다. 그리고 다른 환경서 지내던 사람이 오기도 하죠. 물론 한병태처럼 저항하는 사람이 있긴 하지만 그렇게 하지도 않는 사람이 세상엔 더욱더 많습니다. 그렇기에 전 한병태를 칭찬 해주고 싶습니다. 후에 굴복은 하였으나 처음엔 저항한 그런 용기를 말이죠. 단 한명의 기댈 수 있는 사람, 같이 의논할 수 있는 사람이 있었다면 그의 저항은 혁명으로 성공을 했을지도 모를 테니까요. 아마 반 아이들 몇은 한병태를 속으론 응원하고 기대 했을 거라 생각합니다. 그것을 표출 못한 것은 아이들이 독재에 너무 오래 있으면서 엄석대의 무서움을 너무 잘알고 있고 실패의 경우에 겪게 될 점들이 무서워 한병태가 제 2의 반항을 못한 이유와 같다고 생각합니다. 결국 혁명을 일으킬 수 있도록 앞장선 것은 새 담임선생님이셨습니다. 엄석대보다 더 강한 카리스마를 가진. 그렇기에 마지막에 아이들은 엄석대의 비행을 고발할 수 있었고 이른바 혁명이 일어난 것입니다.

(M-16-1차)

1. 동료 평가

중후반에 병태가 내린 결정과 관련없이 석대에게 저항한 점을 칭찬한 것은 문맥에 맞지 않다. 또 후에 혁명을 일으킨 선생에 대한 글도 근거가 아닌, 후의 결과로 문맥에 맞지 않다.

2. 자기 평가 및 수정 계획

병태를 칭찬한 점이 문맥에 맞지 않았다는 지적이 많았다. 나 또한 글을 쓸 때 병태를 칭찬한 건 분량을 채우기 위해 쓴 것이라 어색할까 걱정했는데 예상대로 그 부분을 찝어준 것 같다.

그러므로 칭찬한 내용을 빼고 문맥에 맞게 더 자연스러운 문장을 사용하여 수정할 것이고, 여러번 읽어봐서 문장의 어색함도 고칠 것이다. 또 선생님에 대한 글도 인용을 써보거나 하여 다르게 바꿀 것이다.

(M-16-평가)

한병태는 모든 고난을 이겨낼 수 있는 영웅, 엄석대의 제국 속에서 민중들을 구할 수 있는 구원자가 아니라 서울 생활과 다름에 잠시 적응 하지 못했던 한낱 인간이었기에 그를 비판 하는 건 옳지 않다고 생각 합니다. 그를 욕한다면 세상 대부분 사람이 잘못된 사람이고 비겁한 사람일 테니까요. 생각해보세요. 살다 보면 어느 곳이든 엄석대와 같은 리더, 독재자는 한 명씩 있고 병태같은 독재자의 간부로 행복한 나날을 지내는 사람이 있습니다. 그것이 일반 사회생활이죠. 회장이 비리를 저지른다고 사장이나 전무가 비리를 고발하는 걸 보셨습니까? 고발을 해봤자 회사에선 찍히고 그로 인해 주가가 떨어지거나 회사가 망할 경우엔 직장도 잃을 수 있고 그런 위험을 무시하고 단지 도덕적인 일을 해야 한다고 고발 한다는 건 힘든 일입니다. 분명 병태의 행동을 도덕적으로 따지자면 옳다고 할 수 없고 칭찬을 할 수는 없지만 그렇다고 욕할 수 없습니다. 또한 예수 말씀을 인용하자면 '너희 중에 죄 없는 자가 먼저 돌로 치라.' 라는 말이 있습니다. 이 말은 죄가 없다면 죄인을 욕하고 돌로 치라는 말입니다. 허나 아무도 욕하거나 치지를 못하죠. 이처럼 세상 사람 누구나 병태와 같은 처지, 비리를 못본 체 도덕적이지 못한 체 살아 가기에 그를 욕할 수 있는 처지가 될 수 없다 생각 합니다.

(M-16-2차)

인용된 자료는 내용의 삭제와 근거의 추가를 통해 고쳐쓰기를 수행한 사례에 해당된다. 먼저 1차 논술문을 살펴보면 여기에서 필자는 한병태를 보통 사람의 전형으로 인식하고 병태의 저항이 실패한 이유와 학급의 변화를 작품 내용에 바탕하여 설명하고 있다. 동료평가에서는 이러한 내용 전개가 논제의 맥락과 맞지 않다는 지적이 제기되고, 이와 관련해 필자는 맥락에 맞지 않는 내용의 제거와 새로운 인용의 도입을 수정 방향으로 제시하고 있다. 2차 논술문을 살펴보면 동료 평가에서 비판되었던 작품 내용 해설에 바탕을 둔 불필요한 내용은 삭제되고, 그 자리에 비리 고발이 어려울 수밖에 없는 사회 현실과 도덕적으로 불완전할 수밖에 없는 인간적 한계와 관련된 배경지식이 근거로 도입됨으로써 병태의 모습에 대한 공감을 유도하고 있다. 삭제와 추가에 의한 이러한 내용 변화는 작품 내용에 바탕한 해설적 성격의 글을 외적 근거의 도입을 통해 논의를 확장시켜 나간다는 데에서 의미를 갖는다.

동료 평가를 반영한 학습자의 고쳐쓰기가 내용의 삭제와 근거의 추가를 통한 양적 변화에만 한정된다면 고쳐쓰기의 의의는 논의의 확장이라는 외형적 측면에 국한될 수밖에 없다. 내용의 삭제와 근거 추가가 이를 관장하는 필자의 새로운 관점의 확립과 연계될 때 논증 텍스트의 질적 개선으로 이어질 수 있게 된다.

> 또 반애들도 엄석대가 무척 싫었지만 맞을까 두려워서 말은 안 했지 속은 심하게 타고 있었을 것이다. 병태가 여기다 기름만 끼얹었어도 모두가 각성하고 석대를 몰아냈을 텐데 오히려 속 타는걸 알면서도 구경만 한 꼴이다. 쉽게 말해 도둑질 한 놈을 알면서도 말을 하지 않은 거나 마찬가지다. 조금만 더 인내있게 저항만 했어도 마음에서 울어 나오듯 말만 했어도 점점 애

들 마음이 변해서 병태를 도왔을 텐데. …… 그렇지만 한병태는 지금 고발하지 않았기 때문에 나중에도 똑같은 상황을 보고도 그냥 지나칠 것이다. 한병태가 엄석대를 고발하는 것을 포기한 시점에서 한병태는 엄석대에게 굴복한 것이고 정말 남자로서 비겁하고 나 같으면 자기 자신이 한심해서라도 전학을 가고 말겠다. 그게 아니라면 엄석대의 말을 들어주는 척 하다가 뒤에선 선생님이나 애들과 진지하게 상담을 하고 대책을 세우려고 노력했을 것이다.

한병태가 전학 온지 얼마 안 됐을 때 엄석대에게 저항을 하는 장면이 나오는데 결과는 안 좋았지만 그때는 다른 애들도 내심 기대를 하고 있어서 계속 저항했더라면 영웅이 될 수도 있었지만 반면 지금의 한병태는 다른 애들이 보기에 엄석대의 충성스런 신하정도로밖에 보이지 않을 것이다. 엄석대의 충성스런 신하로 있으면 학교생활은 잘 하겠지만 나중에 커서 자기 자신을 되돌아보면 내가 저때 왜 저랬지 하고 반드시 후회할 것이다. 마치 학생 시절에 공부를 하지 않은 것을 후회하는 어른들처럼 말이다. 그래서 말이지만 나는 개인적으로 엄석대보다 잔머리만 굴리고 자기한텐 피해가 가지 않아서 포기했던 한병태가 더 나쁘다고 생각한다.

(M-3-1차)

1. 동료 평가

중반까지는 주장도, 근거도 괜찮았다. 하지만 후반부에는 글자 수를 채우려한 건지 글의 흐름에 맞지 않고 납득도 되지 않는 글이 쓰여있다. 끝에 글이 안좋아 확실히 남는 것이 없다는 생각이 든다. 그리고 중간쯤에 병태의 행동을 두둔하는 글은 쓰지 않는게 더 좋았을 듯 싶다.

2. 자기 평가 및 수정 계획

글을 썼을 땐 몰랐는데 평가자들의 말을 들어보니까 정말 고칠 내용이 많았다. 우선 평가자들 모두 중후반 내용이 글의 흐름에 맞지 않고 뭔가 어색하다 해서 중후반 위주로 글을 고치는데 주력했다. 평가자들의 말을 참고하여 고치고 나니 글의 흐름이 한결 좋아진 것 같고 다음번에 글을 쓸 때는 좋은 비평을 듣게 노력해야겠다.

(M-3-평가)

또 반애들도 엄석대가 무척 싫었지만 맞을까 두려워서 말은 안 했지 속은 심하게 타고 있었을 것이다. 하지만 나중에 병태도 다른 애들과 마찬가지로 엄석대에게 굴복 하고 만다. 다른 사람들은 어떻게 생각할지 모르겠지만, 나는 한병태가 반 아이들과 석대와 다를 바가 없다고 생각한다. 결국 한병태도 자기 자신에게는 손해가 오지 않는다는 생각을 하며 이기적으로 생각을 바꾸고 석대에게 굴복했기 때문이다. 그런 면에서 봤을 때 권력이란 냉정한 것 같다. 처음에 한병태가 전학을 왔을 때 엄석대 잘못을 응징하려 했지만 학급 애들 모두가 엄석대의 편이 되어 병태를 궁지로 몰아 넣었다. 또 새로 부임한 담임선생님이 엄석대의 비리를 낱낱이 밝혔을 때 반 애들은 언제 그랬냐는 듯이 엄석대를 향해 일제히 온갖 비난을 퍼부어 댔다. 이런 점에서 우리 사회의 집단 이기주의가 드러나고 권력 앞에 굴복할 수밖에 없는 현실이 섬뜩하게 느껴진다.

나는 이 책이 한 시골 어린이들의 이야기를 통해 우리사회의 집단 이기주의와 부정부패를 비난하고 있는 것 같다. 얼마 전에 있었던 사례를 이야기 해보면 한나라당 인천시장 후보인 안상수 시장이 <동아일보> 여기자 성추행으로 물의를 빚은 한나라당 최연희 의원 성추행 사건과 관련해 "최 의원은 기자와 친해지려고 했을 뿐 다른 의도가 없었을 것"이라며 최 의원의 성추행을 옹호하는 듯한 발언을 해서 논란이 된 적이 있다. 나는 이 사례에서 안상수 시장이 잘못을 저지른 최연희 의원보다 더 잘못이 있다고 본다. 둘이 무슨 사이인지는 모르겠지만 최연희 의원이 성추행을 한 것은 사실인데 그를 감싸주고 왜곡하려 했던 안상수 시장은 우리 국민들을 속인 것이나 다름없다. 그런 면에서 잘못을 저지른 최연희 의원은 엄석대와 흡사하고 또 대리시험을 치러 주는 반 애들과 끝까지 엄석대의 잘못을 고발하지 않고 왜곡하려 했던 병태는 안상수 시장과 흡사하다. 이와 같이 우리사회에는 부정부패가 판을 치고 있다. 이런 우리 사회를 비판하는 이 소설은 단순한 사회비판 소설과는 달리 더 심오한 무언가를 통해 권력에 대한 우리들의 은밀한 두려움과 비겁한 순응, 그리고 우리 사회의 뒤틀린 영웅과 전도된 가치관을 드러내 보여준다는 점에서 중요한 의미를 갖는 것 같다.

(M-3-2차)

1차 논술문의 내용을 보면 필자는 고발을 포기한 병태의 선택을 비겁하다고 비난하면서 자신이 같은 상황에 처한다면 다른 결정을 내릴 것이란 이야기를 두서없이 전개해 나가고 있다. 이로 인해 동료 평가에서 서술 내용이 잘 납득되지 않는다는 비판적 언급이 나오게 되고, 필자 또한 어색한 글의 흐름을 고치는 작업을 시행하겠다는 계획을 밝히게 된다. 2차 논술문은 서론 부분을 제외한 본론과 결론의 대부분이 수정된 양상을 나타내고 있다. 이를 구체적으로 살펴보면 병태를 비판한 1차 논술문의 장황한 서술은 서너 문장 정도로 압축되고, 이로 인해 생기게 된 빈 서술 공간에는 병태의 선택에 내재한 문제점을 사회 병리 현상과 연관시킨 내용이 자리 잡게 된다. 여기에서 병태의 선택은 권력, 비리, 집단 이기주의와 같은 전도된 가치의 표출과 연계되며, 석대와 병태는 비행을 저지르거나 이를 감싸는 정치인에 비유되게 된다. 이는 작품 내용에 기반하여 감정적 비난을 중심으로 전개된 글이 고쳐쓰기를 통해 해석적 관점을 도입하고 논평이 강화된 글로 변환됨으로써 텍스트 내용의 질을 대폭 향상시킨 경우로 평가할 수 있을 것이다.

> 나는 한병태가 시험의 부정을 알고도 묵인한 것에 대해서는 반대한다. 사실 그 전에 한병태가 저항 끝에 엄석대에게 굴복한 것은 이해할 수 있다. 어차피 자신이 이길 패가 없다면 일단 숙이고 들어가서 기회를 봐야한다. 가장 바보 같은 것은 승산 없는 싸움을 하는 것이다. 해서 나는 역사적으로 나라가 멸망하기 전 같을 때 적들과 승산없는 싸움을 해서 죽어버린 소위 '충신'이라고 하는 사람들의 행동에도 비판적으로 생각한다. 왜냐하면 적어도 아직 시간이 있다면 항복을 하던 도망을 치던 힘을 더 길러서 대반란이라도 도모해 봐야 한다고 생각한다. 어차피 죽으면 끝이니까. 하지만 시험의 비리를 고발하지 않은 것은 좀 다르다고 생각한다. 이건 어느모로 보나 결정적으로 이길 수 있는 패가 들어온 것이다. 그 때까지의 굴종은 기회를 보기 위한 것으로 하고, 이번에야 말로 위에서 말한 대반란의 때이다. 분명 그 때까지 엄석대의 시험을 대신 쳐주었던 아이들도 불만이 있었을 것이고 그들과 함께 상의해서 선생님에게 비리를 고발했어

야 한다. 이런 시나리오에 딱 맞을 인물이 하나 떠오르는데 그게 흥선대원군 이하응이다. 조선에 다녀간 한 서양인이 그를 묘사한 것에서 그는 조선 정계에 나타난 마지막 실력자라고 표현했는데 그는 어려서부터 총명하고 야심만만한 인물이었다고 한다. 그는 먼 왕족으로 당시 세력을 잡고 있던 안동 김 씨들의 눈밖에 나면 왕족들은 죽던 상황이었다. 그런 상황에서 그는 파락호 행세를 하였고 온갖 조롱과 멸시를 받았다. 하지만 그는 결국 자신의 아들을 왕으로 세우고 안동 김 씨들의 위에 서게 된 것이다. 확실히 흥선대원군의 이 일화는 내가 생각하는 이상적인 실력자이다. 힘이 없을 때는 굽히고 때를 기다리며 힘을 키운다. 물론 잃을게 없던 상태인 흥선대원군과 달리 작품의 한병태는 이미 굴종의 열매의 맛을 보고 있을 때라는 것은 다르겠고, 사람은 누구나 권력의 힘 앞에서 변한다고 한다. 물론 나도 시험의 비리를 알아내기 전에는 거듭된 무의미한 저항의 실패 후에 엄석대의 질서 아래로 들어갔을 것이다. 하지만 나는 그 상황에서 적극적으로 엄석대에 동조하지는 않았을 것이다. 그냥 최대한 눈에 띄지 않게 지냈을 것 같다. 하지만 시험의 비리는 아무리 생각해도 결정적인 패다. 그 상황에서라면 나는 비리를 고발했을 거라고 믿는다.

몇 달 전 어느 심리학에 관한 책에서 읽은 적이 있다. 이러저러한 실험의 결과 권위에 대한 복종은 원초적인 본능에 가까우며 식욕보다도 강하다는 결론이 나왔다. 결국 엄석대의 질서 아래서 지내던 반 아이들을 바보 멍청이에 비겁한 놈이라고는 할 수 없다. 하지만 저 실험에서도 몇 퍼센트의 예외는 있었다. 난 그런 예외의 사람이 되고 싶다. 내가 좀 어렸을때 광고의 한 문장이 있었는데 모두가 yes라고 할 때 no라고 할 수 있는 사람

~~~어쩌구 하는 문장이었는데, 고등학교에 올라와서 생각해 보니 그것이 진짜 용기라는 사실을 알 것 같다. 동물은 이미 있던 권위와 질서에 맞서기 두려워한다. 그것은 본능이다. 하지만 사람은 이성이라는 것이 있다. 그것은 사람이 다른 동물과 다른 점이며 본능을 어느 정도 통제할 수 있게 해준다. 그리고 이성을 통해 머리로 알고 있는 바른 것을 행동으로 옮길 수 있는가가 진짜 용기다.

쓰다 보니 글이 이상한 곳으로 새버린거 같은데, 마지막으로 정리하면 나는 엄석대를 거꾸러뜨릴 결정적인 기회가 왔음에도 비리를 묵인한 한병태에 대해 비판적으로 생각하며 나는 잘못된 권위에 맞설 수 있는 이성과 용기가 있는 사람이 되고 싶다.

(M-29-1차)

1. 동료 평가

말하는 것이 모순이 있는듯하다. 처음엔 이길패가 없어서 병태의 행동이 이해된다는 말을 하였는데 뒤엔 또 바뀐 입장으로 말하였다. 그리고 흥선대원군 이야기로 너무 김이 빠져 뭘 말하려는지 집중이 흐려졌다. 그래도 배경지식을 이용해 쓴글은 좋았던 것 같다.

2. 자기평가 및 수정 계획

내 주장이 약간 뒤죽박죽이었던 거 같고 근거도 적절하지 못한 면이 있었던 거 같다. 수정하기엔 너무 힘드니 주장을 잘 통일시켜 다시 써야겠다.

(M-29-평가)
~~~

나는 병태가 석대의 비리를 고발하지 않은 것을 이해는 할 수 있다. 병태는 이미 예전의 볼펜 사건과 무기명 고발 사건에서 쓰디쓴 패배를 맛본 상태였고, 이미 굴종의 단 열매도 누리던 상황이었기 때문이다.

학습된 무기력이란 것이 있다. 그것에 관해 잘 알려진 실험은 아기 코끼리를 잡아서 튼튼한 줄로 매어놓으면 코끼리는 계속해서 그것을 끊으려고 노력하지만 실패하고 시간이 지나고 결국 줄을 끊는 것을 포기해 버린다고 한다. 그리고 그런 코끼리는 어른이 되어서 충분히 끊을 수 있는 약한 줄로 매어 놓아도 그것을 끊으려고 시도조차 해보지 않는다는 것이다. 병태도 이와 비슷한 상황이었고 하물며 굴종의 열매까지 누리고 있었다. 내가 누려본 적은 없지만 권력의 단 맛을 본 후 거기에 집착하는 사람들은 정말 흔하게 찾을 수 있다. 사실 거의 대부분의 사람이 그러한 거 같다. 조선 정계의 마지막 실력자라고 하던 흥선대원군도 말년엔 권력에 집착하여 추태를 보이기도 했으니까. 어쨌든 병태가 석대의 비리를 고발하지 않은 것이 쓰디쓴 패배에 대한 두려움에서 온 것인지 굴종의 단 맛의 즐거움에서 온 것인지는 잘 모르겠지만 일반적으로 대부분이 그렇게 했을 것이기 때문이다.

하지만 이해하는 것과 시비를 가리는 것은 다르다. 실제로 내가 몇 달 전에 tv에서 본 것인데 아프리카의 어느 내전 지역에서 강제로 군인 활동을 했던 소년병의 이야기가 있다. 자세한 정황은 기억이 나지 않지만, 그 아이는 반란군이 시켜서 자신의 형제의 팔다리를 잘랐다고 한다. 문제는 그렇게 하지 않으면 자신이 죽는 상황이었다는 것이다. 그런 상황에서 그 아이를 이해하지 못하는 사람은 없을 것이다. 하지만 그 행동이 옳다고는 절대로 할 수 없다. 물론 너무 극단적인 예시이긴 하지만 병태의 행동도 이해는 가지만 결코 옳은 행동은 아니라고 생각한다. 오히려 병태는 석대의 비리를 고발해서 성공하면 자유적이고 민주적인 교실의 분위기를 만들 수 있고 실패한다고 해도 자신이 죽는 그런 극단적인 상황은 아니다. 그리고 생각해보면 시험의 비리는 너무 결정적이고 확실한 증거이기 때문에 병태가 이길 확률이 더 높을 거라고 생각한다. 따라서 병태의 행동은 옳지 못하다고 생각한다. 그런 상황이라면 분명히 병태보다 석대에게 더 큰 불만이 있을 다른 시험을 대신 쳐준 아이들과 힘을 모아서 선생님께 석대의 비리를 고발해야 할 것이다.

만약 병태가 학습된 무기력 상태였다고 해도 우리는 코끼리가 아니다. 사람은 동물과는 분명 다르다. 이성적인 사고를 가진 사람이라면 무기력 상태에서도 빠져 나올 수 있고, 도덕적인 기준이 확실한 사람이라면 권력의 단 맛에 만족하는 것이 아닌 모두가 자유를 누리고 민주적으로 활동할 수 있는 상황을 더 추구할 것이다. 더 많은 사람의 미래를 위해서 당장 소수가 독점하고 있는 이익을 포기할 수 있는 것이 진짜 용기라고 생각한다. 기본적으로 더 행복한 공동체를 위해서는 최대다수의 최대행복을 추구해야하기 때문이다.

따라서 내 최종적인 주장은 병태의 행동은 옳지 못하다는 것이다. 병태는 이미 소외된 자의 외로움을 알고 있다. 그리고 만약 석대의 그런 불법적인 집권이 계속된다면 분명 병태와 같이 소외된 아이들이 나올 것이다. 내가 거대한 집단의 불법행위의 냄새를 맡았을 때 그에 맞설 수 있다고 장담은 할 수 없지만, 적어도 내 눈앞에서 벌어진 확실한 증거가 있는 불법 행위를 보았을 때, 그것을 고발할 수 있는 용기가 나한테 있었으면 좋겠다.

(M-29-2차)

제시된 인용문은 배경지식을 나열하는 데 치중하여 논지가 혼란스러운 양상을 보였던 글이 필자의 관점의 확립을 통해 논평을 강화함으로써 텍스트의 질적 개선을 이루어낸 사례의 전문에 해당한다. 1차 논술문에서 필자는 병태의 선택을 이해한다는 주장과 병태의 선택은 잘못된 것이라는 주장을 애매하게 펼치면서 이를 흥선대원군의 삶, 심리학적 지식, 광고 문장 등의 근거와 연결시키려는 노력을 보이고 있다. 동료 평가에서는 필자의 오락가락 하는 주장과 함께 불필요하게 길게 서술되어 논점을 흐리는 근거의 문제가 날카롭게 제기되고 있으며, 필자 또한 자기평가에서 이를 적극적으로 인정하면서 주장을 통일시킬 수 있는 관점 확립의 필요성을 개선책으로 제시하고 있다.

고쳐쓰기를 통해 달라진 2차 논술문의 면모는 먼저 필자의 입장을 명확히 한 것에서 찾을 수 있다. 1차 논술문이 병태의 결정에 대해 이해와 비판 사이를 오가고 있다면 2차 논술문에서는 이에 대한 비판적 입장을 분명히 한다. 즉 병태가 처한 상황을 고려하면 그의 결정은 이해할 여지가 있지만 비리 고발을 포기한 것은 공익적 관점에서 잘못된 선택이라는 것이다. 또한 근거의 측면에서도 많은 변화가 발견되는데, 1차 논술문에서 장황하게 제시되었던 흥선대원군의 삶은 2차 논술문에서 한 문장으로 축약되고, 광고와 관련된 근거도 소년병 이야기로 대체됨으로써 병태와의 관련성이 부각된다. 1차 논술문에서 언급만 된 심리학책에서 읽었다는 실험 결과가 2차 논술문에서는 아기 코끼리와 관련된 실험과 학습된 무기력이라는 개념으로 구체화되고 있으며, 이는 후반부에서 인간은 동물과 달리 이성을 통해 학습된 무기력을 극복해야 한다는 주장과 연계됨으로써 글의 설득력을 높이는 데 기여하고 있다. 이 사례는 1차 논술문에 나타난 애매한 주장과 어색한 추론에 의한 논증 방식이 2차 논술문에서는 동물의 학습된 무기력과 인간의 주체적 선택에 관련된 필자의 관점 확립과 이에 기반한 논평의 강화로 변화됨으로써 텍스트의 질적 개선을 달성한 것으로 평가될 수 있다.

불필요한 내용의 삭제와 새로운 근거의 추가는 논증 방식의 변화와 텍스트의 내용 개선에 큰 영향을 미친다. 본고에서 다룬 학습자들의 고쳐쓰기를 살펴본 결과, 총 64개의 사례 가운데 15개(전체의 23.4%)가 이러한 논증 방식의 변화와 텍스트 내용 개선의 효과를 나타내었다. 이 가운데에는 새로운 근거의 추가를 통한 논의의 외적 확장에 치중한 글에서 필자의 관점 확립을 통한 논평 강화에 의해 텍스트의 질적 개선을 이루어낸 글까지 다양한 수준의 글들이 나타났다. 학습 논술 교육이 추구하는 목표는 학습자들이 질적으로 우수한 텍스트를 생산하도록 만드는 데 있으며, 이는 학습자들이 좋은 논증을 구사할 수 있도록 교육하는 데에서 시작된다. 이런 점에서 학습자 간 상호 협력에 바탕을 둔 동료 평가의 실행은 학습자들이 자신의 글에 대한 반성적인 검토를 통해 새로운 의미와 발견을 이끌어낼 수 있도록 돕는다는 점에서 교육적 가치를 지닌다.

V. 학습 논술 교육의 설계

1. 학습 논술 교육의 목표

교육은 학습자들의 성장을 목표로 하며, 이는 학습자들이 스스로 사고하고 탐구하는 능력을 갖출 때 달성될 수 있다. 그런데 학교 교육에서 일반적으로 행해지는 지식 전달 위주의 수업은 이러한 목표를 달성하는 데 있어 한계를 나타낸다. 학습자들의 성장은 능동적인 의미 구성 경험에 의해 가능한데 지식 전달 위주의 방식은 교육 과정에서 학생들을 객체로 만들어 버리기 때문에 이를 실현하기 어렵다. 따라서 교수 학습 상황에서 학습자들이 적극적으로 활동에 참여하고 주체적으로 문제를 해결하는 경험을 갖게 만드는 교육적 시도가 필요하다.

학습자들을 학습 과정의 주체로 변화시키려는 시도는 구성주의의 관점과 긴밀한 관련을 맺는다. 전통적인 교실과 구성주의적인 교실을 대비한 논의를 살펴보면 전통적인 교실에서는 교사가 교과서에 의존하여 백지상태인 학생들에게 정보를 전달하는 설교식 방식을 사용해 수업을 진행하고 정답이 있는 시험 형식을 통해 학습 상태를 확인하는 반면에 구성주의적인 교실에서는 교사가 조작 가능한 자료를 가지고 사상가로 가정된 학생들에게 상호 작용적인 방식을 사용하여 각자의 관점을 지닐 수 있도록 수업을 진행한다는 차이가 나타난다.1) 이러한 구성주의의 관점은 주체적으로 탐구하고 사고하는 인간형을 지향하고 있다.

학습 논술은 학습 상황을 바탕으로 학습자로 하여금 글쓰기를 통해 문제 해결을 수행하게 함으로써 주체적으로 사고하는 인간을 형성하는 교육적 수단이 될 수 있다. 학습 논술은 교과 학습과 관련된 문제를 논증 과정을 통해 해결해 나가는 글쓰기로, 학습된 지식의 심화된 이해와 학습자의 사고력 발달을 목표로 한다. 이러한 목표는 상호 간에 긴밀한 연관 관계를 맺고 있는데, 이는 학습된 지식의 심화된 이해는 학습자들의 쓰기 수행을 통한 능동적인 의미 구성에 의해 가능하고 이러한 과정에는 학습자들의 고차적 사고 능력이 요구되기 때문이다.

학습 논술은 교과 학습과 관련된 문제 해결을 목적으로 하고, 이는 수용 가능한 논리의 제시를 통해 달성된다. 학습 논술에서 논제와 관련된 수용 가능한 논리를 산출하기 위해 학습자들은 논제와 관련된 다양한 지식과 정보를 구하여 이를 논증 목적이나 방향에 따라 선별해야 하고, 선택된 지식과 정보를 바탕으로 주장을 정당화하기 위해 타당한 논거를 조직해 제시해야 하며, 많은 독자들이 주장을 받아들일 수 있도록 논증 소통 상황에 맞는 표현 전략을 사용할 줄 알아야 한다. 이는 학습 논술에 요구되는 논증 능력에 해당하는 것으로 이러한 논증 능력은 곧 자료에 대한 이해력, 사태에 대한 분석력, 주장과 관련된 적용력, 생성된 내용에 대한

---

1) 재클린 브룩스・마틴 브룩스 지음/추병완・최근순 옮김, 『구성주의 교수・학습론』, 백의, 1999, 31면.

평가력 등의 종합적인 사고력과 밀접한 관련을 맺는다.

이러한 점을 고려해 보면 학습 내용에 대한 심화된 이해는 학습 논술 교육의 현상적인 목표에 해당하고, 논증 수행을 통한 학습자의 사고력 발달은 본질적인 목표에 해당한다고 할 수 있다. 즉 학습 논술은 현상적인 측면에서는 학습자들이 교과 학습과 관련된 내용을 깊이 있게 이해하도록 만드는 것을 추구하지만, 궁극적으로는 논증적 글쓰기 수행에 의한 능동적인 의미 구성 경험의 축적을 통해 학습자들의 사고력 발달을 이루어내는 것을 지향한다.

논증적 글쓰기와 사고 작용이 밀접한 관련을 맺고 있음을 인정하더라도 둘 사이의 관계를 바라보는 입장은 차이가 나타날 수 있다. 이는 거칠게 얘기하면 사고력 우선의 관점과 글쓰기 중심의 관점으로 대별될 수 있다. 사고력 우선의 관점은 글쓰기를 사고 내용의 번역에 가까운 것으로 인식하는 경향을 나타내며, 글쓰기 중심의 관점은 글쓰기 과정 자체를 사고 작용으로 인식하는 경향을 드러낸다.

사고력 우선의 관점은 논증적 글쓰기를 비판적 사고[2] 작용을 통해 쓸 내용을 미리 완성해 두고 이를 글로 옮기는 과정으로 간주한다. 이에 의하면 논증적 글쓰기는 비판적 사고에 의한 문제 해결이 선행되고 정해진 내용을 표현하는 과정에 해당하며, 글쓰기에서 중요한 것은 결정된 내용을 조직하고 독자를 효과적으로 설득하기 위하여 메시지를 명확히 하는 데 놓인다.[3] 사고력 우선의

---

2) 사고력 검사 도구 개발을 연구한 교육과정평가원 보고서에서는 사고력을 비판적 사고력과 창의적 사고력으로 구분하고, 비판적 사고력을 논리적 사고 또는 합리적 사고와 유사한 개념으로 설명하고 있다. 이에 따르면 비판적 사고력의 핵심은 수렴적 사고 혹은 수직적 사고에 놓인다. 김명숙 외, 『사고력 검사 개발 연구』 Ⅱ, 한국교육과정평가원, 2002, 16면.

관점은 논증적 글쓰기의 바탕을 이루는 사고 작용의 체계를 일목요연하게 드러내는 장점이 있지만 글쓰기를 비판적 사고의 결과물을 담는 수단으로 바라보는 인식적 편향을 드러내고 있다. 이는 논증적 글쓰기 과정을 구성하는 필요조건일 따름인 비판적 사고를 마치 논증적 글쓰기의 전체인 양 취급하는 잘못을 범하고 있다. 논증적 글쓰기 수행에는 비판적 사고뿐만 아니라 구체적인 상황 속에서 사유해 나가는 글쓰기 능력이 중요한 요소로 작용한다.[4)]

글쓰기는 그 자체로 사고의 과정을 표상한다. 글쓰기는 목표를 설정하고, 목표에 도달하기 위한 다양한 지식과 전략을 탐색하며, 이를 문자화하고 평가하는 순환적 과정으로 존재한다. 글쓰기를 완결된 사고의 번역 작업으로 인식하는 것은 글쓰기의 본질에 맞지 않으며, 글쓰기 수행의 실상과도 어긋난다. 쓰기 이전에 비판적 사고를 통해 써야 할 내용을 완성해야 한다면 제대로 글쓰기를 수행할 수 있는 사람은 거의 없을 것이다. 이런 점에서 글쓰기는 모호하고 불확정적인 사고를 정제된 사고로 완성해 나가는 인지적인 작업으로 파악해야 하며, 사고력 교육은 글쓰기 과정을 활성화하는 방향에서 접근해 나가는 것이 바람직하다.

학습 논술은 논증적 글쓰기 수행을 통한 학습 문제의 해결과 그 과정에서 학습자의 사고력 발달을 지향한다. 이런 측면에서 학습 논술 교육은 완결된 사고 과정을 가르치는 것이 아니라 글쓰기 과정에서 요청되는 인지적 도움을 제공하는 방향으로 이루어져야 한다. 즉 학습 논술 교육은 학습자들이 불확정적인 사고를 정제된 사

---

3) 김영정 외, 『비판적 사고와 학술적 글쓰기』, 서울대교수학습개발센터 글쓰기교실, 2004, 6~8면 · 33~42면.

4) 김병구, 「논증적 글쓰기 교육에 대한 비판적 고찰」, 『반교어문연구』 27, 반교어문학회, 2009, 17~21면.

고로 만들어 나가는 글쓰기 과정에서 필요한 교육적 지원을 제공하는 방향으로 설계되어야 할 것이다.

2. 학습 논술 교육의 내용 요소

학습 논술은 논증 행위를 통한 문제 해결의 글쓰기에 해당하므로 이와 관련된 교육 내용은 논증 행위와 글쓰기의 본질에 초점이 맞춰져야 한다. 여기에서는 학습 논술 교육의 내용 요소를 사회구성주의 작문 이론에서 강조하는 텍스트와 관련된 담화 관습, 논증 행위의 본질과 관련된 논증 방법, 구성주의 작문 이론에서 강조하는 쓰기 절차와 전략에 초점을 맞춰 제시해 나가도록 하겠다.

1) 논증 텍스트의 양식적 특성

학습 논술은 교과 학습을 바탕으로 한 문제해결을 지향하는 논증적 글쓰기의 한 형태에 해당한다. 따라서 학습 논술의 담론적 관습은 논증 텍스트의 틀 내에서 파악이 가능하다. 논증 텍스트와 관련된 담론 관습의 틀은 Toulmin의 논증 구성 모형이 보편적으로 받아들여진다. Toulmin은 영역에 따라 다르게 나타나는 논증 구성의 틀을 포괄하는 일반적인 모형을 제시하였는데, 이에 의하면 논증은 기본적으로 자료(혹은 근거), 정당한 이유들(혹은 전제), 지지 작용, 한정어, 반박 조건, 주장(혹은 결론)의 여섯 가지에 의해 구성된다고 한다.[5] 텍스트언어학에서는 Toulmin의 논의를 받아들여

5) 스티븐 툴민 지음/고현범 · 임태범 옮김, 『논변의 사용』, 고려대출판부, 2006, 157~177면.

논증형의 구조를 근거, 정당화, 결론의 세 가지 요소로 설명하고 있다.[6] 이는 논증 텍스트를 구성하는 핵심적 요소가 주장, 근거, 전제의 세 가지에 놓인다는 사실을 잘 나타내고 있다. 따라서 논증 텍스트의 양식적 특성에 대한 교육은 주장, 근거, 전제의 세 가지 요소에 대한 이해를 기반으로 이루어져야 한다.

주장은 논증의 출발점으로서 응답과 질문을 요구받는 담화 행위의 성격을 지니고 있다. 주장은 말하고자 하는 바를 일반화되거나 이상화된 사람들에게 작용하려는 시도이며 논증 대상에 대한 이해를 공유하자는 요청에 해당한다. 주장은 사회적이고 문화적인 배경과 이익 갈등에 뿌리를 내리고 있으며 본질적으로 질문과 도전에 연결되어 있다. 따라서 주장을 한다는 것은 갈등의 한 가운데에서서 질문을 하고 이와 관련된 창조자의 역할을 맡는다는 의미를 내포하고 있다.[7] 논증적 글쓰기 교육에서는 학습자가 주장을 한다는 행위에 내포된 이러한 의미를 깨달아 논증 텍스트를 산출할 때 명확한 관점을 수립할 수 있도록 가르쳐야 할 것이다.

근거는 주장을 뒷받침하는 핵심적인 요소에 해당한다. 근거는 현실에서 바로 취하여 제시할 수 있는 대상이 아니라 논증의 틀 속에서 주체가 매만지고 정렬하여 일관되고 체계적인 대상으로 가공해야 할 필요가 있다. 논증 행위가 성공하기 위해서는 근거의 질이 중요한 역할을 하는데, 근거의 질은 정확성, 구체성, 대표성, 신뢰성과 같은 요소가 판단 기준으로 작용한다.[8] 근거는 문헌 자료,

---

6) 클라우스 브링커 지음/이성만 옮김, 『텍스트언어학의 이해』, 역락, 2004, 88~114면; 반 데이크 지음/정시호 옮김, 『텍스트학』, 아르케, 2001, 230~246면.

7) 제임스 크로스화이트 지음/오형엽 옮김, 『이성의 수사학』, 고려대출판부, 2001, 57~110면.

8) 조셉 윌리엄스·그레고리 콜롬 지음/윤영삼 옮김, 『논증의 탄생』, 홍문관,

수량 데이터, 권위자의 언급, 체험적 요소와 같은 다양한 출처에서 나올 수 있다. 근거와 관련해서는 학습자들에게 주장을 효과적으로 뒷받침하기 위해 근거를 마련하는 방법, 근거의 종류, 근거를 제시할 때 유의할 점, 좋은 근거의 요건 등을 가르치도록 해야 할 것이다.

전제는 근거로부터 결론을 이끌어내는 추론을 할 때 그 정당성을 보장하는 요소에 해당한다. 그런데 대부분의 논증 상황에서 전제들은 생략되는 것이 일반적이다. 이는 표현의 경제성 원칙에 따라 자명한 전제는 굳이 언급하는 번거로움을 피하거나 자명하지는 않더라도 주체가 완전히 정당하게 여기는 전제는 생략하기 때문에 발생하는 현상이다.[9] 이처럼 전제는 주체가 당연하게 받아들이는 사고방식이나 가치관을 나타내는 요소로 비판적으로 검토될 필요가 있는 대상이다. 따라서 전제와 관련해서는 학습자들이 논증적 글쓰기 수행에서 자신의 주장에 내재한 전제의 정당성을 비판적으로 인식하거나 거꾸로 다른 사람의 논증 텍스트에 숨겨진 전제를 비판적으로 검토하는 태도를 가질 수 있도록 가르칠 필요가 있다.

주장, 근거, 전제와 관련된 사항이 논증 텍스트의 일반적 성격을 규정한다면 학습 논술에서의 쓰기 행위는 학습 상황과 맥락에 따른 구체적인 텍스트 양식으로 실현된다. 학습 상황에서 통용되는 논증적 글쓰기 양식으로는 사실의 이해에 중점을 둔 보고서, 현상과 관련된 정당성 규명에 초점을 둔 비평문, 작품과 연관된 가치 판단의 적합성을 위주로 한 감상문 등이 있다. 이들은 논제와 관련된 필자의 주장과 근거 제시를 바탕으로 한다는 점에서 논증적 글쓰기로서의 공통점을 지니고 있지만 해당 논제가 지닌 특성과 문

2008, 200~230면.

9) 김광수, 『논리와 비판적 사고』(쇄신판), 철학과 현실사, 2007, 87면.

제 해결의 방향에 따라 쓰기 양식에서 차이를 나타낸다. 따라서 논증 텍스트에 대한 교육은 이들 양식과 관련된 담론 관습을 제시하고 학습자들이 이에 따라 해당 양식의 글쓰기를 원활히 수행할 수 있도록 만들어 나가야 할 것이다.

2) 타당한 추론을 위한 논증 방법

학습 논술은 학습자들에게 수용 가능한 의미의 산출을 요구한다. 이는 하나의 고정된 답을 요구하지 않으며 결론에 이르는 다양한 과정을 긍정함으로써 학습된 지식의 심화된 이해와 학습자의 창의적 적용을 이끌어 낼 수 있게 만든다. 하지만 학습 논술이 추구하는 수용 가능한 의미의 생산이 학습자의 자의적 해석과 적용을 통해 이루어지는 것은 아니며, 여기에는 타당한 논증이 뒤따라야 한다. 이런 측면에서 학습 논술에서는 텍스트의 수용 가능성을 보장하는 타당한 논증 방법에 대한 교육이 필요하다.

학습 논술에서 타당한 논증은 글의 수용 가능성을 뒷받침하는 필수적인 요소이지만 타당한 논증의 요건을 규정하는 것은 매우 까다로운 문제라 할 수 있다. 형식적 차원의 오류는 표면적으로 드러나는 불완전성 때문에 쉽게 파악이 가능하지만, 비형식적 차원의 판단은 해석과 가치가 복잡하게 얽혀 있어서 객관화가 쉽지 않기 때문이다. 이로 인해 논증의 타당성을 판단하는 기준의 마련은 논증을 둘러싼 논의에서 중요한 쟁점이 되어 왔다.

논증의 타당성 규명과 관련된 접근법 중 하나는 논증 영역별로 다른 타당성 판단 기준을 설정하는 것이다. 이와 관련해 Toulmin은 우리의 인식론적 문제들에 대한 조명은 영역 의존적인 논리적 범주들의 체계를 구축할 때 가능한 것이라고 주장하였다. 이런 관점에서 그는 정확성의 정도, 문제 해결의 방법, 논증의 목적 등을 고려하여 논증의 영역을 법, 과학, 예술, 경영, 도덕의 다섯 분야로 나누고 각각의 논증에 나타난 특성들을 고찰하였다.10) Toulmin의 이러한 시도를 확장하면 학문 영역별로 다른 논증 타당성 기준을 마련하는 작업과 연결되며, 이는 학술적 글쓰기와 밀접한 관련을 지니게 된다.

논증 영역별로 논증 타당성의 기준을 설정하는 것은 논증적 글쓰기 교육을 파편화하는 결과를 초래하며, 전문성을 바탕으로 한 학술적 글쓰기에 대한 강조로 귀결된다. 학습 논술에서 추구하는 사고력 발달은 이와 같은 학문 영역별로 특성화된 사고방식을 습득하는 데 있지 않고 일반적인 독자가 수용할 수 있는 논증 논리를 구성해 내는 데 있다. 즉 학습 논술 교육에서 길러야 할 논증 능력은 논제와 관련된 다양한 논증 내용을 생성하고 이를 일반적인 기준에서 수용 가능한 추론을 통해 타당한 논증으로 제시하는 데 있다. 따라서 학습 논술에서 논증 방법에 대한 교육은 주장과 논거 사이에 합리적인 추론 관계를 설정할 수 있는 접근법을 학습자들에게 가르치는 데 놓인다.

현행 교육과정이나 교과서를 살펴보면 논증적 글쓰기와 관련된 논증 방법으로 흔히 제시되는 것이 연역, 귀납, 유비추리와 같은 논리학적 논증 방식이다.11) 이는 거시적 측면에서 논증과 관련된 사고방식을 설명하는 틀로서 의의를 지니지만 논증적 글쓰기에 실제 적용할 수 있는 논증 방법으로서는 제한점을 가진다. 대전제,

---

10) Stephen Toulmin et al., *An introduction to reasoning: 2nd ed.*, New York : Macmillan, 1984, pp. 271~279.

11) 주재우, 「설 양식을 활용한 설득적 글쓰기 교육 연구」, 서울대 박사논문, 2011, 44~45면.

소전제, 결론으로 구성되는 삼단논법이나 개별적인 사실로부터 보편적인 법칙을 도출한다는 귀납 원칙에 대한 설명만으로 실제적인 논증적 글쓰기의 실천을 이끌어내기는 어렵다. 따라서 학습자들이 논증적 글쓰기에서 활용할 수 있는 논증 방법에 대한 확장된 접근이 필요하다.

논증적 글쓰기에서 활용 가능한 논증 방법에 대한 접근은 비형식적 논증과 관련된 논의를 참고할 필요가 있다. 비형식적 논증은 일상적으로 사람들이 사용하는 논증 방법의 틀을 분석해내기 위한 시도에서 비롯된 것으로 현실에서의 적용 가능성이 높다. 이와 관련해서는 Perelman이 제안한 사고를 연결시키는 연합 논증과 전체를 이루는 부분을 분리시키는 분리 논증의 틀을 활용할 수 있다.[12] 특히 준 논리적 논증, 연결에 의한 논증, 연결을 만드는 논증으로 분류되는 연합 논증은 대상 사이의 연결을 통해 논리를 구성한다는 점에서 주장과 근거를 연결하는 추론 작용과 깊은 관련을 맺는다. 이밖에도 van Eemeren이 제안한 징후 논증, 유사 논증, 도구 논증으로 나뉘는 분류 체계나[13], Toulmin의 논증 모형을 활용하여 논증 도식을 보장을 사용하는 도식, 보장을 만드는 도식, 유추 도식, 권위 도식의 네 가지로 나누고 구체적 하위 유형을 설정한 Kienpointner의 분류 체계[14] 또한 주장과 근거를 연결하는 비형식

12) 필립 브르통 · 질 고티에 지음/장혜영 옮김, 『논증의 역사』, 커뮤니케이션북스, 2006, 45~61면; 루스 아모시 지음/장인봉 외 옮김, 『담화 속의 논증』, 동문선, 2003, 20~24면.

13) F. H. van Eemeren & R. Grootendorst, *Argumentation, communication, and fallacies : a pragma-dialectical perspective*, Hillsdale, N.J. : L. Erlbaum, 1992, pp. 94~102.

14) Manfred Kienpointner, *Alltagslogik : Struktur und Funktion von Argumentationsmustern,* Stuttgart-Bad Cannstatt : Frommann-Holzboog,

적 논증 방법의 틀로서 교육적 의의를 지닌다.

학습자들이 학습 논술을 수행함에 있어서 사용하는 논증 방법은 형식논리학과 같은 맥락이 제거된 진공 상태에서의 논증도 아니며, 과학적 논증에서와 같은 기계적 엄밀성을 갖춘 논증도 아니다. 이는 신념과 가치를 지닌 한 인간으로서 논제와 관련하여 이성적인 판단을 내리고자 하는 주체의 의지가 반영된 인문학적 논증에 가까운 형태를 나타낸다. 학습 논술 교육은 학습자가 논증적 글쓰기를 수행함에 있어서 자의적 해석과 독단적 논리에 빠지지 않고, 자신의 주장을 합리적인 추론을 통해 정당화할 수 있게 만드는 데 많은 노력을 기울여 나가야 할 것이다.

3) 논증적 글쓰기 수행의 절차

쓰기 수행은 일반적으로 계획하기, 표현하기, 검토하기의 세 단계로 구성된 순환적 과정으로 받아들여진다. 이는 Flower와 Hayes가 필자의 사고구술을 기반으로 하여 쓰기 과정의 인지 모형을 제안한 이래 보편화된 것이다. 이에 의하면 쓰기 과정은 과제 환경이나 장기 기억으로부터 화제와 청중과 관련된 정보를 산출하고 이를 가장 유용한 방향으로 활용할 수 있도록 만드는 계획하기, 쓰기 계획을 문어화하는 표현하기, 쓰인 텍스트의 질을 개선하는 검토하기로 구성된다. 필자는 이러한 단계를 거쳐 텍스트를 산출하게 되는 것이다.[15]

1992, p. 246. 이와 관련한 자세한 사항은 '민병곤, 「논증 교육의 내용 연구」, 서울대 박사논문, 2004, 65～68면.'

15) John Hayes & Linda Flower, Identifying the organization of writing processes, Lee W. Gregg & Erwin R. Steinberg, editors, *Cognitive processes in writing*, Hillsdale : Erlbaum, 1980, pp. 10～20.

논증적 글쓰기 과정 또한 이러한 일반적인 쓰기 과정의 틀을 벗어날 수는 없다. 논증적 글쓰기에서도 필자는 계획하기, 표현하기, 검토하기의 단계를 거쳐 논증 텍스트를 산출하게 된다. 계획하기 단계에서 논증적 글쓰기는 우선적으로 논제에 대한 이해와 이와 관련된 필자의 입장 정하기에서 시작된다. 계획하기 단계에서 핵심적인 사항은 주장과 관련된 논증 내용을 마련하는 데 있다. 논증적 글쓰기는 지식과 정보를 바탕으로 하여 근거를 생성하고 이를 통해 주장을 뒷받침해 나가는 것을 본질로 한다. 이로 인해 필자는 쓰기 계획을 구체화하기 위해 논제와 관련된 다양한 지식과 정보를 수집할 필요가 있다.

논증에 요구되는 지식과 정보가 충분히 수집되었다면 필자는 이를 논증 계획에 따라 평가하고 선별하는 작업을 수행해야 한다. 논증적 글쓰기에서는 수집된 지식과 정보들을 그대로 텍스트 내용으로 활용할 수는 없으며, 필자는 주장의 방향에 따라 관련 정보들을 선별하고 논증 맥락에 맞게 이를 조직하고 가다듬는 작업을 수행해야 한다. 이는 주장과 논거의 연결, 논거의 배치, 논지 구성 등의 작업을 위주로 진행된다. 이와 같은 논증 내용의 조직은 문자화를 위한 구체적이고 실제적인 지침을 제공한다.

논증 내용의 생성과 조직이 이루어졌다면 필자는 이를 문자화하는 표현하기를 수행해야 한다. 논증적 글쓰기는 필자의 주장 제시와 이에 대한 독자의 납득을 기반으로 성립된다. 이로 인해 필자는 자신의 주장을 독자에게 이해시킬 필요가 있으며 이러한 목적을 달성하기 위해 독자의 반응을 예상하고 이에 적절히 대응해 나가야 한다. 또한 논증적 글쓰기가 추구하는 문제 해결은 객관성과 논리성의 바탕 위에서 실현 가능하므로 양식 규범의 준수를 요구한다. 즉 필자는 자신이 주장하고자 하는 바를 명확히 전달하기 위해 담론 공동체에서 인정하는 양식 규범을 따라 쓰기를 수행해야 한다.

표현하기를 통해 텍스트가 산출되면 이에 대한 검토하기가 필요하다. 한 번의 쓰기를 통해 완벽한 텍스트를 생산하는 것은 극히 어려운 일이며 산출된 텍스트는 검토하기 단계를 통해 미비한 점이 수정되는 과정을 거침으로써 개선될 수 있다. 논증 텍스트에 대한 검토는 주장, 근거, 전제와 같은 논증 요소를 중심으로 평가가 진행될 필요가 있다. 여기에서는 주장은 명확하게 제시되었는지, 근거는 타당성을 지니고 있는지, 전제는 받아들일 수 있는 것인지 등을 위주로 하여 텍스트를 비판적으로 평가해야 한다. 이러한 작업을 통해 논증 내용이 보완될 때 논증 텍스트의 수준은 필자가 의도한 모습에 보다 근접할 수 있게 된다.

이상의 내용을 정리하면 논증적 글쓰기의 수행 절차는 논증에 요구되는 지식과 정보를 수집하는 논증 내용 생성하기 단계, 수집된 내용을 논증 방향에 따라 적절하게 구성하는 논증 내용 조직하기 단계, 독자의 이해와 양식 규범을 고려하여 논증 내용을 문자화하는 논증 내용 표현하기 단계, 산출된 텍스트를 비판적으로 평가하여 논증 개선을 이루는 논증 텍스트 검토하기의 네 단계로 나타낼 수 있다. 따라서 논증적 글쓰기 수행과 관련된 교수 학습 또한 이러한 네 단계를 중심으로 학습자에게 필요한 교육적 지원을 제공하는 방향으로 이루어져야 한다.

논증적 글쓰기 수행과 관련된 교수 학습 전략은 논증적 글쓰기 단계에 요구되는 인지적 과업들을 학습자가 능동적으로 해결할 수 있도록 사고를 활성화 시키는 방향에서 모색되어야 한다. 즉 논증 내용 생성하기 단계에서는 학습자들이 가능한 한 논제와 관련된 많은 정보를 구할 수 있도록 하고, 논증 텍스트 검토하기 단계에서는 산출된 텍스트를 최대한 객관적인 입장에서 바라볼 수 있게 만드는 환경을 조성할 필요가 있다. 이런 측면에서 논증적 글쓰기 교수 학습은 동료 학습자와의 상호 작용을 쓰기 과정에 활용하는 협력 학습을 도입할 필요가 있다. 가령 내용 생성 전략으로 흔히 언급되는 브레인스토밍을 예로 들면 개별적 필자 차원에서 논제와 관련된 정보를 구하기보다 집단적 상호 작용을 바탕으로 하면 더 큰 효과를 거둘 수 있게 될 것이다. 학습자들이 논증적 글쓰기 수행의 절차와 그에 따른 인지적 과업을 명확히 인식하고 동료 학습자와의 상호 작용을 통해 사고를 활성화시켜 나갈 때 좋은 논증 텍스트가 산출될 수 있을 것이다.

3. 학습 논술 교육의 단계별 교수 학습 전략

학습 논술의 교수 학습 단계는 논제 구성 및 제시, 논증 내용 생성하기, 논증 내용 조직하기, 논증 내용 표현하기, 논증 텍스트 검토하기의 다섯 단계를 중심으로 이루어진다. 논제 구성 및 제시는 교사에 의한 문제 제시 단계에 해당하며, 나머지 네 단계는 학습자에 의한 논증적 글쓰기 수행 과정에 해당한다. 아래에서는 이들 단계를 중심으로 하여 학습 논술 교육에 필요한 교수 학습 전략들을 살펴나가도록 하겠다.

1) 논제 구성 및 제시 단계

가. 교과 내용을 활용한 논제 구성

학습 논술 교육은 교사에 의한 논제 구성으로부터 시작된다. 학습 논술은 문제 해결을 목적으로 한 글쓰기 양식에 해당하므로 쓰기 대상이 되는 논제의 구성은 교수 학습 상황에서 학습자의 반응을 결정짓는 중요한 요소가 된다. 논제가 교과 영역을 벗어나 학습자가 해결할 수 없는 수준을 나타내거나 학습자에게 지적인 흥미를 이끌어내지 못한다면 이는 학습 논술의 대상으로 적절치 않을 것이다.

학습 논술의 논제는 교과 영역과의 관련성을 기준으로 교과 내 논제와 교과통합 논제의 두 방향에서 구성될 수 있다. 먼저 교과 내 논제는 개별 교과의 학습 내용을 바탕으로 논제를 구성하는 경우에 해당한다. 국어교과의 경우에는 언어기능, 문법, 문학의 세 영역의 학습 내용을 바탕으로 논제를 구성할 수 있으며, 아래는 교육과정에 나타난 교과 내 논제와 관련된 사례에 해당된다.

	7학년 읽기	8학년 문법	9학년 쓰기	10학년 문학
글・언어 자료・작품의 수준과 범위	인물의 가치관이나 사고방식이 잘 드러나는 영화	남한과 북한의 언어 차이를 보여주는 언어 자료	자신의 관점이 분명하게 드러나는 서평	비평적 안목이 뛰어나거나 문학사적 가치가 높은 비평문
성취 기준	영화에 등장하는 인물의 가치관이나 사고방식을 비판적으로 이해한다.	남한과 북한의 언어 차이를 비교한다.	인용과 해설의 방법을 사용하여 책이나 글을 평가하는 글을 쓴다.	문학 작품에 대한 비평적 안목을 갖춘다.
내용 요소의 예	-영화의 서사구조 파악하기 -주요 인물의 성격 및 인물 형상화 방식	-남한과 북한의 언어 차이를 비교하여 이해하기 -남한과 북한의 언어 차이의	-인용과 해설의 개념, 기능, 방법 이해하기 -읽은 내용에 대한 자신의	-비평은 작품에 대한 주체적인 판단임을 알기 -작품에 대한 판단의 근거

	파악하기 -영화에 나타난 인물의 가치관이나 사고방식에 대해 토론하기	원인과 실태 파악하기 -남한과 북한의 언어 차이를 극복하는 방안 찾기	생각을 자유롭게 쓰기 -인용과 해설의 방법을 사용하여 자신의 생각 뒷받침하기	마련하기 -적절한 근거를 제시하면서 비평문 쓰기

<표 18. 학습 논술과 연관된 2007년 개정 국어과 교육과정 내용 항목의 예>

제시된 표는 2007년 개정 국어과 교육과정의 내용 항목 중에서 학습 논술과 연관시킬 수 있다고 여겨지는 부분 중 일부를 발췌하여 정리한 것이다. 제시된 표에서 각 영역별 교육과정 상의 성취기준을 보면 영화 속 인물의 가치관이나 사고방식 비판, 남북한 언어 차이 비교, 책이나 글을 평가하는 글쓰기, 작품에 대한 비평적 안목 갖추기가 나타나 있는데, 이는 모두 교과 내 논제로서 적절성을 갖추고 있다. 즉 교사는 영화 속 인물의 가치관 평가, 남북한 언어 차이 실태와 극복 방안, 특정 서적에 대한 평가, 문학 작품에 대한 판단과 관련된 물음을 제시하고 학습자들은 이를 비평문, 보고서, 서평 등의 형식으로 서술함으로써 해당 학습 내용에 대한 성취를 심화할 수 있다. 이처럼 학습 논술의 논제는 교육과정 상에 명시된 성취 기준을 달성하기 위한 교과 내 논제 형식으로 구성될 수 있다.

교육의 목적은 인간의 성장에 있으며, 학교 교육에서 이는 다양한 교과의 학습을 통해 실현되는 것으로 간주된다. 교과교육은 궁극적으로 학습자의 성장을 목표로 하고 있지만 각 교과가 배경으로 하고 있는 학문 영역을 강조하다 보면 교육 본래의 목적을 간과한 채 각 교과의 배타적 논리에 몰두하는 경향을 나타내기도 한다. 이는 본말이 전도된 현상으로 학교 교육에서 학습자의 성장을 중심에 둔 통합적인 교육의 필요성을 증대시키는 요인이 된다. 교과통합 논제 구성은 바로 이를 실현하는 한 방편으로서 그 역할을 수행할 수 있다. 논술은 쓰기 과정에서 본질적으로 복합적 지식과 사고의 통합을 요구하지만 교과통합 논제는 학교 교육의 장에서 교과 간의 상호 연계를 통해 논술이 지닌 이러한 특성을 좀 더 구체화시킨 형태를 띤다.

교과통합 논제 구성은 교과 내용 간의 상호 관련성을 기반으로 성립될 수 있다. 이는 학습자의 성장을 이끌어낼 수 있는 의미 있는 시도로 국어교과에서만 가능한 것은 아니며, 따라서 교과통합 논제를 구성할 때 국어교육의 관점을 명확히 하는 일이 필요하다. 가령 <허생전>을 대상으로 교과통합 논제를 구성한다면 역사교과의 관점에서는 <허생전>을 제시하고 이를 통해 조선후기 사회의 변화된 모습을 파악하게 만드는 활동을 하는 데 비해[16], 국어교과에서는 <허생전>에 대한 올바른 감상을 위해 역사적 지식을 결합하는 방식을 활용해야 한다. 이처럼 교과통합 논제 구성은 교과통합의 목적이 어디에 놓이는가가 중요하게 작용하며 그에 따라 학습 논술의 성격이 달라질 수밖에 없다.

학습 논술의 논제는 교과 학습 내용을 바탕으로 하여 이에 대한 이해를 심화시키는 방향으로 구성되어야 한다. 이는 교과 관련성에 따라 개별 교과의 문제를 다루는 교과 내 논제와 복수의 교과 학습 내용을 매개로 한 교과통합 논제의 두 측면에서 접근 가능하다. 교사는 학습자들이 교과 연계성을 인식하고 학습된 지식을 바탕으로 글쓰기를 수행할 수 있도록 논제 구성에 주의를 기울여야

---

16) 이대희, 「고등학교 국사과 역사적 사고력 신장을 위한 수행평가 방안」, 『역사교육 논집』 29, 역사교육학회, 2002, 69면.

할 것이다.

나. 탐구를 위한 학습 자료의 선정 및 제시

학습 논술은 학습된 지식을 바탕으로 문제를 해결하는 글쓰기로, 논제는 학습 내용과 관련된 학습 자료의 제시를 동반한다. 이는 논증적 글쓰기가 일반적으로 논제와 관련된 자료 읽기를 토대로 이루어지며, 쓰기 수행 또한 자료 읽기와 함께 이루어질 때 필자의 사고를 촉진하고 텍스트의 질을 높인다는 연구 결과에 기인한 바가 크다.[17] 그러나 논제와 관련된 자료 읽기가 반드시 논증적 글쓰기 수행에 긍정적으로 작용하는 것은 아니다.

아래의 제시문을 읽고 논제에 답하시오.

(1) 칸클리니, <혼종 문화: 근대성으로부터 들어오고 나오는 전략들> • 바바, <문화의 위치> • 피터세, <전지구화와 문화>에서 인용하여 재구성
(2) 고종석, <우리는 모두 그리스인이다>에서 인용하여 재구성
(3) 최익현, <병인의소> • <서양대집서실> 등을 인용하여 재구성
(4) 박범신, <나마스떼>에서 인용
(5) 스미스 • 프라이스의 논문 <동물간 투쟁의 논리>의 내용을 문화와 관련된 내용으로 변형

1. 제시문 (1)을 요약하시오.

17) R. J. Tierney et al., The effects of reading and writing upon thinking critically, *Reading Research Quarterly*, 24(2), 1989.

2. 제시문 (1)의 논지를 바탕으로 제시문 (2)와 제시문 (3)을 비교하시오.
3. 제시문 (1)과 제시문 (3)의 논의에 근거해서, 제시문 (4)의 '나'가 생각하는 로스엔젤레스 폭동의 원인들에 관해 논하시오.

<2011학년도 K대학 수시논술 인문계 문항>

제시된 자료는 한 대학의 논술 시험에 출제된 읽기 자료와 논제를 인용한 것이다. 여기에서는 '혼종성의 의의와 한계'라는 주제와 관련된 1~2쪽 분량에 달하는 읽기 자료를 5개 제시하고, 응시자에게 제시문과 관련된 요약, 비교, 원인 분석에 해당하는 작업을 수행토록 하고 있다. 그러나 이러한 입시 논술의 자료 제시와 논제 구성은 크게 세 가지 문제점을 안고 있다.

첫째, 읽기 자료의 수준을 들 수 있다. 제시문은 학술 논문과 전문 서적을 포함한 다양한 자료를 활용하는 양상을 보여주고 있는데, 인용된 내용 대부분은 중등학교의 학습 수준을 훨씬 뛰어넘고 있으며 해당 자료 또한 발췌 및 재구성, 내용 자체의 변형 등 텍스트의 온전한 모습을 훼손하는 방식을 나타내고 있다. 비록 해당 제시문들이 혼종성과 관련된 공통된 주제 의식을 담고 있다고 하더라도 이처럼 다양한 장르의 어려운 글들을 중등학교 수준의 학습자가 온전히 이해하고 쓰기를 수행할 수 있다고 기대하는 것은 적절하지 않다.

둘째, 읽기 자료의 역할을 들 수 있다. 인용된 제시문은 각각 1~2쪽에 이르는 적지 않은 분량을 지니고 있는데, 문제가 되는 것은 분량이 아니라 이들이 담고 있는 정보량이라 할 수 있다. 해당 제시문의 내용을 살펴보면 (1)번 제시문은 혼종성의 역사와 현상적 측면, (2)번은 문화 혼종이 새로운 결과물을 창출한 사례, (3)번은 혼종의 위험성, (4)번은 혼종의 의의와 한계를 나타내고 있는데, 이는 혼종성과 관련해 필자가 탐구해야 할 내용을 미리 제시해 버리는 결과를 도출하고 있다. 따라서 필자가 할 일이란 주어진 정보를 그대로 수용하는 데 머물고 만다.

셋째, 인용된 논술 시험은 학습자의 능동적 의미 구성과 이에 바탕한 문제 해결을 지향하는 논술의 본질을 왜곡시키고 있다. 제시된 논제는 필자로 하여금 읽기 자료를 바탕으로 주체적인 의미 구성을 행하도록 하는 것이 아니라 제시문에 대한 객관적 이해를 묻는 질문을 던지고 있다. 3번 논제의 경우는 필자의 생각을 서술하도록 유도하는 것처럼 보이지만 논거의 원천을 제시문 내용으로 지정해 줌으로써 마찬가지로 제시문에 대한 이해 능력을 측정하고 있다. 이로 인해 제시된 논술 시험은 쓰기가 아닌 읽기 능력 시험으로서의 성격을 갖는다.

이상의 사항들은 입시 논술이 나타내는 문제점의 전형에 해당한다. 입시 논술의 논제 구성과 자료 제시 방식이 보여주는 문제점들은 학습 논술에 있어서는 반면교사의 역할을 할 수 있다. 즉 학습자의 수준을 벗어난 자료 제시, 과다한 정보량을 지닌 자료 제시, 읽기 자체를 목적으로 한 자료 제시는 학습 논술의 자료 제시 방식이 지양해야 할 요소에 해당한다.

이를 토대로 올바른 학습 논술의 자료 제시를 위해 지켜야 할 원칙은 다음의 세 가지로 정리할 수 있다. 첫째, 제시 자료는 학습자의 수준을 벗어나지 말아야 하며, 학습 논술의 본질에 맞게 교과 내용과의 충분한 연계성을 지녀야 한다. 둘째, 제시 자료는 학습자의 탐구를 촉진하기 위해 기본적인 정보를 제공하는 데 치중해야 한다. 즉 학습 자료는 논제와 관련된 핵심 개념 정의나 논쟁 상황을 소개하는 데 그쳐야 하며 학습자가 탐구해야 할 논거와 이유들을 직접적으로 제공해서는 안 된다. 셋째, 제시 자료는 자료 자체에 대한 이해를 목적으로 하는 것이 아니라 학습자의 능동적 쓰기를 촉진하는 수단으로서의 역할을 분명히 해야 한다.

학습 논술을 위한 학습 자료의 제시는 결국 학습자의 수준에 맞는 읽기 자료의 제시를 통해 학습자의 탐구를 촉진하고 이를 토대로 쓰기 수행을 원활하게 만드는 역할을 수행해야 한다. 교사는 이러한 점에 유의하여 학습 자료를 선정하고 쓰기를 통한 학습자의 능동적 의미 산출이 활발해질 수 있도록 논제를 구성해 나가야 할 것이다.

2) 논증 내용 생성하기 단계

가. 논제와 관련된 과제 표상의 수립

학습 논술은 학습된 지식의 이해를 기반으로 하여 그와 관련된 논제를 해결해 나가는 글쓰기에 해당한다. 학습 논술은 논제와 관련된 심화된 논의를 이끌어내는 교육적 수단에 해당되지만 논의의 출발은 어디까지나 학습 내용에 대한 기본적인 이해에서 비롯되어야 한다. 학습된 지식에 대한 잘못된 이해는 이를 심화시키기 위한 학습 논술 또한 잘못된 길로 이끄는 결과를 초래한다.

학습과 관련된 내용은 일반적으로 교재에 실린 텍스트 형태로 제시되며, 학습 논술과 관련된 논제도 읽기 자료를 동반한 형태를 취하는 경우가 흔하다. 이런 측면에서 논제와 관련된 기본적인 정보를 제공하는 텍스트를 학습 자료라 칭한다면 학습 논술 수행은 이에 대한 올바른 이해를 필요로 한다. 본고에서 다룬 논제를 예로 들면 영어공용화 논쟁과 관련된 학습 논술을 수행하면서 영어공용화의 의미를 오인하여 논의를 펼치거나, 작품 속 인물 평가와 관련된 학습 논술을 수행하면서 병태의 고민과 선택에 담긴 의미를 이해하지 못한 채 논의를 전개해 나간다면 산출된 논술문이 논제와 관련된 적합한 내용을 담아내기는 힘들 것이다.

논제와 관련된 학습 내용과 제시된 자료를 충실히 이해했다면 다음으로 필자에게 필요한 작업은 논제와 관련된 적절한 과제 표상(task representation)을 형성하는 것이다. 과제 표상은 필자 스스로의 힘으로 문제를 정의하고 과제 상황과 관련된 이미지를 구성하는 작업에 해당한다. 과제 표상을 통해 필자는 과제 수행과 관련하여 허용된 것과 제한된 것을 파악하고, 도달하고자 하는 목표를 설정하며, 취할 수 있는 전략이나 행동을 확인해야 한다. 이는 주요 정보원, 텍스트 형식, 조직 계획, 사용 전략, 과제 수행 목적 등의 요소에 대한 필자의 의도된 계획을 통해 실현된다.[18)]

과제와 관련된 요구 사항은 명확해 보여도 학생들은 이를 각기 다르게 받아들여 서로 다른 텍스트를 산출하는 경향이 있기 때문에 적절한 과제 표상을 설정하는 일은 글쓰기에서 매우 중요한 역할을 한다. 미숙한 필자와 능숙한 필자의 쓰기 과정에 나타나는 차이점을 알아보기 위하여 쓰기 문제로 의사소통센터를 방문하는 대학생과 작문이나 수사학을 담당하는 교사의 글쓰기 과정을 비교한 연구를 살펴보면 이들의 차이는 수사적 문제와 관련하여 고유한 표상을 개발하는 능력에 달려있는 것으로 나타났다. 이에 의하면 능숙한 필자는 수사적 상황에 대한 고려를 통해 자신의 목적을 구

---

18) Linda Flower et al., *Reading-to-write : exploring a cognitive and social process*, New York ; Oxford : Oxford University Press, 1990, pp. 35~53.

체화 · 특성화시키는 반면에 미숙한 필자는 텍스트 형식이나 관습에 관심을 기울여 텍스트를 일반화시키는 데 머무는 것으로 드러났다. 즉 능숙한 필자와 미숙한 필자는 수사적 상황에 대한 대처 능력, 곧 과제 표상 능력에서 결정적 차이를 보인다는 것이다.[19] 따라서 과제 수행 목적을 분명히 하고 이에 따른 텍스트 조직 계획을 명확히 하는 등의 과제 표상의 수립은 학습 논술의 수준을 향상시키는 데 핵심적인 역할을 한다.[20]

좋은 논증 텍스트를 산출하기 위해서는 학습 자료에 대한 올바른 이해와 적절한 과제 표상이 갖춰져야 한다. 학습 자료에 대한 오인은 논제에 대한 잘못된 분석과 엉뚱한 결론을 이끌어 낼 수 있으며, 잘못된 과제 표상은 비효율적인 쓰기와 평범한 텍스트 산출로 귀결될 수 있다. 따라서 학습 논술 교육은 학습자들이 계획하기 단계에서 올바른 논제 분석과 적절한 과제 표상을 수립할 수 있도록 만드는 데 많은 교육적 노력을 기울여 나가야 한다.

나. 배경지식 및 정보 수집 활성화

학습 논술은 타당한 근거를 제시하여 수용 가능한 논리를 생산하는 글쓰기로, 타당한 근거는 논제와 관련된 지식과 정보를 기반으로 성립된다. 따라서 학습 논술 쓰기를 위해 학습자는 논제와 관련된 가능한 한 많은 지식과 정보를 수집하고, 이를 토대로 논증 내용을 생성하는 작업을 수행해야 한다. 이는 주로 학습자가 지닌 배경지식을

19) John Hayes & Linda Flower, The cognition of discovery: Defining a rhetorical problem, *College composition & communication*, 31, 1980.

20) 과제 표상 교육과 관련된 구체적 효과는 '이윤빈 · 정희모, 「과제 표상 교육이 대학생의 학술적 글쓰기에 미치는 효과」, 『국어교육』 131, 한국어교육학회, 2010' 참조 바람.

활성화하거나 텍스트에 나타난 지식과 정보를 구하는 방향에서 진행된다.

학습 논술 수행에서 학습자가 논증 내용 생성을 위해 참조할 수 있는 지식과 정보의 원천 유형은 학습 자료, 배경지식, 외적 자료의 세 가지를 수 있다. 먼저 학습 자료는 논제와 관련된 기본적인 정보를 제공하는 역할을 한다. 학습자들은 논증 내용을 생성해 나가는 과정에서 학습 자료에 제시된 정보를 논의를 여는 단서로 활용할 수 있지만 이를 논증의 핵심 내용으로 삼아서는 안 된다. 학습 자료가 논증 내용의 핵심을 차지하는 경우, 해당 텍스트는 학습된 지식과 자료를 요약한 설명적 성격의 글이 되기 쉽다.

학습 자료를 제외하고 논증 내용 생성을 위해 학습자가 손쉽게 활용할 수 있는 것이 배경지식이다. 배경지식은 학습자의 장기 기억 속에 저장되어 있는 인지적 요소를 가리키는 것으로 필자의 체험에 기반한 경험적 요소와 학습이나 독서를 통해 습득한 지식 요소로 구성된다. 논증적 글쓰기에서 경험적 요소는 구체성을 띠고 있어서 논증을 생동감 있게 전개해 나가는 데에는 유리하게 작용하지만 그 범위가 개인의 사적 영역에 제한되기 때문에 보편적 설득력을 얻는 데에는 한계가 있다. 이에 비해 지식 요소는 원칙이나 법칙 등을 바탕으로 하기 때문에 보편적인 설득력을 얻는 데에는 유리하지만 필자의 기억에만 의존하는 경우 잘못된 정보의 제시로 인해 텍스트 전체의 신뢰성을 훼손시킬 수 있다. 따라서 이들을 논증 내용으로 활용할 때에는 논증의 맥락과 정보의 정확성에 주의를 기울일 필요가 있다.

배경지식은 필자에게 이미 형성되어 있는 내적 요소에 해당하기 때문에 이를 활성화하기 위해서는 필자 스스로 자신의 기억과 인지를 탐색하고 논제와 관련된 내용 요소를 인출하는 작업이 필요하다. 이 과정에 적용될 수 있는 전략이 브레인스토밍이라 할 수 있는데, 여기에서 필자는 논증 내용 생성을 위해 논제와 관련해 떠오르는 내용들을 자유롭게 발산하는 데 힘을 기울여야 한다. 이는 논제와 관련된 배경지식의 양적 증대를 통해 논증 내용 생성에 필요한 정보의 원천을 확보하려는 전략의 일환이라 할 수 있다.

배경지식의 활성화가 필자 내부를 탐색하는 작업에 해당한다면 주장을 뒷받침하기 위해 필요한 자료들을 조사하는 작업 또한 필요하다. 인간의 인지 능력은 한계를 지니기 때문에 논제와 관련된 지식과 정보를 미리 갖추고 있는 경우는 드물다. 따라서 논제를 분석하고 주장을 확정한 뒤 필요한 지식과 정보를 구하는 것이 논증 내용을 생성하는 일반적인 방식이라 할 수 있다.

논증 내용 생성을 위한 외적 자료의 원천은 그 출처가 너무 다양하여 체계적으로 분류하기가 쉽지 않다. 이를 논제와 관련된 지식과 정보의 수준을 고려하여 나누면 크게 대중매체 자료, 통계 자료, 문헌 자료, 학술 자료의 네 가지 정도로 구분할 수 있다. 첫째, 대중매체 자료는 대중을 상대로 정보를 알리고자 하는 목적을 지닌 것으로 조사자의 접근이 용이하나 다루는 정보가 일반적 사실의 수준을 벗어나지 못한다. 둘째, 통계 자료는 대상과 관련된 특성을 수치로 데이터화 하여 제시하는 것으로 대상과 연관된 일반적 경향을 알려주는 정보를 제공한다. 셋째, 문헌 자료는 흔히 서적의 형태로 존재하며 일반 독자들에게 대상과 관련된 폭넓은 지식과 정보를 제공하는 역할을 한다. 넷째, 학술 자료는 전문가 집단 사이에서 해당 학문의 문제와 관련된 논의를 위해 산출된 것으로 대상과 관련된 깊이 있는 정보를 제공할 수 있다. 이처럼 논증 내용 생성을 위해 참조할 수 있는 외적 자료의 유형은 다루는 지식과 정보의 수준에 따라 다양하게 나타난다. 논증적 글쓰기에서는 주장을 정당화하기 위해 제시하는 논거가 어떠한 성격의 자료에 기반을 두고 있는지가 논증 텍스트의 수준을 결정짓는 데 중요한 역할을 할 수 있다.

논증 내용의 생성은 학습자가 지닌 배경지식의 활성화나 논제와 관련된 자료 조사를 통해 이루어진다. 필자는 이 과정에서 가능한 한 다양한 지식과 정보를 수집하여 이를 주장을 뒷받침하는 논거 생성의 원천으로 삼을 필요가 있다. 논증 텍스트의 수준을 결정짓는 데에는 논거가 어떠한 지식과 정보에 기반을 두고 있는지가 중요한 역할을 하므로 교사는 학습자들이 논증의 목적과 맥락을 고려하여 적절한 지식과 정보를 수집하고 이를 바탕으로 논증 내용을 생성할 수 있도록 지도해 나가야 할 것이다.

다. 정보 확충을 위한 협의 토론 모형 적용

학습 논술 수행은 학습자들에게 많은 인지적 부담을 야기한다. 학습자들은 논술을 수행하는 과정에서 문제 상황을 파악하고, 자신의 주장을 정립하며, 근거를 마련하는 등의 작업을 실행하는 동시에 이를 쓰기를 통해 체계적으로 표현해 나가는 과업을 실천해야 한다. 학습자에게 주어진 이러한 복합적인 과업은 쓰기 동기를 저하시키고 논증 내용 생성에 있어서 주어진 자료에 대한 의존을 심화시키는 요인이 된다. 따라서 학습자들이 의미 있는 논증 텍스트를 생산하도록 만들기 위해서는 학습자들이 부딪치게 되는 인지적 부담들을 경감시킬 수 있는 교육적 지원이 요청되며, 이는 학습자 간의 상호 작용을 통해 사고를 활성화시키는 방향에서 그 실마리를 찾아야 한다.

사고 활성화와 관련하여 학습자 간 상호 작용의 중요성은 구성주의 이론가들에게서 강조되어 왔다. Piaget는 인지 발달을 인간 내부의 심리 작용으로 파악하였지만 인지 발달에 영향을 미치는 요소로 또래 집단과의 의사소통 또한 중요하게 생각하였다. 그는 아동들의 사회적 상호 작용을 관찰하여 아동의 지적 발달에 있어서 동료 집단과의 상호 작용이 성인과의 상호 작용보다 더 큰 교육적 효과를 가진다고 결론지었다.[21] 인지 발달에 있어 사회적 요소를 강조했던 Vygotsky 또한 학습에 있어서 동료 집단의 역할을 강조하였는데, 그는 인간의 발달을 성인의 안내나 또래들과의 협동을 통해 달성할 수 있는 것으로 파악하였다. Vygotsky는 학습의 기본 형태는 아동이 환경 속에서 사람들과 협력하여 상호 작용할 때 발생하는 다양한 내적 발달 과정을 불러일으킬 수 있어야 한다고 여겼으며, 이러한 과정들이 내면화 될 때 아동의 독립적인 발달적 성취가 가능하다고 인식하였다.[22] Piaget와 Vygotsky는 인간의 인지 발달을 바라보는 관점에 있어서는 차이점을 지니고 있지만, 학습과 관련된 동료 간 상호 작용의 효과에 대해서는 유사한 견해를 보여주고 있다.

논증 내용 생성에 있어서 학습자 간의 상호 작용은 지식과 정보의 확충을 위한 협력과 토론을 통해 구체화된다. 본고에서는 협력적 대화와 논쟁적 대화를 아우르는 형태로 협의 토론을 제안하였는데, 이는 논제와 관련된 정보의 양적 측면을 확대하는 동시에 주체 간의 관점 대비를 통해 대상을 바라보는 인식의 폭을 넓히는 효과 또한 가져온다. 즉 협의 토론은 담론과 담론이 교류하고 갈등

---

21) 피아제 지음/송명자 외 옮김, 『아동의 언어와 사고』, 중앙적성출판사, 1985, 247~287면.

22) 비고츠키 지음/조희숙 외 옮김, 『사회 속의 정신』, 양서원, 2000, 135~145면.

하는 대화의 공간이며 학습자들은 여기에 참여함으로써 개별 주체로 머물러 있을 때는 경험하기 힘든 인식의 확장과 사고의 활성화를 경험할 수 있게 되는 것이다.

> 반대 측의 여러 의견을 들으면서 미처 생각하지 못했던 문제점들을 새로이 알 수 있었다. 또 남의 의견에 반박할 수 있었던 의견을 많이 생각하지 못해 아쉬웠다.
>
> (C-1번의 기록 중에서)

> 우선은 친구들 모두 토론에 적극 참여해서 흥미진진했고, 조별 대표자들의 논리적인 발표에 놀랐다. 영어공용화 찬성측의 주장중에 언어는 도구이고, 우리의 과거보다 현재의 세계화에 발맞출 필요가 있다고 했는데, 조금 충격이었다. 현재도 중요하다지만, 과거보터 이어온 일종의 전통적인 한글은 보존되어야 한다고 생각했기 때문이다. 의견을 절충하는 과정에서도 많은 것을 배운 것 같다.
>
> (D-14번의 기록 중에서)

인용된 자료는 협의 토론에 대한 감상을 적은 글로 여기에서 학습자들은 토론 과정에서 겪게 된 정보의 확충과 인지적 충격을 드러내고 있다. 첫 번째 인용문에서 학습자는 반대 측의 의견을 청취하는 과정에서 미처 생각하지 못했던 새로운 사실들을 깨닫게 되었음을 피력하고 있으며, 두 번째 학습자는 반대의 입장에 있어서 미처 생각하지 못했던 찬성 측의 의견을 접함으로써 느낀 충격을 나타내고 있다. 이는 학습자들이 토론이라는 대화적 맥락에서 타자와의 접촉을 통해 자기중심성을 벗어나는 과정에서 경험하게 된 인식의 확대와 사고 활성화를 드러내는 지표로 여겨진다. 이러한 인식의 확대와 사고의 활성화는 논증적 글쓰기 수행에서 텍스트의 논의를 심화시키는 원천으로 작용하게 되는 것이다.

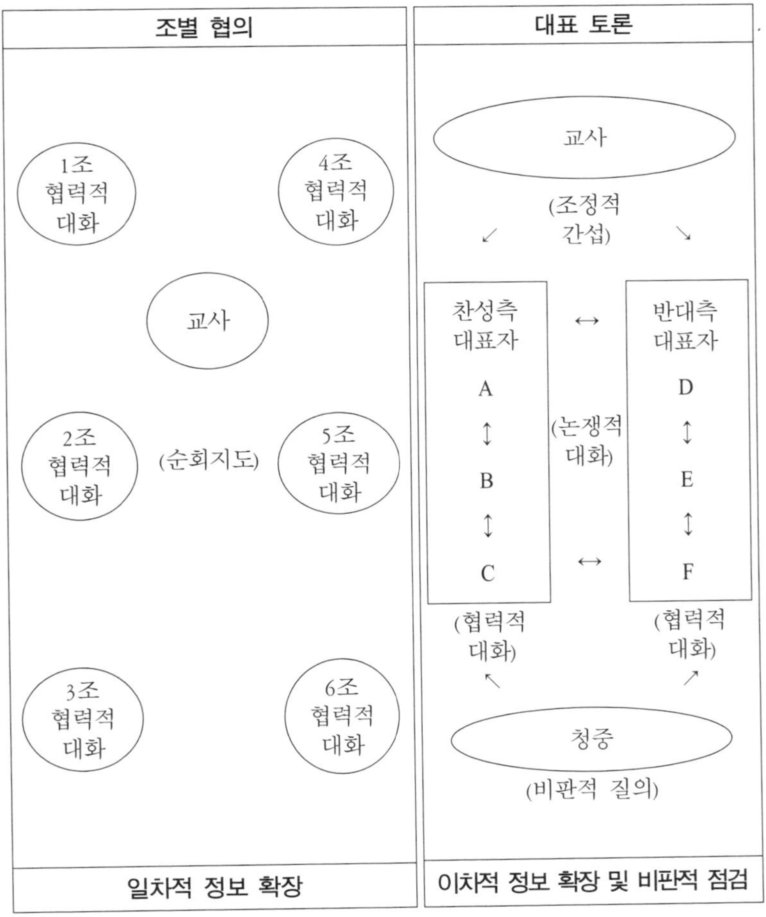

<그림 1. 협의 토론의 모형>

협의 토론은 크게 사전 준비, 조별 협의, 대표 토론, 정리의 네 단계로 이루어진다. 사전 준비에서는 학습자들이 논제와 관련된 개별적인 정보를 수집하고, 조별 협의에서는 협력적 대화를 통해 정보를 확장시키며, 대표 토론에서는 협력, 논쟁, 질의의 과정을 통해 이차적인 정보 확장과 비판적 점검을 하고, 정리에서는 협의 토론 내용을 정리하고 검토하게 된다. 제시된 그림은 협의 토론의 핵심 단계인 조별 협의와 대표 토론을 구체화 한 것으로 학습자들은 이러한 과정을 통해 확장된 논증 내용 생성을 이룰 수 있게 된다.

협의 토론에서 동료 학습자는 논제와 관련된 정보 제공자나 개별 주체가 생각할 수 없었던 새로운 관점의 대변자 역할을 수행한다. 이로 인해 논증 내용 생성 단계에서 협의 토론은 정보의 확충과 관점의 확대를 통해 학습자들의 인식 지평을 넓히는 역할을 한다. 학습 논술에서 좋은 논증 텍스트를 산출하기 위해서는 논제와 관련된 폭 넓은 정보와 다양한 관점에 대한 이해가 수반되어야 한다. 이런 측면에서 볼 때 협의 토론의 수행은 학습 논술 교육의 효과를 높일 수 있는 중요한 교육적 수단으로서 기능을 한다.

3) 논증 내용 조직하기 단계

가. 논증 방향에 따른 정보 평가 실시

논증 내용 생성하기 단계에서 논제와 관련된 지식과 정보의 수집이 주로 양적 측면에 치중한 경향이 있었다면 다음으로 필요한 것은 학습 논술 쓰기를 위해 이를 질적 기준에 의해 평가하고 선별하는 작업이라 할 수 있다. 논증적 글쓰기에서는 수집된 지식과 정보가 모두 논증 내용으로 쓰일 수 없으며, 필자는 논증 방향에 비추어 이를 선택하고 체계적으로 조직하여 글로 표현하는 단계를 밟아나가야 한다. 쓰기 목적에 적합한 내용 선택과 체계적 배치 없이 수집된 정보를 보여주는 데 급급하게 되면 좋은 논증 텍스트를 생산할 수 없게 된다.

읽기와 쓰기를 연계하여 능숙한 필자와 미숙한 필자의 쓰기 과정을 비교한 연구를 살펴보면 이 둘 사이에는 자료를 다루는 태도에 있어 결정적인 차이가 드러난다. 작문 과정에서 처음에 학생들은 주로 자료 텍스트 읽기에 몰두하지만 과정이 진행됨에 따라 읽기와 쓰기가 균형을 이루고 후반부로 갈수록 대체로 자신이 쓴 글을 읽거나 쓰기에 몰두하는 경향을 나타낸다. 이 과정에서 능숙한 필자는 쓰기가 시작되기 전에 자료를 대부분 다루고 쓰기가 시작되면 자신이 정리해 놓은 기록을 바탕으로 쓰기를 수행하는 특성을 보이는 반면에 미숙한 독자는 쓰기를 할 때 자료 자체를 중요하게 끌어들여 그것을 자신의 글 속에 직접 인용하는 모습을 나타낸다.[23] 즉 능숙한 필자가 자신의 인지적 전략에 맞게 자료를 해석하거나 활용하는 양상을 보여준다면 미숙한 필자는 자료에 직접적으로 의존하는 쓰기를 수행한다고 말할 수 있을 것이다. 이처럼 자료에 대한 직접적이고 과도한 의존은 쓰기의 질을 떨어뜨리는 요인으로 작용한다.

그렇다면 학습 논술 쓰기에서 수집된 지식과 정보를 선별하는 기준은 어떤 것이어야 할까? 이와 관련해서는 논거로서의 중요도,

---

23) M. L. Kennedy, The composing process of college students writing from sources, *Written communication*, 2(4), 1985; W. McGinley, The role of reading & writing while composing from sources, *Reading Research Quarterly*, 27(3), 1992.

맥락에 따른 활용도, 정보 내용의 정확도의 세 가지 기준을 제시할 수 있다. 먼저 논거로서의 중요도는 수집된 지식과 정보가 논거로 활용될 때, 필자의 주장을 뒷받침 하는 데 있어 어느 정도의 효력을 지닐 수 있는지와 관련이 깊다. 주장의 정당화를 위해서는 지엽적이고 부수적인 논거를 다수 드는 것보다 핵심적인 논거를 하나 제시하는 것이 더 효과적일 수 있다. 특히 필자의 견해와 반대되는 담론의 요체를 흔들 수 있는 논거가 있다면 그와 관련된 논증 내용이 최우선적으로 선택되어야 할 것이다.

다음으로는 논증 맥락에 따른 내용의 활용도를 들 수 있다. 논증 텍스트는 문제 해결을 위한 일정한 논지 전개의 흐름을 지니며, 이에 따라 논제와 관련된 중요성 환기, 독자와의 공유된 이해 설정, 반론에 대한 논파와 같이 논증 맥락에 따른 적절한 논증 내용을 필요로 한다. 따라서 필자는 자신이 설정한 과제 표상에 따라 수집된 지식과 정보를 적절하게 배치하는 작업을 수행해야 한다. 즉 필자가 구상한 논지 전개의 흐름과 관련된 지식과 정보만이 논증 내용으로서 텍스트에 도입될 수 있게 된다.

마지막으로는 수집된 지식과 정보의 정확성에 대한 확신을 들 수 있다. 논증 텍스트에서 부정확한 논거의 제시는 글의 신뢰성을 떨어뜨리는 결정적인 요인이 된다. 논증 텍스트는 지식과 정보에 바탕을 둔 설득을 지향하므로, 그 내용이 정확하지 않다면 텍스트 자체가 신뢰를 잃게 되는 것이 당연하다. 예를 들어 해당 내용에 대해 책임을 질 수 없는 인터넷에 떠도는 지식과 정보는 그것이 아무리 주장을 뒷받침하는 데 핵심적인 역할을 하고, 논증 맥락에 적합하다 할지라도 논거로 선택되어서는 안 된다.

학습 논술 쓰기는 수집된 지식과 정보를 논증 방향에 맞게 가공하는 과정을 필요로 한다. 즉 필자는 주장을 정당화하기 위해 지식과 정보를 자신의 의도에 따라 논증 내용 속에 알맞게 집어넣는 작업을 수행해야 한다. 이때 중요하게 작용하는 기준이 논거로서의 중요도, 맥락에 따른 활용도, 정보 내용의 정확도라 할 수 있다. 논제와 관련된 지식과 정보들 사이에서 필요한 논증 내용을 추출하는 작업은 논증 텍스트의 질을 결정짓는 데 있어 중요한 역할을 한다.

나. 논증 타당화를 위한 추론과 내용 조직

필자의 배경지식 활성화나 자료 조사에 의해 논제와 관련된 지식과 정보가 수집되고 논증 방향에 따라 필요한 논증 내용이 선택되었다면 다음으로 필요한 일이 논증 타당화를 위한 추론과 내용 조직이라 할 수 있다. 논증 내용 생성이 논제에 초점을 맞추고 거기에 적합한 정보를 산출하는 작업에 해당한다면, 논증 내용의 조직은 주장과 논거가 부합될 수 있도록 적절한 추론 관계를 설정하는 일과 연관된다. 논증적 글쓰기에서 주장과 논거의 추론 관계 설정은 논증 타당성과 내용 조직 유형을 결정짓는 요소로 작용한다.

설득적 말하기와 관련된 연구에서는 담화 조직의 유형을 10여 가지 정도로 분류하여 제시하고 있다. 이 가운데 몇 가지를 살펴보면 문제 제기-대안 제시-장점 제시로 이루어진 대안 제시형 조직, 논박 사안 설명-논박 증거 제시-주장으로 이루어진 논박형 조직, 문제 제기-원인 규명-해결책 제시로 이루어진 문제 원인 해결 조직 등이 나타난다.[24] 이는 논지 전개 방식에 따라 담화 조직을 나

24) 박재현, 「설득 담화의 내용 조직 교육 연구」, 서울대 박사논문, 2006, 90~114면.

누어 설명한 것으로 구어적 상황을 반영하여 청중이 화자의 주장을 쉽게 이해할 수 있도록 논지 전개의 흐름을 명확히 하는 것이 강조되고 있다. 이에 비해 논증적 글쓰기에서는 주장과 논거 사이의 추론 관계에 나타나는 타당성이 더 중요한 역할을 한다.

앞선 학습자 논술문 분석에서 살펴본 것처럼 학습 논술에서 주로 나타나는 논증 방식은 논거 나열형, 유추 의존형, 논평 중심형의 세 가지로 구분해 볼 수 있다. 논거 나열형은 필자가 가능한 한 다양한 논거들을 제시함으로써 자신의 주장을 정당화하려는 논증 방식에 해당한다. 여기에서는 주로 학습 자료와 관련된 내용을 인용하거나 요약하는 방식을 통해 논거를 생성하고 이를 첫째, 둘째와 같은 논증 표지를 사용하여 양적으로 제시하는 특성을 나타낸다. 여기에 속하는 글들은 학습 자료에 바탕을 둔 해설적 성격의 글이 되기 쉬우며 지식의 확장이나 논제와 관련된 심화된 이해를 보여주지 못한다. 따라서 학습 논술 교육에서는 학습자들이 학습 자료에 기반한 논거의 나열이 논증의 완성이 될 수 없다는 사실을 인식하고 논제와 관련된 지식의 확장과 창조적 적용을 꾀할 수 있도록 만들어 나가는 데 노력을 기울여야 한다.

유추 의존형은 논제 상황과 유사한 사례를 들어 주장을 정당화해 나가는 논증 방식에 해당한다. 이는 주로 두 대상을 비교하거나 그 사이에 연결 관계를 설정하여 유사성을 강조하는 방식으로 이루어진다. 여기에서는 의도하는 주장과 뒷받침 사례가 되는 논거 사이의 유사성을 드러내기 위해 구체적인 서술이 행해지는 것이 일반적이다. 유추 의존형은 주장을 정당화하기 위해 새로운 근거를 도입한다는 점에서 논제와 관련된 지식의 확장을 보여주지만 유사성의 강조가 논증의 정당성을 보장해주지 못한다는 점에서 한계를 지닌다. 유추 의존형에서는 논제 상황과 도입되는 사례 사이의 일치도가 중요한 작용을 하므로 학습자들이 둘 사이의 연관성을 비판적으로 검토할 수 있도록 만들어야 한다. 또한 학습자들이 대상 사이에 존재하는 유사성만을 드러내는 데 그치지 말고 이를 조망할 수 있는 관점을 지니도록 교육하는 것이 필요하다.

논평 중심형은 필자가 문제 상황을 바라보는 특정한 관점에 의거해 논평을 전개하여 주장을 부각시켜 나가는 논증 방식에 해당한다. 여기에 속하는 글들은 논제와 관련된 필자의 명확한 관점이 제시됨으로써 주장에 일관성을 부여하고 논지 전개를 체계적으로 만드는 효과를 나타낸다. 또한 논제와 관련된 논평 강화는 필자에 의한 능동적인 의미 구성의 비중을 높이는 효과를 거두게 한다. 논평 중심형이 나타내는 이러한 특성은 논제와 관련된 심화된 이해를 추구하는 학습 논술의 목표와 긴밀한 연관을 갖는다. 학습 논술 교육은 논평 중심형 방식에 나타난 것처럼 학습자들이 논제와 관련된 명확한 관점을 확립하고 이에 기반한 의미 산출 능력을 갖출 수 있도록 만들어 나가야 한다.

학습 논술에서 텍스트의 수준을 결정짓는 가장 중요한 요소는 주장과 논거 사이를 연결하는 타당한 추론이라 할 수 있으며, 이는 논증 내용 조직의 유형과도 긴밀한 연관을 맺는다. 학습자들은 흔히 인지적 노력이 가장 적게 드는 학습 자료의 인용에 기반한 논거 나열의 방식을 통해 논증적 글쓰기를 수행하는 경향이 있는데 이는 학습 논술 교육이 시급히 개선해 나가야 할 과제에 해당된다. 학습 논술이 추구하는 교육적 목표가 학습 내용의 심화된 이해와 사고력 발달이라면 이는 논제와 관련된 학습자의 주체적 관점과 이에 기반한 논평의 강화를 통해 달성될 수 있다. 따라서 학습 논술 교육은 학습자들이 논제와 관련된 주체적 관점을 확립하고 이에 기반한 활발한 논평적 언급을 산출할 수 있도록 만드는 데 많은 교육적 노력을 기울여 나가야 할 것이다.

4) 논증 내용 표현하기 단계

가. 독자의 이해를 고려한 소통 전략 구안

글쓰기는 텍스트를 매개로 한 필자와 독자 사이의 대화를 전제로 성립된다. 이는 논증적 글쓰기에서도 마찬가지여서 필자는 논증 행위를 기반으로 텍스트를 구성하고 이를 독자들에게 전달함으로써 자신이 의도한 메시지가 수용되기를 희망한다. 그러나 논증적 글쓰기에서 상정하는 독자는 실체가 불분명한 특징을 지닌다. 학습 논술의 경우 학습 상황을 배경으로 하는 만큼 예상 독자를 교사와 동료 학습자들로 간주할 수도 있겠지만 필자들이 이들을 독자로 한정하고 논의를 전개해 나간다고 보는 것은 적절하지 않다. 학습 논술에서 필자는 교사의 기대나 동료 학습자의 반응에 연연하기보다 자신이 상정한 보편적인 독자의 상에 기대어 쓰기를 수행하는 것으로 보아야 한다.

메시지는 문자화되는 순간 시공간을 초월한 보편적 대화의 세계에 진입하게 된다. 글은 자기만족을 위한 표현적 성격의 글이나 특정 존재만을 독자로 한정하지 않는 이상 끊임없는 대화적 상황 속에 놓이게 된다. 특히 로고스를 중심으로 하는 논증적 글쓰기는 본질적으로 특정 독자를 뛰어넘는 보편청중에의 이해를 추구한다.

논증적 글쓰기가 보편청중과의 대화를 기반으로 한다는 것은 어떤 의미를 지닐까? 이는 쓰기 수행 과정에서 독자를 고려하지 않아도 된다는 의미를 나타내는가? 논증적 글쓰기가 보편청중을 대상으로 한다는 것은 필자가 지닌 보편적인 독자의 상에 의해 논의가 전개된다는 의미를 나타낸다. 이는 필자가 쓰기 과정에서 독자 요소를 무시하고 쓰기를 수행해도 된다는 뜻이 아니라 필자가 생각하는 일반적인 독자의 지적 수준과 태도 등을 염두에 두고 논의를 펼쳐나가야 한다는 의미를 지닌다. 이런 측면에서 보면 필자에 따라 보편청중에 대한 파악이 다를 수 있으므로 텍스트 또한 독자에 대한 배려가 다르게 나타나는 결과를 빚게 된다. 즉 보편청중에 대한 파악은 논증 소통을 원활하게 만드는 요소이자 필자의 쓰기 감각을 보여주는 지표가 된다.

학습 논술 교육에서는 학습자들에게 논증 소통을 원활히 하기 위해 보편청중에게 접근하는 방법을 가르칠 필요가 있다. 물론 이러한 기준이 절대적일 수는 없겠지만 본고에서는 이를 세 가지 측면에서 제시하고자 한다.

첫째, 필자는 보편청중이 해당 논제에 대해 흥미를 지니고 있지 않은 것으로 간주해야 한다. 이는 학습자들이 논증적 글쓰기를 수행함에 있어서 독자들의 흥미를 유발하는 전략이 필요함을 나타낸다. 논증 소통을 위해서 필자는 예상 독자가 논제에 대해 흥미를 지니지 않은 것으로 간주하고 이들을 논의의 장으로 끌어들이기 위해 관심을 불러일으켜야 한다. 이는 독자에게 사안의 중요성을 인식시키거나 구체적 사례의 제시를 통해 실감을 주거나 기본적인 정보를 제공하는 등의 방법을 통해 실현될 수 있다. 이러한 흥미 유발의 시도는 독자와의 원활한 소통을 위한 기본 단계로 작용한다.

둘째, 필자는 보편청중이 논제와 관련된 내용을 잘 알지 못하는 것으로 간주해야 한다. 이는 학습자들이 논증적 글쓰기를 수행함에 있어서 독자들을 위해 논증 내용과 논거에 대한 충분한 설명을 제공해야 한다는 것을 의미한다. 쓰기 경험이 부족한 필자일수록 명확하고 구체적으로 표현하지 않아도 독자들이 자신의 주장을 잘 알아들을 것이라고 생각하는 경향이 있다. 그러나 보편청중이 필자의 주장을 수용하도록 만들기 위해서는 일반적이고 보편적인 서술보다 구체적이고 자세한 서술을 제시해야 더 큰 효과를 거둘 수 있게 된다.[25)]

셋째, 필자는 보편청중이 자신의 주장에 대해 의문을 품거나 이의를 제기할 것으로 간주해야 한다. 이는 학습자들이 논증적 글쓰기를 수행함에 있어서 반론에 대해 고려하고 이에 적절하게 대처하는 모습을 보여주어야 한다는 것을 의미한다. 필자들은 논증적 글쓰기를 수행함에 있어서 자신의 생각에만 사로잡혀 그것을 뒷받침할 근거만을 찾는 데 집착하는 경향이 있다. 이러한 심리적 편향성을 극복하기 위해서는 다른 사람들의 의견을 구하고 이를 이해하려는 노력을 기울여야 한다. 이러한 시도가 행해질 때 독자들은 필자의 논증을 더 현명하고 사려 깊은 것으로 받아들이게 된다.[26)]

학습 논술은 학습 상황을 기반으로 하지만 수용 가능한 논리의 산출을 통해서 보편청중에 대한 설득을 지향한다. 이를 위해서 학습자들은 논증 소통 차원에서 보편청중에 대한 적절한 이미지를 형성할 필요가 있으며, 이는 필자의 논증을 접하게 될 일반적인 독자 상에 대한 고려를 기반으로 해야 한다. 필자가 자신의 주장을 접하게 될 독자의 이해를 고려하여 논증을 전개해 나갈 때 논증 텍스트가 가진 수용 가능성이 배가될 수 있을 것이다.

25) 조셉 윌리엄스 · 그레고리 콜롬 지음/윤영삼 옮김, 앞의 책, 2008, 410~412면.

26) 위의 책, 285~288면.

나. 양식 규범에 따른 쓰기 실행

쓰기를 수행한다는 것은 개인의 인지적 의미 구성 행위일 뿐만 아니라 사회적 실천 행위에 해당하기도 한다. 사회구성주의 작문 이론에서 강조하는 담론 공동체 개념은 쓰기가 지닌 사회적 실천의 측면을 잘 드러내고 있다. 따라서 사회적으로 소통 가능한 텍스트를 생산하기 위해서 필자는 담론 공동체가 받아들이고 있는 쓰기 양식의 규범을 준수할 필요가 있다.

쓰기에서 양식 규범을 강조하는 것은 장르에 대한 논의와 연결된다. 장르는 일반적으로 반복되는 상황에 대한 수사적 반응의 유형화된 형태로 규정되는데[27], 이는 장르가 특정한 상황과 관련된 유형화된 쓰기 지식을 지니고 있음을 나타낸다. 이와 관련해 Hyland는 장르 지식과 관련된 주요한 부문을 의사소통 목적에 대한 지식, 텍스트 형태에 대한 지식, 내용 및 사용역에 관한 지식, 상황 맥락에 대한 지식으로 구분하여 설명하였다. 그에 의하면 장르 지식을 결정짓는 가장 큰 요인은 의사소통 목적의 공유이며 장르는 이를 달성하기 위한 효율적인 방법의 구현에 해당된다고 한다.[28] 따라서 생성된 내용을 효과적으로 표현하고 사회적으로 소통 가능하도록 만들기 위해서는 양식 규범을 준수하는 태도가 필요하다.

이를 학습 논술 교육과 관련시켜 보면 교사는 학습자로 하여금 자신의 쓰기 행위가 지닌 의사소통 목적에 대한 지식, 텍스트 형태

27) Carolyn R. Miller, Genre as social action, *Quarterly journal of speech*, 70, 1984, p. 156.

28) Ken Hyland, *Genre and second language writing*, Ann Arbor : University of Michigan Press, 2004, pp. 56～57.

에 대한 지식, 내용 및 사용역에 대한 지식, 상황 맥락에 대한 지식을 메타적으로 인식하게 만들어야 한다. 예를 들어 이를 보고서 양식과 관련시켜 보면 학습자는 보고서 쓰기가 사실 확인 영역에서 대상과 관련된 이해를 심화시키기 위해 객관적 정보를 수집하고 이를 체계적으로 분석하는 형식을 위주로 해야 한다는 점을 알고 있어야 한다. 양식 규범과 관련된 이러한 이해는 필자가 생성한 논증 내용을 소통 가능하고 의미 있는 텍스트로 표현하는 데 많은 도움을 줄 수 있다.

양식 규범과 관련해 고려해야 할 또 다른 측면으로는 문체나 어휘와 관련된 사항을 들 수 있다. 양식 규범은 텍스트 구조나 형식과 같이 거시적인 차원에만 존재하는 것이 아니라 문장이나 어휘와 같은 보다 미시적인 차원에도 관여한다. 즉 설명문, 자기소개서, 전기문과 같은 각 양식들은 문체나 어휘 선택에 있어서 구별되는 특징을 갖는다. 설명문에 적합한 문체나 어휘가 전기문에서 어색하게 느껴지는 것은 이와 관련해 양식별로 따라야 할 규범이 상이하다는 사실을 명확히 보여준다.

학습 논술 또한 마찬가지여서 학습자들은 쓰기를 수행함에 있어서 문체나 어휘 등의 측면에서 논증적 글쓰기에 적합한 규범을 준수해야 한다. 예를 들면, 문체에 있어서는 객관적인 어투를 사용해야 한다거나 불필요한 수식을 사용하지 말아야 한다는 것, 어휘에 있어서는 단어의 의미를 정확하게 사용해야 한다거나 비유적 표현이나 자신을 직접적으로 드러내는 표현은 자제해야 한다는 것 등이 이에 속한다. 텍스트의 수준은 문장 표현이나 어휘 선택의 차원에서도 많은 영향을 받게 되므로 교사는 학습자들이 이러한 측면에 주의를 기울여 논증 텍스트가 요구하는 규범을 준수할 수 있도록 지도해 나가야 한다.

학습 논술은 주장과 근거를 바탕으로 한 객관적이고 논리적인 의미 구성을 지향하는 쓰기 양식에 해당한다. 학습 논술이 지닌 이러한 특성은 이와 관련된 양식 규범이 지켜지지 않을 때 해당 텍스트에 대한 신뢰와 수용 가능성이 낮아질 수 있음을 나타내고 있다. 따라서 교사는 학습자들이 논증 텍스트가 지닌 양식적 특성을 명확히 인식하고 이에 따른 쓰기 규범을 준수하면서 텍스트를 생산할 수 있도록 주의를 기울여 나가야 한다.

5) 논증 텍스트 검토하기 단계

가. 논증 요소에 의한 텍스트의 비판적 검토

논증 내용을 계획하고 조직하여 이를 초고로 완성하였다면 다음으로는 완성된 논증 텍스트에 대한 검토 작업이 필요하다. 계획하기에서 표현하기에 이르는 한 번의 과정을 통해 우수한 논증 텍스트를 생산하는 것은 매우 힘든 일이며, 필자는 초고에 대한 검토하기 과정을 거쳐 잘못된 점을 수정하고 미비한 점을 보완하는 작업을 수행하면서 논증 텍스트를 개선해 나가야 한다. 이 과정에서 필자는 자신이 생산한 텍스트를 비판적으로 평가하려는 태도를 지녀야 한다.

논증 텍스트 검토하기는 필자가 자신이 산출한 텍스트를 객관적인 태도를 유지하면서 비판적으로 읽는 과정을 요구한다. 그런데 비판적 읽기는 비판적 인식을 가능하게 하는 기준을 필요로 한다. 여기에서는 필자가 논증 텍스트를 비판적으로 평가하는 기준을 논리적 측면, 논증 요소의 측면, 텍스트의 의미 생성 측면의 세 가지로 나누어 살펴보도록 하겠다.

먼저 논리적 측면은 논증 텍스트의 논리적 일관성과 관련을 맺는다. 논증 텍스트가 갖추어야 할 가장 기본적인 조건은 글에 모순되는 주장, 논거, 진술이 존재해서는 안 된다는 것이다. 논증 텍스트에 논리적 모순이 나타난다는 것은 필자의 주장 자체를 무화시키는 중대한 결함에 해당한다. 모순이라는 말에 내재되어 있는 것처럼 논증 텍스트에 나타난 모순은 어떤 주장이든 가능하게 만듦으로써 또한 주장 자체를 무의미하게 만들어 버린다. 따라서 필자는 자신의 관점, 제시된 논거, 논증 내용의 서술 등에서 모순된 요소가 없는지를 꼼꼼히 살펴나가야 한다.

논증 요소의 측면은 산출된 논증 텍스트를 주장, 논거, 전제 등을 기준으로 재구성해 봄으로써 텍스트가 가진 문제점을 인식하고자 하는 시도에 해당한다. 이는 Toulmin이 제시한 논증 구조 모형을 활용하여 해당 논증 요소에 텍스트와 관련된 내용을 정리하여 나타내는 방식을 통해 실현 가능하다.

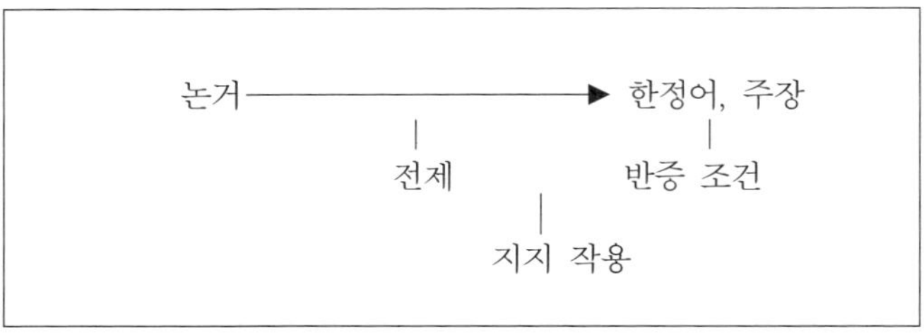

<그림 2. Toulmin의 논증 구조 모형>29)

제시된 도표에 잘 드러난 것처럼 필자는 Toulmin의 논증 모형을 활용하여 자신이 산출한 텍스트를 구조적로 재배치함으로써 논증

29) 스티븐 툴민 지음/고현범 외 옮김, 앞의 책, 2006, 172면.

텍스트의 내용을 일목요연하게 파악할 수 있다. 즉 논증 텍스트가 주장을 정당화하기 위해 사용하는 주요 근거는 무엇인지, 주장은 분명하게 드러내고 있는지, 전제는 보편적으로 수용 가능한 것인지, 반론에 대한 고려는 행하고 있는지 등이 이러한 작업을 통해 드러날 수 있게 된다. 이는 문자화 된 텍스트를 통해서는 쉽게 파악되지 않는 사항을 모형을 사용하여 구체적으로 나타냄으로써 텍스트에 대한 비판적 인식을 원활하게 만든다는 점에서 의의를 지닌다.

산출된 논증 텍스트가 논리적 일관성을 지니고, 논증 요소에 충실한 구성을 보여준다고 해서 해당 글이 무조건 높은 평가를 받을 수 있는 것은 아니다. 학습 논술은 결과적으로 학습 내용을 바탕으로 한 필자의 심화된 이해를 보여주는 텍스트 산출을 목표로 한다. 그런데 학습 논술의 수행이 기존의 학습된 지식을 단순 반복하는 데 그치게 된다면 해당 텍스트는 근본적인 문제를 안게 된다. 따라서 논증 텍스트는 학습된 내용을 바탕으로 심화되고 확장된 이해를 보여주는 의미를 생성해 내었느냐에 주목해 검토할 필요가 있다.

이는 Bereiter와 Scardamalia가 언급한 지식 나열하기와 지식 변형하기 모형과 연관된다.[30] 이들은 지식 나열하기와 지식 변형하기를 질적으로 다른 수준의 글쓰기로 파악했는데, 지식 나열하기는 학습된 내용을 반복하는 데 그친 텍스트를, 지식 변형하기는 학습된 내용에 바탕하여 심화되고 확장된 이해를 산출한 텍스트를 나타내는 것이라 할 수 있다. 따라서 필자는 산출된 텍스트가 어느

30) Carl Bereiter & Marlene Scardamalia, *The psychology of written composition*, Hillsdale, N.J. : L. Erlbaum Associates, 1987, pp. 3～30 · 339～363.

유형에 속하는지를 비판적으로 검토해야 한다. 이를 토대로 자신의 텍스트가 학습 내용의 반복 서술에 가까운 지식 나열하기 유형에 해당한다면, 논의를 보강할 자료를 확충하고 이를 자신의 주장에 맞게 변형시킴으로써 새로운 내용을 생성할 수 있도록 노력해야 할 것이다.

학습 논술 수행에서 논증 텍스트 검토하기는 필자로 하여금 산출된 텍스트에 대한 자기 평가를 요청한다. 이에 따라 필자는 논증 텍스트에 대해 거리를 두고 이를 비판적으로 읽는 작업을 실천해야 한다. 이 과정에서 필자는 논증 텍스트 내용과 관련된 논리적 모순 점검, 논증 요소에 따른 텍스트의 재구조화와 평가, 생성된 의미에 대한 검토에 중점을 두고 텍스트에 접근할 필요가 있다. 필자가 이러한 작업을 충실히 수행할 때 논증 텍스트의 개선이 이루어질 수 있게 된다.

나. 텍스트의 비판적 점검을 위한 동료 평가 모형 적용

텍스트는 사고 내용이 문자화되는 과정에서 필자의 많은 인지적 노력에 의해 산출된 결과물에 해당한다. 즉 필자는 산출된 텍스트 내용과 관련해 이를 합리화 시킬 나름대로의 이유를 지니고 있으며, 이로 인해 자신이 생산한 글에 비판적으로 접근하는 것은 어려운 일이라 할 수 있다. 특히 아직 쓰기에 익숙하지 않은 학습자들의 경우 자기 글에 대한 비판적 검토는 더욱 힘들게 느껴질 것이다.

이런 측면에서 산출된 텍스트를 동료 학습자와의 상호 작용을 통해 검토하는 것은 다양한 시각의 개입에 의해 필자가 지닌 인식의 한계를 보완하는 역할을 할 수 있다. 텍스트 생산 주체로서의 학습자는 동료 학습자와의 의견 교환을 통해 텍스트의 문제점을 비판적으로 점검하게 됨으로써 개별적인 차원에서는 발견하지 못했던 텍스트의 단점을 인식하고 이를 보완하는 과정을 거칠 수 있게 된다. 이처럼 상호 작용에 바탕을 둔 학습자 간의 교류는 상호 점검을 통해 주관적 차원에 머물렀던 텍스트 검토하기를 객관화시키는 효과를 거둘 수 있게 만든다.

Saunders는 작문 단계에 따른 상호 작용의 구조에 의해 쓰기 협력 학습의 유형을 공동 필자(Co-writers), 공동 출판자(Co-publishers), 공동 응답자(Co-responders), 공동 편집자(Co-editors), 필자 조력자(Writer-helpers)의 다섯 가지로 나누었다. 공동 필자는 쓰기의 전 과정에서 협력의 양상을 보이고, 공동 출판자는 특정 부분에 대한 개인적 소유권을 지니며, 공동 응답자는 검토하기에서만 공동 작업을 행하고, 공동 편집자는 제한적이고 부분적인 협력 방식을 나타내며, 필자 조력자는 필요한 경우 협력을 제공하는 형태를 띤다.[31] 여기서는 작문의 과정을 계획하기, 작문하기, 검토하기, 교정하기의 네 가지로 나누고, 다섯 유형들이 각 단계에서 어떤 상호 작용을 나타내는지를 제시하였다. 이처럼 쓰기 수행과 관련하여 협력 학습은 학습자 간의 관계, 과업의 형태, 쓰기 과정에서의 적용 단계 등에 따라 다양한 유형으로 나타날 수 있다.

동료 평가는 글쓰기의 어느 단계에서나 실행될 수 있지만 학습자들에 의해 산출된 일차 텍스트를 대상으로 할 때 그 효과가 크다. 이는 구체적이고 고정된 실체가 없이 계획하기 단계나 생성중인 텍스트를 대상으로 해서는 동료 학습자들의 생산적인 평가와 논의를 이끌어내기 힘들기 때문이다. 학습자에 의해 생산된 초고

---

31) William M. Saunders, Collaborative writing tasks & Peer interaction, *International of Educational Research*, 13(1), 1989, pp. 101~104.

를 대상으로 한 동료평가는 Saunders의 분류에 따르면 공동 응답자 유형에 속한다. 이 경우에는 '공동 필자' 및 '공동 출판자'와 달리 동료가 대상이 되는 글을 검토하기 단계에서 처음 접하기 때문에 해당 글이 추구하는 목표, 계획, 화제에 친숙하지 않은 양상을 보인다. 이로 인해 동료들은 필자에 의해 비판적으로 여겨질 만한 반응을 회피하며, 필자의 단순한 대답을 유도하는 질문을 하거나 추상적인 조언을 제공하는 데 그치는 경향을 나타낸다.[32] 이는 동료 평가가 나타낼 수 있는 한계를 잘 보여주는 것으로, 동료 평가에 기반한 쓰기 학습 상황에서 교사는 동료 학습자들이 다른 학습자의 글에 대해 활발한 의견을 개진하고, 해당 필자가 이를 비판적으로 수용할 수 있는 환경을 조성하는 데 역점을 두어야 한다.

텍스트 검토하기 단계에서 동료 평가의 실행은 산출된 텍스트에 대한 비판적 점검과 교정을 목적으로 시행되며, 여기에서 동료 학습자는 외현된 잠재 독자나 비판적 독자의 역할을 담당하게 된다. 즉 동료 학습자는 비판적 인식의 표출을 통해 텍스트의 문제점을 객관화시키는 역할을 하게 되는 것이다.

1. 동료 평가

뒷부분에 묵인한 것이 잘못된 것이라고 하면 병태뿐만 아니라 다른 친구들도 묵인했다는 부분에서 어쨌든 묵인한 것은 잘못한 것이라는 의미를 내포하고 있고, 그 바로 나오는 말의 근거가 매우 적절치 않다고 생각한다.

자신의 주장을 명확히 했고, 자신의 경험과 책 속의 상황을 비교해 본 것도 좋았다. 하지만 중간에 병태의 행동이 옳지 않

32) ibid., p. 108.

다고 한 내용은 자신의 주장과는 조금 어긋나는 내용인 것같다.

2. 자기 평가

병태의 잘못이 아닌 다른 주변인들의 잘못이란 주장으로 근거에 병태의 침묵 뿐만이 아닌 다른 사람들의 침묵도 있었다는 것을 들었지만 그 속에 병태도 잘못했다는 점이 포함되어 있어서 모순이 생긴 것같다. 병태의 당위성에 대해 좀 더 구체적인 근거를 내세워 주장의 타당성을 밝혀야겠고 병태의 옳지 않다고 한 점을 찾아 수정해야 할 필요를 느꼈다.

(F-3-평가)

제시된 자료는 앞서 살펴본 작품 속 인물 평가와 관련된 학습 논술에서 필자의 주장과 논증 내용의 적절성을 따진 동료 평가의 언급과 이를 수용하는 필자의 자기 평가를 보여주고 있다. 동료 평가에서 평가자들은 논제인 병태의 도덕적 선택에 대한 필자의 입장이 글 가운데 모순되게 나타나는 부분이 있음을 지적하고 있는데, 필자는 이를 긍정적으로 수용하면서 병태의 행동이 지닌 당위성을 보완하겠다는 견해를 밝히고 있다. 즉 동료 학습자들은 병태의 선택에 대한 상황논리적 이해와 도덕적 판단이 상충되는 부분에서 필자가 보여준 입장의 애매함을 지적하였고, 필자는 이를 인정하고 병태의 선택에 내재한 불가피성을 강조하는 방향으로 내용을 수정함으로써 주장을 명확히 하겠다는 계획을 드러내고 있다. 이는 동료평가에 의해 필자가 미처 인식하지 못했던 텍스트의 문제를 객관화시킨 사례라 할 수 있을 것이다.

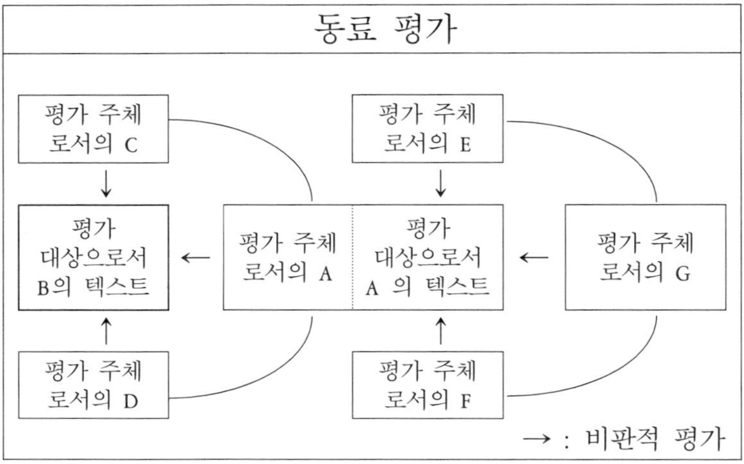

<그림 3. 동료 평가의 모형>

동료 평가는 크게 사전 준비, 사전 지도, 동료 평가, 자기 평가의 네 단계로 이루어진다. 사전 준비에서는 먼저 학습자의 일차 텍스트 생산이 이루어져야 하고, 사전 지도에서는 교사에 의한 텍스트 평가 지침이 제공되어야 한다. 동료 평가에서는 복수의 동료에 의해 텍스트에 대한 비판적 평가가 이루어져야 하고, 자기 평가에서는 동료 평가 내용의 정리 및 수정 계획이 마련되어야 한다. 제시된 도표는 동료 평가 상황을 구체화한 것으로 그림에서 잘 드러나듯이 개별 학습자는 평가 주체이자 평가 대상자로서의 이중 역할을 수행하고 있다. 도표에서 개별 학습자의 이중 역할을 점선으로 구분한 것은 이것이 해당 학습자가 자신의 텍스트를 비판적으로 평가하는 데 도움을 주는 측면이 있다고 보았기 때문이다. 도표의 곡선은 동료 평가가 3인의 평가와 개별 학습자의 이중 역할의 연쇄로 구성되어 있음을 나타낸 것으로 이러한 구성은 텍스트에 대한 객관적 평가를 돕는 역할을 한다.

동료 평가는 학습자 간의 긍정적 상호 의존을 바탕으로 성립되는 학습 방식이라 할 수 있다. 동료 평가에서 동료 학습자는 필자를 도와주는 조력자의 역할을 담당하는 것으로 가정되는데 학습자 간의 협력이 효과를 거두려면 서로 간에는 신뢰 관계가 전제되어야 한다. 쓰기 주체로서의 학습자는 동료 학습자의 비판이나 제안에 대해 우선 그 의도를 긍정적으로 인식하고 접근하는 자세가 필요하며, 그런 이후에 관련된 사항을 자신의 입장에서 이차적으로 점검해야 한다. 교사는 동료 평가의 수행에서 학습자들 간의 활발한 상호 작용이 일어날 수 있도록 학습 환경을 조성하고, 필자들이 동료 학습자의 비판이나 제안에 대해 긍정적으로 접근하여 이를 논증 텍스트 개선의 계기로 삼을 수 있도록 유도해 나가야 한다.

다. 텍스트의 문제점 개선을 위한 고쳐쓰기 실행

텍스트에 대한 비판적 검토는 관련된 사항에 대한 고쳐쓰기 수행을 통해 완성된다. 고쳐쓰기(revision)는 쓰인 글을 검토하고 이를 개선할 목적으로 수정하는 쓰기 행위를 가리키는 말로 쓰기 과정에서 부차적으로 작용하는 요소가 아니라 쓰기의 본질을 구성하는 요소에 해당된다. 즉 텍스트의 질적 수준은 필자가 고쳐쓰기에 얼마나 많은 노력을 기울였느냐에 따라 좌우된다고 할 수 있다.

고쳐쓰기와 관련하여 흔히 언급되는 것으로는 CDO(Compare, Diagnose, Operate) 모델을 들 수 있다. Scardamalia와 Bereiter는 작문 과정에는 필자에 의해 의도된 텍스트 표상과 실제로 쓰인 텍스트 표상의 두 가지가 존재하는데, 이 둘 사이의 불일치에 의해서 고쳐쓰기가 촉발된다고 설명하였다. 이로 인하여 고쳐쓰기는 두 표상에 대한 비교하기, 문제를 진단하기, 다시 쓰기를 통한 실행하기의 CDO 과정을 거치게 된다는 것이다.[33] 이는 고쳐쓰기가 필자가 의도하는 텍스트 표상과 실제 표상 사이의 간극을 좁히는 실천 행위이며, 자기 글에 대한 비판적 평가를 통해 텍스트의 문제점을 개선하는 행위임을 잘 보여주고 있다.

고쳐쓰기와 관련해 밝혀진 중요한 사항은 다음의 네 가지로 정리할 수 있다. 첫째, 능숙한 필자가 미숙한 필자보다 더 많은 고쳐쓰기를 수행한다. 둘째, 능숙한 필자는 고쳐쓰기 과정에서 미숙한 필자보다 전체적인 문제에 더 많은 주의를 기울인다. 셋째, 필자들은 다른 필자들의 글보다 자신의 글을 수정할 때 더 어려움을 겪는다. 넷째, 텍스트의 문제를 발견하는 능력과 이러한 문제를 고치는 능력은 다르게 나타난다.[34]

이러한 논의는 텍스트 개선을 위한 고쳐쓰기 교육이 나가야 할 바를 압축적으로 드러내준다. 이는 먼저 고쳐쓰기를 쓰기 교육의 핵심적인 요소로 받아들일 필요성을 제기하고, 그 방향은 세부적인 사항의 교정이 아니라 텍스트 내용과 관련된 거시적인 문제에 집중해야 함을 나타내고 있다. 또한 산출된 텍스트에 대한 필자의 자기 평가는 인지적인 어려움을 유발하므로 가능한 경우 상호 작용에 바탕을 둔 동료 평가를 실행할 필요가 있으며, 비판적 검토 사항은 반드시 쓰기 실천으로 이어져 학습자의 실제 고쳐쓰기 능력을 향상시킬 수 있도록 해야 한다는 것이다.

---

33) Marlene Scardamalia & Carl Bereiter, The development of evaluative, diagnostic, and remedial capabilities in children's composing, M. Martlew, editor, *The psychology of written language: A developmental approach*, London: Wile, 1983, pp. 67～73.

34) Linda Flower et al., Cognitive processes in revision, Sheldon Rosenberg, editor, *Advances in applied psycholinguistics*, New York : Cambridge University Press, 1987, pp. 176～178.

고쳐쓰기와 관련된 이러한 교육적 시사점은 학습 논술 교육에도 그대로 적용될 수 있다. 일반적으로 학습자들은 초고의 완성을 쓰기의 종결로 인식하여 좀처럼 고쳐쓰기를 수행하지 않는 경향이 있다. 본고에서 실시한 학습 논술과 관련된 동료 평가 실시에서 학습자들은 처음에 이를 새로운 과제의 부과로 보고 거부 반응을 나타내었다. 학습 논술 교육을 실천함에 있어서 교사는 학습자들의 논증적 글쓰기가 일회적 과정을 거쳐 완결되지 않도록 고쳐쓰기 교육을 활성화해 나가야 하며, 그 구체적 실천에 있어서는 논증 텍스트에 대한 비판적 검토가 문장 표현과 같은 미시적 차원이 아니라 논증 내용의 타당성과 같은 거시적 차원에 초점을 맞출 수 있도록 주의를 기울여야 한다. 산출된 텍스트에 대한 비판적 검토와 이에 바탕한 고쳐쓰기가 활성화될 때 논증 텍스트의 질적 개선이 달성될 수 있을 것이다.

VI. 결론

글쓰기가 인간의 사고와 표현 능력 발달에 막대한 영향을 미친다는 것은 널리 알려져 있다. 그 가운데서도 특히 논증적 글쓰기는 지식의 단순한 학습을 넘어서서 학습자로 하여금 지식을 배우고, 사태에 적용하며, 새로운 내용을 창출하게 만드는 효과적인 학습 수단으로서 의의를 지니고 있다. 이 연구는 논증적 글쓰기가 지닌 이러한 교육적 가능성에 주목하여 학습 상황에 바탕을 둔 논증적 글쓰기 교육의 필요성을 강조하고, 이를 효과적으로 실현시킬 수 있는 교육 내용과 방안을 제안하려는 목적을 지니고 있다. 이를 위해서 본고는 교과 학습과 관련된 문제를 해결해 나가는 논증적 글쓰기를 학습 논술로 개념화하고, 교육 현장에서 학습 논술 교육을 실제 실행하여 학습자 논술문에 나타난 문제점을 분석하였다. 그리고 이러한 문제점들을 개선하기 위하여 학습자 간의 상호 작용에 바탕을 둔 협력 방법을 적용하고 그 효과를 분석하였다.

학습과 논증적 글쓰기는 탐구와 발견을 중요하게 여긴다는 점에서 공통점을 갖는다. 학습과 관련된 논증적 글쓰기는 비형식적 논증을 기반으로 한 문제 해결 글쓰기와 과학적 논증을 기반으로 한 학술적 글쓰기의 두 유형으로 구분할 수 있다. 학습을 위한 논증적 글쓰기에 필요한 논증 능력은 크게 문제 상황과 관련된 논증 내용 생성 능력, 수용 가능성과 연관된 논증 타당화 능력, 쓰기 규범을 고려한 논증 소통 능력의 세 가지로 구분해 볼 수 있다. 즉 학습을 위한 논증적 글쓰기는 논제와 관련된 논증 내용을 생성하고, 이를 주장과 근거의 타당한 관계로 조직하며, 독자가 이를 쉽게 받아들일 수 있도록 만드는 능력을 필요로 한다.

학습 논술은 수용 가능한 논리의 산출을 중요시하는 문제 해결 글쓰기와 밀접한 관련을 지닌다. 그동안의 국어교육에서는 문제 해결 글쓰기와 관련해 입시 논술이 주요한 관심의 대상이 되어 왔다. 입시 논술은 평가가 교육을 지배하는 전도된 현상을 초래하여 많은 문제점을 야기하고 있으며, 이로 인해 교과 과정에 기반한 학습 논술 교육의 필요성이 부각되고 있다. 따라서 학습 논술 교육은 쓰기를 통한 사고력 발달과 학습 능력 향상이라는 교육적 가치를 실현하기 위해 학습자의 수준에 맞게 설계되고 적극적으로 실천되어야 할 것이라 여겨진다.

학습 논술은 학습된 지식을 바탕으로 교과 학습과 관련된 문제를 해결해 나가는 글쓰기라 할 수 있다. 학습 논술은 학습의 도구로서 학습된 지식의 심화된 이해를 가능하게 하며, 수용 가능한 논리의 산출을 통한 문제 해결을 지향하며, 보고서, 비평문, 감상문 등과 같은 쓰기 양식으로 산출될 수 있다. 논증적 글쓰기 수행은 학습자들에게 많은 인지적 부담을 요구하는데 학습 논술은 학습된 지식을 자료로 하여 논증과 관련된 기본적인 정보를 제공하고, 공통된 논제를 고민하는 동료 학습자로 구성된 담론 집단을 형성함으로써 상호 작용을 촉진할 수 있는 이점을 가진다.

올바른 학습 논술 교육을 위해서는 먼저 학습자들의 논증적 글쓰기 능력을 파악하는 과정이 필요하다. 이에 본 연구에서는 11학년 남녀 학습자들을 대상으로 하여 학습 논술과 관련된 논제로 '영어공용화 논쟁'과 '작품 속 인물 평가'를 제시하고 학습자들이 산출한 논술문을 분석하였다. 학습 논술의 분석은 논증 내용 생성의 기제, 논증 타당화 방식의 유형, 논증 소통을 위한 전략을 중심으로 이루어졌으며, 이러한 작업을 통해 학습 논술에 나타난 논증 양상과 문제점을 파악할 수 있었다. 학습자들의 논술문에 나타난 문제점은 세 가지로 요약할 수 있다. 첫째, 학습자들은 논증 내용 생성의 측면에서 주어진 자료나 작품 내용에 의존하는 모습을 보였다. 둘째, 학습자들은 논증 타당화 방식의 측면에서 논거 나열을 통한 정당화에 의존하는 경향을 드러내었으며 주체적 관점에 기반해 논평을 부각하는 모습은 적게 나타났다. 셋째, 학습자들은 논증 소통의 측면에서 반대 담론에 대해 형식적으로 접근하는 태도를 보여주었다.

학습자 논술문에 나타난 문제점들은 학습 논술 쓰기에 작용하는 인지적 부담을 필자 개인에게만 맡겨 둔 결과 발생한 것으로 파악할 수 있다. 따라서 교수 학습 차원에서 학습자들의 논술 쓰기를 원활하게 만들 수 있는 방법적 접근이 필요하다. 이와 관련해서는 학습자의 자력을 중심으로 한 문제해결, 쓰기 단계를 기반으로 한 도움 제공, 학습자 간 상호 작용의 촉진을 토대로 구체적인 교육 방안을 마련하도록 해야 한다. 이에 본고에서는 논증 내용 생성 단계에서는 협의 토론을, 논증 텍스트 검토하기 단계에서는 동료 평가를 적용하여 학습자들이 학습 논술을 수행하는 데 필요한 교육적 지원을 제공하고 그 효과를 분석하였다.

협의 토론은 영어공용화 논쟁과 관련된 논제를 대상으로 실시하였다. 협의 토론을 적용한 학습자 논술문을 살펴보면 대부분의 글들이 토론 과정에서 오갔던 주장과 의견들을 내용 생성을 위한 원천 자료로서 적극적으로 활용하였으며 이를 통해 논증 내용을 구조화 하는 양상을 보여주었다. 또한 논증 소통의 측면에서는 반론에 대한 형식적 접근 태도를 지양하고 토론 과정에서 논의되었던 쟁점 양상을 중심으로 반론에 대해 깊이 있게 논박을 가하는 모습을 보여주었다. 협의 토론이 학습 논술 쓰기에 미친 긍정적 영향은 통계적 검증을 통해서도 유의한 것으로 확인되었으며, 특히 논거의 타당성이나 적절성의 측면에서 효과가 큰 것으로 나타났다.

동료 평가는 작품 속 인물 평가와 관련된 논제를 대상으로 실시하였다. 동료 평가에 대해 대부분의 학습자들은 동료 학습자가 제기한 비판적 언급을 대체로 인정하면서 이를 2차 논술문에 반영하려는 모습을 나타내었다. 학습자 논술문을 살펴보면 동료 평가는 논증 소통의 측면에서 독자의 이해를 고려해 논증 내용을 구체화시키는 방향으로 영향을 주었다. 또한 논증 타당화 방식의 측면에서는 학습 자료의 인용에 기반한 논거 나열형의 텍스트 비중을 줄이고 관점 확립을 통한 논평 중심형의 텍스트 비중을 높이는 것으로 드러났다. 이처럼 동료 평가는 텍스트와 관련된 비판적 조언을 제공함으로써 학습 논술 쓰기 개선에 효과적으로 기여하는 것으로 나타났다.

학습 논술 교육은 학습된 지식의 심화된 이해와 쓰기를 통한 학습자의 사고력 발달을 목표로 한다. 학습자가 학습 논술을 원활히 수행하도록 만들기 위해서는 이들에게 논증 텍스트의 양식적 특성과 타당한 추론을 위한 논증 방법에 대한 이해, 논증적 글쓰기 수행의 절차와 전략에 관한 내용을 가르쳐야 한다. 학습 논술 쓰기 교수 학습은 논제 구성 및 제시 단계, 논증 내용 생성하기 단계, 논증 내용 조직하기 단계, 논증 내용 표현하기 단계, 논증 텍스트 검토하기 단계의 다섯 단계를 중심으로 이루어져야 한다. 논제 구성 및 제시 단계에서는 교과 내용에 바탕을 둔 적절한 논제를 구성하고 학습자들의 탐구를 활성화 시킬 수 있는 학습 자료를 제시해야 한다. 논증 생성하기 단계에서는 학습자로 하여금 논제와 관련된 적절한 과제 표상을 하고, 배경지식의 활성화와 정보 수집을 통해 가능한 다양한 자료를 확보하고, 협의토론을 통해 필요한 지식과 정보를 확충하도록 해야 한다. 논증 조직하기 단계에서는 수집된 지식과 정보를 논증 방향에 따라 선별하고 이를 타당한 논증 내용으로 조직하는 작업을 수행하도록 해야 한다. 논증 표현하기 단계에서는 메시지의 효과적 전달을 위한 소통 전략을 탐색하고, 양식 규범에 따른 쓰기를 실천하도록 만들어야 한다. 논증 텍스트 검토하기 단계에서는 산출된 초고를 필자 스스로 비판적으로 평가하는 과정이 필요하며 동료 평가를 통해 텍스트의 문제점을 객관화할 수 있게 해야 한다. 검토하기 단계에서 발견된 문제점은 고쳐쓰기를 통해 수정되는 과정을 거치게 함으로써 논증 텍스트 개선을 이룰 수 있도록 해야 한다.

논증적 글쓰기는 교과 학습에서 교사 중심의 일방적 지식 전달 위주의 수업을 학습자 주도의 능동적인 의미 구성 작업으로 변화시키는 효과적인 교육 수단이 될 수 있다. 이에 본고에서는 교과 학습에 기반한 논증적 글쓰기를 학습 논술이라 명명하고 학습자들이 학습 논술을 원활하게 수행하도록 만들기 위한 교육 내용과 방안을 모색하고자 하였다. 이를 위해 본고는 학습자들의 논증 능력 향상을 목표로 하여 논증적 글쓰기 과정에서 학습자 간 상호 작용을 활성화 하는 교육적 지원을 제공하고 그 효과를 분석해 보았다. 학습 논술 쓰기가 지닌 교육적 중요성을 고려하면 앞으로도 학습자들이 우수한 논증 텍스트를 생산할 수 있도록 만들기 위한 다각적인 연구가 필요할 것으로 생각된다.

참고 문헌

1. 자료

서울 S공립 고등학교 2학년 영어공용화 논쟁 관련 학습 논술 자료 126편
서울 S공립 고등학교 2학년 작품 속 인물 평가 관련 학습 논술 자료 168편
서울 S공립 고등학교 2학년 협의 토론 전사 자료
서울 S공립 고등학교 2학년 토론 기록지 68편
서울 S공립 고등학교 2학년 동료 평가 및 자기평가서 64편

교육과학기술부(2009), 『국어』 상, (주)두산.
교육부 고시 제1997-15호, 국어과 교육과정 작문.
교육인적자원부 고시 제2007-79호, 국어과 교육과정 국어.
교육인적자원부 고시 제2007-79호, 국어과 교육과정 작문.
김대행 외(2008), 『고등학교 논술』, 대한교과서.

2. 논저

강인애(1999), 「구성주의 인식론; 발명된 현실」, 교원대 초등교육연구소 편, 『구성주의와 교과교육』, 문음사.
강태완 외(2001), 『토론의 방법』, 커뮤니케이션 북스.
김광수(2007), 『논리와 비판적 사고』(쇄신판), 철학과 현실사.
김대행(1995), 「논술과 문학교육의 방향」, 『중등우리교육』 65.
김대행(2002), 「국어교과학을 위한 언어 재개념화」, 『선청어문』 30, 서울대국어교육과.
김대행(2002), 「국어교과학의 과제」, 『청람어문교육』 25, 청람어문학회.

김동환(2007), 「대학별 논술고사의 정체성과 방향」, 『국어교육학연구』 29, 국어교육학회.

김라연(2007), 「총체적 쓰기 평가와 분석적 쓰기 평가의 상관 연구」, 『이중언어학』 35, 이중언어학회.

김명숙 외(2002), 『사고력 검사 개발 연구』 II, 한국교육과정평가원.

김병구(2009), 「논증적 글쓰기 교육에 대한 비판적 고찰」, 『반교어문연구』 27, 반교어문학회.

김병익(1997), 「논술교육의 역설」, 『중등우리교육』 92.

김영건(2009), 「글쓰기와 논증」, 『시학과 언어학』 16, 시학과언어학회.

김영식 외(1997), 『과학사』, 전파과학사.

김영정 외(2004), 『비판적 사고와 학술적 글쓰기』, 서울대교수학습개발센터 글쓰기교실.

김영정(2006), 「통합교과형 논술의 특징」, 『철학과 현실』 69, 철학문화연구소.

김은전(1985), 「논술고사란 무엇인가」, 『국어교육』 53, 한국국어교육연구회.

김정자(1992), 「쓰기평가 방법 연구」, 서울대 석사논문.

김종철(2006), 「논술의 정체성」, 『작문학회 제7회 연구발표회 자료집』, 한국작문학회.

김중신(2007), 「국어교육과 통합교과 논술의 방향」, 『국어교육학연구』 29, 국어교육학회.

김진하(2008), 「프랑스와 한국의 논술 개념 비교」, 『프랑스 어문교육』 28, 한국프랑스어문교육학회.

김혜영(2008), 「논증적 글쓰기에 대한 텍스트언어학적 연구 : 논술답안 텍스트를 중심으로」, 서울대 석사논문.

마미화(2004), 「사회과 수행평가 과제의 적합성 분석과 과제」, 『시민교육연구』 36, 한국사회과교육학회.

문혜경(2000), 「협동 학습을 통한 작문지도 방법 연구」, 서울교대 석사논문.

민병곤(2004), 「논증교육의 내용 연구 : 6, 8, 10학년 학습자의 작문 및 토론 분석을 바탕으로」, 서울대 박사논문.

박갑수(1986), 「논술고사 출제에 관한 반성과 개선방안」, 『제10차 대학교육

발전 학술 세미나: 대학입시제도발전과 논술고사의 운영방향』.
박영목(2008), 『작문교육론』, 역락.
박영민(2003), 「비평문 쓰기를 통한 작문 지도 방법 연구」, 교원대 박사논문.
박영민(2009), 「논술 평가자의 주관적 경험 분석」, 『우리어문연구』 33, 우리어문학회.
박영준 외(2004), 『영어공용화 국가의 말과 삶』, 한국문화사.
박우수(2004), 「변증술과 논리학 : 그 개념과 역사」, 『한국수사학회 월례학술발표대회 자료집』, 한국수사학회.
박인기(2005), 「국어교육학 연구의 방향 : 재개념화, 그리고 가로지르기」, 『국어교육학연구』 22, 국어교육학회.
박인기(2006), 「국어교육과 타 교과교육과의 상호성」, 『국어교육』 120, 한국어교육학회.
박인기(2009), 「교과의 생태와 교과의 진화」, 『국어교육학연구』 34, 국어교육학회.
박재현(2006), 「설득 담화의 내용 조직 교육 연구」, 서울대 박사논문.
박태호(2005), 「6가지 주요 특성 평가법을 활용한 논술 고쳐쓰기 지도」, 『새국어교육』 71, 한국국어교육학회.
박현동(2009), 「논술평가와 고쳐쓰기 지도 방법 연구」, 영남대 박사논문.
박현희(2009), 「서울대학교 글쓰기 교과 운영 현황과 발전 과제」, 『사고와 표현』 2집 2호, 한국사고와표현학회.
배수찬(2006), 「근대적 글쓰기의 형성 과정 연구 : 논설문 쓰기의 성립 환경과 문장 모델을 중심으로」, 서울대 박사논문.
복거일(2003), 『영어를 공용어로 삼자』, 삼성경제연구소.
서울대 교육연구소(1994), 『교육학용어사전』, 하우.
서울대 교육연구소(1999), 『교육학 대백과사전』 3, 하우동설.
서울대 국어교육연구소(1996), 『논술, 출제와 평가의 실제』, 한샘출판사.
송순재 외(2007), 『대학입시와 교육제도의 스펙트럼』, 학지사.
엄훈(2002), 「조선전기 공론 논변의 국어교육적 연구」, 서울대 박사논문.
오준영 · 김유신(2009), 「Toulmin의 논증의 옹호와 교육적 적용에 대한 탐색」,

『범한철학』 55, 범한철학회.
오택환(2008), 『협동 작문의 이론과 실제』, 역락.
우한용(1999), 「문학교육의 평가」, 『국어교육』 100, 한국국어교육연구회.
원진숙(1994), 「작문교육의 이론적 기초와 방법론 연구 : 논술문의 지도와 평가를 중심으로」, 고려대 박사논문.
원진숙(1995), 「논술평가 기준 설정 연구」, 『한국어학』 2, 한국어학회.
원진숙(2007), 「논술 개념의 다층성과 대입 통합 교과 논술 시험」, 『국어교육』 122, 한국어교육학회.
이경원(2003), 「도덕과 수행평가에 관한 탐색」, 『윤리연구』 53, 한국국민윤리학회.
이광모(2008), 「논증론에 기초한 논술 이해」, 『동서철학 연구』 50, 한국동서철학회.
이광모(2009), 「의사소통적 합리성과 논증적 글쓰기」, 『헤겔연구』 24, 한국헤겔학회.
이대희(2002), 「고등학교 국사과 역사적 사고력 신장을 위한 수행평가 방안」, 『역사교육 논집』 29, 역사교육학회.
이도영(1998), 「언어사용 영역의 내용 체계에 대한 연구」, 서울대 박사논문.
이범홍(1999), 「과학과 수행평가」, 『한국교원대과학연구소 36차 학술세미나 발표문』, 교원대 과학연구소.
이병민(2006), 「논술고사의 성격 및 타당성 고찰」, 『국어교육』 121, 한국어교육학회.
이아라(2008), 「글쓰기 과정의 '숨은 독자(Hidden Reader)'」, 『국어교육학연구』 31집, 국어교육학회.
이윤빈 · 정희모(2010), 「과제 표상 교육이 대학생의 학술적 글쓰기에 미치는 효과」, 『국어교육』 131, 한국어교육학회.
이인제(1998), 「논술 능력 신장을 위한 교육 내용의 구조화 방안 연구」, 『교육과정평가연구』 1, 한국교육과정평가원.
이재기(1997), 「작문 활동에서 동료평가 활동 과정 분석」, 교원대학교 석사논문.
이홍우(2006), 『증보 교육과정탐구』, 박영사.

임광찬(2006), 「수행평가를 통한 논술지도의 실제와 한계」, 『작문학회 제7회 연구발표회 자료집』, 한국작문학회.

임완혁(2009), 「조선전기 책문과 사의 세계인식 : 『殿策精粹』를 중심으로」, 『한문학보』 20, 우리한문학회.

정성애(2006), 「내용 생성 협의가 논술문 쓰기에 미치는 효과」, 고려대 석사논문.

정재찬(2006), 「국어수업 비평론」, 『국어교육학 연구』 25, 국어교육학회.

정재찬(2006), 「소통과 연대를 위한 국어교육」, 『국어교육』 120, 한국어교육학회.

정희모(2005), 「대학 글쓰기 교육의 현황과 방향」, 『작문연구』 1, 한국작문학회.

정희모 · 김성희(2008), 「대학생 글쓰기의 텍스트 비교 분석 연구 : 능숙한 필자와 미숙한 필자의 텍스트에 나타난 특징을 중심으로」, 『국어교육학연구』 32, 국어교육학회.

조희정(2002), 「사회적 문해력으로서의 글쓰기 교육 연구 : 조선 세종조 과거 시험을 중심으로」, 서울대 박사논문.

조희정 외(2008), 「한성대학교 <사고와 표현> 교육의 현황」, 『사고와 표현』 1집 1호, 한국사고와표현학회.

주재우(2011), 「설 양식을 활용한 설득적 글쓰기 교육 연구」, 서울대 박사논문.

차배근(1989), 『설득 커뮤니케이션 이론』, 서울대출판부.

최식(2009), 「책문의 특징과 글쓰기 : 『策文準的』을 중심으로」, 『동방한문학』 39, 동방한문학회.

하병학(2006), 「탐구와 소통의 논술」, 『철학과 현실』 70, 철학문화연구소.

허경철 외(1990), 『사고력 신장을 위한 프로그램 개발 연구』 Ⅳ, 한국교육개발원.

유협 지음/최신호 옮김(1975), 『문심조룡』, 현암사.

진필상 지음/심경호 옮김(1995), 『한문문체론』, 이회.

글라스펠드 지음/김판수 외 옮김(1999), 『급진적 구성주의』, 원미사.

클라우스 브링커 지음/이성만 옮김(2004), 『텍스트언어학의 이해』, 역락.
로만 야콥슨 지음/신문수 옮김(1989), 『문학 속의 언어학』, 문학과 지성사.
루스 아모시 지음/장인봉 외 옮김(2003), 『담화 속의 논증』, 동문선.
미에치슬라브 마넬리 지음/손장권 외 옮김(2006), 『페렐만의 신수사학』, 고려대출판부.
반 데이크 지음/정시호 옮김(2001), 『텍스트학』, 아르케.
볼프강 졍켈 지음/권민철 옮김(2005), 『수업현상학』, 학지사.
브룩필드・프레스킬 지음/전남대 교육발전연구원 옮김(2008), 『토론(-수업을 위한 도구와 기법)』, 학이당.
비고츠키 지음/조희숙 외 옮김(2000), 『사회 속의 정신』, 양서원.
비고츠키 지음/신현정 옮김(1985), 『사고와 언어』, 성원사.
스티븐 툴민 지음/고현범・임태범 옮김(2006), 『논변의 사용』, 고려대출판부.
스피비 지음/신헌재 외 옮김(2002), 『구성주의와 읽기・쓰기』, 박이정.
아리스토텔레스 지음/이종오 옮김(2007), 『수사학 Ⅰ』, 리젬.
아리스토텔레스 지음/이종오 옮김(2007), 『수사학 Ⅲ』, 리젬.
아리스토텔레스 지음/김재홍 옮김(2008), 『변증론』, 길.
어니스트 네이글 지음/전영삼 옮김(2001), 『과학의 구조 Ⅰ』, 아카넷.
어니스트 네이글 지음/전영삼 옮김(2001), 『과학의 구조 Ⅱ』, 아카넷.
어빙 코피 외 지음/ 박만준 외 옮김(2000), 『논리학 입문』(제10판), 경문사.
에드워드 윌슨 지음/최재현・장대익 옮김(1998), 『통섭』, 사이언스북스.
올리비에 르불 지음/박인철 옮김(1999), 『수사학』, 한길사.
월터 J. 옹 지음/이기우・임명진 옮김(1995), 『구술문화와 문자문화』, 문예출판사.
위르겐 하버마스 지음/장춘익 옮김(2006), 『의사소통 행위 이론』 1, 나남출판.
재클린 브룩스・마틴 브룩스 지음/추병완・최근순 옮김(1999), 『구성주의 교수・학습론』, 백의.
제임스 크로스화이트 지음/오형엽 옮김(2001), 『이성의 수사학』, 고려대출판부.

제임스 딜론 지음/김정효 옮김(1997), 『토론학습의 이론과 실제』, 교육과학사.

조셉 윌리암스·그레고리 콜롬 지음/윤영삼 옮김(2008), 『논증의 탄생』, 홍문관.

존 듀이 지음/엄태동 옮김(2001), 『존 듀이의 경험과 교육』, 원미사.

존 맥펙 지음/박영환 외 옮김(1989), 『비판적 사고와 교육』, 배영사.

존슨과 존슨 지음/박인우 외 옮김(2004), 『협동학습을 위한 참여적 학습자』, 아카데미프레스.

크리스티안 플란틴 지음/장인봉 옮김(2003), 『논증 연구』, 고려대출판부.

티모시 보셔스 지음/이희복 외 옮김(2007), 『수사학 이론』, 커뮤니케이션북스.

피아제 지음/송명자 외 옮김(1985), 『아동의 언어와 사고』, 중앙적성출판사.

피터 딕슨 지음/강대건 옮김(1979), 『수사법』, 서울대출판부.

필립 브르통·질 고티에 지음/장혜영 옮김(2006), 『논증의 역사』, 커뮤니케이션북스.

徐師曾(1591/1984), 『文體明辯』 三, 오성사.

Applebee, A. N.(2000), Alternative models of writing development, Roselmina Indrisano and James R. Squire, editors, *Perspectives on writing : research, theory, and practice*, Newark, Dela. : International Reading Association.

Bereiter, C. & Scardamalia, M.(1987), *The psychology of written composition*, Hillsdale, N.J. : L. Erlbaum Associates.

Britton, J., Burgess, T., Martin, N., Mcleod, A., & Rosen, H.(1975), *The development of writing abilities* (11-18), London : Macmillan.

Bruffee, K. A.(1999), *Collaborative learning : higher education, interdependence, and the authority of knowledge(2nd Edition)*, Baltimore : Johns Hopkins University Press.

Flower, L., Stein, V., Ackerman, J., Kantz, M., J., McCormick, K., & Peck,

W., C.(1990), *Reading-to-write : exploring a cognitive and social process*, New York ; Oxford : Oxford University Press.

Gere, A. R.(1987), *Writing Groups: History, Theory, and Implications*, Southern Illinois Univ Press.

Govier, T.(2001), *A practical study of argument(5th ed.)*, Belmont, CA: Wadsworth Thomson Learning.

Hayes, J. & Flower, L.(1980), Identifying the organization of writing processes, Lee W. Gregg & Erwin R. Steinberg, editors, *Cognitive processes in writing*, Hillsdale : Erlbaum.

Hayes, J. & Flower, L.(1980), The cognition of discovery: Defining a rhetorical problem, *College composition & communication*, 31.

Hayes, J., Flower, L., Schriver, K., A., & Stratman, J., F.(1987), Cognitive processes in revision, Sheldon Rosenberg, editor, *Advances in applied psycholinguistics*, New York : Cambridge University Press, 1987.

Holt, M.(1992), The Value of Written Peer Criticism, *College Composition & Communication*, 43(3).

Hyland, K.(2004), *Genre and second language writing*, Ann Arbor : University of Michigan Press.

Kennedy, M. L.(1985), The composing process of college students writing from sources, *Written communication*, 2(4).

Kienpointner, M.(1992), *Alltagslogik : Struktur und Funktion von Argumentationsmustern*, Stuttgart-Bad Cannstatt : Frommann-Holzboog.

Langer, J. A. & Applebee, A. N.(1987), *How writing shapes thinking : a study of teaching and learning*, Urbana, Ill. : National Council of Teachers of English.

Marshall, J. D.(1984), The effects of writing on students' understanding of literary texts, The annual meeting of the national council of teachers of English(74th, Detroit, Mi, November).

McGinley, W.(1992), The role of reading & writing while composing from sources, *Reading Research Quarterly*, 27(3).

Miller, C., R.(1984), Genre as social action, *Quarterly journal of speech*, 70.

Newell, G. E. & Carton J.(1986), The effects of writing on learning from text, The annual meeting of the American educational research association, San Francisco.

Perelman, CH. & Olbrechts-Tyteca, L.(1971), *The new rhetoric: a treatise on argumentation* ;Translated by John Wilkinson and Purcell Weaver, Notre Dame : University of Notre Dame Press.

Porter J., E.(1986), Intertextuality and the discourse community, *Rhetoric review*, 5(1).

Saunders, W. M.(1989), Collaborative writing tasks & Peer interaction, *International of Educational Research*, 13(1).

Scardamalia, M. & Bereiter, C.(1983), The development of evaluative, diagnostic, and remedial capabilities in children's composing, M. Martlew, editor, *The psychology of written language: A developmental approac*h, London: Wile.

Tierney, R. J., O'Flahavan, J., F., & McGinley, W.(1989), The effects of reading and writing upon thinking critically, *Reading Research Quarterly*, 24(2).

Toulmin, S., Rieke, R., & Janik, A.(1984), *An introduction to reasoning: 2nd ed.*, New York : Macmillan.

Vacca, R. T. & Vacca A. L.(2000), Writing across the curriculum, Roselmina Indrisano and James R. Squire, editors, *Perspectives on writing : research, theory, and practice*, Newark, Dela. : International Reading Association.

van Eemeren, F., H., & Grootendorst, R.(1992), *Argumentation, communication, and fallacies : a pragma-dialectical perspective*, Hillsdale, N.J. : L. Erlbaum.

부록 1. Ⅲ장 관련 본문 인용 논술문 전문

-영어공용화 논쟁 관련

1. B-18번 글

우리나라에서 영어공용화를 시행할 필요가 있는가?

나는 우리나라에서 영어공용화를 시행할 필요가 없다고 생각한다. 그래서 난 영어공용화에 반대한다. 내가 영어공용화를 반대하는 것에는 5개의 이유가 있다.

복거일의 <영어를 공용어로 삼자>에서는 영어공용어를 반대하는 사람들이 우리 후손들에게 모국어를 고를 권리를 주는 것을 반대하는 것 이라며 매도하고 '만일 막 태어난 당신의 자식에게 영어와 조선어 가운데 하나를 모국어로 고를 기회가 주어진다면, 당신은 자식에게 어느 것을 권할것인지'하는 간단한 사고를 해보라고 하는데, 이건 완전히 억지다. 누가 권리를 빼앗는다고 했던가? 이건 선택의 문제일 뿐이다. 영어를 모국어로 삼는건 그것을 원하는 사람에게 한한 유용한 '선택'일 뿐이다. 모국어로 삼는 것이 한국어를 선택한 사람에게 불리하다거나 환경이 안되는 사람에게 강요가 될수도 있다는 사실을 생각하지 못한 것이다. 이것이 첫 번째 이유다.

두 번째 이유는 우리나라에 영어공용화를 하는 것은 부자연스러운 일이라는 것이다. <영어 공용화 국가의 말과 삶>에서 '공용어'는 한 지역이나 국가가 적절하게 통일된 의사소통의 수단을 가지지 못한 경우에 유력한 언어들 중에서 하나(또는 두 개)가 선정되어 '효율적'인 언어통일을 이루려는 도구가 된다고 되어있다. 우리나라는 전혀 해당이 안된다. 만약 공용어가 되었다고 가정해 보자. 누군가가 영어를 쓸까? 아니다. 우리의 일상은 언제나와 같을 것이다. 그 와중에 아이들은 자라는동안 집에서 한국어를 쓰지만 자라서 학교에서는 모국어로 영어를 선택할 수도 있을 것이다. 이게 영어가 '모국어'라는 나라에서 자연스러운 일일까? 전혀 아니다. 우리가 미국에 식민지배를 당해서 인구가 영어사용자가 반, 한글사용자가 반인 것도 아니고, 영어는 자연스럽게 모국어가 될 수 없는 것이다. 억지로나마 영어거 퍼져도 오히려 유아들에게 혼란을 줄 수도 있다. 부자연스러운 공용화가 아이들에게 과연 2개의 모국어로 받아들여질까? 이건 전혀 '효율적'이지 않다. 이게 나의 두 번째 이유다.

세 번째 이유는 좀 더 원론적인 문제인데, 이런저런 상황을 따지지 않고 순수하게 영어를 공용화 할 필요가 없다는 것이다. 복거일의 <영어를 공용어로 삼자>에선 영어로 구체화된 문화적 유산들을 거의 향유하지 못하고 분초를 다투는 정보들을 실시간으로 얻지 못하고 뒤늦게 오류들이 많은 번역으로 얻어서, 그것도 이용 가능한 정보들의 몇 십만 분의 일이나 몇 백만 분의 일만 얻어서, 세상과 경쟁해야 하는 삶이 현재 우리의 삶이라고 과장하고 있다. 그밖에 '영어를 쓰는 것이 힘들고 괴로워서 다른 나라 사람들과 어울리는 것을 기피하고 평생 갖가지 불이익을 본다'라는 오버를 하기도 한다. 말해 두는데 이게 지금 우리를 표현하는 말이라는 것이다. 공감이 가는가? 난 안간다. 마치 사교성이 부족하고 성적이 안좋은 바람에 은근히 따돌림 당하는 아이를 표현한 말 같다. 우리나라에서 배출해낸 수 많은 총명한 인재들을 무시하자는 의견 자체다. 좀 그런 해석이 가능하다. 친미적이거나 세계화에 지나치게 편승하여 하는 것 같다는 느낌 말이다. 약간씩 부족하긴 하지만.

2. B-16번 글

영어공용화를 해야 하는가?

영어공용화를 해야하는가?라는 논제에 대해 나는 찬성한다. 아니 우리 모두가 찬성해야 한다고 생각한다. 앞에서와 같이 말을 한다면 반대하는 많은 사람들이 나를 이상한 사람 취급을 할지도 모른다. 하지만 지금부터 내가 할 이야기를 듣고 난 후에는 모두 어느정도는 공감할 것이다.

나는 지금까지 영어공부를 어렸을때부터 항상 해왔고, 영어단어와 떨어져 살아 본 일이 없었다. 그치만 지금의 난 적잖은 노력에도 불구하고 영어성적은 형편없다. 이렇게나 오래해왔는데도 못하면 가끔 내가 바보가 된 기분이 들때도 있다. 하지만 내가 태어날때부터 영어가 공용화가 되어 영어와 함께 했다면 지금처럼 영어를 못했을까? 나는 아니라고 생각한다. 물론, 우리나라의 우수하고 합리적인 한국말을 버리자는 것은 아니다. 단지 우리나라의 국가경쟁력도 높이고 한층 수준높은 삶을 영위하기 위하여 영어공용화도 받아들이는 동시에 한국어도 지금처럼 쓰자는 것이다. 즉 두가지 언어를 동시에 배우자는 것이다. 이러는 것이 후에 태어날 우리의 자손들이 힘들다고 생각 할수도 있지만 한국어에 익숙해져 있었던 우리들이 낯선영어와 만나서 힘겹게 배워왔던 것보다는 훨씬 수월하다고 생각한다. 그렇다면 이 글을 읽고 '영어 때문에 정체성의 혼란이 오게되면 어쩌지?'라고 의문이 들수도 있다. 그리고 영어공용화에 대찬성하는 나조차도 저러한 의문이 들고 걱정도 된다. 하지만 한 나라의 정책을 바꾸는 일이고, 후 세대를 위해 더 좋은 환경을 만들어주기 위한일인데, 저 정도의 문제점은 차차 영어공용화가 실행되고 익숙해지는 단계에서 스스로 자리잡고 문제도 해결될 것이라고 본다. 그리고 영어공용화가 여러나라에 시행되고 있는 지금 빠르게 경제발전하고 다른나라와 교류가 증가하고 있는 추세에 우리나라만 빠지게 되면 자연스럽게 우리나라는 여러 국가들에게 일명 '따돌림'을 당하게 될 것이다. 그렇게 되면 우리나라의 분위기는 점점 정체될 것이고, 우리나라의 국민 하나하나가 경쟁력을 잃고 힘겨워 할 것이다. 비록 조상들의 노여움을 살수도 있겠지만 영어공용화를 함으로써 점차 국가경쟁력을 높이고 다른나라와 교류가 증진하게 되는 우리나라의 모습을 지켜보면서 어느새 노여움은 녹고 우리나라의 성공적인 모습에 흐뭇해 할 것이라고 생각한다. 자 이제 우리나라에게 영어공용화는 필수불가결하게 되었다. 이런 시대의 흐름으로 봤을 때 당신의 선택은 어느쪽인가? 고지식하게 전통을 따라 우리말만을 고집할 것인가? 아니면 이 시대의 진정한 승자가 되어 콧대를 높힐 것인가?

3. B-1번 글

우리나라 사람은 우리말을 지켜야 한다.

세계화 시대인 지금 영어는 꼭 필요하고 배워야하는 언어이다. 텔레비전을 틀어도 영어가 나오지않는 곳이 없고, 길을 가다가도 눈에 들어오는 것은 영어로 된 간판들이다. 하지만 이것 때문에 영어를 공용화한다는 것은 있을 수 없는 일이다.

우리는 오랜 시간동안 우리말과 함께 해왔다. 그러나 우리말은 그 시간동안 많은 어려움을 겪었다. 처음 한글이 창제되었을 때 수많은 양반들과 유생들은 한글 사용을 반대하였다. 그렇게 한글은 태어나면서부터 핍박과 천대를 당했다. 그리고 일제강점기시대에도 우리말은 쓰지 못하게 되었다. 일제가 우리말을 쓰는 학생들은 벌을 주었으며 강제로 우리말 이름을 쓰는 우리나라 사람들의 이름을 일본식 이름으로 바꾸기를 강요하였다. 하지만 그 중에도 개명하지 않고 우리말을 지키기위해 노력해 온 선인들이 있었다.

이렇게 조상들이 힘겹게 지켜온 우리말은 이제 21세기가 되어 새로운 '영어'라는 적을 만났다. 영어는 국제적으로 가장 많은 사람들이 쓸 줄 아는 언어이기 때문에 그 영향도 엄청나다. 만약 이런 영어와 우리말이 공용어가 된다면 어떨까? 당장 지금은 영어도 더 많이 알게되고 우리말도 쓸 수 있으니까 괜찮다고 할 지도 모르겠지만, 몇 십 년, 몇 백 년 후엔 우리말은 점점 쇠퇴하여 거의 사용되지 않거나, 최악의 상황에는 사라질 수도 있다.

우리말은 세계의 과학자들이 꼽는 세계에서 가장 과학적인 언어이다. 그래서 우리말은 언어가 없는 제 3세계 국가들에게 많은 도움을 주기도 한다. 그런데 우리나라 사람들은 우리말에 자부심을 가지고 발전시킬 생각은 하지 못하고 다른 언어를 들여와서 오히려 위험을 주고 있다.

나는 지금 시급한 것은 영어를 공용어로 쓰는 것이 아니라 지금의 우리말을 더 세계적이고 과학적으로 유용하게 만들기위해 노력하는 것이라고 생각한다. 우리의 생활에서 영어는 벌써 많은 비중을 가지고 있고 영어의 중요성도 그 만큼 늘어남에 따라 사용할 줄 아는 사람들의 비율도 점점 늘어나고 있다. 이런 상황에서 벌써 우리말은 위기를 맞아가고 있다. 이렇게 지금의 모든 상황들을 고려해 보았을 때 우리가 해야 할 일이 '영어 공용화'가 아니라 '우리말 활성화'라는 것은 더욱 확실시 된다.

앞으로 우리는 세계화된 국제 사회를 위해서 영어를 사용하는 것도 필요하지만, 우리 고유어인 한글을 위해서 잘못된 말들을 고치고 세계에서 더 위대한 언어인 것을 알리기 위해 더 노력해야 한다고 생각한다.

4. A-20번 글

국가 내에서 공통으로 사용하는 언어를 공용어라 한다. 최근들어 영어공용화론이 등장하고 있다. 이것은 영어를 한국의 공용어로 쓰자 하는 것이다. 이말은 공용화가 이뤄질 경우 한국인중 반은 영어를 쓰는 시대가 올것이라는 것이다. 물론 공용화가 이뤄질 경우 해외진출하는 사람도 늘고 외국인과 교류도 많아질 것이다. 하지만 그반대로 부정적 결과도 존재한다. 우선 한국의 주체성이 점점 사라질 것이다. 한국이라는 나라에 한국어라는 과학적인 문자가 있는데 가봤더니 영어만 쓰더라하는 외국인들도 생길 것이다. 또 영어를 쓰게 된다면 우리의 영어로 표현되지 않는 말은 설명조차 힘들 것이다. 또한 태어날 때 모국어를 선택하도록 한다고 했다. 이럴 경우 한국내에 국민들끼리 마저 의사소통이 되지 않는 어이없는 현상이 생길수도 있다. 학교에 가서도 영어쓰는 아이들과 한국어를 쓰는 아이들과 대화도 안될 뿐더러 수업도 어려울 것이다. 영어공용화... 이것은 일부사람들의 잘못된 의견이다. 공용화를 통해 얻는것보다 잃는 것이 더 많기 때문이다. 위에 언급한 이유외에도 더 있다. 넓게 생각하여 당장에 TV, 신문, 라디오등 언론매체들은 통역방송을 시작해야 될 것이고 그렇게 되면 방송 내에서도 혼란이 생길 것이다. 당장에 회사나 거리에서 식당, 관공서, 이런 모든곳에서 영어까지 대비하는 일을 해야할 것이다. 그 외에 또 영어를 사용하는 한국인과 한국어를 사용하는 한국인과 의식이 달라져 서로를 비판하게 될 것이고 분열이 생기게 될 것이다. 과학적인 한국어도 점차 소멸되어 사용되지 않아 역사속으로 사라질수도 있고, 전통적인 문화들도 영어권 문화로 인해 사라지고 말 것이다. 공용화를 반대하는 아니 영어사용을 싫어하는 나라중 대표적으로 프랑스가 있다. 프랑스에서 영어를 쓰면 대답을 안해주거나 불친절 하게 대해준다고 한다. 물론 한국에서 영어를 쓴다고 그래서는 안되지만 그러한 방법으로라도 프랑스어를 세계적으로 알리고 잃지않으려는 노력으로 볼 수 있다. 한국도 미국이나 영국을 따라가려 하지 말고 프랑스처럼 국가문화중 하나인 언어를 지키려고 노력하고 더 세계에 홍보해야 한다고 본다. 나는 따라서 영어공용화의 단점이 많고 위와같은 주체성, 한국의 문화상실, 언어의 의사소통의 장애 등이 있다. 아까 처음에 나온 세계화시대속 한국은 기술교환, 정보교류, 무역등에 무리가 될수도 있다. 하지만 모든 국민이 교류, 무역하는 것이 아니고 그일에 종사하는 종사자, 무역인등 특정이유가 있는 사람만이 배워야한다고 본다. 그렇게해야 영어를 배우기위해 쓰는 사교육비도 감소시킬수 있고 여러면에서 좋다. 따라서 영어공용화는 시급하지 않고 아직은 부적절하다고 본다. 따라서 나는 반대이다.

5. A-10번 글

영어를 쓴다고 미국처럼 될까요?

우리는 세계화 시대에 살고 있다. 그리고 이 세계화를 이끄는 중심에는 미국이라는 나라가 있다. 미국을 중심으로 영어권의 많은 국가들이 선진국이라고 할 수 있고 그들에 의해 세계화가 이루어지고 있다. 그렇기 때문에 그들의 언어인 영어는 세계인들에게 필수불가결한 요소가 되었고 좀 더 빠른 정보의 획득과 영어로 구체화된 많은 문화적 유산을 향유하기 위해 영어를 배우거나 공용어로 채택한다. 그렇지만 그들에게 맞춰가기 이해 우리의 한글을 버려가면서 영어를 공용어로 해야 한다는 것인가?

언어는 곧 그 나라의 문화라고 한다. 그런데 우리의 반 만년의 찬란한 문화를 버리면서까지 영어를 공용화하는 것은 아니라고 본다. 한글을 없애는 것은 문화를 없애는 것이며 시간이 지날수록 우리는 우리의 것을 잃게 되는 것이다. 영어를 전혀 쓰지 않겠다는 것이 아니다. 한글을 쓰되 필요할 때에만 영어를 쓰면 된다. 그렇게 하면 세계화에 뒤쳐질 수 있지 않느냐고 할 수도 있다. 하지만 가까운 나라인 일본을 예로 들어보자. 일본도 영어에 대한 교육열은 우리나라와 비슷하지만 그들은 선천적으로 영어발음이 잘 되지 않는다. 하지만 일본은 그들의 언어와 문화를 버리지 않았고 현재 일본의 국력은 어느 나라도 무시할 수 없고 국제 사회의 중심에 우뚝 서 있다고 할 수 있다. 여기에서 볼 수 있듯이 국가 경쟁력에서 중요한 것은 영어 공용화가 아니라는 것이다.

또 어떤 사람들은 한글을 모국어로 쓰다가 영어를 배우려면 힘들고 괴롭기 때문에 영어를 공용화 해서 애초부터 영어를 사용해야한다고 한다. 하지만 이것은 우리나라의 교육방식의 문제점 때문인 것 같다. 책상에 앉아서 단어를 외우거나 종이에 구멍이 날 때까지 문장에 밑줄 긋는 방식으로 하는 우리나라의 교육제도 아래에서 실제로 원어민과 대화를 한다든가 하는 일은 당연히 힘들고 괴로운 일일 수 밖에 없는 것이다. 이는 굳이 영어를 공용화하지 않아도 우리나라 안에서 교육적 개선을 통해서도 충분히 이루어 질 수 있다고 본다.

이처럼 영어를 공용화하지 않아도 불이익을 겪지 않고 얼마든지 부강한 나라가 될 수 있고 교육제도의 개선을 통해 얼마든지 영어가 힘들고 괴로운 것이 아닐 수 있다. 그럼에도 불구하고 많은 것을 버리면서 영어를 공용어로 선택해야 한다는 것인가? 우리 후손들에게 있어서 우리의 찬란한 문화유산과 영어를 모국어로 선택할 수 있는 권리를 주는 것 둘 중 어느 것이 더 큰 유산을 물려주는 것일지 생각해본다면 답은 쉽게 나올 것이다.

6. B-13번 글

영어공용화, 브레이크 없는 내리막길!

우리 나라는 짧은 시간 안에 급속한 발전을 이루었다. 이러한 발전을 이루기 위해서는 서구의 것을 많이 받아들여야 했다. 이로 인해 우리 사회는 서구화적인 모습을 주체적으로 수용하지 못한채 본래 모습 그대로 남아있게 되었다. 그 중 대표적인 예가 바로 서구의 언어 '영어'이다. 주변을 둘러보면 영어가 쓰이지 않은 곳이 거의 없고 외래어들이 즐비하다. 이러한 사회적 배경으로 영어 공용화를 시행하자는 주장이 나오고 있다.

글 (나)에서도 영어를 공용화로 삼자는 주장을 하고 있다. 자식에게 모국어를 영어로 삼을 것인가 조선어로 삼을 것인가에 대한 장단점을 이야기하면서 영어를 모국어로 삼게 해주는 것이 더 바람직하다고 말하고 있다. 하지만 어떤 언어를 쓰며 살아갈 것인가를 선택하는 것은 부모들의 권리가 아니라 아이들의 선택에 달려있다. 어느 나라의 사람으로 태어나서 그 나라의 언어를 모국어로 사용하는 것은 자연적인 것이지만 부모에 의해 장점이 많다는 이유만으로 영어를 강요당한다는 것은 매우 인위적인 것이다. 또한 이 글쓴이는 오류들이 많은 번역으로 잘못된 정보를 수용하지 않기 위해서 영어를 공용화 해야한다고 하지만 이 주장에는 오류가 있다. 영어가 잘못 번역되는 이유는 뜻을 몰라서가 아니라 환경이 달라서 즉, 문화적 차이 때문이다. 글쓴이의 주장처럼 오류없이 정보를 받아들이려면 그들과 똑같은 '언어'만을 사용해서 되는 것이 아니라 생활방식, 문화까지 똑같이 만들어야 가능한 것이다.

따라서 영어를 공용화하면 정확한 정보를 얻을 수 있다는 글쓴이의 주장은 타당치 않다.

영어 공용화를 실시한 후에 사람들이 영어를 더 선호하여 더 많이 쓰게 된다면 시간이 흘러가면서 조선어의 입지는 점점 더 작아질 것이다. 그러다 결국에는 조선어거 없어져 버릴 가능성이 매우 크다. 민족이 그 나라의 국어를 잃는다는 것은 주체성도 잃는다는 것이다. 참혹했던 일제강점기 시대에 일본이 우리나라의 언어를 말살시켰던 이유도 나라에 대한 주권을 망각시키기 위해서였다. 불과 60년 전에 증오하고 탈피하려 노력했던 정책을 우리 손으로 다시 시행하려 하고 있는 것이다. 따라서 영어 공용화를 실시하자는 주장은 곧 우리나라의 얼과 혼을 다 버리고 영어를 쓰는 나라의 언어적 속국이 되겠다는 것이다.

현재 우리 주변에서는 영어를 남용하고 영어를 우월하게 보는 시각도 있다. 하지만 마음 속 깊이 생각해보면 더 대단하고 우월한 것은 반만년 동안 한결같은 모습을 잃지 않고 꿋꿋하게 조선어를 사용해온 우리들의 모습이다. 따라서 영어 공용화를 실시하여 민족의 주체성을 잃기보다는 국어를 더 가꾸고 발전시키는 것이야말로 세계속의 우리나라를 더 우뚝서게 만드는 것이다.

7. B-23번 글

영어공용화, 누구를 위한 언어인가?

학생들은 물론이고 유치원생들, 일반인들까지 영어에 관한 책을 보고 접하며 영어를 잘하기위해 노력한다. 서점에도 영어에 관련된 책이 가장 크게 즐비해있다. 여기도 영어, 저기도 영어로 덮혀 간판은 물론이고 노래가사나 우리나라의 메이커까지도 영어로 쓰여있다. 그런데 요즘에는 우리나라의 아름다운 한글을 버리고 영어를 공용어로 삼자는 주장이 크게 들리고 있다.

영어가 언어 중 가장 널리 퍼져있고 열풍이 불었다는 것을 대부분 다 알고 있을 것이다. 하여 우리도 다른 나라처럼 영어를 공용어로 삼아 더 넓은 나라와 소통하기를 바란다. 하지만 영어를 공용화하는게 모두에게 이익이 되는 것일까? 난 아니라고 본다. 우리는 이미 옛날부터 전해오는 '한글'이 있다. 너무도 과학적이고 우수하여 이미 아주 작은 개발도상국들이 한글을 배우고 있다. 다른 나라의 사람들도 한글의 우수성을 칭찬하고 있다. 그런데 영어가 공용어가 된다면 이런 한글이 자손들에게는 그저 과거의 언어가 되어버리는 경우가 발생할 수도 있다. 영어가 이미 어느정도 공용화가 되어서 다른 나라와 소통하는 도구로 아주 유용하긴하지만 한글이 영어로 인해 잊혀지면 그 후의 일은 어떻게 할 것인가.

지구촌화가 되어있다고 영어를 못하는 아이들이 문화를 향유하지 못하며 사람들과 쉽게 어울리지 못한다는 복거일씨의 말은 좀 오버다. 정보발달로 문화를 공유하는 것은 굳이 영어를 공용어로 삼지않아도 문제가 없으며, 세계의 사람들과 어울리고 싶으면 딱 그만큼의 영어만 배우면 되지 굳이 공용화를 해야 한다는 것은 말이 안된다.

위에서도 말했듯이 한글도 공용어가 될 수 있는 자질이 충분하다. 글을 모르던 사람들도 한글을 통하여 부족의 사람들과 대화를 한다. 영어에 버금갈 과학성과 아름다움도 지니고 있다. 차라리 영어공용화보다 한글을 공용화하자는 주장을 하는 편이 더 좋을 것 같다.

영어를 공용화한다면 가장 이익을 보는 사람은 누구이고 해를 받을 사람은 누구일까? 아마 영어공용화를 한다면 예전부터 영어를 써오던 외국인들과 영어를 잘하는 우리나라 사람정도가 되겠다. 하지만 이에 반해 해를 보는 사람들은 아주 많다. 공용화로 인해 외국인들이 관광을 하러 한국에 오게 된다면 관광 서비스에 종사하는 사람들이 필수로 영어를 배우는 고충을 겪어야하고 머리가 굳을대로 굳은 어른들도 한글과 동등해져버린 영어의 등살에 떠밀려 반강제로 영어를 배워야한다. 그러면 미리 준비하기를 좋아하는 엄마들은 자신의 아이들을 학원에 보내려 하고 실력차이를 느끼는 아이들은 부모를 설득해 학원을 다니려고 하는 악순환이 벌어진다. 단지 주장만 나와도 영어교육열이 치솟고 있는데 정말로 공용화가 된다면 사교육의 불덩이 또한 감수해야 할 것이다.

옛날부터 내려오던 한글이 예전부터 불어닥친 영어와 동등하게 대우 받아선 안된다. 몇백년 후의 한글의 미래도 예측할 수 없다. 영어보다 한글을 더 알리고 주장하는게 더 우리나라답지 않을까? 우리 한글의 아름다움을 잊혀지게 만들어서는 안된다고 생각한다.

8. B-20번 글

영어공용화 주장에 대한 나의 생각

나는 영어공용화 시행에 대해 찬성한다. 사실 영어공용화가 한국어가 쇠퇴 한다고 생각할 수 있지만, 지금은 글로벌 시대이며 영어가 없으면 진출을 할 수 없는 시대이다. 이 현상은 시간이 갈수록 더 심해질 것이다.

현재 나도 영어를 배우고 있다. 그러나 배우고 있는 것은 영어문법과 듣기, 단어, 독해이지 회화가 아니다. 지금은 수능, 대학을 가야하기 때문에 영어회화는 뒷전이다. 그래서 대학생이 돼서야 회화를 배우러 다니는 사람들이 꽤 많다. 이렇게 되면 더 배우기 힘들어 질 수밖에 없다. 왜냐하면 우리가 클수록 학습 능력은 점점 떨어지기 때문이다. 그러나 우리가 현재 영어공용화를 하고 있다면 지금의 모습은 과연 어떨까? 아마도 영어 때문에 스트레스 쌓이는 일은 좀 줄어들지 않을까? 우리가 해외에 나갈 때 꼭 통역사가 필요할까? 물론, 우리나라 안에는 영어권 나라에서 살다와서 회화에 능한 사람도 있고 공부로 터득해서 잘하는 사람도 있다. 그러나 그 사람들은 그다지 많은 비율을 차지하지 않고 있다. 복거일씨가 질문 했듯이 나에게 선택권이 주어진다면 영어를 선택할 것이다. 한국어를 쓰는것보다 혜택이 더 많이 주어지고 나에게 이익이 되는데 굳이 한국어를 선택해서 영어로 인해 스트레스 받으면서 생활해야만 하는가?

영어공용화 시행에 반대하는 사람들은 아마도 '한국어는 우리나라의 위대한 자산이며 없어서는 안된다'라고 할 것이다. 그런데 영어공용화 시행이 된다면 한국어가 사라지는 것이 아니라 '선택'하는 것이기 때문에 한국어가 사라지지 않는다. 또 반대론자들은 '한국인이면 세종대왕이 만든 한국어를 써야지'라고도 할 수 있다. 그런데 한국인이라고 꼭 한국어를 써야 하는가? 지금은 글로벌 시대이며 정보화 시대인데 꼭 한국어를 써야하는가? 나는 실제로 영어로 인해 답답함을 느낀적이 있다. 예전에 심부름 갔다가 오는 길이었는데 한 외국인이 나에게 영어로 질문을 하였는데 한국어로는 머릿속에서 생각이 나지만 영어로 대답하기가 너무 난감해서 정말 찝찝했던 기억이 있다. 그때 내가 영어회화를 잘 하였다면 그 외국인은 다른 사람들에게 물어보면서 힘들게 길을 찾을 것이다.

지금 영어공용화를 반대하는 사람들이 찬성하는 사람의 수보다 훨씬 많을 것이다. 그리고 그들은 영어공용화가 우리 국어가 사라지는 일을 초래한다고 말한다. 하지만 영어공용화는 우리 문화를 더욱 성숙하게 만드는 계기가 되지 않을까?

9. B-12번 글

나는 우리나라의 영어공용화에 대해 반대한다. 요즈음 '세계촌 혹은 지구촌'이란 말이 익숙할 만큼 나라와 나라 사이가 가까워지고, 상호밀접하게 영향받고 있는 시대이다. 이러한 추세 때문에 국제공용어인 영어는 현대인에게는 단연 필수적이고, 의무적인 항목이 되었다. 우리나라 내에서는 이러한 세계 추세와 발맞춰 영어공용화를 해야한다는 사람들이 있다. 영어를 어릴때부터 배우면 세계인으로써 어울리기 용이하고, 직장이나 사회내에서의 불이익이 한국어를 쓰는 이보다 적어지며, 한국어를 배운이들이 오역과 의역이 난무하는 정보를 볼 때, 영어를 배우는 이들은 더 빠르고, 더 정확한 정보를 볼 수 있다는 장점들 때문이다. 그러나 과연 우리나라에 영어공용어를 쓰면 장점만 있을까? 혹시 그로인해 잃을 수 있는 것들을 우리는 간과하고 있지는 않는가? 나는 영어공용화를 찬성하는 사람들이 하나만 알고 둘은 모르는 얄팍한 시야를 자각하지 못하고 벌이는 어리석은 일이라고 생각한다. 그 이유는 첫째로 각각의 언어와 문자에는 각각 고유특성이 있다. 이 특성은 그

민족과 나라의 역사와 조상의 얼을 대변하는 민족과 나라의 반쪽이자 정신이다. 언어를 통해 그 나라의 문화적 특성과 민족의 기질도 알 수 있다. 예를들어 우리나라의 경우 높임법이 발달되었는데, 이는 우리나라가 과거 동방예의지국이었음을 추측하게 해주고 우리 민족이 어른을 대우해주는 문화를 가진 민족임을 반영한다. 반면 영어는 높임법이 없는데, 이러한 특성으로 보아 미국에서는 나이의 많고 적음에 따른 특별한 차별대우가 없고, 친근감을 쉽게 느낄 수 있다는 특징이 있다. 이러한 모습을 통해 언어는 그 민족또는 나라의 모습과 과거를 반영함을 알 수 있다. 두 번째 이유는 한글은 세계적으로 인정받는 가장 과학적인 언어이다. 요즈음 많은 언어학자들이 한글에 많은 관심을 보이고 있다. 그 이유는 한글이 각자의 발음이 나는 때 형성되는 입안의 모습을 본따만든 가장 과학적인 언어이기 때문이다. 그래서 요즘 문맹국에 한글을 전파하는 일도 많이 생겨나고 있고, 몇몇 언어학자들은 그들이 한국인이 아님에도 불구하고 한글을 국제공용어로 쓰자는 이야기도 나온다고 한다. 세 번째 이유는, 영어공용화가 실시되면 더더욱 많은 영어에 노출되기 때문이다. 이러한 상황이 오히려 영어와 친숙하게 될 것이라고 생각할 수도 있겠지만, 그로 인해 생기는 문제가 있다. 그것은 아주 어린 유아들이 두가지 언어에 노출됨으로서 생기는 가치관이나 문화의 충돌이다. 앞서 말했듯이 언어는 그 민족이나 나라를 반영하기 때문에 언어를 배운다는 것은 그 나라를 배운는 것이나 다름없다. 그런데 자아가 채 형성되지 못한 아이들에게도 조기교육은 효과는커녕 두 언어간의 모순 때문에 아이에게 않좋은 영향을 끼칠 수 있다는 연구 결과가 있다. 네 번째 이유는 영어공용어로 인한 세대간의 단절과 영어습득자와 한글습득자사이의 갈등이다. 영어공용어를 실시한다면 전후세대를 많은 것이 달라질 것이다. 한국인이되, 한국인이 아닌 면모를 보여줄 수도 있는 영어습득자와 한국인인 공용화 전세대와 한글습득자들은 서로 이해를 못할 수도 있으며, 이는 더 나아가 단일민족이되 단일민족이 아닌 한국을 탄생시킬 수 있다. 나는 이러한 이유들로 영어공용화는 더 생각해보고 결정할 필요가 있다고 본다. 과연 세계화에 발맞춘답시고 영어공용화를 통한 '세계화'가 아닌 '획일화' 되어가고 있지는 않은지 세계에서 인정하는 가장 과학적인 언어이자 우리 조상의 얼인 한글을 정작 쓰고 물려받은 우리가 너무 가볍고 촌스럽게 생각하지는 않는지 생각을 해보고 반성 해야한다. 일제시대의 무자비한 한글말살정책으로부터 목숨지키고 한글을 지켜낸 우리들의 조상님과 똑같이 행동하지는 못하지만, 적어도 우리의 글, 우리의 말, 우리의 얼은 후손에게 바른 모습으로 물려줄 의무가 우리들 각각 한사람 한사람에게 남아있지 않는가?

10. A-4번 글: 본문에 전문 수록

-작품 속 인물 평가 관련

1. M-24번 글

우리들의 일그러진 영웅을 읽고서

병태가 석대의 비리를 고발할 것인가를 고민하다가 결국에는 포기한 것에 대한 내생각은 그럴 수 밖에 없었다고 생각된다.

그 이유는 우선 우리들의 일그러진 내용을 읽어보면 병태는 아버지의 사업때문에 서울에 살다가 시골로 전학을 오게 되었는데 오자마자 첫날부터 석대는 병태에게 이것저것 캐묻고 물을 떠오라 시킨다. 하지만 시키는대로 하는 반아이들과는 달리 처음에는 병태도 얕보이기 싫고 그래서 거절한다. 여기까진 참 좋았으나 그일이 있고난 후부터 병태는 흔히 말하는 따돌림을 당하게 된다. 이미 아이들은 물론 선생님까지 석대에게 의존하기 때문에 병태는 친구도 사귀지 못하고 계속 괴롭힘을 받다가 병조의 라이터 사건을 담임선생님께 말씀드렸으나 오히려 고자질 한다고 혼나는 것은 병태였다. 그 이후 괴롭힘은 더 심해지고 병태는 맞서 싸웠지만 번번히 졌다. 어머니와 아버지께 석대의 얘기를 하면 자신을 믿지않고 윽박지르시며 석대를 칭찬까지 하신다.

이렇게 작품내용을 잠깐만 보더라도 병태는 친구들, 담임선생님, 심지어 부모님까지 자신이 혼자 견디고 이겨내려는 고통을 도와주거나 할 사람들이 아무도 없었다. 그래서 결국은 혼자서 공공 앓다가 깨달았다. 어차피 이렇게 된거 내가 잘만하면 나에게도 이득이 된다는 것을. 그래서 비리를 알고도 고발하지 못했던 것이다. 이러한 비슷한 일들이 작품뿐만 아니라 지금 우리가 살고 있는 현실에서도 일어난다. 힘이 남들보다 좀 세다고하여 약한자를 괴롭히는 것, 돈을 뺏고 단체로 구타하는 등 더 심한일들도 많다. 그렇게 당하던 아이들 곁에는 과연 어땠을까. 물론 짐작하는데로 주위에서 그 아이를 흔쾌히 도와주는 사람은 없다. 부모님이 무시하진 않지만 말하면 더 괴롭히겠다는 협박을 당해 선생님께도 부모님께도 말하지 못하고 공공 대는 것이다. 친구들 역시 만약이라도 도와주면 자신도 그렇게 될까봐 무서워서 그러지 못하는 것이다. 나는 이러한 일들을 당하지않아 잘모르겠지만 만약에 겪게 된다면 상상도 못하게 끔직하다. 병태도 혼자 많이 힘들었을 것이다. 따돌리, 이건 겪어보지 못한 사람들은 생각하지도 못하는 것이다. 그렇기에 병태가 석대의 비리를 알고서도 담임선생님께 말씀드리기엔 다시 따돌림을 당할 무서움과 자신의 일이 아니라는 그런 일반아이들과 같은 마음을 가져서 못말했기에 왠지 나는 충분히 이해가 된다.

2. F-5번 글

내 생각은 병태에게서 석대의 비리를 선생님께 고발하는 자체가 애써 다시 찾는 학교생활을 포기하는 것과 동시에 전에 당했던 따돌림보다 더 가혹한 따돌림을 당할 각오가 되어있다는 어떤 공지와 다르게 없었을 것이다.

따돌림을 당한다는 것은 매우 비참하고 쓸쓸하며 시간이 지나도 아물기 어려운 마음의 깊은 상처를 남기는 것이다. 내가 따돌림에 대해 이렇게 말할 수 있는 것은 나 역시 병태와 비슷한 경험을 당한 적이 있기 때문이다. 당시 초등학생이였던 나는 엄석대와 같은 한 아이의 절대적인 권력으로 따돌림을 당한 적이 있다. 내가 왜 따돌림을 당하는지 이유조차 몰랐던 나는 답답함과 외로움을 느끼는 동시에 아이들에 대한 배신감과 분노로 매우 힘든 나날을 보냈었다. 심지어 초등학생에 불과했던 어린 아이가 나라는 아이 때문에 많은 아이들이 나쁜 짓을 행했다는 것에 대한 자책감까지 느꼈다. 훗날 그 아이에게 사과를 받고 이유를 물어보니 그저 자신의 한마디에 아이들의 반응이 어떠한지 알아보고 싶었고 또 아이들에게 나를 따돌림으로써 강한 이미지를 심어주기 위해서 그렇게 하였다고 했다. 그 말을 듣는 순간 허탈감과 안도감이 느껴졌다. 5년 이상이 흐른 지금도 그 당시 느꼈던 감정들이 그대로 느껴지고 가끔 눈물이 나기도 한다. 초등학생이 견디기에는 너무나도 큰 아픔이였나보다. 그렇기에 한병태는 이러한 아픔을 2번씩이나 느끼고 싶지 않았을 것이다.

그리고 한병태는 이미 선생님께 친구의 장점은커녕 단점만 꼬집어 고발하는 그런 아이로 인식되어 있었고 선생님이 엄석대에 대한 믿음이 얼마나 강한지를 전에 느껴봤기 때문에 엄석대의 비밀을 말하긴 힘들었을 것이다. 무엇보다 가장 가까운 사람인 부모님조차 자신보다 엄석대에게 더 호의적이셨기 때문에 엄석대의 비리를 고발하기 위한 용기는 좀처럼 나지 않았을 것이다. 자신만 조용히하고 있으면 모두가 시끄럽게 하지 않아도 될 수 있을 것이라는 생각도 적지 않았을 것이다.

한병태의 결정에 대해 내 생각을 한마디로 말하자면 자기 자신에게 더이상 상처를 주지 않기 위한 선택어였다고 말하고 싶다. 굴욕적인 결정이라고도 볼 수있지만 따돌림은 초등학생이 견디기에는 너무나도 큰 시련이였고, 주변 사람들에 대한 신뢰가 깨짐으로서 받는 상처 또한 어린 아이가 담담하게 받아드리기에는 너무나도 깊었다. 한병태는 자기 자신을 사랑했기에 더이상 아픔을 주고 싶지 않았을 것이다. 나는 그런 한병태의 결정에 공감한다.

3. F-52번 글

한병태의 선택

<우리들의 일그러진 영웅>은 이 소설의 주인공인 한병태가 서울에서 시골학교로 전학을 오면서 시작된다. 문제의 발생은 그 곳의 반장이었던 엄석대에게 한병태가 대항하면서 시작하는데 그것이 학급안에서의 따돌림으로 이어진다. 결국, 한병태는 엄석대에게 굴복하고 다시 정상적인 학교생활을 누릴 수 있게 되었지만, 우

연히 엄석대의 시험에 관한 비리를 알게된다. 한병태는 이전에 실패했던 엄석대에 대한 고발을 할 것인가에 대해 고민을 하지만 끝내 그만두고 만다. 왜 한병태는 그러한 결정을 내리는 것일까?

먼저 작품을 살펴보면 '그때는 이미 두 달 가까이나 맛들인 굴종의 단 열매나 영악스런 타산도 나를 말렸다. … 나의 끈질기고 오랜 저항은 오히려 훈장이 되어 내게 여러 가지 특전으로 되돌아온 까닭이었다'라는 부분이 있다. 여기에서 볼 수 있듯이 이미 엄석대의 친절과 대우에 길들여진 한병태는 엄석대라는 울타리 안에서 빠져 나올 수 없었다. 더욱이 한병태는 초등학교 5학년이다. 고발이 실패할 경우 학교 생활을 평탄하게 보내지 못할 것이다. 이러한 상황으로 인해 한병태는 고발을 포기했을 것이다.

그리고 나는 이 부분을 읽으면서 TV의 동물 프로그램에서 말을 듣지 않는 개를 주인에게 순종하는 착하고 순한 개로 바꿔주는 파트가 생각났다. 예를 들어 어떤 말썽쟁이 개가 있는데 도저히 그 개를 감당하지 못한 주인이 프로그램에 의뢰를 한다. 그 개는 처음엔 매우 공격적이지만 충격을 주거나 여러 복종을 하게하는 방법들을 통해 주인에게 복종하는 순한 개로 바뀌게 된다. 달라진 개의 태도에 주인의 태도도 달라지게 되고 그 개는 계속 말을 잘 듣는다. 여기서 개는 한병태와 주인은 엄석대와 매우 유사한 것 같다. 개는 아마 더 편해진 생활에 그다지 예전처럼 반항할 마음은 들지 않았을 것이다. 이 점이 작품 속의 한병태의 상황과 잘 맞아떨어진다.

그렇지만 나는 한병태의 결정 중 어느 것이 옳다 그르다 할 수는 없을 것이라 생각한다. 왜냐하면 한병태가 끝에 내린 결정은 많은 사람들이 옳다고 말할 수 없는 방법이기 때문이다. 또한 그 비리를 묻어둠으로 인해 다른 아이들의 등수에까지 영향을 줄 수도 있기 때문이다. 그런 이유로 보통은 엄석대의 비리를 고발하는 것이 올바른 선택이라 하겠지만 그것은 매우 위험부담이 크므로 쉽게 선택할 수 없었을 것이다. 따라서 나는 한병태의 선택은 올바르다고 할 수는 없지만 그의 입장에서는 그에게 더 이익이 되었던 선택이라고 할 수 있을 것이다.

4. F-33번 글

병태는 석대의 비리를 알리고 싶어 하지만, 결국 포기한다. 과거에 한번 시도해 보았지만 담임선생님은 석대를 절대적으로 지지하면서 병태의 말을 믿으려고 하지 않았다. 또한 병태가 비리를 밝히려고 하여도 반친구들은 석대에게 복종하고 있음으로써 그들은 병태를 도와주지 않을 것이고 자신도 석대의 아래에 있음으로서 불리할 것이 없기 때문에 포기한다.

내 생각에는 병태가 포기하면 안된다고 생각한다. 엄석대라는 인물을 우리 사회에 비추어 보면 돈과 권력이 있는 사람으로 그것을 이용하여 힘이 없는 사람들을 지배하려는 인물이다. 한병태는 그에 맞서는 저항세력이다. 한병태를 우리 사회에 비추면 우리들의 모습과 다를게 없다. 돈과 권력 앞에서 작아지는 일반적인 사람의 모습이다. 한병태는 자신의 개혁을 실패한 인물이다. 우리와 별로 다를게 없는 그의 모습을 보고 우리는 그에게 동정과 연민을 느낄수도 있겠지만 과거 우리나라 역사적 사례에 비추어 보면 한병태처럼 굴복하지 않고 끝까지 맞서 싸운 사람들도 있다.

과거 7·80년대 독재정권 시기에 우리나라의 많은 사람들은 독재적인 세력과 맞서 싸웠다. 그들은 독재적인 세력에 계속 저항하면서 끊임없이 싸웠다. 유신체제반대운동, 민주화운동등 끊임없는 노력으로, 작품에서 독재적 세력인 엄석대가 자신보다 힘이 센 권력앞에서 물러나듯이 우리나라 독재적인 세력도 결국 물러나면서 그들은 민주화를 이룬다. 또한 일제 시대도 이와 마찬가지이다. 일본인들이 우리나라 사람들을 지배하려 함으로서 반 아이들처럼 힘있는 사람 밑에 들어가 그들에게 복종하는 친일파들도 생겨났었지만, 독립군, 안중근, 김구선생님처럼 일본에 대항하려는 사람들도 많이 있었다. 비록 우리나라만의 힘으로 독립을 이루지는 못했지만 그들의 노력이 없었더라면 우리는 독립을 이루지 못했을 것이다. 일본이라는 권력에 맞서 우리나라 사람들은 끝까지 싸웠다. 1970년대 미국에서도 권력과 싸운 기자들도 있다. 보브 우드워드와 칼 번스틴이다. 이들은 워싱턴 포스트라는 정론지에 속해있는 기자들로서 그들은 워터게이트라는 사건을 맡으면서 대통령과 싸우게 된다. 대통령은 이들에게 전화해 그 기사를 보도하지 못하게 협박도 하지만, 침묵을 지키던 미국 언론들이 하나둘씩 워터게이트 사건에 몰려들고 있었다. 결국 워싱턴포스트에서는 워터게이트 사건을 보도함으로서 닉슨 대통령은 사임하고 워싱턴포스트기자들과 그중에서 우드워드와 번시틴은 영웅으로 떠오른다. 민주화를 이룬 사람들, 일본에 맞서 싸운 우리나라 사람들, 70년대 대통령에 맞서 싸운 미국 기자들, 이들 모두 '권력'이라는 힘에 포기를 안하고 끝까지 싸웠다. 만약 한병태도 이들처럼 포기를 안하고 계속 노력했더라면 새로오신 담임선생님의 힘이 아닌, 자신의 힘으로 엄석대의 비리를 밝힐 수 있었을 것이다.

5. F-50번 글

집단 따돌림을 당하던 병태는 석대에게 굴복하고 난 후 편안한 생활을 하게 된다. 어느 날 병태는 우등생이 석대의 시험지를 대신 작성하는 비리를 목격하게 되고 그것을 선생님께 고발할까 고민하던 중 입을 다물기로 결심한다. 이 상황에서 나는 병태의 결정이 옳았다고 생각한다.

그렇게 생각하는 첫번째 이유는 반 아이들의 태도이다. 병조는 석대에게 라이터를 빼앗긴 것이 분명함에도 불구하고 선생님께는 빌려준 것이였다며 시치미를 떼었다. 그리고 아이들은 석대를 고발할 기회가 있었는데도 오히려 병태의 잘잘못만 고발하였다. 위의 두 사건으로 보아 석대를 고발하기는 커녕 도리어 감싸주는, 공범자나 다름없는 아이들은 엄연한 석대의 편이었다. 이런 아이들이 병태의 편이 되어 이 엄청난 비리를 밝힌다는 것은 있을 수도 없는 일이다.

두번째 이유는 바로 담임 선생님의 태도이다. 그는 모든 일에 무관심하고 귀찮아 한다. 심지어 엄석대에게 모든 일을 맡기는 것으로 보아 석대에게 큰 믿음을 갖고 있는 사람이었다. 게다가 지난 라이터 사건과 시험지 사건때 그는 아무런 단서도 얻지 못하고 사건을 마무리 지었다. 이런 둔감하고 무심한 담임선생님이 이번 일도 잘 해결해 주시리라 생각되지 않는다.

마지막 이유는 바로 병태의 생각이다. 처음에 석대에게 저항하다 쓴맛을 알게 된 병태는 결국 석대에게 굴복을 하게 되고 그 후에 굴복의 단맛에 빠지게 된다. 병태는 석대의 질서 아래 있다고 해서 불리한 것은 없다고 생각한다. 석대에게 굴복함으로써 병태는 다른아이들과는 다른 석대의 특별대우를 받기 시작했고 서울에서보다 더 많은 자유를 누릴 수 있게 되었다. 아이들에 대한 영향력에 있어서도 서울에서의 분단장급보다 더 컸다. 또한 성적에 있어서도 석대가 일등을 차지하는 동안에 이등자리는 병태의 차지가 되었다. 따라서 병태는 지금의 생활에도 여러 면에서 만족해 하고 있기 때문에 고발의 필요성을 별로 느끼지 않고 있다.

이런저런 많은 일들이 있었던 5학년이 지나가고 병태와 아이들은 6학년이 되어 새로운 담임선생님을 만나게 된다. 바로 그때가 되서야 여태까지의 석대의 비리가 모두 밝혀지게 되고 석대는 영영 모습을 감춘다. 이처럼 꼭 누군가의 폭로가 아니여도 나쁜 일들은 밝혀지기 마련이다. 그 상황에서 선부른 판단을 하지 않고 고발하는 것을 포기한 병태의 판단이 현명하였다고 생각된다.

6. F-51번 글

병태는 두 가지의 갈림길에 서있다. 하나는 담임선생님께 석대의 잘못된 행동을 고발하는 것과 그냥 모른척 지나가는 것, 두 가지가 있다. 전자를 선택하면 석대의 비행을 멈추게 할 수 있다는 조금의 희망이 보인다. 하지만 저번 라이터사건처럼 일이 잘 되지 않아서 아이들에게 괜히 반감만 살 수도 있다. 병태는 결국에 후자를 선택했다. 내가 병태였어도 똑같은 결정을 할 것이다. 왜냐하면 담임선생님께 말씀을 드린다고 확실하게 문제가 해결 될 확률이 낮기 때문이다. 똑같은 일이 반복되서 내 생활이 나빠지는게 무섭고 두려웠을 것이다. 어떻게보면 이기적이지만 가만히 있는 것이 나를 위한 선택이다.

내가 초등학교때 병태와 비슷한 상황이 있었다. 나랑 가장 친한 친구가 있었는데, 그 친구가 조금 안좋은 행동을 하였다. 그래서, 난 친한 친구임에도 불구하고 담임선생님께 말씀을 드렸다. 근데 담임선생님은 그냥 모른척을 하셨다. 거기까지면 차라리 괜찮은데, 내가 담임선생님께 말씀 드렸다는 사실을 그 친구가 알아버린 것이다. 난 단지 그 아이의 잘못을 고쳐주고 싶었을 뿐이었는데 그 친구는 배신감을 느꼈나보다. 결국에 더는 친한 친구로 지내지 못하고 안 좋게 헤어졌다.

나의 경험으로 미루어보아서 병태의 결정은 잘한 것으로 보여진다. 물론 상황을 봐가면서 결정해야겠지만 병태의 상황은 그렇게 결정할 수밖에 없는 상황이었다. 나는 병태의 심정을 이해할 수 있다. 내가 겪어보았기 때문이다. 나도 그때당시에 고민도 많이하고 갈등도 많이해서 내린 결정이었다. 비록 친구랑은 좋게 지내지 못했지만 후에 깨달은 것이 많이 있었다. 병태도 느낀바가 많이 있었을 것이다.

우리가 하는 말은 신중하게 생각하고 뱉어야 한다. 한 번 뱉고 나면 주워담을 수 없기 때문이다. 어떠한 상황에 처하든지간에 생각하고 생각하고 또 생각해서 결정확 말을 해야한다. 수습할 수 없는 상황에 놓이게 되면 아무리 후회해도 돌이킬 수는 없다. 병태가 전자의 선택을 하게 되었을 때 벌어질 사건도 이러했을 것이다. 병태의 결정은 옳았다고 생각한다.

7. M-42번 글

병태는 석대의 비리를 고발해야 하는가?

병태는 서울에서 시골학교로 전학을 오게된다. 엄석대란 반장아래 구성되어진 반으로 들어가게 되었다. 하지만 서울에 있었던 학교에서의 회장과는 달리 여기 학교에 한 반장인 엄석대는 자기 힘을 과시하며 선생님의 믿음까지 더해져 학급반 아이들을 복종시키게 하고 굴복시키게 한다. 병태는 자존심이 세고 이런 환경을 처음

접하기 때문에 저항을 한다. 하지만 병태는 계속 대항하다가 끝내 엄석대에게 굴복을 하고 다른 아이들과 같이 행동을 하게된다. 그러던 어느날 학교에서 시험이 치러진다. 그런데 엄석대가 다른아이들과 같이 시험 답안을 조작하는 것을 병태가 보게된다. 그래서 병태는 개혁을 꿈 꾸지만 라이터사건이 참담한 실패를 떠올리며 꿈을 접는다.

병태는 왜 꿈을 접은걸까? 아마도 자신이 또 실패할까봐 그 두려움에 사로잡혀 시작조차 못하는 것 같다. 사람이라면 누구나 실패를 두려워한다. 하지만 실패가 있으므로써 성공이 있는 것이다. 병태는 분명 이 실패의 두려움과 그 후의 있을 일이 무서워서 비리고발을 하지 않았을 것이다. 하지만 내가 병태라면 보자마자 손을 들고 말했을 것이다. 내가 이렇게 고발을 했다면 엄석대도 발뺌을 할 수 없으며 선생님도 석대의 비리를 알게되며 학급을 한번 정돈하는 기회를 얻어 석대에게 복수를 할 수 있었을 것이다. 아무리 선생님이 술렁술렁하고 석대를 믿는다지만 석대의 현생활을 아시게된다면 분명 석대를 나무랄 것이며 자신이 반장을 믿은 걸 후회하시며 학급을 조금이라도 바꾸셨을 것이다. 만약 내가 실패를 했더라도 따돌림을 당하고 조금 맞았을 것이다.

혁명은 시작이 힘들 뿐이지 시작을 하면 과정을 밟아 나가기만 하면된다. 인내심의 문제일 뿐이다. 예로들자면 이육사선생님이 대표일 것이다. 이육사 선생님은 일본에서 독립되는 날 8월 15일을 위해 계속 저항시를 쓰신 분 아니신가? 저항시로 인해 감옥에 들어가신 것에 불구하고 계속 저항시를 쓰시며 이름까지 죄수번호로 바꾸셨다. 결국 광복 1년전에 돌아가셨지만 돌아가시기 전까지 광복을 위하여 끝까지 노력하신 이육사 선생님. 지금 얼마나 존경을 받고 계신가?

또한 어른들이 이런 말을 자주하신다. "최선을 다하면 세상에 불가능이란 없다." 이 말을 보다시피 최선을 다하면 안될 것이 없다. 정말 피와 땀을 흘리며 진정으로 어떤 일에 고민도 해보고 실천도 해보고 만약 실패했다면 다시 도전해보는 이런 마음가짐을 가지고있어야 모든일을 헤쳐나갈 수 있는 것이다. 여기서 병태는 부족한 점이 너무 많은 것 같다. 일단 부딪쳐 보자는 용기, 나는 모든일을 헤낼수 있다는 자신감, 과정을 밟아 가며 참고 또 참아야 하는 인내심이 부족하고 실패하면 어쩌지 같은 불안감에 둘러쌓인 병태여서 시작도 못한 것 같다. 하지만 무엇보다도 중요한건 친구들에 대한 믿음이 부족했던 것 같다. 내용중간에 자기편을 들어 줄 친구가 별로 없다고 쓰여있다. 혁명은 여럿이서 같이 자기의 목표를 위해 달려나가는 것이다. 친구들도 엄석대 밑에서 종노릇을 좋아서 할까? 별다른 방도가 없어서 하는 것이지 만약 병태가 시작했다면 모두 일어나 병태를 도와 주었을 것이다. 나라면 친구들을 믿고 시작했을 것이다.

8. F-3번 글

병태는 석대의 불합리적이고 억압적인 지배를 끝나게 할 수도 있는 비밀-즉, 석대가 대리시험을 통해 좋은 성적을 거두고 있었다는 사실을 알게 되었으나 결국 이 사실을 발설하지 않는다.

병태가 사실을 묵인한 이유는 자신이 관심받지 못하고 일이 또 허사로 돌아갈 것에 대한 두려움과 자신이 공범이라는 죄책감, 자신이 석대에게 굴종하면서 얻은 특권을 포기할 수 없었기 때문이다. 물론, 아직 병태가 초등학생이기 때문에 올바른 결정을 내리는 데에 벅찬 부분과 미숙한 부분이 있었을 것이라고 이해는 할 수 있지만, 병태의 행동은 위의 정당하지 못한 세 가지 핑계에서 비롯된 것이기에 결론적으로 옳지 못했다. 따라서, 나는 병태의 행동에 대해 반대한다.

병태의 세 가지 핑계가 정당하지 못한 이유는 다음과 같다. 첫째로 동조를 얻을 수 없을까 두려워 말하지 않았다는 것은 결국 자신이 다시 실패하는 것이 두려워 불의에 순응하고 부조리한 현실을 방관하겠다는 말과 같다. 이것은 개인의 양심과 신념을 저버리는 행위일 뿐만 아니라 전체적으로 봤을 땐 사회 발전에 저해되는 행위이기도 하다. 여기서 나올 수 있는 의문은 왜 병태만이 불의에 맞서야 되는가인데, 자기 혼자 세상을 바꿀 수 없다는 이유로 시도해 보지도 않고 불의와 타협하는 것은, 만일 그런 생각이 모이고 모인다면 더 큰 사회악을 낳을 수 있기 때문에 병태 또한 모종의 범죄를 지은 것과 같다. 만일 우리 사회에 병태같은 결정을 내린 사람들만 있었다면 숱한 좌절과 실패를 겪으면서 민주화를 이룩해낸 우리 나라는 이만큼이나 민주화가 이루어지지 못했을 것이다. 또, 한 소설을 예로 들자면 황석영의 '아우를 위하여'에서는 주인공이 불의와 두려움에 맞소야함을 깨닫고 불의한 무리들과 맞서 이기는 장면이 나오는데, 만일 이 소설의 주인공이 병태와 같이 행동했다면 그런 일은 일어나지 않았을지도 모른다.

이것들이 뜻하는 바는 모두 사회적 불의에 방관하지 말고 그것을 고치도록 개개인이 모두 노력해야 한다는 것이다. 그리고 병태는 바로 이 태도를 본받았어야 했다.

둘째로, 공범이라는 죄책감때문에 말하지 않았다는 것이 정당하지 않은 이유는 말하지 않 았다는 것 자체가 자신의 죄를 숨기고 공개적으로 뉘우치기 거부한 것이기 때문이다. 한 일년 전쯤에 김용철 변호사 사건이 있었다. 바로 삼성의 변호사로 일하던 김용철 변호사가 삼성의 비리 행위에 대해 양심고백을 한 사건이었다. 그 때 당시, 김용철 변호사에 대한 의견은 크게 둘로 나뉘었었다. 사회정의의 수호자라는 의견과 조직을 배신한 배신자라는 것이 그것이었다. 그러나, 소(小)를 위해 대의를 희생시킬 순 없는 법이다. 병태의 경우도 마찬가지이다. 병태에게 석대의 비리를 폭로하는 것은 석대에게 굴종한 이상 배신행위이지만, 크게 보면 자신의 공범행위를 뉘우치고, 학교에 올바른 정의가 실현되도록 하는 대의적 성격을 띄고 있기도 한다. 따라서 병태가 좀 더 '의로운' 일을 행하고 싶었다면 대의를 택하여 진실을 밝히고 자신의 죄에 대해 진심으로 반성했어야한다. 그리고 그때에 비로소 공범이라는 죄책감에서 풀려날 수 있었을 것이다.

마지막으로, 석대에게 굴종함으로써 얻은 특권을 잃지 않고 싶다는 것이 정당하지 않은 이유는 개인의 만족감을 위해 불의를 택한 것이 이기주의적이기 때문이다. 이것은 단순히 개인적 이기주의를 떠나 일부 특권계층의 사회적 이기주의로까지 이어져 학급생간의 이익과 권리의 불균형을 초래했다. 더군다나 자신의 특권이 불의로 이루어진 것을 자각하고 있었음에도 특권을 포기하지 못한 행동은 더욱 나쁘다.

이 세가지 이유의 부당한 점을 종합해볼 때 병태의 행동이 옳지 않은 것은 병태가 부조리한 현실에 순응하며 비리를 고발하지 못한 이기주의자이며 사회발전을 저해한 방관자적 행위였기 때문이다. 이것이 바로 내가 병태의 행동에 반대하는 이유이고 덧붙여서 병태가 부당한 현실을 개혁하기 위해 용기를 내서 비리를 고발해야 했다고 생각한다.

9. M-29번 글

병태의 결정은 무엇인가?

서울에서 온 한병태는 서울에서는 경험하지 못한 시골초등학교의 5학년 2반 반장 엄석대의 횡포와 비리 등에 저항하게 된다. 하지만 반장인 엄석대의 치밀한 방법, 회유공작 등을 해서 병태를 자기 아래로 굴복 시킨다. 그러나 그간 저항한 것 들이 오히려 공헌이 되어 석대의 2인자 된다. 그리고 석대가 다른 아이들의 성적을 올리는데 방해를 하니 저절로 자기는 성적에서도 2인자가 된다. 결국 이러한 생각으로 석대에게 굴복한다. 하지만 내 생각에는 병태가 이러한 행동을 한 것이 잘못이라고 생각한다. 서울에서 좋은 교육을 받은 자신감도 있고 영웅심등 민주화 정신을 갖고 있던 아이가 시골초등학교의 한 독재적인 석대의 폭력적인 지배에 저항하다가 2인자로 만족하여 아첨하고 사는 병태 이러한 이야기는 어른이 하지 않는다면 이 세상에서 폭력은 영원히 사라지지 않고 사람들을 괴롭힐 것이다. 그래서 나는 병태의 이기적인 생각에 반대한다.

내가 ○○중학교 2학년 때 우리 중학교에서 힘쌔다고 소문난 노는 아이가 있었다. 어느 날 점심시간 때 우리들은 목이 말라서 내기를 해서 지는 사람이 떠오기를 하였다. 내 친구 ○○은 져서 물을 떠 오는 도중에 그 노는 애랑 부딪쳐서 바지를 거의 다 젖게 했다. 우리는 ○○에게 우리가 지켜줄게 라는 위로의 말은커녕 그냥 가만히 있었다. 다음 쉬는 시간이 오자 그 노는 애가 와서 우리가 보는 앞에서 내친구 ○○을 때리기 시작했다. 그때 우리가 그 자식을 말리거나 때렸으면 됐는데, 우리는 저 멀리서 조용히 지켜봤다. 누구도 용기가 없었던 것이다. 이 경험이 있는 만큼 병태를 이해할 수는 있다. 이러한 경험은 누구나 비슷하게 가진다고 생각한다. 그리고 한 개인이 폭력에 대항한다는 것이 어려운 것은 다 그럴 것이다. 하지만 그러면 그럴수록 폭력은 사라져야 한다. 폭력이 줄어들고 힘없는 친구들도 함께 잘 살 수 있는 교실을 위해 어떻게 해야 할지 생각도 해봤다.

이 소설에서 병태는 좋은 교육을 받았고 남보다 여러 가지 뛰어난 그는 불의를 없애는데 앞장 서 주었으면 했다. 엄석대는 거의 독재자와 같다. 그러나 병태는 그 지배로부터 학급을 구해줄 아이이다. 그가 이기적인 생각을 위해 저항을 하다만게 아깝다. 또한 6학년 선생님도 좋긴 좋은 선생님이지만 알고 보니 이 소설에서 폭력으로 그 독재자를 해결하는 셈이다. 폭력을 써서 해결하면 새로운 폭력이 된다는 말이 생각난다. 그 석대와 같은 독재자로부터 다수의 아이들을 보호할 수 있는 법이나 생각을 마련할 수도 있을거라 생각한다.

10. M-46번 글

우린 초등학생때, 아니 더 이전부터 성인이되어 사회에 나가서까지 강자와 약자로 나뉜다. 한번 보고 앞으로 만나지 않을 상황이면 모르지만, 강자들과 약자들이 함께 오래모여지낸다면 누군가 정해주지 않아도 자연스럽게 서열이 생기고 그 서열에따라 하는 행동, 말투, 생각까지 다르게 된다. 강자들은 비슷한서열의 강자들과 같이 다니며 힘을 더 키운다거나 과시하고 서로를 도와주는 유대감이 깊은 그룹을 만들게 된다. 이 그룹 내에서 한명이라도 불이익을 당한다면 그일이 다른 사람에게 득이된다 하여도 그일을 막고 나선다. 그러면서 유대감도 깊어지고 더욱더 많은 도움을 주고 이런 일들을 반복하게 되는것이다. 한마디로 '이기적인 도움' 인것이다. 이러한 강자 그룹 밑에는 불이익을받는 약자들도 있다. 약자들도 강자들처럼 비슷한 사람끼리 그룹을 형성하는데 이들은 서로 모여 강자들을 헐뜯거나 강자들이 모르게 도와주는게 대분이다. 강자를 뒤에서는 헐뜯겠지만 강자들 앞에서는 어쩔수없이 싫은일, 불이익을 당하는 일까지 할수도있고 그일을 하기 싫어 가식을 보여줄때도 있다. 혹 약자가 강자들에게 저항을 한다해도 강자그룹내의 강자들이 가만히두지 않을것이다. 이러한 상황에 처해 있는 한병태를 보자. 한병태는 서울에서 전학을 와서 강자그룹의 우두머리인엄석대를 마음에 들어 하지않고 저항한다. 그결과 엄석대는 그룹을 통해 간접적으로 굴복시키고 병태는 약자가 되어 버린다. 병태는 엄석대 밑으로 들어간다. 병태가 엄석대에게 고개를 숙이자 엄석대가 병태를 받아준것이다. 그리고는 엄석대가 한병태를 강자그룹까지 상승시켜줬다. 이렇게 강자그룹에 들어간 병태는 엄석대의 비리를 알아버린다. 이 상황을 보자. 병태가 강자그룹에 들어갔어도 엄석대보다는 약자인 것이다. 한병태가 저항, 시험비리를 밝히는일을 한다고 생각해보자. 엄석대가 당하고만 있을것이냐? 아니다! 이말이다. 엄석대는 체벌 받고는 그룹을통해 아니면 개인적으로 한병태에게 응징을 할 것이다. 이런 후일이 걱정되어 한병태는 엄석대의 비리를 고발하지 않았고, 나는 병태의 결정에 찬성하고 이해한다. 이렇게 결정을 내린 병태는 위와같은 이유말고 다른 부수적인 요소가 몇가지 있다. 첫째는 학교 담임선생님이시다. 엄석대보다 강자인사람이 누가 있는가? 선생님이 있다 이거다. 강자임에 불구하고 관심도노력도 들이지 않으시니 좋지 않으신 분이다. 병태의 심각성을 관심기울여 봐주시고 왜 그런지 생각해주셔야하는데 엄석대가 일을 편하게 해준다는 이유로 한병태를 믿지않으니. 최소한 관심이라도 가지고 지켜보면 알 수 있는 사실인데 방치해두신 선생님이 병태가 비리를 밝힐수 없게만든 이유이고. 둘째, 부모님이시다. 아무리 바쁘시다해도 아들과 진실된 이야기할시간도 없으셨을까? 아무리 못난 자식이라도 정말 진실도니 진지한 이야기를 할 때 거짓말을 하는사람이 있게느냐 이말이다. 정말 몇분이라도 진실된 이야기를 하고 아들을 믿고 관심을 가져줬으면 이런 일이 일어나지 않았을 것이다.

이렇게 병태는 강자와약자의 관계와 선생님, 부모님의 무관심으로 엄석대의비리를 밝힐수 없었고 나는 병태가 결정을 어쩔수 없이 했지만 잘했다고생각한다.

11. F-15번의 글

선배의 또는 부모님의 잘못된 점을 지적해 본 적이 있는가? 만약에 그 선배나 부모님이 주장이 강하시고 모두가 무서워하는 사람이라면 아마도 그들의 잘못을 지적한다는 것은 힘들 뿐만 아니라 십중팔구는 말조차 꺼내지 못했을 것이다. 이 <우리들의 일그러진 영웅>의 병태처럼 말이다. 다른 누군가에게는 병태의 모습이 정의를 저버리고 권력에 굴복한 비겁한 패배자로 보일 수 있다. 아니 분명 병태는 그런 사람이다. 분명히 그런 악에 대항하지 않고 자신의 이익에만 충실한 사람이다. 하지만 돈에만 반응하고 자신에게 현재 이익이 없다면 기본적 예의도 무시되는 그런 우리에게 병태가 그렇게 행동했다고 욕할 수 있는 자격이 있는 걸까? 게다가 만약 병태의 상황이 내게 온다면 나는 똑같이 행동했을 것이다. 자신있게 옳은 것만 주장하고 틀린 것은 지적하는 용기가 누구에게나 발휘되는 것은 아니기 때문이다. 게다가 한번의 사건으로 모든 사람들이 석대 편에 있다는 것을 알고 있는 병태에게는 '이미 있는 것은 모두가 심드렁하고 새로움과 변화는 오직 귀찮고 성가실 뿐'인 듯한 5학년 담임 선생님의 표정, 그리고 아이들의 모습이 어느때보다 크게 다가왔을 것이다. 그 모습고 표정을 봤을 때, 어쩌면 그 상황에서 그게 병태가 아닌 누구여도 똑같은 결과로 이미 결정났다고 할 수 있다.

물론 그래도 병태의 결정은 옳지 못하다고 이익보다는 정의에 따라 선생님께 얘기를 했어야 했다고 생각하는 사람이 있을 것이다. 하지만 어떻게 보면 올바르다고 할 수밖에 없는 불합리함 속에서 그 힘듬을 겪고 다시 찾은 것을 또 잃을 가능성을 가진 행동을 실행에 옮기는 것이 얼마나 힘들지에 대해 생각해 보면 병태의 결정이 비판받을만큼 잘못된 것은 아니다. 그 외로운 싸움에 또 모든 것을 잃고 싶지 않다는 것은 병태에게도 우리에게도 공감되는 것이 아닌가. 꼭 초등학교에서가 아니라 사회에서, 직장에서, 우리들이 윗사람들에게 승진을 위해 해고를 당하지 않기 위해 잘 보이려고 하는 아부나 행동들, 아주 어린아이들이 아니라면 누구나 하는 이런 모습들이 병태가 내리게 된 결정과 다를 바 없는게 아닐까?

12. F-4번 글

선생님께서 수행평가 과제로 읽으라 추천해주신 '우리들의 일그러진 영웅'은 내게 많은 생각할 거리를 던져주었는데, 그 중 하나가 '엄석대의 부정행위를 묵인한 한병태의 행동은 옳았는가'하는 것에 대한 논지이다.

한병태는 엄석대에게 굴복하여 엄석대의 부하가 된 후, 엄석대가 부정한 방법으로 대리시험을 치루고 있다는 것을 알게 되었지만 끝내 그것을 묵인한다.

도덕적이고 정의로운 잣대를 가지고 한병태의 이러한 행동을 평가했을 때, 그것은 크게 잘못된 행동이다. 그러나 그러한 잣대를 버리고 합리적이고 타협적인 관점에서 한병태의 행동을 평가한다면 어느 누구도 한병태를 비판할 수는 없을 것이다. 만일 그것이 나의, 우리들의 상황이었다면 우리들의 행동도 한병태와 크게 다르지 않았을 것이기 때문이다. 말로는 누구나 자신은 그러지 않을거라하지만 정말로 그 입장이 되어보지 않고서야 모르는 일이다. 내 생각에는 묵인 이상으로 더 심한 짓도 할 사람이 태반일 것 같다.

엄석대가 지배하는 학교 상황에서 엄석대를 고발할 용기를 가지는 것은 쉽지않은 일이다. 우리가 사는 세상과 마찬가지로 틀린 것을 틀리다 말하는 것에는 강한 용기가 필요하다. 주인공 한병태는 그런 용기가 부족했을 뿐이고 그것은 한병태 탓도아니니다. 처음 한병태가 용기를 냈을 때 한병태의 용기를 엄석대에 대한 시기로 간주해 버린 선생님의 탓이고, 겁먹어서 용기를 지지해주지 못한 반 아이들의 탓이다.

결국, 사회적 분위기가 한병태를 그렇게 행동하게끔 하였고 그것으로 한병태를 비난할 수는 없다는게 내 생각이다.

우리나라 속담에는 '모난 돌이 정 맞는다'라는 말이 있다. 나는 위 상황에 이 속담을 적용시켜 말하고 싶다. 정 맞은 돌이 둥굴어지는 것은 죄가 아니라고. 조금이라도 모난구석에 가차없이 내리퍼붓는 망치질이 오히려 더 잘못된 것이라고 말이다.

13. F-58번 글

나는 병태가 엄석대의 비밀을 알고도 말을 하지 못한것에 대해 나는 병태의 마음을 조금은 이해할 수 있었다.

<우리들의 일그러진 영웅>이라는 짧은 작품의 일부 글을 읽다

보니 중학교 2학년 때의 어떤 경험이 떠올랐다. 중학생때의 나는 너무 어렸었던 것 같다. 우리반의 남학생들은 시험 때든 평소에도 괴롭히는 어떤 한 아이가 있었다. 시험 때는 더 심하게 괴롭히고 때리기 까지 했다. 어쩌면 그게 너무도 당연한 듯 보였다. 그리고 어떨 때는 나도 그아이가 반 친구들에게 괴롭힘을 당하는게 그 아이의 탓처럼 느껴지기도 했다. 그래서 시험기간에 답안지를 보여 달라면서 요구해대는 그 폭력성에서 그냥 입을 다물고 있었다. 그 아이를 볼 때 마다 "네가 못나서 당하고 있는데 내가 무슨 상관이야"라고 생각했던 것이다. 지금 이 책을 읽고 나서 그때 일을 돌이켜보니 나는 방관자 였다.

그러던 어느날 담임선생님이 갑자기 교실에 들어오시더니 반전체 아이들에게 기합을 주시면서 말씀하셨다. 모든 것을 알고 있었던 사람은 일어나보라고 하셨다. 처음엔 모두 갸우뚱하며 서로가 서로를 쳐다보며 눈치를 볼 뿐이였다. 교실의 모든 아이들이 그대로 계속 입을 다물고 있는 것이 더 화가 난다고 하셨다. 친구들의 잘못을 보고도 서로가 서로를 모르는 체 하며 반의 친구를 괴롭히는 것은 잘못된 행동이라고 실망이라고 말씀 하셨다. 사실 솔직히 그 시절에 나는 그 찌질이 같은 애 때문에 기합을 받는게 짜증이 나고 화가나면서도 아주 조금 미안한 마음이 있을 뿐이었다.

지금은 그 아이를 생각하면 방관자였던 내가 너무 비참하고 그 아이를 괴롭히던 친구들이 내가 잘 알고 지내던 친구들이였는데 괴롭히지 말라는 그 말한마디 해주지 못한 내가 내자신이 부끄럽다. 하지 말라는 그 한마디가 그 아이에겐 얼마나 크고 기뻤을지. 나한테는 별거 아닌 그 한마디가 이런 생각을 하면 더욱 미안할 뿐이다. 또 다시 이런 일이 발생한다면 내가 먼저 다가가 그아이의 손을 잡아줄 것이다.

부록 2. 협의 토론 전사 자료

Ⅰ. 실험집단 남학생 반(C집단)

1. 조별 토의 진행

2. 대표자 토론

사회자-그러면 지금부터 최근 우리 사회에서 사회적 쟁점으로 떠오른 영어공용화 문제에 대한 찬반 토론을 시작하도록 하겠습니다. 먼저 학생 대표자들의 의견을 듣기 전에 영어공용화와 관련된 간단한 영상 자료를 함께 보고 시작하도록 하겠습니다. 한 번 경청해 보세요.

※영상 자료 시청-관련 내용은 본문에 수록

사회자-그러면 각 조 대표 발표자들은 앞으로 나와 주시기 바랍니다. 인신공격의 발언은 삼가해 주시기 바랍니다.

3조 대표-존댓말 사용해야 되나요?

사회자-당연하지. 선생님도 존댓말 사용할 거예요. 거기 안 들리면 좀 더 앞으로 나와도 돼. 자 그러면 지금부터 영어공용화에 대한 찬반 토론을 진행하도록 하겠습니다. 먼저 대표발표자의 자기소개부터 있겠습니다. 1조 대표자 일어나 주세요. 1조 대표자. 청중석을 향해서 정중하게 자기소개 부탁드리겠습니다.

1조 대표자-안녕하십니까? 저는 ○반의 ○번 안○○입니다.
2조 대표자-안녕하십니까? 김○○입니다.
3조 대표자-3조 대표로 나온 양○○입니다.
4조 대표자-4조 대표 송○○입니다.
5조 대표자-5조 대표자 이○○입니다.
6조 대표자-안녕하십니까? 저는 정○○입니다.

1) 조별 의견 발표

사회자-그리고 여러분 보시다시피 여러분의 수업을 위해서 여러분 선배인 3학년 방송반 최○○ 군이 고생하고 있습니다. 박수. 여러분도 아시다시피 최근 우리사회에서 영어의 위상이 날로 높아지고 있는데 이런 영어의 높아진 위상을 반영해서 영어를 거의 우리나라 국어처럼 공용어로 도입하자는 주장과 아니다 우리말의 보존이 더 시급하고 우리 언어가 더 중요하다고 주장하는 그런 의견이 대립하고 있습니다. 그러면 각 조 대표 발표자 분들을 모시고 이런 영어공용화 문제에 대해서 우리는 어떤 방식으로 대처해야 되는지 같이 생각하는 시간을 갖도록 하겠습니다. 먼저 각 조에서 어떤 의견이 오갔는지 보고부터 듣도록 하겠습니다. 1조 대표자 분 일어나 주십시오. 1조. 청중들을 향해서 1조에서는 어떤 의견들이 오고 갔는지 1분 이내에 보고해주시기 바랍니다.

1조 대표-네 저희 1조에서는 일단 우리는 혼자 살아갈 수 없는 글로벌 시대를 살아가기 때문에 상대방의 문화를 이해할 수 있어야 되요. 언어는 문화를 가장 효과적으로 나타낼 수 있는 방법이기 때문에 그 언어를 가장 보편적으로 나타낼 수 있는 게 영어에요. 그래서 영어공용화에 찬성한다고 말을 했구요 그리고 저희들 서로의 의사소통과 생각을 교환하기 때문에 영어를 꼭 공용어로 사용해야 된다고 생각하고 있어요.

사회자-네 감사합니다. 세계화 시대에 영어가 꼭 의사소통을 위해서 필요하다는 말씀을 해 주셨습니다. 그러면 2조 발표자 2조 대표자 2조 대표자 2조에서 오고간 의견을 청중석을 향해서 바라보고 거 거기 딴 짓하는 사람 혼난다 노○○. 발표해 주십시오.

2조 대표-저희도 1조와 마찬가지로 의견이 비슷하므로 있다가 대화에서 말씀드리겠습니다.

사회자-자 3조 대표자 말씀해 주십시오.

3조 대표-저희 3조에서 토론한 내용은 현재 세계는 글로벌 시대이면서 인터넷이 보편화 되어 있기 때문에 인터넷에서 일반적으로 쓰이는 언어인 영어를 영어를 잘 사용할 줄 알아야 전세계적으로 국가를 홍보한다든가 정보를 습득하는데 더 유리한 위치에 있을 거라는 토론을 했습니다.

사회자-찬성 측에서는 역시 제일 중요한 것이 세계화 시대를 살아가는 데 영어는 필수적이기 때문에 공용어로 도입해야 된다는 그런 주장을 해 주셨습니다. 자 그럼 이에 반대하는 측의 의견을 들어보겠습니다. 자 4조 대표자 일어나 주세요. 거기 뒤에 있는 사람 앞으로 다 당겨. 뒤에 다 앞으로 와. 자 조용히 해 주세요.

4조 대표-한글의 우수성은 이미 유엔에서 문자가 없는 나라에 문자를 보급할 만큼 어 한글은 우수한 문자입니다. 그리고 영어는 영어공용화는 필요 없다고 생각합니다.

사회자-우리말도 우수한데, 난동을 부리는 사람은 즉각 난동 및 상대방의 의사진행을 방해하는 사람은 그에 상응하는 기합 조치를 내리도록 하겠습니다. 자 5조 발표자. 조용해 주세요. 자 박○○도 앞으로 와. 자 말씀해 주세요.

5조 대표-외국 문물을 아 영어공, 영어공용화를 해야 될 땐 하더라도 영어공용화를 하게 되면 우리나라가 받는 피해에 대해서 의견을 모아봤습니다.

사회자-아니 어떤 피해가 있는지 간단하게 말씀해 주시죠. 어떤 피해가 있을 거란 의견이 있었는지 일어나서 자 영어공용화를 하면 우리말에 큰 피해가 있다는데 어떤 것인지 설명해 주십시오.

5조 대표-영어공용화와 우리나라 두 개의 언어를 사용하게 되면 민족의식이 떨어지는 문제가 있습니다.

사회자-영어를 공용어로 사용하면 민족의식이 떨어지는 그런 문제가 발생할 수 있다는 의견이 있었다고 합니다. 그 다음 마지막 6조

6조 대표-저희 조에서는 일단 저희 우리나라 말도 못하고 단어도 제대로 모르는 사람도 많은데 영어 단어나 영어를 이렇게 공용화로 하면 이렇게 여러 가지 저희나라 말도 아직 못하는 사람이 똑같이 배우면 많은 혼란이 있을 거라고 생각합니다.

2) 찬반 교차 토론

사회자-자 우리나라 말도 제대로 못하는데 무슨 영어가 필요하냐는 그런 의견이 오고갔다고 합니다. 자 여러분이 거기 사담은 하지 말고 자 여러분이 지금 들으신 것처럼 찬성 측에서는 세계화 시대에 영어는 필수이기 때문에 피할 수 없는 것이고 영어를 공용화하면 우리가 세계화 시대에 경쟁력 있게 살아가는 데 큰 도움이 될 거라는 주장을 해 주셨고, 4조, 5조, 6조, 반대 측에서는 우리말이 우수하고 우리말 자체도 제대로 못하는 상황에서 무슨 영어냐 우리말 보존이 더 시급하다는 의견을 주셨는데 자 그러면 본격적

으로 상대방의 주장에 대한 반박의 시간을 갖도록 하겠습니다. 아까 우리가 영상자료를 봤을 때 영어를 공용화하면 사교육비 절감의 효과를 거둘 수 있다는 의견이 있었는데 영어가 사교육비 절감의 효과를 준다는 데 대해서 반대 측에서는 이런 주장에 대해서 어떻게 생각하시는지요? 한 번 반대 측에서 말씀해 주세요. 누가 답변해 주시겠습니까? 자 영어를 공용화하면 사교육비가 줄어들 것이라는 데 대해서는 다 동의를 하시는 건가요? 자 청중석 보고 일어나서 부끄러워하지 말고

6조 대표-영어를 공용어로 하면 사교육비가 줄어드는 게 아니라 또 영어를 확실히 배우지는 못할 것 같아서 더욱 더 뭐였드라 영어를 보충하기 위해서 또 다른 돈이 더 필요할 것이라고 생각합니다.

사회자-영어공용화가 영어에 대한 사교육을 더 부추길 것이라는 데 혹시 사교육비 절감과 관련해서 영어공용화가 어떤 긍정적인 영향을 한다든지 여기에 대해서 찬성 측의 의견이 있으신지? 반대 측에서는 사교육비 인상을 조장할 거라는 의견을 주셨는데 찬성 측에서는 혹시 똑같은 생각을 가지고 계시는지? 예, 일어나서 말씀해 주십시오. 자 말씀해 주십시오.

3조 대표-아니 영어를 공용어로 사용한다는 것은 우리나라 말과 동등한 위치로 사용한다는 것이기 때문에 우리나라 말도 늘 사용하는 언어고 그렇기 때문에 사교육을 받지 않아도 조사에 의하면 우리나라가 문맹률이 제일 낮은 나라 중의 하나라고 하는데 영어도 그렇게 똑같이 사용한다면은 대부분의 사람들이 다 잘 사용할 수 있을 것 같은데요.

사회자-아 네. 우리나라 지금 찬성 측에서 우리나라는 한국어에 대한 문맹률이 거의 낮고 영어공용화를 도입하면 마찬가지로 영어

에 대해서도 우리 국민들이 거의 문맹률이 낮은 수준이 나올 정도로 원활하게 할 것이기 때문에 영어사교육은 특별히 필요하지 않다는 취지로 말씀을 해주셨는데요, 여기에 대해서 반론 펼치실 분 계신가요? 네, (4조 대표)송○○ 대표. 청중석을 향해서 또렷이 큰 소리로 말씀해 주세요.

4조 대표-영어를 공용어로 하게 되면 40대나 40대 이상 분들은 학습 능력도 떨어지고 의사소통을 하는데 문제가 있을 것 같은데요.

사회자-반대 측에서 그러면 영어를 그렇게 원활하게 모든 우리나라 국민들이 할 수 있을 것에 대해서 회의적이다 사오십 대나 이런 떨어지는 분들은 그럼 어떡하란 말이냐는 취지의 문제를 지적해 주셨습니다. 여기에 대해서 크게 앞에 보고

1조 대표-일단 저희가 영어를 공용화로 주장하는 것은 영어만 사용하는 것이 아니라 영어와 한글 두 개를 동등한 위치에 놓고 사용하자 이것을 말씀드리는 거구요. 그 말을 하려면은 어른들이 꼭 영어를 하실 필요는 없고 한글과 영어 동등한 위치니까 한글을 사용하셔도 되고 그리고 저희가 말하는 것은 인터넷이나 이런 글로벌 시대에 앞서서 저희가 외국인과 대화를 할 때 한국어를 사용할 수 없으니까 영어를 사용하자는 게 저희가 말하고 싶은 겁니다.

사회자-아 예. 여기서 지금 자연스럽게 논점이 영어공용화를 도입하는 게 필요하다고 주장하시는 분들은 세계화 시대에 우리가 살아가기 위해서는 영어를 피할 수 없다 영어는 반드시 필요한 것이니까 반드시 영어 공용어를 도입해야 된다 이렇게 말씀하셨는데 반대 측에서는 영어가 세계화 시대에 우리가 살아가는 경쟁력이고 꼭 필요한 것이기 때문에 영어공용화를 도입해야 한다는 주장에 대해서 어떻게 생각하십니까? 네.

6조 대표-방금 이렇게 찬성 측에서 말씀하신 것처럼 영어를 외국인과 의사소통 하고 인터넷에서 이렇게 우리나라를 알리고 하려면 차라리 영어를 따로 습득해가지고 공부를 하면 충분히 의사소통이나 뭐였더라 충분히 공부하면은 다 의사소통이나 이런 게 원활할 수 있다고 생각합니다. 그래서 지금도 뭐였더라 공용어를 특별히 안 해도 의사소통을 잘 할 수 있는 분들도 많으시고 그렇습니다.

사회자-지금 굳이 영어공용어를 도입하지 않아도 영어가 필요한 분들은 영어 의사소통 하는 데 문제가 없는데 굳이 영어공용어를 도입할 필요가 있느냐는 취지로 말씀해 주셨는데 혹시 보충해서 자 여기 보고 말씀해 자 크게.

4조 대표-우리나라에서 영어가 꼭 필요한 사람과 필요하지 않은 사람이 있는데요 영어가 꼭 필요한 사람보다는 영어가 필요하지 않은 사람이 더 많을 거구요 공용화보다는 필요한 사람만 배우면 될 것 같습니다.

사회자-네 중요한 지적을 해 주셨는데 그러니까 영어공용화에 대해서 필요한 사람과 필요하지 않은 사람이 있고 그 지금 반대 측에서 생각하기에는 영어를 필요로 하는 사람보다 전체 국민을 보면 필요로 하지 않는 사람들이 더 많은 것 같은데 굳이 영어공용어를 우리가 도입해야 하느냐는 말씀을 해 주셨는데 찬성 측에서는 이에 대해 어떤 생각을.

3조 대표-아니 공용화를 하지 않아도 필요한 사람은 배워서 다 한다고는 하는데 그 필요한 사람들이 요새 점점 증가하는 추세이고 그 영어를 다 계속 배우기 위해서 뭐 외국에 나가서 외국에 나갔다 온다든지 학원에 다닌다든지 함으로써 경제적 손실이 꽤나 크기 때문에 학교에서도 쉽게 영어를 좀 더 많이 배울 수 있게 그런 공용화를 하자는 것이지 필요한 사람만 배운다는 건 아니고 앞으로 세계화가 더 될 것이고 우리나라 찾는 관광객도 많아질 텐데 영어를 필요로 하는 사람도 많아질 거라고 생각합니다.

사회자-네. 지금 약간 현상을 진단하는 데 있어서 약간 차이점이 지금 감지되고 있는데 반대하는 측에서는 영어가 그렇게 공용어로 도입할 만큼 그렇게 필요하거나 영향 필요하지 않다는 입장이시고 찬성 측에서는 찬성 측에서는 그러면 어떻게 생각하시는 건가요? 앞으로 지금은 필요로 하는 인구가 많지 않을지라도 앞으로는 더 많이 필요로 할 것이기 때문에 공용어로 도입해야 한다는 이런 말씀이신가요? 어떤 아 그런 뜻이군요. 요 현상에 대해서도 진단하는 게 조금 다른 것 같습니다.

3. 청중 질의

사회자-자 그러면 이쯤에서 청중석의 질문을 통해 가지고 청중들께서 궁금해 하시는 부분을 같이 애기하면서 진행을 해 나가도록 하겠습니다. 지금까지 영어공용화에 대한 찬반 논의를 지켜보셨는데 혹시 청중석에서 질의할 게 있으시면 어떤 특정한 발표자께 질의를 하셔도 되고 전체 발표자께 질문을 드리셔도 됩니다. 의견 같은 걸 개진해 주셔도 좋겠습니다. 혹시 청중석에서 질의가 있으신 분 손들어 주세요. 자 정○○, 정○○ 군의 질의를 듣도록 하겠습니다. 잘 들어주세요.

찬성 측 정○○-(4조 대표)송○○ 학생이 말한 의견을 반박하는데요.

사회자-자 송○○ 발표자께 질문이 있다고 합니다. 말씀해 주세요.

정○○-영어를 배우는 사람이 점차 줄어들고 있다고 하는데 그 사람들은 이제 어른이죠. 앞으로 커가는 세대들은 점차 필요할 겁니다. 어렸을 때부터 영어를 배우는 이유가 그건데 나가서 발전하고 우리나라를 알리기 위해 배우는 사람이 줄어드는 건 말이 안 된다고 생각합니다.

사회자-네. 지금 송○○ 발표자께서 말씀하신 영어를 필요로 하는 사람이 적다는 데 나는 좀처럼 동의할 수 없다는 의견을 말씀해 주셨는데 여기에 대해서 보충 설명 부탁드리겠습니다. 송○○ 발표자. 네 이쪽 보고. 네 서로 도와주셔도 돼요. 아니면 다른 분께서 해 주셔도 상관은 없습니다.

6조 대표-다른 나라에 가서 우리나라 문화를 알리고 그러려면 영어가 필요하다고 하시는데 영어가 필요하면 우리나라 문화를 알리려면 우리나라 한글을 알리는 게 더 나을 거라고 생각합니다.

정○○-그면은 한글을 알린다고 하는데 한글을 알려야 된다고 하시는데 미국에 가서 한글로 우리 문화를 설명할 수 있습니까? 과연 그 분들이 알아들을까요?

사회자-부드럽게 말씀해 주세요.

정○○-알릴 수 없는 것입니다. 그러기 때문에 그 나라의 언어, 미국의 영어 그거를 저희가 받아들임으로써 그 영어로 우리나라의 문화를 설명한다는 거죠.

사회자-네 여기에 대해서 어떻게 생각하십니까? 앞에 보고 큰 소리로

4조 대표-방금 말씀하신 영어로 우리나라 말을 알리는 것은 꼭 모든 사람이 영어를 알아야 알릴 수 있는 게 아니구 특정한 몇몇 사람만 알아도 알릴 수 있는 것이기 때문에 큰 문제가 되지 않는다고 생각합니다.

사회자-그런데 아까 질문자께서 말씀하신 그 영어의 필요성에

대해서 앞으로의 세대는 훨씬 더 많아질 것이고 그러니까 영어공용화가 필요할 것이라는 데 대해서는 아까 영어가 필요한 사람이 우리 사회에 그렇게 많으냐고 말씀하셨는데 거기에 대해서는 어떻게 말씀을 드려야 될까요? 혹시 추가적으로 설명하실 말씀 없으신지. 지금이 아니라 앞으로는 영어가 더 많아질 더 쓰임이 많고 우리나라 거의 전 국민이 다 사용할 정도로 영향력이 확대될 것이라는 주장에 대해서는 동의하시는 건가요? 반대 측에서는. 혹시 (5조 대표)이○○ 대표는 뭐. 네 알겠습니다. 동의하시는 걸로 거기에 대한 지적은 (6조 대표 손을 듦)

6조 대표-뭐였었죠?

사회자-앞으로 지금은 영어 영향력이 소수에게 필요할지 몰라도 앞으로는 훨씬 더 모든 국민 차원에서 필요할 거기 때문에 공용어를 도입해야 된다라고 말씀하셨는데 거기에 대해서는 어떻게 생각하시는지요?

6조 대표-앞으로 앞으로 더 많이 필요할 수 있겠지만 저희가 이렇게 지금처럼 학습하는 과정에서 배우면서요 좀 더 공용어로 사용하는 것보다 영어를 배우는 시간을 좀 더 늘려가지고 영어를 배우는 시간을 늘려가지고 좀 더 이렇게 다른 외국인과 대화하는 대화를 좀 더 자유롭게 할 수 있는 그런 방식으로 좀 배우거나요. 그리고 제가 아까 말했지만은 한국어를 이렇게 문화를 알리는 한국어를 좀 더 다른 나라에 알려서 일본어나 중국어 같이 우리나라 언어도 조금씩 세계적으로 널리 알릴 수 있으면 알리자는 그런 생각입니다.

사회자-네 알겠습니다. 혹시 또 다른 청중석에서 다른 질문 있으신 분. 자 노○○. 노○○ 군의. 자 좀 크게 말씀해 주세요. 다 들을 수 있게 크게.

반대 측 노○○-영어를 배우는데 있어서 그 뭐야 어린 사람들이 어릴 때부터 계속 배워야 되는데 커갈 때까지 만약에 우리나라는 보수적인 성향이 좀 강한 나라잖아요. 보수적인 성향을 가진 나라에서 좀 개방적인 영어 서구권 언어와 보수적인 우리나라의 언어를 같이 배우게 되면은 정체성이 오게 될지도 모른다는.

사회자-정체성의 혼란을 말씀하시는 건가요?

노○○-네.

사회자-그러면 지금 말씀하신 것은 반대 측에서 찬성 측에 질문을 하신 것 같은데 두 가지 언어를 배우면 어린이가 두 가지 언어를 배우면 그 어린이는 한국인으로서의 정체성을 가질 것인지 미국인으로서의 정체성을 가질 것인지 언어를 통한 정체성의 혼란은 어떻게 해야 하는지에 대해서 질문이 들어왔습니다. 혹시 찬성 측에서 여기에 대해서 말씀해 주시죠.

2조 대표-정체성에 혼란이 온다고 그랬는데 정체성의 혼란은 일단 아기 때부터 영어를 하자는 게 아니라 어느 정도 우리나라의 문화 같은 걸 배워 놓고 다음에 영어를 하자 이겁니다.

사회자-아 그러면 여기서 찬성 측에서 말씀하신 영어공용화는 몇 살 때부터. 네.

3조 대표-일단은 영어를 배운다는 게 요즘 초등학생 때부터 많이 배우긴 하지만 어.

사회자-카메라 울렁증은 괜찮습니다. 말씀을 크게 해 주세요. 지금 노○○ 군의 질의에 대한 보충 설명이 있겠습니다.

3조 대표-영어를 같이 사용해서 문화의식이 낮아질 수도 있다고, 정체성의 혼란이 온다고 하셨는데 정체성의 혼란이 온다는 것은 가치관이 제대로 잡히기 전부터 계속 배웠기 때문인데 초등학교 정도까지의 교육과정을 먼저 배움으로써 한국에 대한 어느 정도의 가치관을 정립해 놓고 나서 영어를 배우기 중고등학교에서 영어를 배우기 시작해야 좀 더 받아들이는 데 있어서 혼란이 혼란

없이 받아들일 수 있을 것이라 생각합니다.

사회자-그러면 영어공용화는 몇 학년 때부터 영어를.

3조 대표-초등학교 고학년 때부터 영어를.

사회자-초등학교 고학년 때부터 영어를 집중적으로 가르치면 되지 않느냐고 하신 것 같고자 여기.

반대 측 박○○-두 분한테 질문을 하겠습니다.

사회자-말씀해 주십시오.

박○○-초등학교 때부터 아까도 사교육비에 대해 말이 많이 나왔는데요 근데 초등학교 때 고학년 돼서부터 배우면 사교육비가 그만큼 더 들지 않을까요?

사회자-네?

박○○-사교육비가 고학년 때부터 영어를 계속 배운다면 사교육비가 또 똑같이 나올 것 아닙니까?

사회자-네 알겠습니다. 지금 찬성 측에서 영어공용화를 초등학교 고학년 때부터 실시하면 되는데 만약 그렇게 하면 오히려 영어를 배우기 위해서 사교육비를 더 많이 들여야 되는 현상이 발생하지 않느냐는 지적이 있었습니다. 이에 대해서 어떻게 생각하시는지요?

1조 대표-지금 사교육비를 늘린다고 하셨는데 그건 사교육비를 늘리는 이유가 학교에서 제대로 공부를 하지 않고 학원에 가서 공부하면 된다 이런 기본적인 다른 생각을 가지고 있기 때문이고 학교에서 학교에서 배우는 학교에서 공부를 할 때 애초에 열심히 잘 듣고 아니면 부족하다면 방과후나 야자를 통해서 더 많이 배우고 하면 된다고 생각합니다.

사회자-자 혹시 다른 분 청중석에서.

반대 측 노○○-저 반박할래요. 만약에 초등학교 때부터 야자를 하고 방과후를 하게 되면은 자기만의 생각이 없게 아이 주체성 없이 학교에 끌려 다니게 되는 일이 많아지고 거기에 따라 또 예를 들어 영어를 못하는 아이들은 열등감을 가지게 되고 거기에 따른 더 사교육비 지출이 많아질 수도 있고, 아 끝이요.

사회자-네 알겠습니다. 지금 말씀하신 대로 또 약간 다른 각도에서도 질문해 주셨는데 영어공용화를 실시하면 나중에 사교육비 문제도 있지만 영어 격차는 어떻게 할 건지 영어를 잘 하는 사람과 못하는 학생 사이에 어떤 격차가 있을 수도 있고 그것을 통해서 또 사교육이 더 확대될 수 있다는 그런 요지의 말씀을 해 주신 것 같은데 영어 격차에 따른 불평등이나 이런 데 대해서는 혹시 어떤 생각을 가지고 계신지요?

3조 대표-아니 아까 노○○ 학생께서 초등학교 때부터 계속 그렇게 야자나 과외를 해서 뭐 자기만의 생활이 없어진다고 하셨는데 지금 초등학생들도 사실 학원을 다니고 하느라고 자기 생활이 없는 것은 마찬가지고 학원을 다니면서 그렇게 자기 시간이 없어지느니 학교에서 영어를 배우는 수준을 조금 더 향상시킨다든가 해서 학생들이 수준이 다르다면 수준별로 나눠서 수업을 한다든가 하면은 좀 더 영어 실력을 향상시킬 수 있다고 생각합니다.

사회자-네 알겠습니다. 그러면 요 문제는 또, 아 예 말씀해 주십시오.

5조 대표-양○○ 군이 학교에서 영어공용화를 하면 영어를 향상시킬 수 있다 했는데 그건 맞는 말인 것 같습니다. 하지만 다른 수업에서도 영어를 쓰게 되면 그 수업에 학습이 잘 원활하게 이루어지지 않을 것 같습니다.

사회자-네 지금 영어공용화가 되면 수업 자체를 영어로 진행해야 되는데 수학 수업도 영어로 하고 다른 수업도 다 영어로 하면 과연 그것이 학생들에게 제대로 이해가 될 수 있겠느냐 하는 질문을 해 주신 것 같은데요 거기에 대해서 어떻게 생각하십니까? 네 동의하시는 건가요? 문제가 있을 수 있나요?

3조 대표-아니 다른 수업도 다 영어로 하게 되면은 못 알아들을 수 있는 학생이 발생할 수 있다고 생각합니다. 하지만 아까도 말씀드렸다시피 수준별로 나누어서 수업을 한다는 것은 영어를 완전히 못 알아듣는 학생이 있을 수 있고 완전히 알아들을 수 있는 학생이 있는데 수준에 따라서 약간을 한글을 같이 섞어서 사용을 해서 좀 더 개념을 수학 수업이라 하면 수학 개념을 좀 더 이해시켜 놓고 그 수업을 좀 더 영어로 다시 들려주게 되면 영어 수업으로도 이해할 수 있는 능력이 생기지 않을까요?

사회자-네 병행해야 된다는 말씀이신 것 같고 저 잠시만요. 청중석에서 또 다른 분 혹시 질문 없으십니까? 노○○ 군은 질의를 많이 하셨는데 혹시 다른 분? 누구 너 김○○? 뭐라고 뭐라고?(김○○-노○○ 손 들었는데요) 노○○ 손 든 거는 알고 있는데 다른 분들 질문하실 것이 없으시면 마지막으로 노○○ 군의 질의를 듣고 거기 답변하도록 하겠습니다. 노○○ 군.

노○○-학교에서 영어를 전문적으로 배우게 되면 그만큼 전문적인 인력이 많이 필요하게 되는데 전문적인 인력을 뽑는데 필요한 거는 우리 부모님들이 내는 세금이잖아요. 그럼 세금을 더 많이 걷게 되고 가내 수입보다 수출이 더 많아질 수 있는 그런 상황이 올지도 모르는 어 지출이 더 많아질 수도 있는 상황이 올지도 모르는 그런.

사회자-이 질문에 대해서 혹시.

정○○-지출이라고 얘기하셨는데 학교에서 배움으로써 사교육비가 줄어들지 않습니까? 그 사교육비로 대신할 수 있는 것 아닙니까?

사회자-저쪽보고 말씀해 주세요.

정○○-대신할 수 있다고 생각합니다. 학교에서 배우는 비용이 학원이나 그런 사교육을 통해 나가는 비용보다 싸다고 생각합니다. 그래서 사교육비로 인해 세금이나 그런 걸 대신할 수 있다고 생각합니다.

4. 최후 변론

사회자-네 자, 지금 이제 슬슬 마무리해야 되는 시간이 다가오는데요. 최종적으로 찬성 측과 반대 측의 마지막 주장을 한 번 들어보고 토론을 마무리하도록 하겠습니다. 지금 우리가 토론을 같이 진행했는데 먼저 찬성 측에서 지금 최종적으로 자신의 주장을 설득할 수 있는 시간을 제가 드리겠습니다. 어느 분께서 대표로 일어나서 말씀해 주시겠습니까? 양○○ 군 영어공용화에 대한 찬성 측의 최후 변론을 듣도록 하겠습니다. 1분 정도 내에 말씀해 주세요.

3조 대표-지금 세계는 미국이 주도하고 있는 사회이고 앞으로도 변동은 없을 거라 생각되기 때문에 영어를 배우는 사람이 전 세계적으로 많이 늘어나고 있는데 영어를 만일 세계공, 영어가 지금 유엔 총회나 회담 같은 데서도 공용어로 사용되고 있고 그거를 우리나라에서도 공용어로 받아 들인다면은 외교를 하는 데 있어서도 국가 홍보나 서로 간에 정보를 습득하는 데에 좀 더 유리한 위치에 설 수 있고 교육이 중요화 되고 있기 때문에 영어교육을 강화해서 좀 더 수준 높은 교육을 받게 되면은 다른 나라에 아니 다른 나라보다 좋은 인력을 생산할 수 있다고 생각합니다.

사회자-네 알겠습니다. 반대 측에서도 대표 발언 1분 내에 해 주십시오. 어느 분이 해 주시겟습니까? 송○○ 군. 자 크게 큰 소리로 마지막 최후 변론 자 거기.

4조 대표-영어와 한글은 문법적으로 너무 차이가 많아서 둘 다 배우려면 시간이 너무 많이 걸립니다. 그러면 수업 부진아는 수업 내용을 이해 못할 수도 있구요 또 지금 경제불황이다 뭐다 하는데 사십 대 후반 분들은 사십 대 후반의 먹고 살기 바쁘신 분들은 영어를 따로 배우실 시간도 없으시고 그렇게 되니까 좀.

사회자-영어하고 한국어는 많이 다르고 그걸 두 개 같이 배운다는 건 상당히 힘든 일이고 그런 여러 가지 현실적인 문제가 있다고 마무리 해 주셨습니다. 지금 우리가 한 50분 동안 토론을 가져봤는데 이 문제가 쉬운 문제라면 토론할 그런 게 없겠죠. 어떻게 해도 장점이 있고 단점이 있고 그래서 우리들은 둘 중에 하나를 선택해야 될 기로에 섰을 때 과연 우리사회의 발전을 위해서 어느 쪽으로 우리 사회가 나가야 할지에 대해서는 앞으로도 많은 관심과 그런 생각이 필요한 것 같습니다. 그래서 다음 시간에는 지금 토론한 내용을 바탕으로 해서 여러분들이 집에서 좀 더 자료 조사나 공부를 해 오시고 다음 시간에 글로써 논술을 통해서 그것을 정리하는 시간을 다음 시간에 갖도록 하겠습니다. 그럼 이상으로 오늘 토론 수업을 마치도록 하겠습니다. 네 이상입니다.

II. 실험집단 여학생 반

1. 조별 토의 진행

2. 대표자 토론

사회자-요즘 우리 사회에서 큰 논쟁거리가 되고 있는 영어공용화 도입 문제에 대해 토론을 실시하도록 하겠습니다. 사회는 제가 보기로 하구요, 먼저 이 영어공용화 관련된 문제가 제기되었던 자료 화면을 보고 난 다음에 대표자 토론을 실시하겠습니다.

※영상 자료 시청-관련 내용은 본문에 수록

사회자-그러면, 각 조 대표자 분들은 의자를 가지고 앞으로 나와 주시기 바랍니다. 청중석에서는 정숙을 지켜주시기 바랍니다. 아시겠죠? 자, 그러면 지금부터 최근 우리 사회에서 큰 논쟁거리가 되고 있는, 국가경쟁력 강화를 위해서는 영어공용화를 도입해야 한다는 주장과 반대로 여러 가지 현실적 이유나 민족어 보존을 위해서 공용어 도입에 반대한다는 취지의 주장이 맞서고 있는 영어공용화 문제에 대한 토론을 진행하도록 하겠습니다. 먼저 서로 잘 아는 사이일 텐데 인사가 좀 필요하겠지요? 그러면 한 사람씩 일어서서 청중석을 향해 자기소개를 간단하게 해 주시기 바랍니다. 찬성 측부터 먼저 일어나서 소개 부탁드리겠습니다.

2조 대표-제 이름은 정○○입니다.
1조 대표-저는 찬성을 하고 있는 1조 조○○입니다.
3조 대표-저도 찬성을 하고 있는 3조 최○○입니다.
사회자-자 반대측 소개해 주세요.
4조 대표-저는 반대하고 있는 4조 백○○입니다.
6조 대표-반대하고 있는 6조 대표 황○○입니다.
5조 대표-안녕하세요. 진○○입니다.

1) 조별 의견 발표

사회자-자 먼저 영어공용화 도입이 우리사회에 꼭 필요하다고 주장하는 의견을 가지신 분들의 여러 토의 결과 종합 브리핑을 먼저 듣도록 하겠습니다. 먼저 1조부터 왜 영어공용화를 도입해야 하는지 합의된 사항 같은 것을 보고해주시기 바랍니다. 자 1조 조장 일어나시죠. 청중석을 보고 크게 말씀해 주세요.

1조 대표-저희 조는 영어공용화에 대해 찬성하는 입장인데요, 첫 번째로 영어가 국제사회를 살아가는 데 매우 중요하다고, 중요한 것 때문에 찬성합니다. 그리고 우리가 교통과 통신이 발전할수록 국가 간의 문화적 경제적 교류가 커지고 활발해질수록 국제화가 점점 중요해지는데, 그 국제화의 중심에 영어가 있다는 것은 아무도 부정할 수 없는 사실이라고 보구요, 우리가 국제어를 쓰지 않으면 우리가 손해보는 것이 점점 커질 것이고, 모두가 사용하는 것을 우리만 사용하지 않으면 우리만 소외되고 고립되는 것은 당연하다고 생각합니다.

사회자-네 잘 들었습니다. 시간상 제한이 있어서 이 정도로 1분 더 주었습니다, 시간상 제한이 있으니까 어쩔 수 없어요. 그러면 2조에서 토의된 사항을 보고해주시기 바랍니다.

2조 대표-먼저 1조에서 말씀드린 것처럼 문화적인 측면이 없지 않아 많이 있는데 아무래도 영어를 많이 사용하다 보면 영어를 잘하게 되죠. 그러면 우리가 해외에 나갔을 때 꿀리지 않고 당당하게 영어로 교류를 할 수 있는 거고, 그리고 또 사교육비를 들 수 있는데 영어 다들 많이 하시고 학원에서 영어 배우시고 그러시는데 돈이 너무 아깝잖아요? 그죠? 우리가 국어처럼 이렇게 말을 할 수 있게 어렸을 때부터 공용화를 하면 어렸을 때부터 쭉쭉 쭉쭉 배울 거잖아요. abcd부터 착착. 그런 것처럼 사교육비를 줄일 수 있으니까 영어공용화를 해야 된다고 생각합니다.

사회자: 네. 말씀 잘 들었습니다. 그럼 3조에서 간단하게 브리핑해 주시기 바랍니다.

3조 대표: 저희 조도 찬성 쪽인데 앞에서 말씀 드린 것처럼 그런 것도 많고, 어렸을 때부터 배우면서 영어를 더 가깝게 느끼고 나중에 해외 나가서도 가깝게 느껴서 편하게 사용할 수 있으니까 우리는 공용어를 같이 써야겠다고 생각합니다.

사회자-자 그러면 이에 대해서 반대 의견을 가지고 있는 4 ,5, 6조의 의견을 경청해 듣도록 하겠습니다. 자, 4조 대표 발표해 주세요.

4조 대표-앞에 찬성하신 분들이 말한 것처럼 세계화에 맞춰서 영어를 배우는 것에 대해서는 찬성하는 바이지만 공용화라는 것은 그냥 배우자는 취지가 아니고, 국어화 시키자는 것이기 때문에 그것에 대해서는 문제가 있다고 생각합니다. 앞에서 사교육에 대해 말했는데, 사교육을 보면은 우리가 국어도 어렸을 때부터 배웠는데 우리가 지금 국어를 배우지 않는 게 아니잖아요. 국어도 사교육을 다 똑같이 하는 건데 영어를 어렸을 때부터 배운다고 하면 영어도 사교육 열이 더 높아질 것이라 생각하고 그 영어를 배운다고 해서 우리가 학교에서 배우면 사교육이 더 늘어나는 것처럼 학교에서 모든 과목을 영어로 실시하면 모든 과목에 대해서 영어로 바뀌는 것을 다 사교육화해서 사교육 시장이 더 활성화 될 것이라 생각합니다.

사회자: 자 진정해 주세요. 그러면 5조에서는 어떤 의견이 오고 갔는지 한 번 청해 듣도록 하겠습니다. 말씀해 주시죠.

5조 대표-저희는 사교육이 줄어들 것이라 하지만 오히려 역효과로 사교육이 더 많이 활성화 되어서 더 큰 논란이 생길 수도 있는 문제와 또 한국 고유의 전통 그런 문화들 문화에 관한 훼손에 관한 문제점을 저희가 발표하겠습니다.

사회자-마지막으로 6조에서는 어떤 의견을 가지고 계신지 말씀해주시죠.

6조 대표-저희 6조에서는 영어를 공용어로 쓴다고 해서 다 영어를 잘 할 수 있는 것은 아니라고 생각합니다. 스위스를 예로 들면 프랑스어, 독일어 등 스위스는 공용어를 세 개를 쓰고 있는데도 불구하고 국민들 모두가 세 개의 공용어를 다 쓰지 못하는 것을 보면 저희 또한 만약에 영어를 공용어로 한다고 해서 모두가 다 같이 영어를 잘 할 수 있는 것은 아니기 때문에 꼭 영어를 공용어화할 필요는 없다고 생각합니다.

2) 찬반 교차 토론

사회자-자 그러면 대표자 분들의 의견을 한 번 들어봤는데, 찬성하는 측에서는 아무래도 세계화의 세계화된 속에서 살아가는 우리 사회에서 영어라는 것은 꼭 알아야 될 우리 경쟁력의 요소기 때문에 영어의 공용화가 필요하다는 취지의 말씀을 해 주셨고, 또 아울러 영어를 공용화하면 여러분들의 가계에 큰 부담이 되고 있는 사교육비도 많이 경감될 것이다라는 그런 추가적인 의견을 말씀해 주셨습니다. 그리고 또 반대하는 입장에서는 영어가 중요하다는 것은 누구나 다 인정하는 것이다. 그러나 영어가 중요하다는 것과 영어를 국어와 똑같이 대우하는 공용화라는 것은 좀 다른 문제가 아니냐는 측면에서 말씀해 주셨고, 그 다음 또 사교육비가 경감된다는 부분도 과연 실제 그럴 수 있을까 반대하는 측에서 보면 오히려 사교육비가 더 증가할 것 같다는 예상의 말씀도 있었습니다.

그리고 아울러 우리나라에 영어를 도입한다는 자체가 우리 전통 문화나 국어의 훼손을 가지고 올 수 있다는 그런 여러 가지 문제점을 지적해주셨는데요, 그러면 1, 2, 3조, 4, 5, 6조에서 지금 말씀하신 걸 보면 대립되는 견해가 일단 먼저 눈에 띄는데 찬성하는 측에서는 영어공용화를 도입하면 사교육비가 경감될 것이다 이렇게 주장하셨고 반대하는 측에서는 우리는 그렇게 생각하지 않는다 영어공용화를 도입하면 오히려 사교육비가 증가할 것이라는 그런 대립된 의견을 제시해 주셨습니다. 이에 대해서 어떻게 생각하시는지 왜 그렇게 생각하시는지 먼저 청해 듣도록 하겠습니다. 자, 그러면 2조에서 영어공용화가 도입되면 사교육비가 경감된다는 취지의 발언을 하셨는데 2조에서 어떤 의미를 가지고 말씀하셨는지 설명을 추가적인 설명을 부탁드립니다.

2조 대표-사교육비가 줄어든다고 주장을 했는데, 여기서 더 늘어난다고 하셨잖아요 반대 측에서. 근데 우리가 국어 같은 경우는 과외를 많이 하지 않잖아요 몇 십 들여가면서. 그런데 영어는 몇 십 만원까지 들여가면서 영어 과외를 하잖아요. 그런 과외가 줄어든다는 걸 말씀드리고 싶었고, 주장이 좀 틀린 것 같아요 반대 측이.

사회자-아 그래요. 그러면 반대 측에서는 어떤 의미로 말씀하시는지 일단 추가로 설명을 들어보고 그러고 난 다음에 논쟁점에 대해서는 교차 토론을 한 번 진행하도록 하겠습니다. 그러면 반대하는 측에서 이 문제에 대해서 어느 분이 설명을 좀 해주시겠습니까? 사교육비 문제에 대해서.

4조 대표-여기서 사교육비 문제에 대해서 말한 것은 저기서 말씀하셨듯이 지금 영어 하나만 했을 때도 하나에 몇 십씩 사교육비가 들어간다는 거죠. 근데 영어공용화가 되면 모든 과목을 영어로 배워야 하는데 그럼 그만큼 우리가 영어를 더 원활하게 사용할 줄

알아야 하고 그러면은 더 많은 비용을 들여서 우리가 더 영어를 배워야 하니까 영어에 대한 사교육비가 더 올라갈 거라고 생각을 합니다.

사회자-자 지금 영어 능력 향상을 위해서 더 많은 어떤 재정적인 추가 비용이 발생하기 때문에 사교육비가 오히려 늘어날 것이다라는 취지로 말씀하셨는데요, 여기에 대해서 반론하실 사항이 있으시면 반론해 주세요.

2조 대표-그 일반 과목은 영어로 수업을 한다는 거는 지금 우리 현 상태에서 우리가 갑자기 내일부터 일반 과목을 영어로 수업을 한다고 하면 그건 정말 말이 안 되는 일이고 사교육비가 더 들어갈 것이지만 지금 막 태어난 애들이 걸음마 떼면서 가나다라 배우면서 abcd 같이 배우면서 커 가면 그때는 무리 없이 그 수업을 들을 수 있지 않을까 하는 생각이 들어요.

사회자-네, 무슨 말씀이신지 알겠습니다. 지금 사교육비가 더 많이 들 거라고 하는 분들은 지금 현재 상태를 강조하시는 것 같고 영어공용화가 도입되면 미래 세대는 확실히 좀 영어 부담에서 줄어들 수 있는 어떤 긍정적인 측면이 있지 않을까 이런 취지로 말씀하신 것 같습니다. 그러면 이제 아까 서로 양측에서 얘기하는 것을 들어보셨는데, 양측 찬성 측이나 반대 측에서 주장하는 여러 사항 중에 이것만은 내가 반론을 펼치고 싶다 이것만은 짚고 넘어가야겠다는 사항이 있으시면 자 네 일어서서 말씀해주시죠.

1조 대표-저쪽 반대 측 입장에서는 우리가 영어를 공용화를 함으로써 문화가 점점 사라지고 그런다는 주장을 하셨는데요, 저희 찬성 쪽에서 생각하기에는 영어를 공용화한다는 걸로 인해서 그것 자체가 우리 민족어 말살이라던지 민족의 정체성을 말살하는 것과 같은 극단적 결과를 야기시킬 수는 없다고 생각합니다. 그리고 우리의 경제적 생존과 번영은, 우리가 영어를 쓰는 것은 우리의 개방성을 높여 줄 뿐이지 이중언어를 쓴다고 해서 우리의 주체성이 결여되고 우리의 문화가 사라지는 것은 아니라고 생각합니다.

사회자-반대 측에서 영어공용화는 우리 민족 문화에 심각한 타격을 줄 것이다라는 그런 예상되는 말씀을 하셨는데 그것이 도대체 무슨 근거인지 모르겠다 이중언어 사회라고 해서 우리 민족 문화가 훼손되는 것이냐라는 그런 반론을 펼치셨는데요 반대측에서 이에 대해서 추가적인 답변이나 그런 하실 말씀이 있으면 일어서서 말씀해 주세요.

6조 대표-영어를 공용화해서 쓴다고 문화가 파괴되거나 그러지 않는다고 하셨는데 만약에 약간 좀 공용어에 대해서 다들 잘못 알고 계시다는 생각이 들거든요. 공용어란 것 자체가 원래 한 국가에서 서로 다른 언어를 쓰는 민족들이 많이 모여서 그들이 의사소통을 할 수 없기 때문에 정한 것이 공용어에요. 그렇게 치면 공용어를 쓰는, 공용어로 영어를 쓰는 필리핀이나 파키스탄 같은 나라들도 다 잘 되어야 되는 것 아닌가요. 세계화를 세계화에 이미 그들은 예전부터 공용어로 영어를 쓰고 있는데. 아니, 아직 안 끝났어요. 또 한글의 과학적 위상이 얼마나 높아졌는지 모르는 것 같은데 그러고 영어는 미국에서조차 공용어가 아니거든요 영어는. 미국에서조차 영어는 공용어가 아니고 그들은 그냥 모국어로 영어를 쓸 뿐이에요. 그리고 프리 토플 1위를 하고 있는 덴마크나 벨기에 같은 나라들은 외국어로 영어를 쓰지만 길거리에 돌아다니는 버스기사조차도 그들은 영어로 다 대답을 할 수 있어요. 그러니까 영어를 공용어로 하는 것이 아니라 우리나라 영어교육에 대해서 개선해야 된다고 생각합니다.

사회자: 일단 민족 문화 훼손에 대해서는 그렇지 않을 것이라고

간략하게 말씀을 해 주시면서 영어를 사용하면 과연 국가경쟁력이 올라가느냐 실제 필리핀의 경우를 보면 우리는 공용어를 쓰지 않고 필리핀은 영어를 쓰는데 필리핀은 우리보다 잘 사느냐 해서 영어가 경쟁력을 가진다는 것이 진짜 맞는 얘기냐는 취지로 또 반론을 제기해주신 것 같은데 이에 대해서 공용어에 찬성하는 입장에서 요 경우에는 어떻게 답변을 하실지 예, 어느 분이 답변을 하실지. 네 일어나서.

1조 대표-이쪽에서는 필리핀이나 그런 나라에 대해서 그쪽은 발전 잘 안되었다고 하셨는데 우리나라는 필요에 의해서 영어를 사용하는 것이고 그쪽은 외부 다른 나라에 의해서 영어를 사용하게 된 것이기 때문에 경우가 다르다고 생각합니다. 그리고 우리나라가 엄청난 발전된 언어라고 하셨는데 그건 맞는 말입니다. 그리고 우리 모국어가 아무리 소중하고 우수하다고 해도 언어는 도구이기 때문에 우리가 그것을 너무 꼭 그걸 추구해야 할 필요는 없다고 생각합니다. 언어는 도구이기 때문에 우리가 우리의 필요에 의해서 선택할 수 있는 것이라 생각합니다.

사회자-자 이제 보면 과연 필리핀처럼 식민지 경험을 통해서 억지로 영어가 도입된 나라와 우리가 주체적으로 필요에 의해서 사용하기 위해서 도입하는 나라의 입장이 좀 다를 것 같다는 취지의 말씀을 하셨고 방금 하신 말씀 중에 언어는 도구니까 편리하고 유용한 도구를 쓰는 게 더 맞는 거니까 언어는 도구니까 효용성이 더 높은 도구를 쓰는 게 어떠냐는 취지로 입장을 정당화하셨는데 언어가 도구라는 측면의 주장에 대해서는 반대 측에서는 어떻게 공감을 하시는 건가요? 아니면 다른 생각을 가지고 계시는 건가요? 언어는 도구라는 주장에 대해서 어떤 관점을 가지고 계시는지 반대 측의 입장을 들어보도록 하겠습니다.

6조 대표-언어는 도구라고 하셨잖아요, 필요에 의해서 더 편한 것을 선택한다고. 그러면 이 시기에 우리에게 영어와 한국어가 주어진다면 당연히 영어를 더 많이 선택하겠죠. 그러면 저희 모국어가 파괴되는 것이라고 생각하는데 문화가 파괴되거나 그런 것까지 야기하지 않는다고 하셨는데 좀 모순되는 것 같아요.

사회자-뭐라고 지금 말씀하셨느냐 하면 언어가 도구면 한국어와 영어가 있을 때 영어가 더 좋은 도구니까 더 좋은 도구를 쓰고 안 좋은 도구는 안 쓸 것이고 그러면 그 결과 안 좋은 도구로 만든 한국어로 된 문화는 파괴될 것이다 그럼 과연 민족문화가 훼손되지 않는다는 것이 맞느냐 이렇게 얘기를 하신 거예요. 자 마지막으로

청중들-선생님, 시청자 의견은요, 시청자 의견. 시청자 의견 받아요.

사회자-예, 알겠습니다. (1조 대표가 손을 듦) 간단하게 말해주세요. 간단하게 말을 청해 듣고 방청객 의견을 들어보도록 하겠습니다.

1조 대표-모순된다고 하셨는데 아까 제가 말한 거에서 도구라고 했잖아요 제가, 도구를 한 가지만 쓰는 것이 아니라 더 나은 걸 하나 더 수용해서 양 방향에서 모두가 쓸 수 있다고 생각합니다.

사회자-둘 다 쓰면 되지 않느냐. 왜 하나만 쓴다고 그렇게 단언하느냐 하고 말씀하신 것 같고 그러면 여기서 지금 시간이 많이 남아있지 않기 때문에

4조 대표-한 마디만 더 해도 될까요?

사회자-아 네. 말씀하시죠. 간단하게 해 주세요. 지금 질문을 기다리는 분들이 많은 것 같아서.

4조 대표-언어가 도구라는 것도 찬성을 하는데 언어가 도구니까 둘 다 사용할 수 있다고 생각을 하는데 그걸 굳이 공용화시켜서

사용할 필요는 없다고 생각을 하구요 지금 필리핀 같은 경우에도 영어가 공용화되어 있는 상태인데 되게 어색한 영어를 하고 있다고 합니다. 그러면은 굳이 우리가 공용화하지 않은 상태에서 그냥 영어를 따로 배워서 하는 것과 다를 바가 없다고 생각합니다.

3. 청중 질의

사회자-네 그러면 지금 시간이 제한되어 있기 때문에 대표자들의 의견은 곧 여러분들이 합의한 의견이라서 많은 부분을 우리가 좀 새롭게 알게 된 사실도 많을 것이라 생각합니다. 그러면 지금 방청객 중에서 혹시 질문 사항이나 반론이나 그런 것을 말씀하실 분이 있으시면 손들어 주세요.

사회자-그러면 차례대로 김○○ 씨(학생들이 웃음), 김○○ 학생, 김○○ 양 말씀해 주세요. 친구들 다 들릴 수 있게 크게 말씀해 주세요.

찬성 측 김○○-(6조 대표)황○○ 님께서 한글이 정말 우수하고 과학적이라 하셨는데 물론 한글이 우수하고 과학적이지만 한글이 그렇게 우수하고 다른 나라 사람들이 다 쓴다면 왜 우리나라가 수출을 못 하는지 그게 참 궁금해요.

반대 측-뭘 수출을 못해?

김○○-다른 나라가 우리나라 언어가 필요하지 않기 때문에 전세계인들이 한글을 쓰지 않는 것이고 영어는 우리가 필요하기 때문에 쓰는 것이지 남들이 강요해서 쓰는 것이 아니고, 민족문화가 말살되는 것도 중국의 화교인들도 보면 100년이나 미국에 따로 떨어져 살았는데도 미국말을 다 바꿔서 쓰는 게 아니라 그 나라 사람들이 지금도 중국어를 쓰고 있고 조선족도 아직도 자꾸 한글을 쓰고 있기 때문에 한글이 없어지는 것은 아니라고 생각합니다.

사회자-여기 토론자 한 분을 딱 집어서 말씀해주셨기 때문에 이에 대해서 황○○ 발표자께서

6조 대표-한글이 우수한 거랑 우리나라가 수출을 못 하는 거랑 관계가 없다고 생각하거든요.

사회자-질문자에게 설명을 해 주시기를

6조 대표-그러니까 왜냐하면 우리나라가 우리나라 물품을 밖으로 수출할 때 그 나라의 언어를 써서 표현한다거나 하거든요. 만약에 뭐지 우리나라에 들어오는 수입 물품들도 다 한글로 표시가 되어서 나와요. 만약에 표지가 영어 표지면 그 뒤에라도 한글말로 써져 있듯이 우리나라 물품도 밖으로 나갈 때는 어차피 영어로 설명서 같은 것이 포함되어서 같이 나가는 건데 그게 안 팔리는 건 우리나라가 못 만든 거지 우리나라 한글이 우수하지 않아서가 아니에요.

사회자-많은 그런 것이 있지만 평생 안 보게 지낼 사이도 아니고 늘상 인사하고 지내는 사이기 때문에 추가적인 궁금한 그런 사항은 허심탄회하게 얘기할 자리가 있다고 보고 또 다른 분 중에서 혹시, 자 이○○ 학생.

반대 측 이○○-일단 황○○ 님 애기에 보탬이 되고자 하는데요 우리나라 한글이 우수하지 못해서 우리나라 것이 수출이 안 되는 것이 아니라 경쟁력이 없어서 우리나라 언어를 안 쓸려고 하는 거지 우리나라 한글은 우수한 것이에요. 그렇죠? 그리고 (1조 대표) 조○○ 님께서 두 도구를 같이 쓰면 된다고 하셨잖아요 그럼 어릴 때부터 쓰는 애들은 두 개를 같이 쓰면 가치관에 혼란이 올 거라고 생각을 합니다. 또 우리들은 언어를 혼합해서 쓰기 때문에 두 개를 어떻게 써요? 불편하잖아요.

사회자-예, 알겠습니다. 조○○ 발표자께서 말씀해 주시죠. 언어 도구를 그렇게 쓴다는 것이 어떤 것인지

1조 대표-영어를 잘 말하고 잘 사용한다고 해서 우리가 모국어를 사용하는 데 어려움이 있다고 생각하지는 않습니다. 그리고 한국어를 잘하면 외국어도 잘하고 같은 언어이기 때문에 배우는 방법은 같다고 생각합니다.

학생들-선생님 10분까지 해요. 다음에 한 번 더해요. 한 번 더해요.

사회자-그러면 딱 5분만 더해요. 10분은 너무 하고 다음 수업 시간에 지장을 줄 수 있으니까 찬성 측하고 균등하게 아까 이쪽에서는 질의가 있었으니까 구○○의 질의를 듣도록 하겠습니다.

찬성 측 구○○-아까 황○○ 님이 한글이 우수하고 보존되어야 한다고 했잖아요. 그런데 황○○ 님은 20년 전에 있는 한글로 기록되어 있는 그런 책들 다 해석할 줄 아세요. 모르시잖아요. 그니까 한글을 꼭 보존해야 한다고 했는데 그러니까 한글이 우수하지 않아서 한글을 버리자는 게 아니고 지금은 선조들과의 교류가 중요한 게 아니고 지금 현대 사람들과의 교류가 중요한 거잖아요 한글이 우수하면 마음속에서 간직하고서 한국어를 널리 알리면 되지 꼭 그거를 뭐랄까

사회자-네 알겠습니다. 간단하게 답변해주세요.

6조 대표-찬성 측에서 언어는 도구라고 말했잖아요. 도구는 발전하고 변하는 거예요 당연히 바뀔 수 있고 제가 옛날의 말을 모를 수 있죠. 그렇게 치면 영어도 몇 백 년 전의 영어와 지금의 영어는 다르다고 생각합니다.

사회자-마지막으로 딱 균등하게 여기(반대 측) 질의 있는 사람, 반대 측의 질의자, 질의자가 없으면 마지막으로 찬성 측의 질의를

들으면서 마무리하도록 하겠습니다.

찬성 측 박○○-아까 한글이 우수하지 않다고 한 거 아니라고 저희도 한글이 우수하지 않다고 안했어요. 한글이 굉장히 우수한데 지금 솔직히 미국 영어를 쓰는 게 영어가 많이 요즘 세상에 다 퍼져 있고 하니까 영어를 쓰는 거고 한글이 우수한데 왜 수출을 못하나 수출을 한다는 게 얘가 잘못 얘기해서 그러는 건데 왜 딴 나라에서 한글을 쓰지 않느냐 이렇게 얘기를 한 건데 그래 저희가 우선 쓰고 있는 게 한글이잖아요. 한글이 우수한데 우수한 거는 아무리 우수하더라 해도 지금 세계화에 맞추지 못하면 그건 우리만 쓰는 거니까 쓸모가 없는 것 같아요. 한글 안 쓰자는 것은 아니고 같이 쓰면은 어차피 모든 무슨 외국과의 우리의 것을 외국에 알리려고 해도 영어로 되게 외국에 알리려면 다른 언어로 남겨놔야 하잖아요. 한글로 쓰면 외국 사람들은 어차피 못 알아보니까 영어를 공용화하면서 더 잘 맞춰 쓸 수 있을 것 같아요.

사회자-네 알겠습니다. 답변 마지막으로 여기에 대한 답변을 들으면서 조금만 집중해 주세요. 자 일어나서 말씀해 주세요.

4조 대표-한글은 다른 사람들은 사용 안 하니까 영어로 사용해서 하면 더 잘 될 거라고 말씀하시는 건데 근데 그걸 굳이 영어를 공용화하지 않고 공용화를 진행하지 않은 상태에서 영어를 사용하면서도 충분히 할 수 있는 것이라 생각을 하구요 그리고 경쟁력에 대해서 말씀을 하시면 일본 같은 경우는 영어 실정이 우리랑 차이가 없어요. 근데 일본은 경제력도 굉장히 높아요. 그 나라를 생각하면 굳이 영어를 공용화한다고 해서 우리가 더 나아진다고 생각하지 않고 걔네는 공용화하지 않았는데도 일본 같은 나라는 충분히 경제적으로 강대국이니까 그 부분에 대해서는 영어공용화하고는 상관이 없는 것 같아요. 굳이 공용화를 하지 않아도 그 부분은 개선이 될 수 있는 거고 다른 방면으로도 충분히 할 수 있다고 생각을 해요.

6조 대표-우리나라가 영어

학생들-에에에

사회자-말을 하라고 주는 시간인데 말을 하는 사람한테 그렇게 따가운 눈초리를 애정 어린 눈빛으로 간단하게

6조 대표-기분 나쁘게 말씀 드린 것은 죄송하구요 일단 저희나라에 외국인들이 많이 들어와 있잖아요. 그 사람들의 대부분은 영어를 쓰고 있구요 그리고 제가 직접 한국어를 모르는 영어만 쓰는 외국인에게 물어봤어요. 한국에 살 때 한국어를 배우지 않아도 편하냐구요. 그랬더니 그들은 편하다고 했어요 굳이 한글을 배우지 않아도 된데요. 그럼 지금 이 상황에서 공용어를 하지 않은 상태에서도 외국인들과 소통을 할 수 있는 거잖아요 저희가 영어만 배우면 그래서 문제는 지금은 저희가 여태까지 살면서 초등학교 4학년 중학교 3학년 고등학교 1학년까지 합쳐서 자그마치 8년을 영어 공부를 해 왔어요. 근데 그 사람들과 대화를 하지 못하는 것은 영어교육의 문제이지 영어를 공용화하느냐 안하느냐의 문제는 아니라고 생각을 하거든요.

사회자-자 알겠습니다. 이 영어공용화 문제가 간단한 문제라면 우리가 굳이 토론하면서 할 필요가 없을 것 같아요. 그만큼 우리 사회의 앞날이나 미래와 관련된 중요한 문제니까 이번 시간을 계기로 좀 더 깊게 그리고 다양하게 생각을 해서 다음 시간에 글로 표현할 수 있는 그런 기회를 드리도록 하겠습니다. 이상으로 오늘 토론을 마치도록 하겠습니다.

부록 3. Ⅳ장 관련 본문 인용 논술문 전문

-영어공용화 논쟁 관련 자료

1. C-8번 글

손안의 뜨거운 감자, 영어공용화

요즈음 영어공용화의 찬반논쟁이 불거지고 있다. 영어공용화란 공공기관의 문서를 비롯하여 정치, 경제, 사회, 문화, 교육 등 제 부문에서 공식적인 기록이나 의사소통을 영어로 하는 것을 말한다. 현대시대는 글로벌 사회이고 여러나라 사람들과 의사소통을 하며 일을 하게 될 것이다. 그렇게 된다면 영어공용화를 모든사람이 쌍수들고 환영하게 되겠지만 내 생각은 "글쎄올시다"이다. 영어공용화를 하게되면 각종 사회문제가 야기될 것이다. 과연 어떤 문제가 나타나게 될까?

복거일씨의 글을 읽고 찬반을 가린다면 찬성일게 분명하다. 하지만, 우리나라는 아직까지 폐쇄적인 사회이다. 자신의 의사를 제대로 표현하지 못하는 아이들에게 개방적인 외국의 문화와 폐쇄적인 우리나라의 문화가 서로 뒤섞여 아이들에게 정체성의 혼란이 오게될 수 있다. 그렇다고 다 큰아이에게 영어를 배우게 하자니 어린아이보다 배우는 속도가 느리다. 생각을 해보라. 백지에 글씨를 쓰는 것이 쉬운가, 무언가가 빽빽하게 쓰여진 종이가 글쓰기 쉬운가. 분명히 모자라는 영어를 잡자고 사교육에 빠지게 될것이고, 정부에서는 사교육 방지를위해 방과후학교, 야자같은 프로그램을 할 것이다. 학생은 말그대로 공부하는 기계가 되어 자기만의 삶을 잃어버리게 될 것이다. 게다가 아지까지 시행해보지 않았기에 전문인력이 없다. 학생을 가르칠만한 사람마저 구해야하는판에 시설마저 모자르다. 그렇게 되면 시설을 만들어야 한다. 전문인력을 양성하고 고용해야 된다. 거기에 들어가는 각종비용은 고스란히 우리 부모님들의 주머니에서 빠져 나간다. 어차피 영어는 살아가는데 꼭 필요하기 때문에 배우기 싫어도 배우게 되있는 존재이다. 쥐하나 잡자고 초가삼간 다 태우는 볼썽사나운 짓을 하게 될 필요는 없다.

과거 1980년대의 일본은 세계경기를 좌지우지 하게될 것이라는 경제학자들의 예측이 있었다. 하지만 지금은 어떤가? 20 여년의 경제 침체기를 겪고 요즈음 경제회복을 하고 있다. 자기만의 독창적인 제품이 아닌 외국의 기술에 살만 덧붙여 팔아왔고, 시장이 원하는 물건을 만들지 못한채 20년을 허송세월 하다 이제서야 회복중인 일본을 보라. 우리또한 영어공용화를 추진하다 이도저도 아닌 붕 뜬 상태가 될 수 있다. 우리에게 중요한 것은 영어공용화가 아닌 반만년 역사를 내려오는 우리말, 주체성이다. 현대사회는 주체성과 개성을 원한다. 영어공용화 보다 우리의 우수한 한글을 세계에 널리 알리는 것은 어떨까?

2. C-22번 글

영어공용화 찬성에의 의견

영어공용화란 국어와 영어를 같은 위치에 두고 두 언어를 방송,

통신, 정치등 사회 각 분야에서 같이 사용하는 것이다. 우리나라는 영어 공용화에 대해 아직은 토론만 하고 정해지지 못한 상태이며 찬성 반대 사이의 대립이 팽팽해서 쉽게 결론 날 수 없는 주제이다.

나는 영어 공용화에 찬성한다. 우리나라는 영어 사교육비가 전 세계1위이다. 영어 공용화를 하면 이 비용을 완전히는 아니지만 줄게 할 수 있을 것이다. 물론 처음에는 별도의 영어강사가 필요해서 돈이 들겠지만 시간이 지나면 일반 교사도 영어를 기본으로 할 수 있게 되기 때문에 큰 문제는 없다. 또한 유학, 영어유치원등 경제적으로 위에있던 사람들과의 격차도 줄어서 경제적으로 낮은 사람들도 기회를 갖게 된다. 또한 유학, 영어유치원등 경제적으로 위에있던 사람들과의 격차도 줄어서 경제적으로 낮은 사람들도 기회를 갖게된다. 또한 외국의 대학으로의 진학을 희망할때도 영어는 필요하지 않는 경우보다 필요한 경우가 많고 대학에 붙어도 심지어 우리나라까지 원서를 사용하는 경우가 많다.

또한 사회에 나가서 돈을 벌어야 한다고 할 때 영어를 못해서 생기는 불편함이 적지않다. 옛날에는 불편함이 덜했지만 외국인 관광객들이 늘고 있어서 불편함을 느끼게 되는 직업이 늘고 있다. 갈수록 정보가 힘인 세계의 정보중의 70% 이상이 영어로 되어있고 그것을 자유자재로 쓸 수 있는 외국인들과의 경쟁은 불보듯 뻔한일이다. 무한경쟁 속에서 영어는 반드시 필요한 것이다. 예로 컴퓨터 프로그램을 영어로 만들었다고 치자. 그것을 쓰기위해 한글로 번역해야 할 것이다. 반대로 우리나라에서 만들었다고 해도 외국에 팔기 위해서 영문판을 만들어야 한다. 영어공용화는 이런 번거로움을 없애주는 것이다. 또한 외국기업과의 거래할 때 일부사원만이 영어를 쓸 수 있다면 모든 사원이 능숙하게 영어구사를 할 수 있는 회사보다 권리를 내세울것이 줄어들 것이다.

몇가지 생각이나 사실들을 썼는데 결국 하고싶은 말은 “언제까지 외국인들만 보면 눈을 피하려고만 할건가?”이다. 점점 다른나라로의 진출이 많아지는데 그 흐름을 따라가지 못한다면 경쟁에서 지는 것이다. 그렇기에 점점 기본으로 요구되는 영어를 어려서부터 익혀서 문법뿐만 아니라 의사소통이 자유자재로 되는 기본의 상태에서 경쟁을 시작했으면 생각한다. 앞으로 미국등 영어를 사용하는 강대국들이 어떻게 될지는 모르지만 영어는 국제공용어로서 남기 때문에 영어를 배워두면 쓸모가 있을 것이다. 어짜피 배울거 일찍부터 제대로 배우고 사용해서 후손들에게도 보다 좋은 위치에서 출발할 수 있게 해줄수 있는 영어 공용화에 나는 찬성한다.

3. C-7번 글

영어공용화 반대

지난 시간에 영어공용화에 대해 찬반토론을 했다. 필자는 반대입장이 되어 의견을 제시 하였다. 우리 나라의 언어는 한글이다. 한글의 우수성은 이미 널리 알려져 있고, 그 어떤 언어보다도 자부심이 느껴진다. 그런데 이 좋은 글자를 안쓰고 수업시간에 영어로만 진행하자는 것은 내생각으로는 일제시대때도 수업시간에 일본말을 쓰라고 했던 것처럼 느껴진다. 물론 전자는 자유가 배경이고 후자는 강제적이고 강압적인 냄새가 풍기긴한다. 만약 영어시간이 아닌 타수업시간에도 영어로 수업을 하면 상당한 문제요소들이 존재한다. 일단 영어를 못하는 아이들은 그나마 있던 공부욕심도 달아날 것이고, 그과목보다 영어해석하기 바쁠 것이다. 이 제도가 공교육강화목적으로 추진되는 제도같은데 내가 보기엔 사교육이 더 판을 칠 것이다. 일단 상위권 아이들은 제외하고 중하위권 아이들은 수업시간에 영어로 하니 영어과외나 학원을 다닐 것이고, 여기까진 이해한다. 그러나 수업시간에 못알아듣는 영어 때문에 그 과목자체를 학원에서 배우게 될 것이다. 그러면 학생은 물론 부모들 등골이 휠 것이다. 영어시간에 영어만 수업하는 것은 적절한 방안인 것같다. 그러나 세계화라는 카드로 미국과 더욱 돈독한 관계를 유지하려는 정책같다는 생각이 든다. 그나라의 국력은 언어라고 해도 과언이 아닌데, 맨날 다른 강대국 정책만 이것저것 따라하다가 죽도 밥도 안되는 경우가 올 수도 있다.

우리 보다 나이가 많은 60대 이상인분들은 암울했던 시기를 겪어서 아마도 교육을 제대로 못받은 분들이 대다수일 것이다. 이분들은 우리말을 말할줄알지만 글을 쓸줄 모른다. 이처럼 어렸을 때부터 영어공용화를 접한다면 한글을 들을 수는 있지만 제대로 배우지 못해서 철자를 잘못 알거나 글씨도 엉망진창이 될 것이다.

우리나라에서 영어는 그렇게 필요하지 않다. 기본영어만 알아도 생활 할 수있다. 내 생각인데영어에 특수성을 부여해서 누구나 배우는게 아니라 영어가 주된 직종이나 분야, 외국인들과 소통을 하면서 일하는 직업만 배우게 하는 것이 적절하다고 본다. 왜 영어를 다 배우게 해서 대학교 합격을 좌지우지하는 과목이 되게 하는지 모르겠다. 영어잘한다고 다른일을 잘할지 누가 알까? 이 세상은 너무 성적 위주다.

마지막으로 영어공용화를 사교육 대처방안이라고 생각한 정부가 상당히 마음에 안든다. 요즘 국민들이 반대하는 정책만 발표하는데 국민의견을 듣는지 아니면 귀를 막는건지 통 모를일이다.

4. D-6번 글

영어 공용화의 찬반논쟁

영어공용화는 모든 공식 비공식 언어와 문서, 사람들간의 의사소통이 한국어와 같은 비중으로 영어가 사용된다는 의미이다. 그럼 요즘 몇몇 학교에서 시행중인 영어로만 수업하는 것이 모든 학교로 확대될것이고, 뿐만 아니라, 국가의 모든 문서도 영어로 작성되어야 할 것이다.

나는 영어 공용화가 빨리 되어야 하는것보다도 국어를 제대로 발전시킨다는 것을 전제로 한다면 찬성이다.

영어공용화에 반대하는 사람들의 대부분의 이유가 한국어가 쇠퇴되기 때문이라는 이유를 든다. 하지만 영어를 잘하게 된다고 자신의 모국어를 말하는데 어려움을 겪게 될 사람이 있을까? 대부분 외국어 영역을 잘하는 사람이 언어영역도 잘한다. 영어가 제2공용화가 되더라도 한국어는 여전히 비중이 클 것이고 영어 공용화를 찬성하는 사람들도 국어를 잘하는것에 대해 반대하지 않는다. 그러므로 나는 영어만 하자는것이 아니라 국어도 발전시킨다는 전제하에서 영어 공용화가 더 좋은것 같다.

지금 전세계에서 영어공용 국가가 45개 국가 이상이다. 그리고 인구수로는 최고이다. 그리고 영어공용하는 국가는 더 늘어날것이다. 왜 시대의 흐름을 거스르려고 하는것일까? 필리핀, 인도, 파키스탄이 영어를 쓰면서도, 세계화에 동참못하는건, 그 나라의 리더쉽 부재 때문이다. 이 나라들이 공용화를 선택하지 않았다면 더 좋지 못한 나라가 되었을 것이다. 우리나라가 풍부한 영어 능력과 리더쉽이 어울려 진다면, 계속 진보하는 나라가 될것이다.

또, 굳이 모국어라고 고집한다면 엄청난 자원과 시간, 경제력을 허비하게될 것이다. 우리나라의 사교육은 영어가 제일많은 비중을 차지한다. 하지만 공용화가 된다면 자연스럽게 언어 구사력도 늘 수 있고, 해외로 영어를 배우러 가는 사람도 줄기 때문에 외화 낭비도 안되고, 영어의 엄청난 사교육 시장도 줄일수 있을 것이다 물론 처음에는, 그니깐, 영어공용화가 된 첫세대에서는 사교육 시장이 늘수도 있지만 후손들을 생각한다면 지금 공용어가 된다는건 더 이익일 것이다. 후손들은 자연스레 영어를 말하게 되면서 사교육을 거의 받지 않아도 될수 있기 때문이다.

우리는 오늘날 영어로된 정보의 홍수속에 살고 있다. 그렇다면 만약, 영어를 잘하는 엘리트 층만이 영어에 능통한다면, 그들은 그들에게 유리한 정보를 선정하여 유통할것이고, 따라서 평범한 사람들이 영어로부터 소외되면 될수록 그들의 힘은 더 강해지고, 극단적으로는 우리가 그들에게 지배받고 살아야 할지도 모른다. 이것이야 말로 사회 격차를 더 크게 만드는 것이다.

그리고 옛날 우리나라는 중국말인 한자를 빌려 썼다. 이처럼 다른 나라말을 쓴다는것에대해 거부감을 갖을 필요 없고, 우리나라가 다른 세계로부터 얼마나 고립되어 있는지 인지하고, 한국 사회의 개방성을 발휘할 때가 지금인 것 같다.

5. D-24번 글

우리나라도 영어공용화를 해야 할까?

세계적으로 영어를 사용하는 나라가 많다. 세계 어느 나라를 간다고 해도 영어로 모든 의사소통이 가능하게 되었다. 앞으로 영어는 발전해서 지금보다 더 많은 국가와 더 많은 사람들이 사용하게 될 것이다. 우리나라에서도 영어를 모르면 생활이 불편 할 정도로 영어는 우리의 생활에서 필수이다. 길거리를 돌아다녀보면 알 수 있듯이 한글로 된 간판보다는 영어로 된 간판이 더 많이 사용되고 있고 무의식적으로 대화를 할 때 영어를 사용하게 되기도 한다. 영어는 이렇게 우리생활에서 많은 부분을 차지하고 있고 우리나라도 이렇게 중요한 영어를 공용화하려하고 있다. 하지만 난 영어를 공용화하는 것을 반대한다. 비록 전세계 사람들이 영어를 배우는 것 만큼 많은 사람들이 한글을 배우려고 관심을 주는 것은 아니지만 TV프로그램이나 길거리를 돌아보면 어설프지만 한글을 사용하고 우리문화에 관심을 가지는 외국인들이 늘어난다는 것을 알 수 있다. 나는 우리문화 중 가장 큰 부분을 차지하는 것이 한글이라고 생각한다. 다른 나라 사람들도 관심을 가지고 배우려고 하는 한글을 정작 우리가 가꾸지 않고 영어를 공용화하려는 것은 문제가 된다고 생각한다.

영어를 쓰지않으면 경제적으로 뒤쳐질 수도 있다. 하지만 필리핀을 예로 들자면 영어공용화인데도 불구하고 우리나라보다 경제력이 떨어진다는 것을 알 수 있다. 그리고 굉장히 어색한 영어를 사용한다고 한다. 우리나라도 지금처럼 영어를 사용하고 교육화하면 될 것 같은데 굳이 영어공용화를 해야 하는 이유가 무엇인지 의문이 생긴다.

영어공용화가 된다고 가정을 해보면 우리는 모든 수업을 영어로 하게된다. 생활에서 영어를 사용해서 자연스럽게 배우고 사교육비도 줄일 수 있다고 생각 할 수도 있다. 하지만 수업의 이해력이 떨어질 것이다. 그렇다면 학교에서 이해하지 못한 과목을 배우기 위해 사교육비가 지출 될 것이다. 영어 한 과목의 사교육비를 줄이자고 다른 과목의 사교육비를 지출 하는 것은 비효율적이다. 다른 경우로 생각해보자면 수업을 이해하기 위해서 영어를 배워야한다. 다른 과목도 이해가 안되서 사교육비가 지출되는데 수업을 이해하기 위해서 영어에서도 사교육비가 지출되면 오히려 사교육비의 지출이 증가하게 되는 것은 아닐지 생각된다. 물론 지금 말을 배우기 시작하는 아이들이 영어를 어렸을 때부터 사용하게 된다면 사교육비는 크게 줄어들 것이다. 하지만 여기서도 문제가 생길 수 있다. 지금 말을 배우는 아이들의 부모는 20~30 후반 정도일 것이다. 이들의 세대는 우리처럼 영어를 필수로 생각하고 배우던 때가 아니다. 말을 배우는 아이들은 영어와 한글 사이에서 혼란을 겪게 될 것이다. 그렇다고 부모들이 아이를 위해서 영어를 배울 수도 없는 노릇이고 배운다고 가정해봐도 사교육 지출은 줄어들지 않는 다는 것을 알 수 있다.

나는 한글을 크게 보면 우리민족의 얼이라고 생각한다. 언어를 하나의 도구라고 생각 할 수도 있다. 그렇다면 더 좋은 도구인 영어를 사용하는 것이 당연하다. 우리나라는 일본의 식민지였다. 그때 일본이 제일 먼저 한 일은 우리나라말을 사용금지하는 것이였다. 언어가 단순한 도구일 뿐이라면 일본이 왜 우리나라말의 사용을 금지 했을까? 언어는 단순한 도구가 아니라 한 민족의 얼이고 뿌리가 있는 하나의 문화이다. 우리에게는 우리나라 고유글자인 우수한 한글이 있다. 다른 나라말인 영어를 어떻게 사용할까를 생각하기보다는 한글을 어떻게 세계에 알리고 발전시킬까를 생각하는 것이 더 옳다고 생각한다. 우리고유의 멋이 있고 아름다운 표현들을 영어로 표현한다는 것은 우리가 스스로 우리문화를 버리고 망치는 것이라고 생각한다.

6. C-15번 글

영어공용화를 할 필요가 없다.

누구나 알고 있듯이 영어는 세계 어디를 가든지 널리 사용되고 있다. 영어는 국제적인 언어로 그 중용성이 시간이 지날수록 점점 높아지고 있고 세계의 여러 나라와 교류를 할때에도 영어가 사용된다. 이렇듯 국제화 시대에 살아가는 우리 한국인 에게도 영어는 필수적인 국제적 언어이다. 그러나 꼭 영어를 공용어로 채택해서 우리나라 모든 사람들이 영어를 한글과 같이 사용하는게 과연 옳은 방법일까? 물론 그렇지 않다.

영어를 공용어로 사용하는 나라 대부분이 모국어를 사용하기 보다는 영어를 더 많이 사용한다. 집 밖에서 사용하는 언어는 거의 영어를 사용하고 집에서는 영어를 사용하지 못하는 할아버지, 할머니께 말씀 드릴때만 모국어를 사용한다. 즉 연령이 높을수록 영어를 쓰지 않고, 연령이 낮아질수록 영어를 많이 쓰기 때문에 시간이 지나면서 점점 모국어를 쓰는 사람이 감소되고 영어를 쓰는 사람이 더 많아져 모국어가 사라질 위기에 처한다. 이것이 영어 공용화를 시행한 나라가 처한 현실이다. 우리나라도 영어공용화를 하게되면 위와같이 모국어가 사라질 위기에 처하게 된다. 여기서 모국어 즉 한글이 사라져도 별 문제가 되지 않는다고 생각하는 사람이 없지는 않을 것이다. '어차피 우리나라 안에서만 통하는 말인데 차라리 한글을 안쓰고 세계 어디든 통하는 영어를 쓰지 뭐'라는 생각을 버려야 한다. 적어도 우리 문화를 사랑하는 사람이라면. 한글은 단순히 말을 표현하는 그림이 아니다. 우리민족과 여태까지 함께한 소중한 문화의 일부인 것이다. 한글로 쓰여진 많은 문학 작품들 그 수많은 작품들을 영어로 번역해도 작품 내면의 섬세함을 표현하는 것에는 한계가 있다. 그 이유는 영어권 문화와 한글을 쓰는 우리문화와 차이점이 존재하기 때문이다. 이것으로 문자가 문화의 일부라는 사실을 어렵지 않게 알 수 있다.

한글은 세계에서 가장 과학적이고 뛰어난 문자이다. UN에서 문자가 없는 나라에 문자를 보급하기 위해서 세계 모든 나라의 문자들을 분석하고 쓰기에 가장 편한 문자를 고르고 골라내서 채택된 문자가 바로 '한글'이다. 이처럼 한글의 우수성은 국제적으로도 인정 받았다. 이렇게 우수한 한글이 멀쩡히 남아 있는데 영어를 공용어로 쓸 필요가 있겠는가? 그렇다고 해서 영어를 아예 쓰지 말자는 것은 아니다. 다만 영어를 쓰기는 쓰되 공용어로 사용할 필요까지는 없다는 말이다. 우리 문화의 일부이자 우리의 언어인 한글을 아끼고 사랑하고 잘 보존해서 끝없이 그 우수성을 유지해 나가기를 바란다.

7. D-10번 글

영어공용화

대다수의 한국 국민은 한글을 배운다.

대다수의 한국 국민은 영어도 배운다.

그 외에 타국의 언어도 배운다. 한국에서 모국어를 더불어 외국어를 배우는 궁극적인 목적은 모국에서보다 더 다양한 활동을 하기 위해서가 아닌가.

수년째 논란이 일면서 이따금 수면 위로 떠오르는 영어공용화. 지금은 21C. 글로벌 시대에 살아가는 1人으로서 영어공용화에 찬성하는 입장이다. 세계화 시대인만큼 인터넷 대부분이 영어로 의사소통되는 지금 많은 우리들은 의사소통을 못해 자리를 뜬다. 언제까지 활동범위를 넓히지 못하고 제자리에 서서 전전긍긍할 것인가.

현대생활에서 영어는 우리말고 함께 중요한 자리에 있다. 교통과 통신이 발달하고 국가간의 경제적 교류가 활발해질수록 영어는 더욱 중요해진다. 외국어로써 영어는 이미 압도적인 지위에 섰기 때문에 앞으로도 계속 그럴 것이다. 언어중 중국어 사용이 가장 많다고 하지만 포인트는 그 언어 사용량이 아니라 그 언어가 가지는 영향력이다. 그러므로 이미 국제어로써 자리를 매길질한 영어를 꾸준히 배우는 것이 현명하다.

한국어와 영어를 공용화함으로써 벌어질 수 있는 일에 대한 반대측의 입장의 예로 민족성 상실과 사교육비 절감의 역효과 정도를 들 수 있는데 TV에서 영어신동이니 몇 개국어를 한다느니하는 애기가 심심찮게 나온다. 이런 아이들의 공통점을 보면 아주 어렸을 때부터 영어만화와 영화 더 나가서는 외국뉴스 채널 등을 통해 영어를 하게 되었다. 이렇게 영어를 생활화하여 딱딱하지 않게끔 받아들이게 하는 것이 고액과외나 기러기 아빠를 낳는 현 교육정책보다는 나을 것이다. 그리고 그렇게 민족주의를 부르짖으며 영어공용화 반대편을 향해 맞불작전으로 공방전을 벌일 것이라면 그 열의로 영어공용화를 수용함에 따라 소홀해질 수 있는 한국어를 붙잡고 교육대책을 세우면 될 것이다.

우리나라가 무한경쟁 시대에서 아등바등 대지 않기 위해서는 영어를 반드시 배워야 한다. 여러 기업은 능력 있는 인재를 원하고 구하고 싶어하고 구한다. 그 능력 속에서 영어실력은 기본으로 깔려 있어야할 정도로 그 비중이 막대하다. 고등학교를 졸업하고 영문학과로 대학을 가지않아도 많은 이들에게 쥐어진 토익시험과 같은 무언의 과제인 영어는 쉽사리 발목을 놓아주지 않는다. 이렇듯 우리나라는 영어를 벗어날 수 없는 현실에 직면해 있다.

애석하게도 손발이 너덜너덜해지도록 벌어 영어 배우기에 투자한만큼 영어를 유창하게 할 수 있는 사람은 많지 않다. 괜한 낭비를 하지 말자. 좁은 어항속에 사는 처량한 금붕어를 꺼내어 더 넓은 어항에 넣어주자.

-작품 속 인물 평가 관련 자료

1. M-13번 글

1) 1차 텍스트

<우리들의 일그러진 영웅>

나는 병태의 결정이 잘못되었다고 생각한다. 병태의 결정이 잘못되었다고 생각하는 이유는 이러하다.

첫째로,병태는 담임선생님의 무관심과 친구들이 돕지 않을 것을 가장 큰 이유로 석대를 고발하지 않는다. 하지만, 아무리 무관심하고 변화를 싫어하는 담임선생님 일지라도 시험지에 이름이 지워진 흔적을 발견한다면 석대가 급우들에게 시험지를 바꿔 제출하게 한 것을 알아차리게 될 것이다. 또한 병태는 시험지를 바꿔내야했던 아이들이 자신을 도와주지 않을 것이라고 생각하며 자신감을 잃었지만 내 생각으로는 대신 시험지를 제출해야만 했던 공부 잘하는 아이들은 속으로 분명 분하고 석대를 원망하며 석대에게 반항할 수 없는 자기 자신을 질타하였을 것이기 때문에 병태에 의해 사실이 밝혀진다면 순순히 병태를 도와줬을 것이라고 생각한다.

그리고 병태는 몇 개월간 석대에게 반항을 해온 것이 오히려 훈장이 되어 여러 가지 특전을 받았고 석대의 1등 자리를 노리지 않는다면 2등을 쉽게 차지할 수 있으며 서울에서보다 지금이 반에서 영향력이 크다는 이유로 석대를 고발하지 않지만 사실 어떻게 보면 이러한 병태의 특권들은 모두 석대를 위한 것일 뿐이다. 병태를 자신의 권력 아래 두기 위해 특권을 준 것 뿐이며 1등인 석대에게 2등은 아무런 의미가 없다. 병태는 자신의 특권들이 모두 석대를 위한 것이라고 알아차렸어야 하며 학급 아이들은 모두 평등하므로 석대를 고발하여 석대의 권력을 무너뜨리고 석대로 인해 자신이 쉽게 할 수 있었던 2등자리를 놓고 싸웠어야했다. 오히려 석대를 무너뜨리면 자신이 그토록 하고 싶던 1등자리도 차지 할 수 있었을지도 모른다.

또한 이 소설 내에서 석대의 비행을 고발할 수 있는 인물은 병태 1명 밖에 없을 것이다.아니 병태 1명 뿐이다. 무관심한 선생님이나 석대를 무서워하는 아이들은 분명 석대의 비행을 바로 잡지 못할 것이다. 이러한 사실을 병태 역시 알고 있다. 그렇기에 병태의 결정은 더욱 더 잘못된 것이다. 이 상황을 바꿀 수 있는 것은 유일하게 자신 하나 뿐이라는 것을 알면서도 석대의 비행을 묵인하고 현재 상태가 유지 되는 것을 은근히 바라고 있지 않는가…… 만약 6학년 담임 선생님이 등장하지 않았다면 6학년 때에도 5학년 때와 마찬가지로 석대의 독재하에 학급이 통제되고 아이들은 서로 잘 믿지 못하며 모두 자신감을 잃은 채로 국민 학교를 졸업했을 것이다. 이 때문에 병태는 사실을 알게된 후에 위험을 감수해서라도 바로 고발을 했었어야 하는 것이다.

나는 이 세 가지의 이유로 병태의 결정은 잘못 된 것이라고 판단하였다. 만약 병태가 시험지 대리제출을 고발하여 같은 반 급우들과 함께 엄석대를 몰아내고 급우들 모두가 같이 학급을 운영하였다면 어땠을까…… 서로 더욱 더 믿을 수 있고 단합할 수 있으며 자신들의 힘으로 엄석대를 몰아내었다는 자부심과 자신감이 생기지 않았을까…… 결국 6학년 담임 선생님에 의해 엄석대의 권력은 무너지게 되고 아이들은 자신들의 권리를 되찾게 되지만, 급우들의 힘으로 엄석대를 밀어내는게 더 의미있을 거라고 생각한다.

끝으로, 나는 고등학교에 들어와서 책을 본 기억이 거의 없는 것 같은데 요번 수행평가를 계기로 오랜만에 책을 재밌게 읽게 되었고, 석대를 좋아하진 않지만 석대의 냉정함만은 본 받을 수 있도록 노력해야 겠다. 그리고 소설 초기에 병태처럼 모두가 yes라고 말 할 때 no라고 말할 수 있는 사람이 되도록 노력해야겠다.

2) 1차 텍스트

<우리들의 일그러진 영웅>

나는 병태의 결정이 잘못되었다고 생각한다. 병태의 결정이 잘못되었다고 생각하는 이유는 이러하다.

첫째로,병태는 담임선생님의 무관심과 친구들이 돕지 않을 것을 가장 큰 이유로 석대를 고발하지 않는다. 하지만, 아무리 무관심하고 변화를 싫어하는 담임선생님 일지라도 시험지에 이름이 지워진 흔적을 발견한다면 석대가 급우들에게 시험지를 바꿔 제출하게 한 것을 알아차리게 될 것이다. 또한 병태는 시험지를 바꿔내야 했던 아이들이 자신을 도와주지 않을 것이라고 생각하며 자신감을 잃었지만 내 생각으로는 대신 시험지를 제출해야만 했던 공부 잘하는 아이들은 속으로 분명 분하고 석대를 원망하며 석대에게 반항할 수 없는 자기 자신을 질타하였을 것이기 때문에 병태에 의해 사실이 밝혀진다면 순순히 병태를 도와줬을 것이라고 생각한다. 나 역시 만약 누군가가 나에게 대리시험치 제출을 강요하고 그것을 용기가 없어 거절할 수 없는 상황이였다면 엄청 분했을 것이고 기회를 봐서 그 상황을 타개해 나가려고 하였을 것이다.

그리고 병태는 몇 개월간 석대에게 반항을 해온 것이 오히려 훈장이 되어 여러 가지 특전을 받았고 석대의 1등 자리를 노리지 않는다면 2등을 쉽게 차지할 수 있으며 서울에서보다 지금이 반에서 영향력이 크다는 이유로 석대를 고발하지 않지만 사실 어떻게 보면 이러한 병태의 특권들은 모두 석대를 위한 것일 뿐이다. 병태를 자신의 권력 아래 두기 위해 특권을 준 것 뿐이며 1등인 석대에게 2등은 아무런 의미가 없다. 병태는 자신의 특권들이 모두 석대를 위한 것이라고 알아차렸어야 하며 학급 아이들은 모두 평등하므로 석대를 고발하여 석대의 권력을 무너뜨리고 석대로 인해 자신이 쉽게 할 수 있었던 2등자리를 놓고 싸웠어야했다. 오히려 석대를 무너뜨리면 자신이 그토록 하고 싶던 1등자리도 차지 할 수 있었을지도 모른다.

또한 이 소설 내에서 석대의 비행을 고발할 수 있는 인물은 병태 1명 밖에 없을 것이다.아니 병태 1명 뿐이다. 무관심한 선생님이나 석대를 무서워하는 아이들은 분명 석대의 비행을 바로 잡지 못할 것이다. 이러한 사실을 병태 역시 알고 있다. 그렇기에 병태의 결정은 더욱 더 잘못된 것이다. 이 상황을 바꿀 수 있는 것은 유일하게 자신 하나 뿐이라는 것을 알면서도 석대의 비행을 묵인하고 현재 상태가 유지 되는 것을 은근히 바라고 있지 않는가... 만약 6학년 담임 선생님이 등장하지 않았다면 6학년 때에도 5학년 때와 마찬가지로 석대의 독재하에 학급이 통제되고 아이들은 서로 잘 믿지 못하며 모두 자신감을 잃은 채로 국민 학교를 졸업했을 것이다. 이 때문에 병태는 사실을 알게된 후에 위험을 감수해서라도 바로 고발을 했었어야 하는 것이다. 역사적으로 보더라도 일제의 탄압에 벗어나기 위해 자신의 생명을 내던진 안중근의사와 윤봉길의사 같은 분들이 존경을 받지 그대로 순응한 친일파가 존경을 받는 것이 아니다.

나는 이 세 가지의 이유로 병태의 결정은 잘못 된 것이라고 판단하였다. 만약 병태가 시험지 대리제출을 고발하여 같은 반 급우들과 함께 엄석대를 몰아내고 급우들 모두가 같이 학급을 운영하였다면 어땠을까…… 서로 더욱 더 믿을 수 있고 단합할 수 있으며 자신들의 힘으로 엄석대를 몰아내었다는 자부심과 자신감이 생기지 않았을까…… 결국 6학년 담임 선생님에 의해 엄석대의 권력은 무너지게 되고 아이들은 자신들의 권리를 되찾게 되지만, 급우들의 힘으로 엄석대를 밀어내는게 더 의미있었을 거라고 생각한다.

2. M-18번 글

1) 1차 텍스트

병태 결정에 대한 내 생각

내 생각은 병태 결정이 옳았다고 본다. 그 이유는 첫째, 병태가 5학년인 담임선생님한테 말한다고 해봤자 뭐가 달라질까? 6학년 담임선생님이라면 모를까 5학년 담임선생님은 이 소설에서 아이들에게 별로 관심 없고 석대를 믿어서 반에는 별로 신경을 쓰지 않는 사람이다. 이런 사람한테 말해봤자 별로 도움 될 건 없다고 생각을 한다. 게다가 아이들이 석대를 감싸주기 만하면 석대에 대한 선생님의 의심은 완전히 풀릴 것 이라고 생각 한다. 둘째, 위 내용에서 언급 했듯이 아이들 때문이다. 병태를 도와 석대의 잘못을 고발한다면 모를까 그 아이들은 이미 병태가 석대의 권력, 즉 간접적인 공격을 통해서 산산 히 무너졌다는 걸 뻔히 지켜본 아이들이다. 그런 아이들이 석대의 잘못을 쉽게 말 할 수 있을까? 이미 병태가 석대의 잘못을 고발해 장판을 깔아 놨다고 해도 나였으면 쉽게 말 할 수 있는 용기가 나지 않았을 거다. 대부분의 아이들의 마음속에는 '내가 말했는데 다른 애들은 가만히 있으면 어쩌지?'라는 심리적인 부담감과 또 자신이 말했는데 아무 일 없이 석대가 그 오해 속에서 풀려나 그 후에 자신에게 행해질 석대의 보복이 두려워 아무 말 하지 않고 있을 것이다. 그리고 세 번째, 병태 바로 자기 자신이다. 비록 학기 초에 석대의 잘못을 찾고 그 잘못을 선생님께 고발해서 실패 하고 그이후로 계속 석대의 명령을 받은 그 친구 들을 통해 많은 괴로움이 받았었던 병태지만 지금은 석대의 정말 친한 친구로 물 떠오는 것도 면제 받고 반에서의 싸움 순위도 올라가고, 다른 친구들과도 잘 지낼 수 있게 되고 정말 뭐라 할 거 없는 만족스러운 생활을 하고 있고 앞으로 학교를 졸업할 때 까지는 석대 뒤에서 2등을 하고 편하게 지낼 수 있는데 그것 모두 포기하고 다시 석대와의 싸움을 다시 한 다는 건 말도 안 될 것이다. 누구나 다 편한 생활을 하다 보면 계속 편하게 지내고 싶고 지금 보다 더 좋은 생활이 아닌 이상 변화가 온 다는 것이 두려울 거다. 자신이 석대의 잘못을 말한다고 위 내용 처럼 아이들이 석대의 잘못을 말 하는 건 아니다. 게다가, 만일 석대의 잘못을 말했는데도 불과 하고 학기 초 때의 일이 다시 일어난다면, 병태는 지금과 같은 편안한 학교생활을 졸업 할 때까지 아니면 중학교, 고등학교 때 까지 석대한테 괴롭힘을 당할 수 가있다. 차라리 석대의 잘못을 숨기고 그대로 학교생활을 하는 게 더 안전하고 편안 할 것 이다.

따라서 위 세 가지의 이유 때문에 내 생각은 병태의 결정이 옳다고 본다. 좀 간사하고 야비하게 보일 수 도 있지만 나설 때 가 있고 안 나설 때 가 있듯이 지금은 나설 때 가 아닌 거 같다. 괜히 나섰다가 학기 초 때의 꼴이 나면 차라리 그럴 바에 조용히 지내 학교를 졸업 하는 것이 훨씬 낫다고 생각 한다. 꼭 석대를 몰락시킬 생각이면 좀 더 아이들이 자신을 믿을 수 있게 뭘 한다든지, 자신의 대한 각오가 되어 있어야 할 거 같고 용기도 있어야 할 거 같다. 이 소설은 일반 사회를 학교로 축소 시켜 놓은 것 같다. 힘 있는 사람이 권력을 잡 고 약한 사람은 그의 말의 순종하고, 그에게 덤비려고 한 사람들은 사회에서 추방 당 하고

이사회에서도 마찬가지로 그런 사람들이 힘을 남용하는 그런 사람들 앞에서는 어쩔 수 없이약해 지나 보다.

2) 2차 텍스트

병태 결정에 대한 내 생각

석대와의 대립에서 진 병태는 석대의 권력 사운데 전보다 후한 학교생활을 하게 되고 같이 어울리지만, 시험을 치르면서 석대의 엄청난 비밀을 알게 되고 만다. 그건 바로 석대가 자신의 실력이 아닌 다른 아이들의 실력으로 시험을 치른것. 병태는 이 사실을 말할까 말하지 말까 고민하게 되는데 결국 말하지 않게 된다. 이 병

태의 결정에 대한 내 생각은 병태가 말하지 않은 게 잘 한 거라고 생각을 한 다. 그 이유를 설명하자면,

첫째, 병태가 5학년인 담임선생님한테 말한다고 해봤자 뭐가 달라질까? 6학년 담임선생님이라면 모를까 5학년 담임선생님은 이 소설에서 아이들에게 별로 관심 없고 석대를 믿어서 반에는 별로 신경을 쓰지 않는 사람이다. 이런 사람한테 말해봤자 별로 도움 될 건 없다고 생각을 한다. 게다가 아이들이 석대를 감싸주기 만하면 석대에 대한 선생님의 의심은 완전히 풀릴 것 이라고 생각 한다.

둘째, 위 내용에서 언급 했듯이 아이들 때문이다. 병태를 도와 석대의 잘못을 고발한다면 모를까 그 아이들은 이미 병태가 석대의 권력, 즉 간접적인 공격을 통해서 산산 히 무너졌다는 걸 뻔히 지켜본 아이들이다. 그런 아이들이 석대의 잘못을 쉽게 말 할 수 있을까? 이미 병태가 석대의 잘못을 고발해 장판을 깔아 놨다고 해도 나였으면 쉽게 말 할 수 있는 용기가 나지 않았을 거다. 대부분의 아이들의 마음속에는 '내가 말했는데 다른 애들은 가만히 있으면 어쩌지?'라는 심리적인 부담감과 또 자신이 말했는데 아무 일 없이 석대가 그 오해 속에서 풀려나 그 후에 자신에게 행해질 석대의 보복이 두려워 아무 말 하지 않고 있을 것이다.

세 번째, 병태 바로 자기 자신이다. 비록 학기 초에 석대의 잘못을 찾고 그 잘못을 선생님께 고발해서 실패 하고 그이후로 계속 석대의 명령을 받은 그 친구 들을 통해 많은 괴로움이 받았었던 병태지만 지금은 석대의 정말 친한 친구로 물 떠오는 것도 면제 받고 반에서의 싸움 순위도 올라가고, 다른 친구들과도 잘 지낼 수 있게 되고 정말 뭐라 할 거 없는 만족스러운 생활을 하고 있고 앞으로 학교를 졸업할 때 까지는 석대 뒤에서 2등을 하고 편하게 지낼 수 있는데 그것 모두 포기 하고 다시 석대와의 싸움을 다시 한

다는 건 말도 안 될 것이다. 인간은 괴로웠던 순간이나 고통 받았던 순간을 피하고 두려워 하는 것은 당연하다

나도 병태와 같이 반에서 따돌림을 받은 건 아니지만 예전에 부모님한테 어떠한 일로 인해 많이 혼난 적이 있는데 그이후로부터 그 일만하다 보면 부모님께 혼난 것이 생각이나 움찔하기도 하고 눈치를 보기도 했다. 이 처럼 과거에 석대로 인해 아이들한테 따돌림 받았던 병태라면 다시 석대와 대립 하는 것이 쉽지 않을 거라 생각 한다.

따라서 병태의 선택이 옳았다고 본다. 다시 한번 내경험을 말하자면 내가 초등학교를 다닐 때 병태와 같은 친구가 있었다. 뭐 지금처럼 아이들한테 물 떠오라 시키는 정도는 아니지만 아이들의 물건을 뺏고 힘으로 하는 일종의 권력자였다. 한번은 어떤 애가 용기를 내어 그 아이에게 저항을 했지만 그 자리에서 맞고 울었다 그이후로 그 아이한테 저항하는 애는 볼 수도 없었다. 하지만 좀 더 고학년이 되고 그 아이는 다른 반으로 갔는데 그 아이보다 힘이 더 쌘 아이 한 테 지고 그 아이한테 괴롭힘을 당했다. 이 처럼 나쁜 짓을 하다보면 자신에게 그대로 다시 나쁜 일로 오게 된다. 따라서 엄석대도 언젠가 자신이 했던 나쁜짓보다 더한 대가를 받을 수 있다 그러니까 병태가 말하지 않고 계속 조용히 학교생활을 하는게 옳다고 본다.

3. F-19번 글

1) 1차 텍스트

자유는 인간 누구나가 누릴 수 있는 권리이다. 어떤 관점에서

생각해보면 인류의 역사는 자유를 끊임없이 추구해온 사람들의 역사라고도 볼 수 있다. 이와 대조적으로, 병태네 반 아이들은 석대의 독재시대를 끝낼 열쇠를 쥐고 있는 병태의 포기로 인해 그 기본적인 권리조차 누릴 수 없었고, 새로운 담임선생님이 오기 전까지는 여전히 부당한 대우를 당하면서 지냈다. 병태가 석대의 비리를 고발 하지 않은 것은 잘못된 행동이다. 잘못된 행동이라고 생각한 이유는 크게 두 가지이다.

첫 째, 주인공 한 병태는 더 나은 사회를 생각하지 않은 채 자신의 편의만을 추구했다. 병태가 부정시험의 내용을 알았을 때에 새로운 선생님이 와서 석대의 독재가 사라질 것이라는 사실을 모르고 있었는데, 그 말은 즉 자신의 고발에 달려있는 학급의 민주화를 포기했다는 뜻이다. 우리나라에서는 1980년 5월 18일 많은 젊은이들이 정부의 부당한 권력 앞에 당당히 맞서 싸우다 자유를 위해 기꺼이 목숨을 버렸던 일이 있었다. 그들의 희생이 있었기에 우리나라의 독재는 끝날 수 있었고, 많은 이들이 자유를 누릴 수 있었다. 책에서도 마찬가지 이다. 만약 병태가 포기하지 않고 엄 석대를 고발하고 끝까지 권력에 맞서 싸웠다면 반은 자유를 찾았을 것이고 석대의 독재시대는 끝이 났을 것이다. 하지만 그저 석대의 오른팔인 자신의 위치가 편해서, 돌아올 앙갚음이 두려워서 그 기회를 날렸기 때문에 그 반에서 자유는 찾아볼 수 없었다.

둘째, 자신이 맞닥뜨린 벽에 너무도 쉽게 무너졌다. 우리는 살면서 많은 벽에 부딪히게 된다. 여러 곳에서 배울 수 있듯이, 우리는 역경에 부딪혔을 때 쉽게 무너지면 안 된다고 배운다. 그 것은 그런 역경들을 극복하지 못했을 때 우리는 더 나은 자신을 찾아 볼 수 없기 때문이다. 어떻게 보면 병태가 석대의 비행을 멈추려 여러번 노력 했다고 볼 수 있다. 그러나 학급에서 발생한 문제가 매우 심각한 수준임에도 불구하고 그 것을 해결하기엔 너무도 작은 시도에 불과했다. 병태는 쉽게 포기했기 때문에 겉으로는 반 아이들보다 많은 훨씬 많은 자유를 누리는 것처럼 보였을 지라도 내면적으로 본다면 자신의 기본적인 권리조차 지키지 못한 반 아이들과 똑같은 사람이 된 것이다. 만약 병태가 석대의 비행을 고발 했다면 자신에게 떳떳한 더 나은 자신을 만들 수 있었을 것이다.

이런 두 가지 이유로 병태의 행동은 잘못되었으며 진정한 자유를 위해 용기 내어 행동 하는 것이 병태에게 가장 필요했던 행동이다.

2) 2차 텍스트

자유는 인간 누구나가 누릴 수 있는 권리이다. 어떤 관점에서 생각해보면 인류의 역사는 자유를 끊임없이 추구해온 사람들의 역사라고도 볼 수 있다. 이와 대조적으로, 병태네 반 아이들은 석대의 독재시대를 끝낼 열쇠를 쥐고 있는 병태의 포기로 인해 그 기본적인 권리조차 누릴 수 없었고, 새로운 담임선생님이 오기 전까지는 여전히 부당한 대우를 당하면서 지냈다. 또한 책에 직접적으로 표현 된 것은 없지만 자신의 결정이 옳은 것인지에 대한 의심으로 내내 마음이 불편했을 것이다.

병태가 석대의 비리를 고발 하지 않은 것은 잘못된 행동이다. 잘못된 행동이라고 생각한 이유는 크게 두 가지이다.

첫 째, 주인공 한 병태는 더 나은 사회를 생각하지 않은 채 자신의 편의만을 추구했다. 병태가 부정시험의 내용을 알았을 때에 새로운 선생님 때문에 석대의 독재가 사라질 것이라는 사실을 모르고 있었는데, 그 말은 즉 자신의 고발에 달려있는 학급의 민주화를 포기했다는 뜻이다. 우리나라에서는 1980년 5월 18일 많은 젊은이들이 정부의 부당한 권력 앞에 당당히 맞서 싸우다 자유를 위해 기꺼이 목숨을 버렸던 일이 있었다. 그들의 희생이 있었기에 우리나라의 독재는 끝날 수 있었고, 많은 이들이 자유를 누릴 수 있었다. 책에서도 마찬가지 이다. 만약 병태가 포기하지 않고 엄 석대를 고발하고 끝까지 권력에 맞서 싸웠다면 반은 자유를 찾았을 것이고 석대의 독재시대는 끝이 났을 것이다. 하지만 그저 석대의 오른팔인 자신의 위치가 편해서, 돌아올 앙갚음이 두려워서 그 기회를 날렸기 때문에 그 반에서 자유는 찾아볼 수 없었고 반 아이들은 석대에게 여전히 복종하는 생활을 할 수 밖에 없었다.

둘째, 자신이 맞닥뜨린 벽에 너무도 쉽게 무너졌다. 우리는 살면서 많은 벽에 부딪히게 된다. 여러 곳에서 배울 수 있듯이, 우리는 역경에 부딪혔을 때 쉽게 무너지면 안 된다고 배운다. 그 것은 그런 역경들을 극복하지 못했을 때 우리는 더 나은 자신을 찾아 볼 수 없기 때문이다. 어떻게 보면 병태가 석대의 비행을 멈추려 여러 번 노력 했다고 볼 수 있다. 그러나 학급에서 발생한 문제가 매우 심각한 수준임에도 불구하고 그 것을 해결하기엔 너무도 작은 시도에 불과했다. 병태는 쉽게 포기했기 때문에 겉으로는 반 아이들보다 많은 훨씬 많은 자유를 누리는 것처럼 보였을 지라도 내면적으로 본다면 자신의 기본적인 권리조차 지키지 못한 반 아이들과 똑같은 사람이 된 것이다. 만약 병태가 석대의 비행을 고발 했다면 자신에게 떳떳한 더 나은 자신을 만들 수 있었을 것이다.

이런 두 가지 이유로 병태의 행동은 잘못되었으며 진정한 자유를 위해 용기 내어 행동 하는 것이 병태에게 가장 필요했던 행동이다.

4. F-15번 글

1) 1차 텍스트

나는 한병태의 결정이 옳지 못하다고 생각한다. 만약 한병태가 끝까지 엄석대에게 굴복하지 않고 저항했다면 어떻게 됐을진 모르겠지만 한병태가 결국 엄석대에게 굴복함으로써 아이들에 대한 엄석대의 영향력이 더 커졌을 것이다. 또한 이 책에 '이미 두 달 가까이나 맛들인 굴종의 단 열매나 영악스런 타산도 나를 말렸다.'라는 문장이 있다. 한병태는 결국 권력에 굴복함과 동시에 자신의 이익과 편안함을 위해 잘못된 현실을 묻어 버린 것이다. 나는 다른 사람이 한 잘못을 덮어주는 것부터가 잘못된 행동이고, 잘못을 덮어준 사람도 공범이라고 생각한다. 이 책은 4.19혁명을 빗대어서 쓴 책이라고 한다. 만약 내가 한병태의 반 아이들 즉, 독재 정치 속에 살고 있던 우리 나라 국민이라고 생각해 봤다. 괴롭고 나의 권리를 찾아볼 수 없는 사회에서 한병태같은 인물이 나타났다면 어땠을까? 처음에는 권력을 가진 독재자가 무서워서 한병태같은 인물을 그저 지켜보기만 하고 속으로만 응원했을 것이다. 그러나 그 사람이 어떠한 압력과 공포심 속에서도 권력 앞에 당당히 맞서 싸우면 나도 그 모습에 용기를 얻어 함께 권력에 맞서 싸웠을 것이다. 만약 4.19혁명 당시 우리 나라 국민들이 한병태 같았다면 우리 나라는 민주주의를 이룩할 수 없었을 뿐만 아니라 국민들의 좌절감(?)은 더 심해지고 이런 행동이 독재정치를 더욱 부추겼을 것이다. 따라서 나는 한병태의 결정이 옳지 못하다고 생각한다. 내 주관적인 생각으로는 한병태의 행동이 상황을 해결하기는커녕 오히려 엄석대의 독재를 더 부추긴 거 같다.

2) 2차 텍스트

나는 한병태의 결정이 옳지 못하다고 생각한다. 만약 한병태가 끝까지 엄석대에게 굴복하지 않고 저항했다면 어떻게 됐을 진 모르겠지만 한병태가 엄석대에게 굴복하는 것만으로도 아이들에 대한 엄석대의 영향력이 더 커졌을 것이다. 또한 한병태가 굴복함으로써 얻은 편안한 학교생활과 반 아이들에 대한 영향력, 석대의 특별한 관심을 얻으면서 아이들로 하여금 석대에게 더욱 복종하게 만들었을 것이다. 그런 상황에서 석대의 잘못된 행동을 알고도 고발하지 않았다는 것은 결국엔 그 상황을 더욱 심각하게 만든 사람이 오히려 한병태가 아닌가? 라는 생각이 든다. 그리고 이 책에 '이미 두 달 가까이나 맛들인 굴종의 단 열매나 영악스런 타산도 나를 말렸다.'라는 문장이 있다. 한병태는 결국 권력에 굴복함과 동시에 자신의 이익과 편안함을 위해 잘못된 현실을 묻어 버린 것이다. 나는 다른 사람이 한 잘못을 덮어주는 것부터가 잘못된 행동이고, 잘못을 덮어준 사람도 공범이라고 생각한다.

이 책은 4.19혁명을 빗대어서 쓴 책이라고 한다. 만약 내가 한병태의 반 아이들 즉, 독재 정치 속에 살고 있던 우리나라 국민이라고 생각해 봤다. 괴롭고 나의 권리를 찾아볼 수 없는 사회에서 처음의 한병태같이 권력에 맞서는 인물이 나타났다면 어땠을까? 처음에는 권력을 가진 독재자가 무서워서 그 사람을 그저 지켜보기만 하고 속으로만 응원했을 것이다. 그러나 그 사람이 어떠한 외압과 공포심 속에서도 권력 앞에 당당히 맞서 싸우면 나도 그 모습에 용기를 얻어 함께 권력에 맞서 싸웠을 것이다. 그런데 만약 4.19혁명 당시 용기를 내서 국민들을 선동하고 권력에 맞서 싸우자고 외치던 사람이 한병태 같았다면, 민주주의를 이룩하고 권리를 찾자고 외치던 사람이 권력의 단맛을 보더니 결국 그 권력 앞에 무릎 꿇고 독재자의 만행을 보고도 눈감았다면 우리나라는 민주주의를 이룩할 수 없었을 뿐만 아니라 국민들의 좌절감은 더 심해지고 이런 행동이 독재정치를 더욱 부추겼을 것이다.

따라서 나는 한병태의 결정이 옳지 못하다고 생각한다. 내 주관적인 생각으로는 한병태의 이런 행동은 오히려 상황을 더 악화시켰을 뿐만 아니라 다시 되돌릴 수 있는 기회가 있었음에도 불구하고 자신의 이익을 위해 눈감아 버리는 정의롭지 못한 행동이라고 생각된다.

5. M-16번 글

1) 1차 텍스트

우리들의 일그러진 영웅

한병태는 이미 앞 전에 엄석대의 독재에 굴복한 반 아이들에 맞서 그 잘못된 반 운영을 고치려고 합니다. 말하자면 혁명을 일으키려 한 것이죠. 허나 반 아이들은 한병태의 생각보다 더욱 심히 엄석대에게 휘어 잡혀있었고 유일하게 믿을 수 있다 생각한 선생님 또한 엄석대를 절대적으로 지지하는 등 결국, 한병태의 혁명은 엄석대와 그에 굴복한 반 아이들이라는 제국에 대한 작은 존재의 반항으로 좌절 되었습니다. 그리고 몇 개월간 혼자 지내는 외로움, 부모님께도 기댈 수 없었던 설움, 싸움 순위에서도 정당할 수 없었던 억울함을 겪는 등 쓴맛을 보았기에 시험지 부정행위에 대해 고자질을 한다고 해도 선생님은 아직도 석대를 절대적으로 지지 하고 있지는 않을까? 그저 간단한 체벌로 끝내고 난 또 외로움과 설움과 억울함을 겪는 거 아닐까? 내 말을 믿어줄까? 우리 반 우등생들이 자신이 한 부정행위로 자신도 벌을 받을 수 있음에도 불구하고 부정행위를 이야기를 해줄까? 등 여러 두려움과 엄석대가 부정행위를 함으로서 시험 등수 올리기가 더 쉽다는 자신에게도 생기는 이점, 엄석대의 제국에 굴복하고 난 후에 엄석대의 제국에서 많은 신임을 얻고 친해진 후에는 그 제국 속에서 그 동안 겪은 쓴맛 보다 몇 배 더 큰 달콤함을 느꼈기에 그렇게 지내게 해준 것과 이렇게 지낼 수 있다는 것에 엄석대를 영웅적으로 멋진 리더로 생각 하게 된 것 또한 부정행위를 묵인하게 된 이유라 생각합니다. 그렇기에 저는 한병태의 결정을 비겁하다고 보기보단 5학년의 어린아이에겐 이겨내기 힘든 강한 유혹과 이미 겪었던 쓴맛에서 결정된 가장 현실적이 결정이라고 생각합니다. 한병태는 모든 고난을 이겨낼 수 있는 영웅, 엄석대의 제국 속에서 민중들을 구할 수 있는 구원자가 아니라 서울 생활과 다름에 잠시 적응 하지 못했던 한낱 인간이기에 그를 겁쟁이로 보는 건 옳지 않다고 생각 합니다. 그를 겁쟁이라 본다면 세계 대부분 사람이 겁쟁이고 비겁한 사람일 테니까요. 생각해보세요. 살다 보면 어느 곳이든 리더, 독재자는 한 명씩 꼭 있습니다. 그리고 다른 환경서 지내던 사람이 오기도 하죠. 물론 한병태처럼 저항하는 사람이 있긴 하지만 그렇게 하지도 않는 사람이 세상엔 더욱더 많습니다. 그렇기에 전 한병태를 칭찬 해주고 싶습니다. 후에 굴복은 하였으나 처음엔 저항한 그런 용기를 말이죠. 단 한명의 기댈 수 있는 사람, 같이 의논할 수 있는 사람이 있었다면 그의 저항은 혁명으로 성공을 했을지도 모를 테니까요. 아마 반 아이들 몇은 한병태를 속으론 응원하고 기대 했을 거라 생각합니다. 그것을 표출 못한 것은 아이들이 독재에 너무 오래 있으면서 엄석대의 무서움을 너무 잘알고 있고 실패의 경우에 겪게 될 점들이 무서워 한병태가 제 2의 반항을 못한 이유와 같다고 생각합니다. 결국 혁명을 일으킬 수 있도록 앞장선 것은 새 담임선생님이셨습니다. 엄석대보다 더 강한 카리스마를 가진. 그렇기에 마지막에 아이들은 엄석대의 비행을 고발할 수 있었고 이른바 혁명이 일어난 것입니다. 그리고 마지막으로 인간이란 그저 자신이 편하고 불만 없이 지낸 다면 그 환경에서 나아지려 하지 않습니다. 개발 이나 발전 이런 것 또한 '더 편하게'란 생각으로 발전하는 것 아닐까 생각이 들고요. 제국 속에서 높은 간부로 지내고 있고 불만 없이 더 없는 달콤함을 즐기고 있는 한병태에겐 고자질로서 잃을 수 있는 이점들을 포기할 수 없었을 것 같습니다. 결론 적으로 저의 의견은 한병태의 결정은 어쩔 수 없는 비난할 수 없는 결정이고 제가 그 상황이었어도 병태와 같이 행동했을 것입니다.

2) 2차 텍스트

우리들의 일그러진 영웅

한병태는 이미 앞 전에 엄석대의 독재에 굴복한 반 아이들에 맞서 그 잘못된 반 운영을 고치려고 합니다. 말하자면 혁명을 일으키려 한 것이죠. 허나 반 아이들은 한병태의 생각보다 더욱 심히 엄석대에게 휘어 잡혀있었고 유일하게 믿을 수 있다 생각한 선생님 또한 엄석대를 절대적으로 지지하는 등 결국, 한병태의 혁명은 엄석대와 그에 굴복한 반 아이들이라는 제국에 대한 작은 존재의 반항으로 좌절 되었습니다. 그리고 몇 개월간 혼자 지내는 외로움,

부모님께도 기댈 수 없었던 설움, 싸움 순위에서도 정당할 수 없었던 억울함을 겪는 등 쓴맛을 보았기에 시험지 부정행위에 대해 고자질을 한다고 해도 선생님은 아직도 석대를 절대적으로 지지 하고 있지는 않을까? 그저 간단한 체벌로 끝내고 난 또 외로움과 설움과 억울함을 겪는 거 아닐까? 내 말을 믿어줄까? 우리 반 우등생들이 자신이 한 부정행위로 자신도 벌을 받을 수 있음에도 불구하고 부정행위를 이야기를 해줄까? 등 여러 두려움과 엄석대가 부정행위를 함으로서 시험 등수 올리기가 더 쉽다는 자신에게도 생기는 이점, 엄석대의 제국에 굴복하고 난 후에 엄석대의 제국에서 많은 신임을 얻고 친해진 후에는 그 제국 속에서 그 동안 겪은 쓴맛 보다 몇 배 더 큰 달콤함을 느꼈기에 그렇게 지내게 해준 것과 이렇게 지낼 수 있다는 것에 엄석대를 영웅적으로 멋진 리더로 생각 하게 된 것 또한 부정행위를 묵인하게 된 이유라 생각합니다. 그렇기에 저는 한병태의 결정을 비겁하다고 보기보단 5학년의 어린아이에겐 이겨내기 힘든 강한 유혹과 이미 겪었던 쓴맛에서 결정된 가장 현실적이 결정이라고 생각합니다. 한병태는 모든 고난을 이겨낼 수 있는 영웅, 엄석대의 제국 속에서 민중들을 구할 수 있는 구원자가 아니라 서울 생활과 다름에 잠시 적응 하지 못했던 한낱 인간이었기에 그를 비판 하는 건 옳지 않다고 생각 합니다. 그를 욕한다면 세상 대부분 사람이 잘못된 사람이고 비겁한 사람일 테니까요. 생각해보세요. 살다 보면 어느 곳이든 엄석대와 같은 리더, 독재자는 한 명씩 있고 병태같은 독재자의 간부로 행복한 나날을 지내는 사람이 있습니다. 그것이 일반 사회생활이죠. 회장이 비리를 저지른다고 사장이나 전무가 비리를 고발하는 걸 보셨습니까? 고발을 해봤자 회사에선 찍히고 그로 인해 주가가 떨어지거나 회사가 망할 경우엔 직장도 잃을 수 있고 그런 위험을 무시하고 단지 도덕적인 일을 해야 한다고 고발 한다는 건 힘든 일입니다. 분명 병태의 행동을 도덕적으로 따지자면 옳다고 할 수 없고 칭찬을 할 수는 없지만 그렇다고 욕할 수 없습니다. 또한 예수 말씀을 인용하자면 '너희 중에 죄 없는 자가 먼저 돌로 치라.' 라는 말이 있습니다. 이 말은 죄가 없다면 죄인을 욕하고 돌로 치라는 말입니다. 허나 아무도 욕하거나 치지를 못하죠. 이처럼 세상 사람 누구나 병태와 같은 처지, 비리를 못본 체 도덕적이지 못한 체 살아 가기에 그를 욕할 수 있는 처지가 될 수 없다 생각 합니다. 그리고 마지막으로 인간이란 그저 자신이 편하고 불만 없이 지낸 다면 그 환경에서 나아지려 하지 않습니다. 제국 속에서 높은 간부로 지내고 있고 불만 없이 더 없는 달콤함을 즐기고 있는 한병태에겐 고자질로서 잃을 수 있는 이점들을 포기할 수 없었을 것 같습니다. 결론 적으로 저의 의견은 한병태의 결정은 어쩔 수 없는 비난할 수 없는 결정이고 제가 그 상황이었어도 병태와 같이 행동했을 것입니다.

6. M-3번 글

1) 1차 텍스트

<우리들의 일그러진 영웅>

나는 병태의 결정에 반대한다. 비록 라이터 사건 때 석대의 잘못을 밝히는 데 실패를 했지만 그렇다고 해서 우등생들이 석대 대신 시험 답안지를 작성 했는데 이 사실을 알면서도 모른 척 한다는 건 말도 안 된다고 생각한다. 피해를 받고 있는 학생들을 위해서라도 병태가 용기를 내어 선생님에게 알릴 필요가 있다. 아무리 선생님이 무관심 하고 친구들도 편을 안 들어준다고 해도 밑져야 본전이라고 시도라도 해야 된다고 생각한다. 그렇게 해서라도 엄석대에게 저항을 자꾸 해야 다른 애들도 나중에는 병태의 편이 되지 않을까?

나도 예전에 하도 컴퓨터가 느려서 아빠한테 바꿀 때가 됐다고 말하니까 처음에는 욕을 들었지만 계속 귀찮게 매일 말하니까 아빠도 귀찮았는지 컴퓨터가 느린지 확인하고 다음날에 하나 사주신 적이 있다. 나처럼 병태도 매일 선생님을 괴롭히듯이 엄석대가 잘못한 것을 고발했더라면 선생님도 귀찮아서라도 병태의 말을 들어줬을지도 모른다. 또 반애들도 엄석대가 무척 싫었지만 맞을까 두려워서 말은 안 했지 속은 심하게 타고 있었을 것이다. 병태가 여기다 기름만 끼얹었어도 모두가 각성하고 석대를 몰아냈을 텐데 오히려 속 타는걸 알면서도 구경만 한 꼴이다. 쉽게 말해 도둑질 한 놈을 알면서도 말을 하지 않은 거나 마찬가지다. 조금만 더 인내 있게 저항만 했어도 마음에서 울어 나오듯 말만 했어도 점점 애들 마음이 변해서 병태를 도왔을 텐데. 하지만 이때 당시 병태는 2인자였고 또 성적 면에서도 2등은 쉽게 할 수 있었기 때문에 자기 신변을 걸고 고발할 용기가 없었을 것이라고 생각은 든다. 그렇지만 애들을 협박해서 성적을 조작한다는 것 자체가 용서받을 수 없기 때문에 이걸 안 한병태는 바로 엄석대와 반애들을 말리던가 아니면 선생님을 찾아가 말을 했어야 했다. 내가 한병태였더라도 잘못은 바로 잡아야 하기 때문에 고발하는 것을 포기하지 않았을 것이다. 비록 나도 말은 쉽게 해도 그 상황이 되면 어떨 진 모르겠지만 모든 일에는 정도가 있는 법인데 엄석대는 그 정도를 넘어섰기 때문에 가만히 구경만 하지 않았을 것 같다. 초등학생들이라 철이 없어서 그럴 수도 있지만 세 살 버릇 여든까지 간다고 엄석대가 나중에 커서 똑같이 이런 행동을 할 수도 있기 때문에 조기에 싹을 자르는 게 장래를 위해서도 고발하는 게 낫다고 생각된다. 그렇지만 한병태는 지금 고발하지 않았기 때문에 나중에도 똑같은 상황을 보고도 그냥 지나칠 것이다. 한병태가 엄석대를 고발하는 것을 포기한 시점에서 한병태는 엄석대에게 굴복한 것이고 정말 남자로서 비겁하고 나 같으면 자기 자신이 한심해서라도 전학을 가고 말겠다. 그게 아니라면 엄석대의 말을 들어주는 척 하다가 뒤에선 선생님이나 애들과 진지하게 상담을 하고 대책을 세우려고 노력했을 것이다.

한병태가 전학 온지 얼마 안 됐을 때 엄석대에게 저항을 하는 장면이 나오는데 결과는 안 좋았지만 그때는 다른 애들도 내심 기대를 하고 있어서 계속 저항했더라면 영웅이 될 수도 있었지만 반면 지금의 한병태는 다른 애들이 보기에 엄석대의 충성스런 신하 정도로밖에 보이지 않을 것이다. 엄석대의 충성스런 신하로 있으면 학교생활은 잘 하겠지만 나중에 커서 자기 자신을 되돌아보면 내가 저때 왜 저랬지 하고 반드시 후회할 것이다. 마치 학생 시절에 공부를 하지 않은 것을 후회하는 어른들처럼 말이다. 그래서 말이지만 나는 개인적으로 엄석대보다 잔머리만 굴리고 자기한텐 피해가 가지 않아서 포기했던 한병태가 더 나쁘다고 생각한다.

2) 2차 텍스트

<우리들의 일그러진 영웅>

나는 병태의 결정에 반대한다. 비록 라이터 사건 때 석대의 잘못을 밝히는 데 실패를 했지만 그렇다고 해서 우등생들이 석대 대신 시험 답안지를 작성 했는데 이 사실을 알면서도 모른 척 한다는 건 말도 안 된다고 생각한다. 피해를 받고 있는 학생들을 위해서라도 병태가 용기를 내어 선생님에게 알릴 필요가 있다. 아무리 선생님이 무관심 하고 친구들도 편을 안 들어준다고 해도 밑져야 본전이라고 시도라도 해야 된다고 생각한다. 그렇게 해서라도 엄석대에게 저항을 자꾸 해야 다른 애들도 나중에는 병태의 편이 되지 않을까?

나도 예전에 하도 컴퓨터가 느려서 아빠한테 바꿀 때가 됐다고 말하니까 처음에는 욕을 들었지만 계속 귀찮게 매일 말하니까 아빠도 귀찮았는지 컴퓨터가 느린지 확인하고 다음날에 하나 사주신 적이 있다. 나처럼 병태도 매일 선생님을 괴롭히듯이 엄석대가 잘못한 것을 고발했더라면 선생님도 귀찮아서라도 병태의 말을 들어줬을지도 모른다. 또 반애들도 엄석대가 무척 싫었지만 맞을까 두려워서 말은 안 했지 속은 심하게 타고 있었을 것이다. 하지만 나중에 병태도 다른 애들과 마찬가지로 엄석대에게 굴복 하고 만다. 다른 사람들은 어떻게 생각할지 모르겠지만, 나는 한병태가 반 아이들과 석대와 다를 바가 없다고 생각한다. 결국 한병태도 자기 자신에게는 손해가 오지 않는다는 생각을 하며 이기적으로 생각을 바꾸고 석대에게 굴복했기 때문이다. 그런 면에서 봤을 때 권력이란 냉정한 것 같다. 처음에 한병태가 전학을 왔을 때 엄석대 잘못을 응징하려 했지만 학급 애들 모두가 엄석대의 편이 되어 병태를 궁지로 몰아 넣었다. 또 새로 부임한 담임선생님이 엄석대의 비리를 낱낱이 밝혔을 때 반 애들은 언제 그랬냐는 듯이 엄석대를 향해 일제히 온갖 비난을 퍼부어 댔다. 이런 점에서 우리 사회의 집단 이기주의가 드러나고 권력 앞에 굴복할 수밖에 없는 현실이 섬뜩하게 느껴진다.

나는 이 책이 한 시골 어린이들의 이야기를 통해 우리사회의 집단 이기주의와 부정부패를 비난하고 있는 것 같다. 얼마 전에 있었던 사례를 이야기 해보면 한나라당 인천시장 후보인 안상수 시장이 <동아일보> 여기자 성추행으로 물의를 빚은 한나라당 최연희 의원 성추행 사건과 관련해 "최 의원은 기자와 친해지려고 했을 뿐 다른 의도가 없었을 것"이라며 최 의원의 성추행을 옹호하는 듯한 발언을 해서 논란이 된 적이 있다. 나는 이 사례에서 안상수 시장이 잘못을 저지른 최연희 의원보다 더 잘못이 있다고 본다. 둘이 무슨 사이인지는 모르겠지만 최연희 의원이 성추행을 한 것은 사실인데 그를 감싸주고 왜곡하려 했던 안상수 시장은 우리 국민들을 속인 것이나 다름없다. 그런 면에서 잘못을 저지른 최연희 의원은 엄석대와 흡사하고 또 대리시험을 치러 주는 반 애들과 끝까지 엄석대의 잘못을 고발하지 않고 왜곡하려 했던 병태는 안상수 시장과 흡사하다. 이와 같이 우리사회에는 부정부패가 판을 치고 있다. 이런 우리 사회를 비판하는 이 소설은 단순한 사회비판 소설과는 달리 더 심오한 무언가를 통해 권력에 대한 우리들의 은밀한 두려움과 비겁한 순응, 그리고 우리 사회의 뒤틀린 영웅과 전도된 가치관을 드러내 보여준다는 점에서 중요한 의미를 갖는 것 같다.

7. M-29번 글: 본문에 1, 2차 텍스트 전문 수록

부록 4. 협의토론 적용 관련 학습자 논술문 평가 소감

1. J평가자 평가 소감문

학생들의 글 : 많은 학생들이 영어 공용화를 찬성하거나 반대하기 위해 비교적 타당한 근거를 두 개 이상 제시하고 있다. 이중 해당 논제에 있어 자주 제시되는 근거를 논제와 밀접하게 연관하여 논술한 글이 높은 점수를 얻었다. 반면 타당한 근거를 제시하였더라도 해당 근거를 피상적으로만 알고 있어 깊이 있는 논지 전개로 나아가지 못한 경우는 점수를 높게 받지 못했다. 특히 자신과는 다른 주장의 근거를 협소하게 이해함으로써 설득력을 확보하지 못한 경우가 많았다.

한편 많은 학생이 한국어, 자국어, 한글, 언어, 문자 등의 개념을 혼동하고 있었다. 이러한 오개념은 특히 논제의 특성상 적절하지 못한 근거를 유도하면서 글의 설득력을 크게 떨어뜨린다. 사실 이 부분은 일관된 평가를 어렵게 하는 요인이기도 하였다. 처음 평가를 시작할 때 이러한 오개념이 발견되는 글에는 점수를 매우 낮게 주었는데 오개념의 사례가 많이 발견되면서 이 지점에 대한 평가 기준을 다시 조정하고 점수를 많이 부여하였다.

평가 : 평가 기준은 크게 내용과 구성으로 나뉘며 하위로 총 다섯 가지가 있다. 이들 평가 기준으로 학생들의 글을 평가하는 데 있어 큰 어려움은 느끼지 못하였다. 다만 평가 점수를 부여하는 데 있어 대부분의 글에서 다섯 가지의 항목에 비슷한 점수를 주는 경

향이 있었다. 이것이 다섯 가지의 평가 기준이 그만큼 상호 밀접한 관련을 가지고 있기 때문인지 아니면 언어 능력의 발달상의 특징인지 또는 평가자의 평가 기준의 숙지에 문제가 있기 때문인지 아니면 해당 평가 기준이 특정 영역의 능력만을 측정하도록 유도된 것인지는 좀 더 따져볼 문제이다.

한편 영어공용화라는 논제에 대한 평가자의 신념이 평가에 개입되지 않는지 끊임없이 고민하게 하였다. 물론 평가 기준에 따라 평가하도록 노력하였다. 하지만 평가가 계속되면서 평가자의 신념과 반대되는 주장에 대해서는 좀 더 꼼꼼하게 근거를 살펴보고(쉽게 설득되지 않고) 일치하는 주장에 대해서는 제시된 근거를 좀 더 쉽게 이해하고 납득하고 있다는 생각이 들었다. 이를 제어하기 위해 각각의 주장에서 가능한 근거의 목록을 작성하고 근거의 우선 수위와 제시된 수, 설명의 질 등에 집중하도록 노력하였다. 그럼에도 신념의 개입 문제는 쉽지 않은 부분이었다.

토론 수업의 활용 : 몇몇 학생의 글에서는 토론에 대한 언급이 있었다. 즉 해당 논제에 대해 친구들과 토론하고 이 토론에서 생각하고 깨달은 바를 글에 반영하는 것이다. 해당 글들이 모두 토론을 한 후에 수행된 결과라고 보았을 때 토론 자체를 언급한 글들은 필연적으로 반대쪽 주장의 근거를 함께 제시하고 자신의 논지에 통합한다는 점에서 좀 더 대화적인 논지 전개 양상을 보였다. 토론 수업이 어떻게 논지 전개에 개입하고 기여하는지를 좀 더 보고 싶었지만 논지 구성이나 전개에 대해 메타적으로 기술한 글이 적어 확인하기는 쉽지 않았다.

2. K평가자 평가 소감문

사전에 실험 집단과 통제 집단을 연구자가 알려 주지 않았음에도 불구하고, 각 반별로 학생들이 작성한 글을 채점하는 과정에서, 채점자가 직관적으로 두 집단을 구분할 수 있을 만큼, 어느 정도의 차이를 보였다고 판단된다. 특정 반에서, 논거의 다양성, 논거에 대한 상술 능력, 구조적 전개력 등의 측면에서 어느 정도 차이를 보였기 때문이다.

먼저 논거의 다양성 측면에서 살피면, '잘 쓴 글'에서는 '영어 공용화 문제'에 대해 자신이 전개하는 주장의 설득력을 높이기 위해 서너 가지 이상의 논거를 제시하고 있음에 비해, 그렇지 못한 글에서는 한 가지의 논거만을 가지고 중언부언 비슷한 논의를 전개하고 있다는 인상을 강하게 받았다.

다음, 논거에 대한 상술 능력 역시 '잘 쓴 글'에서 두드러지게 드러났는데, 하나의 논거에 대해 필요한 내용들을 비교적 상세하게 작성하여 주장의 타당성을 높이고 있었다. 그에 반해, '못 쓴 글'에서는 같은 분량의 내용을 기술하더라도 논거에 대한 상술은 한두 문장 정도로만 제시되고, 비슷한 논의를 반복하거나 전혀 다른 방향의 내용을 해당 논거에 대한 상술로 대체하는 현상을 보였다.

끝으로 구조적 전개력 역시 '잘 쓴 글'에서 월등히 좋게 나타났는데, 대부분의 학생들이 서론-본론-결론의 3단 구성은 어느 정도 하였지만, '잘 쓴 글'에서는 특히 본론의 구조를 '우선순위에 따른 논거 배치', '상대 주장에 대한 반박 문단 구성', '논거와 상술의 관계화' 등 다양한 요소를 활용하여 체계화하고 있었다. 반면, '못 쓴 글'에서는 논거를 체계적으로 분류하지 못하고, 주장을 전개해 나가는 과정 속에 그때그때 필요한 논거를 배치하다 보니, 체계적 구조가 가시화되지 못하고 비슷한 얘기를 반복하는 현상을 보였다.

그런데 또 한 가지 특기할 만한 점은, '잘 쓴 글'에서 제시하고 있는 논거들이 대개 비슷한 내용을 공유하고 있다는 점이다. 이는 토론 후 글쓰기라는 조건 때문에 발생한 것으로 보이는데, 해당 토론을 공유한 학생들끼리는 논거 역시 공유하게 되고, 자연스럽게 자신이 논거를 깊이 있게 고민하여 찾아내기보다는 토론 중에 나왔던 논거들을 무비판적으로 가져오는 것이 아닌가 하는 생각이 들었다. 이 지점에서 '교사의 개입' 및 '창조적 사고력' 등의 요인을 고려할 필요가 있을 것으로 보인다. 심지어 어떤 명제에 대해 잘못 파악하고 있는 정도조차도 실제 글에서는 공유가 되기도 했다.

더하여, '못 쓴 글'의 학생들이 보이는 잘못 중에는 자신의 사고에 의해 논거를 생산하는 것이 아니라, 인터넷 등을 통해 찾은 한두 개의 논거로 주장을 전개하고 있는 점을 발견할 수 있었다. 그러다 보니, 논거에 대한 상술이 유기적, 논리적으로 이루어지지 못하고, 자신의 논리적 사고 과정에 기반하지 않은 채, 외부에서 획득한 '명제(논거)'만을 던져 놓고 논거를 확보한 것으로 오해하고 있는 듯한 인상을 준다.

3. H평가자 평가 소감문

일단 전반적으로, 식상 세련되고 완성도 높은 글을 써 낸 학생은 드물었다. 학생들이 한국어와 한글에 대한 개념 구분이 잘 안 되어 있고, 문단 쓰기 훈련도 거의 되어 있지 않은 것이 놀라웠다. 다만, 논제에 대해 날카로운 견해를 피력하는 학생들의 모습이 종종 발견되어 칭찬해 줄 만하다 느꼈다.

그냥 제시글만을 본 후 글을 쓴 문과 학생과, 해당 논제에 대한 찬반 토론을 거친 이과 학생들의 글의 차이에 대해 받은 인상을 간단히 나누고자 한다. 물론 집단내의 편차도 크기 때문에 이러한 차이점이 확연히 드러난다고 보기는 어렵다. 먼저, 이과 학생들은 해당 논제에 대해 일반적으로 거론되는 찬반 양쪽의 근거를 명확히 파악하고 있는 경우가 많았다. 많은 사람들이 지적하고 있는 근거를 집어줌으로써, 혹은 반박함으로써 좀 더 객관성을 확보할 수 있었다. 그에 비해, 문과 학생은 사회적인 소통이 없는 상황에서 자신의 견해를 밝히다 보니 다소 주관적이고, 상대적으로 근거의 수에 있어서 빈약하다는 인상을 주었다. 그런 의미에서 좀 더 개인의 독창적인 생각들이 드러날 수도 있으나, 논술문의 성격에 걸맞지 않은 주관적인 글이 될 여지도 있었다.

한편, 문・이과 학생 모두 상반된 진영의 주장을 반박하는 방식을 많이 취하고 있었다. 어떤 것이 옳은 이유를 찾는 것보다, 그른 이유를 찾는 것이 훨씬 쉽다. 게다가 그것이 잘 사용되었을 때는 강력한 효과를 갖기도 한다. 그 예로 이과 학생이 상대편의 주장을 반박할 때에는, 널리 알려진 객관적인 근거를 효과적으로 파쇄하면서 글이 강력해지는 경우가 많았다. 이와 달리 문과 학생은 제시된 필자(복거일)의 의견을 말도 안 된다고 비판하는 것으로 근거를 삼는 경우가 많았다. 단순히 개인의 견해를 비판하는 것이 일반에게 호소할 수 있는 효과적인 주장일 수 없다는 점에서 아쉬운 글이 되었다 할 수 있다.

또한 글의 구성의 측면에서도 개인차가 큰 가운데 이과 학생들이 보다 돋보였다. 문과 학생의 글에서는 머릿속에 혼재해 있는 입체적인 아이디어들을 선적으로 풀어내어야 하는 고충이 느껴지는 경우가 많았다. 그 과정에 필요한 구조화의 작업에 익숙하지 못하여 생각의 흐름처럼 연상되는 대로 글을 써 내려갔고, 결과적으로 읽는 이가 논지 전개의 일관성을 발견하기 어려워졌다. 이과 학생들은 많은 수가 이미 토론의 과정을 통해 명확하게 각각의 근거와 아이디어들이 범주화가 되어 있었다. 그래서 글의 흐름도 훨씬 간명하여 이해하기 쉬운 글이 될 수 있었다.

사족을 더 붙여 보자면, 문·이과 학생 모두 논술의 성격에 대한 이해가 온전하지 못한 경우가 많았다. 그래서 어울리지 않는 표현들을 적어 놓았는데, 예컨대 이과 학생들 가운데에는 토론 활동 후의 소감을 밝히는 식의 표현도 여럿 눈에 띄었다.

이상으로 살펴본 바, 학생들의 논술 교육에는, 특히 내용 생성과 조직의 측면에서 토론이 매우 효과적이라는 것을 알 수 있다. 더 나아가 각종 글을 많이 접하여 글의 관습에 더 익숙해질 필요가 있으며, 무엇보다 정확한 단어, 문장, 문단을 쓰는 부분의 교육도 강화되어야 한다고 생각한다.

국어교과 논술교육론

초판 1쇄 발행 · 2012년 10월 10일
초판 2쇄 발행 · 2014년 3월 10일

저 자 · 이 영 호
발행인 · 박 성 복
발행처 · 도서출판 월인
서울특별시 강북구 노해로 25길 61(수유2동 252-9)
등 록 · 제6-0364호
등록일 · 1998년 5월 4일
전 화 · (02) 912-5000
팩 스 · (02) 900-5036
www.worin.net

ISBN 978-89-8477-521-3 93810

값 20,000원